한글 Hangul 2022

전경숙 지음

(주)교학사

Preview

섹션 설명 해당 섹션에서 다룰 내용에 대한 전체적인 개념을 설명합니다.

MISSION 해당 섹션에서 수행할 실습 목차입니다.

CHECK POINT 해당 섹션에서 학습할 내용 중에서 특별히 유의해야 할 사항을 간단명료하게 제시합니다.

완성파일 미리보기 해당 섹션에서 실습을 통해 완성하게 될 문서를 미리 살펴보며 전체적인 흐름을 파악할 수 있습니다.

LEARN MORE 실습에서 다루지는 않았지만 알아두면 도움이 될 관련 내용, 고급 기능 등에 대한 설명을 담았습니다.

실습 1 머리말/꼬리말 입력하기

1. '반구천의 암각화_준비.hwpx' 파일을 열고 ❶ [쪽] 탭의 ∨를 눌러 ❷ [머리말/꼬리말]을 선택합니다. [머리말/꼬리말] 대화 상자가 열리면 ❸ '종류'는 '머리말', ❹ '위치'는 '양쪽'을 선택하고 ❺ [만들기]를 클릭합니다.

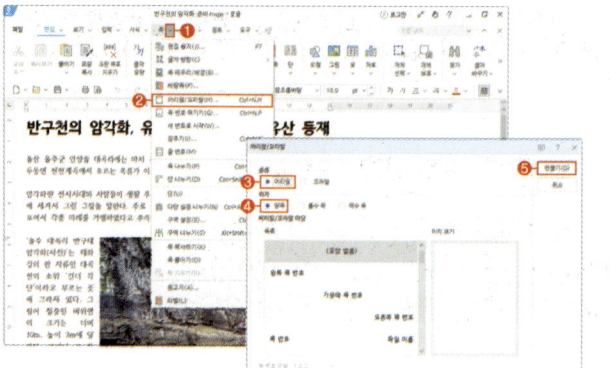

실습 하나의 섹션에는 여러 개의 따라하기 식 실습 과제가 있습니다. 순서대로 따라하다 보면 해당 기능을 자연스럽게 이해할 수 있습니다.

2. '머리말(양쪽)' 영역에 ❶ '우리나라 문화유산'을 입력합니다. [서식 도구 상자]에서 ❷ '글꼴'은 '함초롬돋움', '글자 크기'는 '10pt', ❸ '정렬 방식'은 '오른쪽 정렬'로 설정합니다.

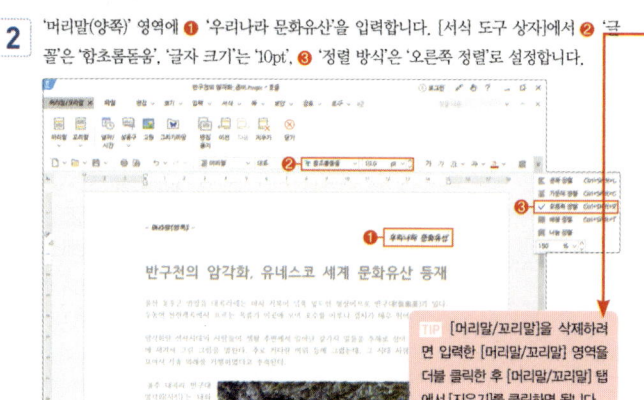

TIP 실습 과제를 따라하면서 알아두면 좋을 핵심 사항이나 주의해야 할 부분을 수록하였습니다.

문제 풀어보기 하나의 섹션을 끝낸 후 스스로 풀어볼 수 있는 문제를 기초와 심화로 나누어 수록하여 배운 기능을 복습할 수 있도록 하였습니다.

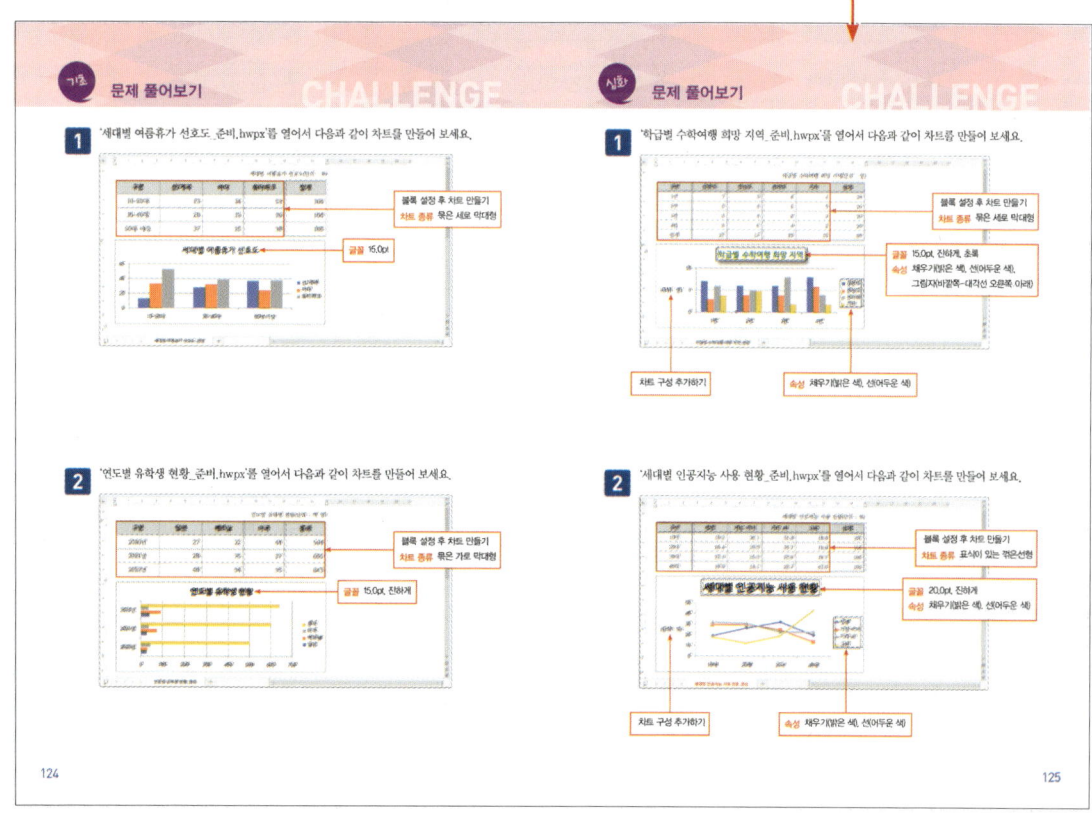

샘플 예제

01 웹브라우저의 주소 입력 창에 'www.kyohak.co.kr'를 입력한 후 Enter를 누릅니다. 교학사 홈페이지에서 상단 메뉴의 [자료실]을 클릭합니다.

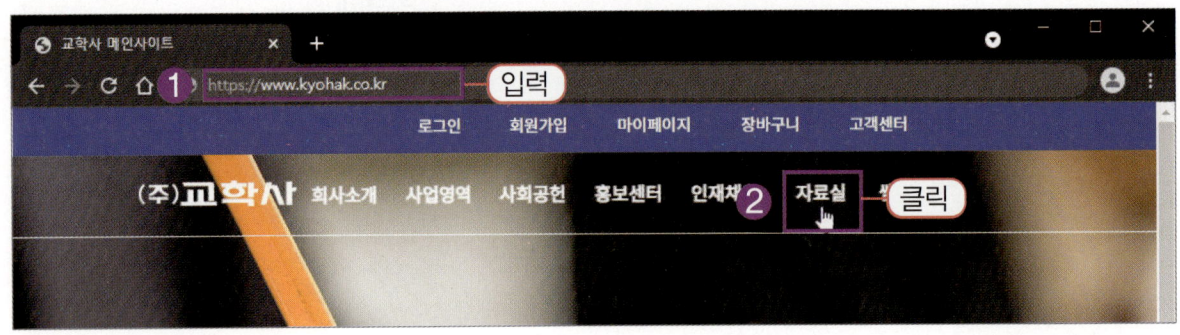

02 [출판] – [단행본] 탭을 클릭하고 검색에 **"뉴마이러브 한글 2022 예제파일"**을 입력한 다음 [검색]을 클릭합니다.

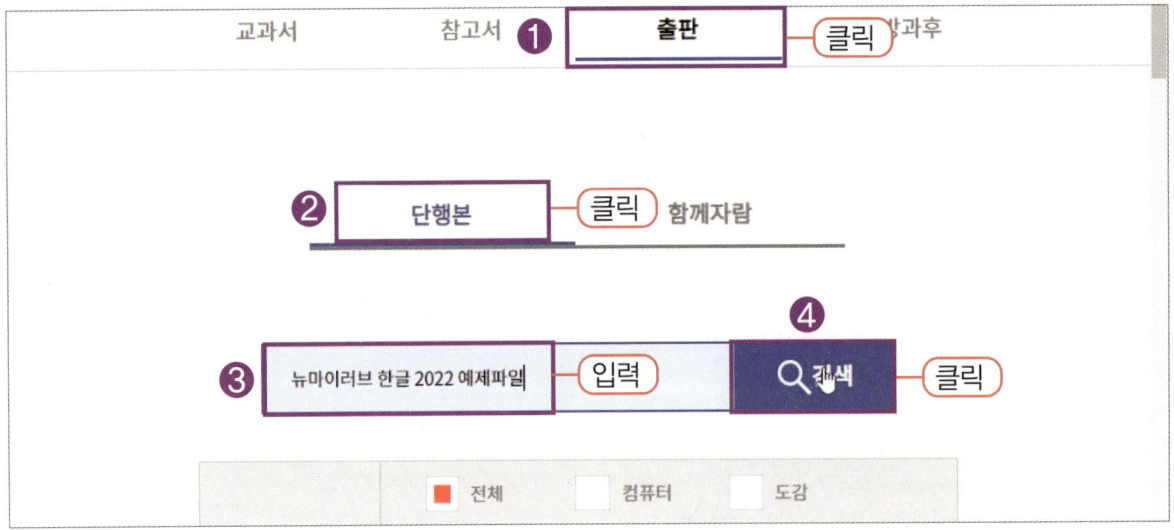

03 홈페이지 하단에 다운로드 본 교재의 예제파일이 검색되면 검색 결과를 클릭합니다.

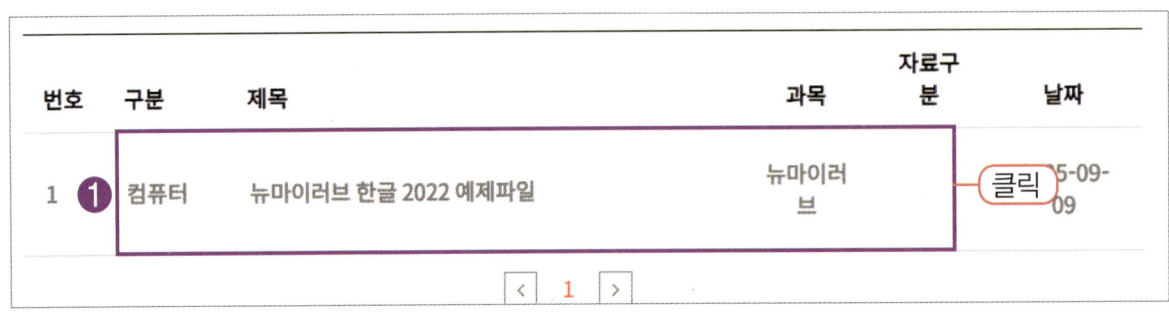

04 [다운로드]를 클릭하여 압축된 예제파일을 내려받습니다.

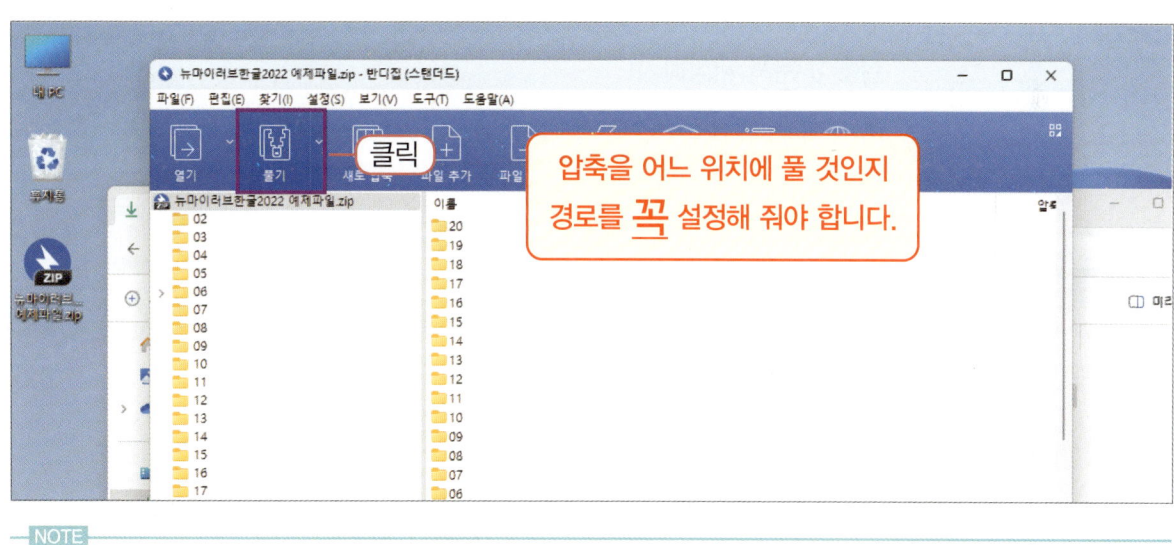

05 내려받기가 설정된 경로 위치에 압축된 예제파일이 저장됩니다. 압축 프로그램을 이용하여 예제파일의 압축을 풀어줍니다.

압축을 어느 위치에 풀 것인지 경로를 **꼭** 설정해 줘야 합니다.

──NOTE──
압축 프로그램이 설치되어 있지 않다면 압축 프로그램을 설치해야 합니다. 압축 프로그램은 인터넷 포털사이트에서 '압축 프로그램'으로 검색하여 설치할 수 있습니다(대표 프로그램 : 알집, 빵집).

06 바탕화면에 예제파일의 압축이 풀렸습니다. 이제 한글 2022를 실행하고 해당 폴더의 파일을 불러와 사용하면 됩니다.

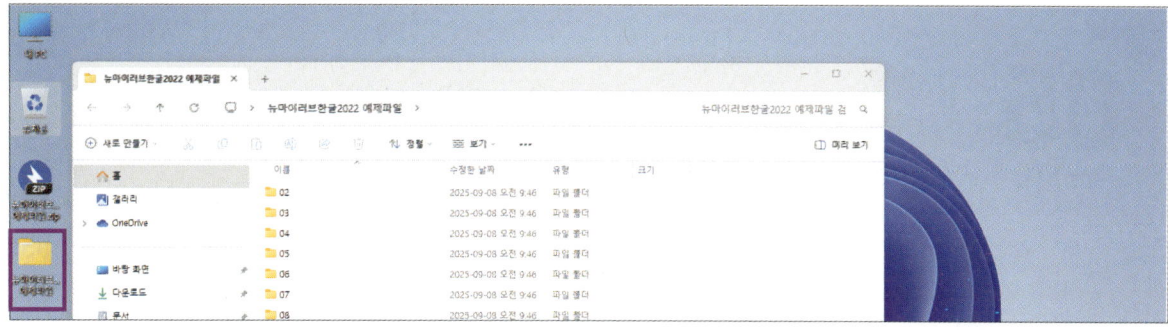

Contents

01 SECTION
한글 2022 처음 시작하기 010
- 실습 1 한글 2022 화면 구성 살펴보기 011
- 실습 2 화면의 상단 살펴보기 012
- 실습 3 화면의 하단 살펴보기 015
- 문제 풀어보기

02 SECTION
문자 입력하고 저장하기 018
- 실습 1 특수 문자 입력하기 019
- 실습 2 한자 입력하기 023
- 실습 3 문서 저장하기 025
- 문제 풀어보기

03 SECTION
복사하기 · 오려 두기 · 붙이기 028
- 실습 1 복사해서 붙이기 029
- 실습 2 오려서 붙이기 032
- 문제 풀어보기

04 SECTION
글자 모양과 문단 모양 설정하기 036
- 실습 1 글자 모양 설정하기 037
- 실습 2 문단 모양 설정하기 040
- 실습 3 모양 복사하기 044
- 문제 풀어보기

05 SECTION
스타일 설정하기 048
- 실습 1 스타일 만들기 049
- 실습 2 스타일 적용하기 056
- 실습 3 스타일 수정하기 058
- 문제 풀어보기

SECTION 06 문서에 이미지 삽입하기 — 062

- **실습 1** 이미지 삽입하기 — 063
- **실습 2** 이미지 자르기 — 067
- **실습 3** 이미지 속성 설정하기 — 070
- 문제 풀어보기

SECTION 07 글상자·그리기마당·글맵시 활용하기 — 074

- **실습 1** 글상자 활용하기 — 075
- **실습 2** 그리기마당 활용하기 — 080
- **실습 3** 글맵시 활용하기 — 084
- 문제 풀어보기

SECTION 08 표 만들기 — 088

- **실습 1** 표 만들고 문자 입력하기 — 089
- **실습 2** 셀 모양 변경하기 — 090
- **실습 3** 표 편집하기 — 093
- 문제 풀어보기

SECTION 09 표 계산하기 — 098

- **실습 1** 블록 합계 구하기 — 099
- **실습 2** 블록 평균 구하기 — 101
- 문제 풀어보기

SECTION 10 그림 그리고 꾸미기 — 106

- **실습 1** 도형으로 그림 그리기 — 107
- **실습 2** 그림 꾸미기 — 111
- 문제 풀어보기

Contents

SECTION 11　차트 만들기　116
- 실습 1　차트 삽입하기　117
- 실습 2　차트 속성 설정하기　119
- 문제 풀어보기

SECTION 12　수식 입력하기　126
- 실습 1　수식 입력하기　127
- 실습 2　복잡한 수식 입력하기　131
- 문제 풀어보기

SECTION 13　머리말/꼬리말, 주석, 쪽 번호 입력하기　134
- 실습 1　머리말/꼬리말 입력하기　135
- 실습 2　각주 입력하기　137
- 실습 3　쪽 번호 입력하기　138
- 문제 풀어보기

SECTION 14　문단 번호 적용하고 차례 만들기　142
- 실습 1　문단 번호 적용하기　143
- 실습 2　차례 만들기　148
- 문제 풀어보기

SECTION 15　책갈피 넣기와 하이퍼링크 연결하기　152
- 실습 1　책갈피 넣기　153
- 실습 2　하이퍼링크 연결하기　155
- 문제 풀어보기

16 SECTION
메일 머지로 졸업장 만들기　160
실습 1 메일 머지 표시 달기　161
실습 2 메일 머지 명단 만들기　163
실습 3 메일 머지 만들기　164
문제 풀어보기

17 SECTION
다단과 구역 설정하기　168
실습 1 다단 설정하기　169
실습 2 구역 설정하기　171
문제 풀어보기

18 SECTION
덧말, 첫 글자 장식, 강조점으로 문서 꾸미기　178
실습 1 덧말 넣기　179
실습 2 첫 글자 장식하기　181
실습 3 강조점 넣기　182
문제 풀어보기

19 SECTION
찾아 바꾸기와 조판 부호 지우기　184
실습 1 틀린 글자 찾아 바꾸기　185
실습 2 불필요한 조판 부호 지우기　188
문제 풀어보기

20 SECTION
나만의 문서 작성하기　192
실습 1 도형 삽입하고 글자 입력하기　193
실습 2 글맵시 입력하기　198
실습 3 도형으로 항목 만들기　201
문제 풀어보기

Hangul 2022

01 한글 2022 처음 시작하기
SECTION

'한글 2022'는 편리한 사용자 인터페이스와 빠른 편집 기능을 사용하여 문서를 작성할 수 있는 대표적인 프로그램입니다. 한글 2022는 다양한 콘텐츠를 내려받아 문서에 활용할 수 있으며 스마트폰과 태블릿에서도 편하게 사용할 수 있도록 앱 기능이 강화되었습니다. 특히 모바일 환경에서의 문서 편집 기능이 개선되어 더욱 편리해졌습니다.

한글 2022를 실행하면 나타나는 '문서 시작 도우미'

MISSION

실습 1 한글 2022 화면 구성 살펴보기
실습 2 화면의 상단 살펴보기
실습 3 화면의 하단 살펴보기

CHECK POINT

포인트 1 한글 2022를 실행하고 화면 구성을 살펴봅니다.
포인트 2 한글 2002의 세부 메뉴를 자세히 살펴봅니다.

한글 2022 화면 구성 살펴보기

1 한글 2022를 실행하면 '문서 시작 도우미'가 나타납니다. '문서 시작 도우미'에서 [새 문서]를 클릭하면 다음과 같은 화면이 나타납니다.

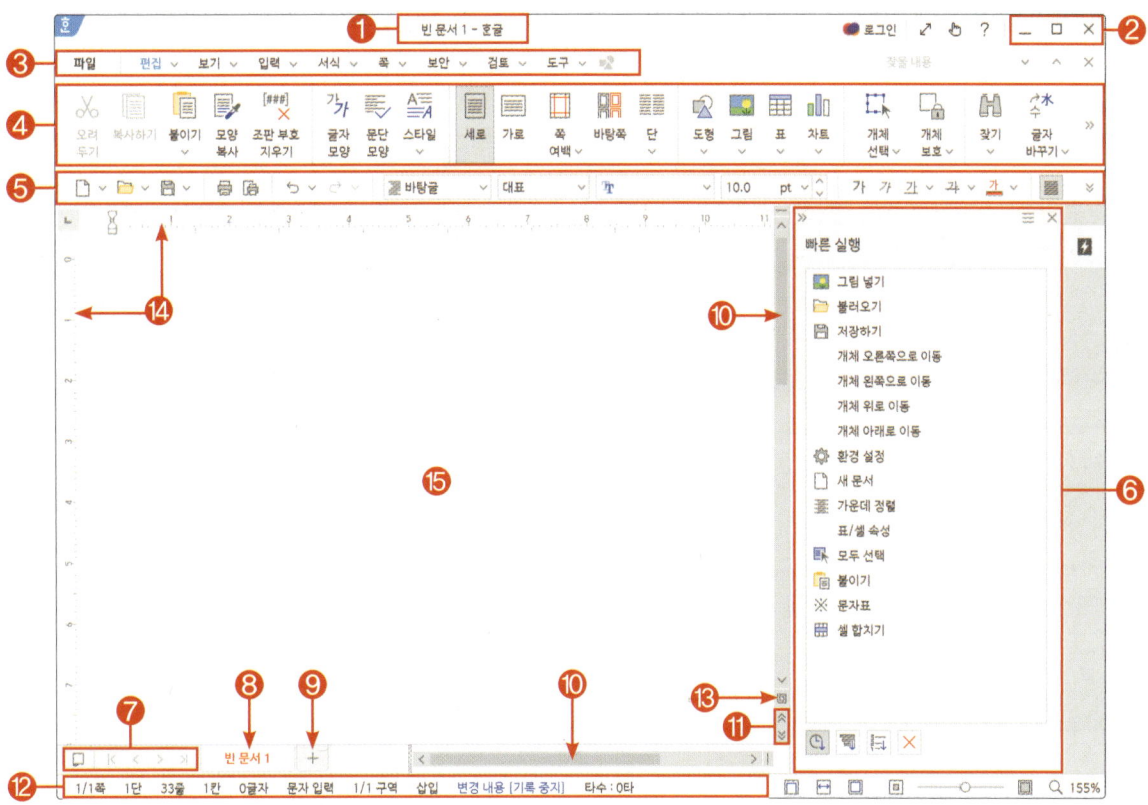

❶ **제목 표시줄** 현재 작업 중인 문서의 경로와 파일 이름을 표시합니다.

❷ **창 조절 단추** 창 크기의 최소화, 이전 크기로 복원 또는 최대화, 창 닫기의 기능을 합니다.

❸ **메뉴 표시줄** 모든 기능이 메뉴 방식으로 표시되어 있으며 메뉴의 ∨를 클릭하면 하위 메뉴가 나타납니다.

❹ **기본 도구 상자** 각 메뉴에서 자주 사용하는 기능을 그룹별로 묶어 놓았으며, [메뉴] 탭을 클릭하면 해당 기능이 열림 상자 형식으로 나타납니다.

❺ **서식 도구 상자** 문서를 작성할 때 자주 사용하는 기능을 모아 아이콘으로 묶어 놓은 곳입니다.

❻ **작업 창** [보기] 탭의 [작업창]에서 보이기/감추기 상태를 정할 수 있습니다. 11개의 작업 창이 제공되며 작업 창을 활용하면 문서 편집 시간을 줄일 수 있고 작업 속도를 높여 효율적입니다.

❼ **탭 이동 아이콘** 여러 개의 문서 탭이 열려 있을 때 이전 탭/다음 탭으로 이동합니다. 단, 탭이 너무 많아서 한 번에 보이지 않을 때만 활성화됩니다.

❽ **문서 탭** 작성 중인 문서의 파일명을 표시하며 저장되지 않은 문서는 빨간색, 저장 완료된 문서는 검은색으로 표시됩니다.

❾ **새 탭** 문서에 새 탭을 추가합니다.

❿ **가로/세로 이동 막대** 문서 내용 화면이 편집 화면보다 크거나 작을 때 화면을 가로/세로로 이동합니다.

⓫ **쪽 이동 아이콘** 작성 중인 문서가 여러 장일 때 쪽 단위로 이동합니다.

⓬ **상황선** 편집 창의 상태와 마우스커서의 위치 등 다양한 정보를 보여 줍니다.

⓭ **보기 선택 아이콘** 쪽 윤곽, 문단 부호 보이기/숨기기, 조판 부호 보이기/숨기기, 투명 선 보이기/숨기기, 격자 설정, 찾기, 쪽 찾아가기, 구역 찾아가기, 줄 찾아가기, 스타일 찾아가기 설정, 조판 부호 찾아가기 설정 등 보기 관련 다양한 기능을 선택할 수 있습니다.

⓮ **눈금자** 문서의 레이아웃과 가로세로 간격을 직접 확인하며 조절할 수 있습니다.

⓯ **편집 창** 글자나 그림과 같은 내용을 넣고 꾸미는 작업 공간입니다.

화면의 상단 살펴보기

1 메뉴 표시줄에는 관련 기능을 그룹으로 나눈 ❶ 9개의 주 메뉴가 있습니다. 메뉴 표시줄 아래에는 ❷ [기본 도구 상자]가 있는데 [편집, 보기, 입력, 서식, 쪽, 보안, 검토, 도구] 8개의 메뉴를 클릭하면 각각의 메뉴와 관련된 기능이 탭 형태로 나타납니다.

TIP 가장 자주 사용하는 기능은 [서식 도구 상자]로 모아서 보여 줍니다.

2 [새 문서]를 실행하면 메뉴 중에서 [편집] 탭이 선택된 상태로 [기본 도구 상자]가 제공됩니다. 메뉴에서 ❶ [입력] 탭을 클릭하면 [기본 도구 상자]가 변경됩니다.

❶ **메뉴** 해당 메뉴를 클릭하면 기본 도구 상자가 탭 형태로 제공됩니다.
❷ **전체 화면** 메뉴, 기본 도구 상자, 서식 도구 상자를 접고 전체 화면으로 보여 줍니다.
❸ **크게 보기** 메뉴, 기본 도구 상자, 서식 도구 상자와 상황선 영역을 크게 배치합니다.
❹ **도움말** 도움말을 불러옵니다.
❺ **옆으로 이동** 창이 축소되어 해당 내용의 일부만 표시되는 경우 이 버튼을 누르면 감춰진 메뉴가 나타납니다.
❻ **아래로 이동** 서식 도구 상자의 감춰진 메뉴가 나타납니다.

Section 01 | 한글 2022처음 시작하기

3 [입력] 탭의 ❶ ∨를 클릭하면 하위 메뉴가 펼쳐집니다.

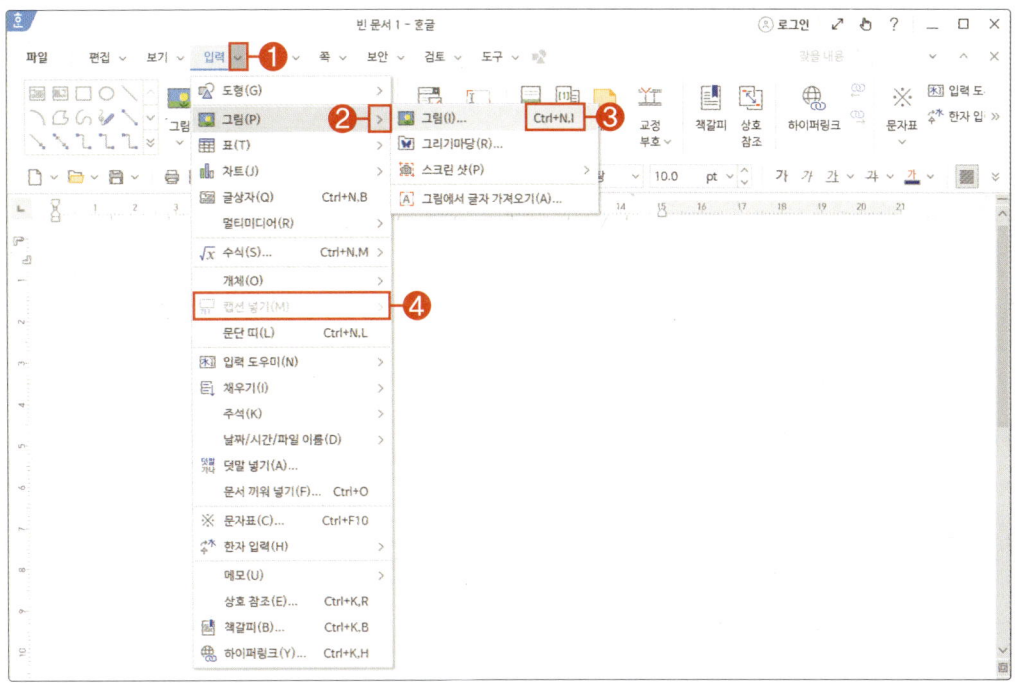

❶ 펼침 버튼 선택한 메뉴의 하위 메뉴를 볼 수 있습니다.

❷ 오른쪽 버튼 선택 가능한 세부 명령을 볼 수 있습니다.

❸ 단축키 해당 기능을 빠르게 실행할 수 있는 단축키를 알려 줍니다.

❹ 흐리게 표시된 메뉴 현재 상태에서는 해당 기능을 사용할 수 없습니다.

4 [입력] 탭의 ❶ ∨를 눌러 ❷ [그림]에서 ❸ [그리기마당]을 클릭합니다.

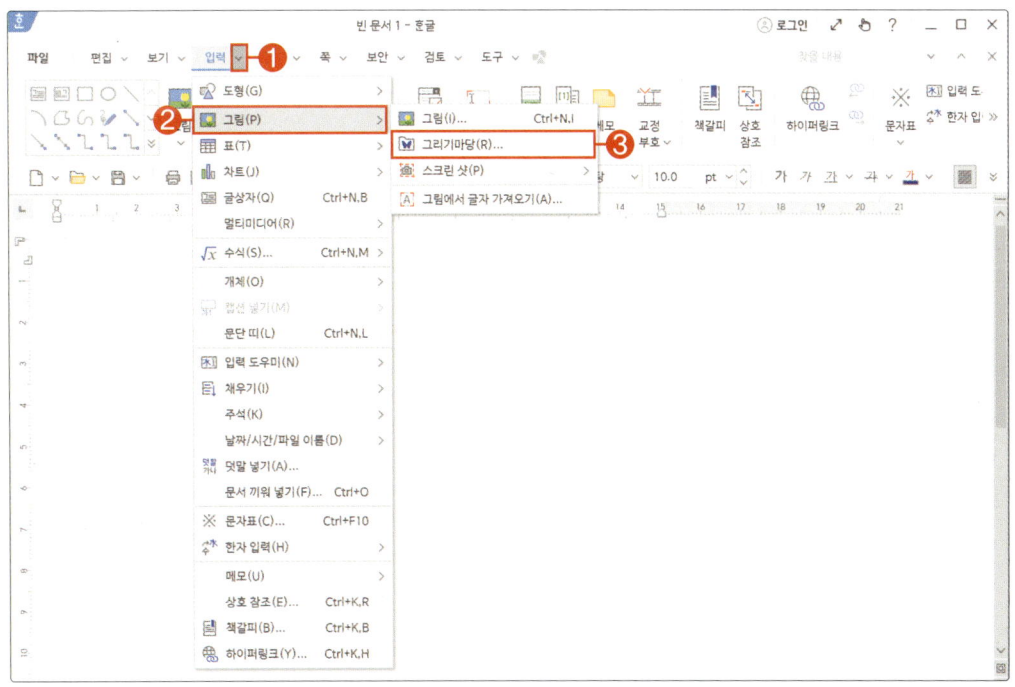

5 [그리기마당] 대화 상자가 나타납니다. 대화 상자는 어떤 작업을 할 때 구체적으로 어떻게 할 것인지 우리에게 물어보는 창입니다. 대화 상자를 통해 구현하고자 하는 사항을 상세하게 설정할 수 있습니다.

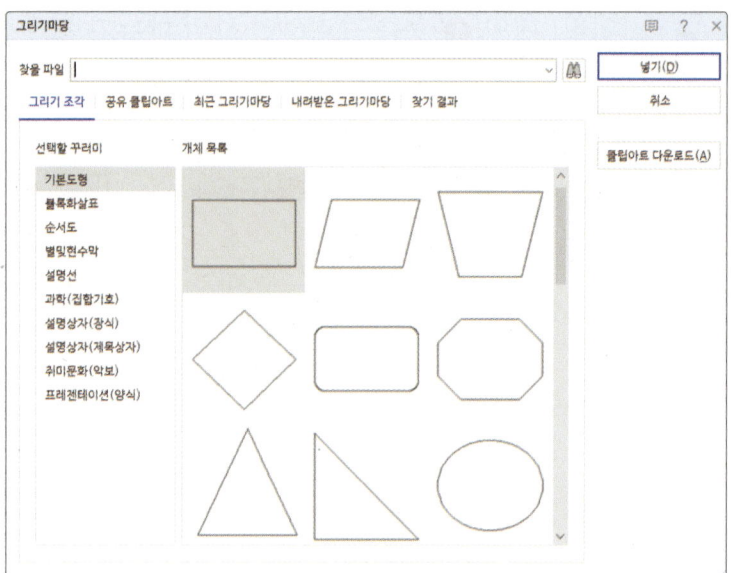

LEARN MORE

[빠른 메뉴] 알아보기

문서 창에서 마우스 오른쪽 버튼을 누르면 현재 상태에서 실행할 수 있는 기능을 단축키와 함께 보여 주는 ❶ [빠른 메뉴]가 열립니다. 화면 상단의 메뉴를 클릭하면 필요하지 않는 메뉴도 표시되지만, [빠른 메뉴]를 활용하면 현재 상태에서 실행이 가능한 메뉴만을 표시해 주어 편리합니다.

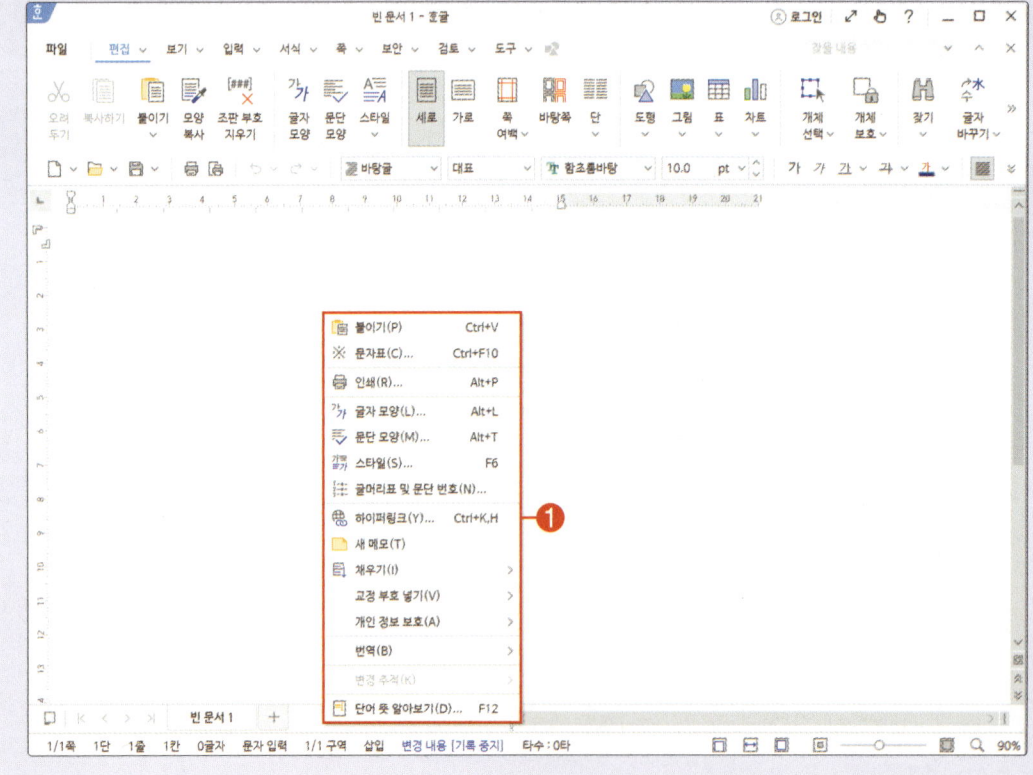

실습 3 화면의 하단 살펴보기

1 화면 하단에 있는 ❶ 상황선은 작업 중인 문서에서 마우스 커서의 위치와 현재 문서의 글자수, 쪽 수, 입력 상태 등의 정보를 보여 줍니다.

❶ **상황선** 마우스 커서가 있는 위치의 여러 정보를 보여 줍니다.

❷ **쪽 윤곽** 쪽의 여백 부분까지 전체 윤곽으로 보여 줍니다. 쪽 윤곽이 해제되면 쪽의 여백과 머리말/꼬리말이 보이지 않고 작업 중인 문서의 공간만 나타납니다.

❸ **폭 맞춤** 현재 편집 중인 용지의 너비가 문서 창의 크기에 맞도록 화면 배율이 축소 또는 확대됩니다.

❹ **쪽 맞춤** 현재 편집 중인 용지의 한 페이지를 한 화면에 볼 수 있도록 화면 배율이 축소 또는 확대됩니다.

❺ **축소** 클릭할 때마다 화면 배율이 5%씩 축소됩니다.

❻ **확대/축소 슬라이더** ○를 드래그하여 화면 배율을 축소 또는 확대할 수 있습니다.

❼ **확대** 클릭할 때마다 화면 배율이 5%씩 확대됩니다.

2 오른쪽 하단의 ❶ '확대/축소'를 클릭하면 대화 상자가 나타납니다.

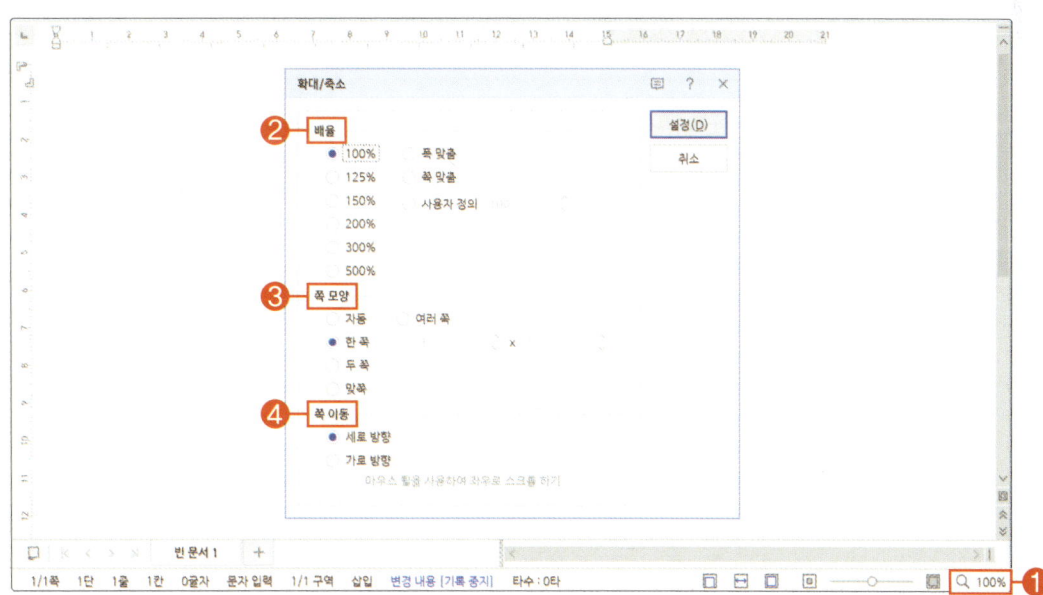

❶ **확대/축소** 현재 문서 창의 화면 배율을 보여 줍니다. 클릭하면 확대/축소 대화 상자가 나타납니다.

❷ **배율** 정해진 배율을 선택하거나 사용자가 배율을 정할 수 있습니다.

❸ **쪽 모양** 정해진 쪽 모양을 선택하거나 여러 쪽을 한 화면에 볼 수 있도록 선택할 수 있습니다.

❹ **쪽 이동** 문서를 편집할 때 이동 방향을 가로 또는 세로로 설정할 수 있습니다.

문제 풀어보기

1 메뉴 표시줄에서 [보기] 탭을 선택하여 [기본 도구 상자]를 변경해 보세요.

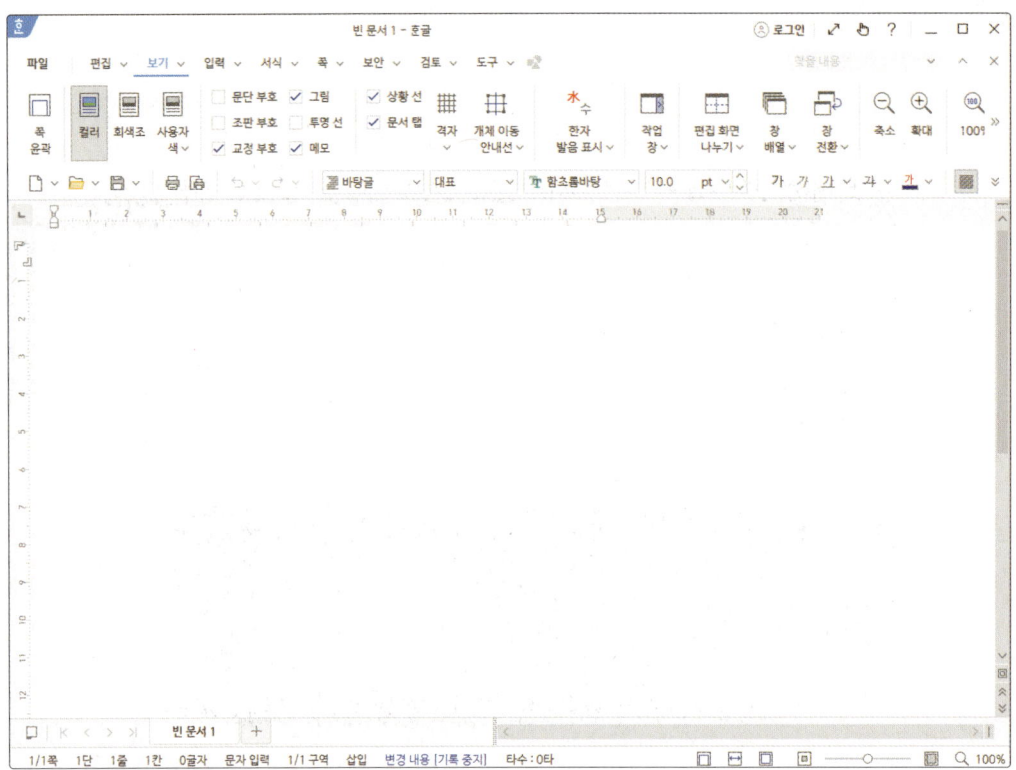

2 [쪽] 탭의 ∨를 선택하여 하위 메뉴를 펼쳐 보세요.

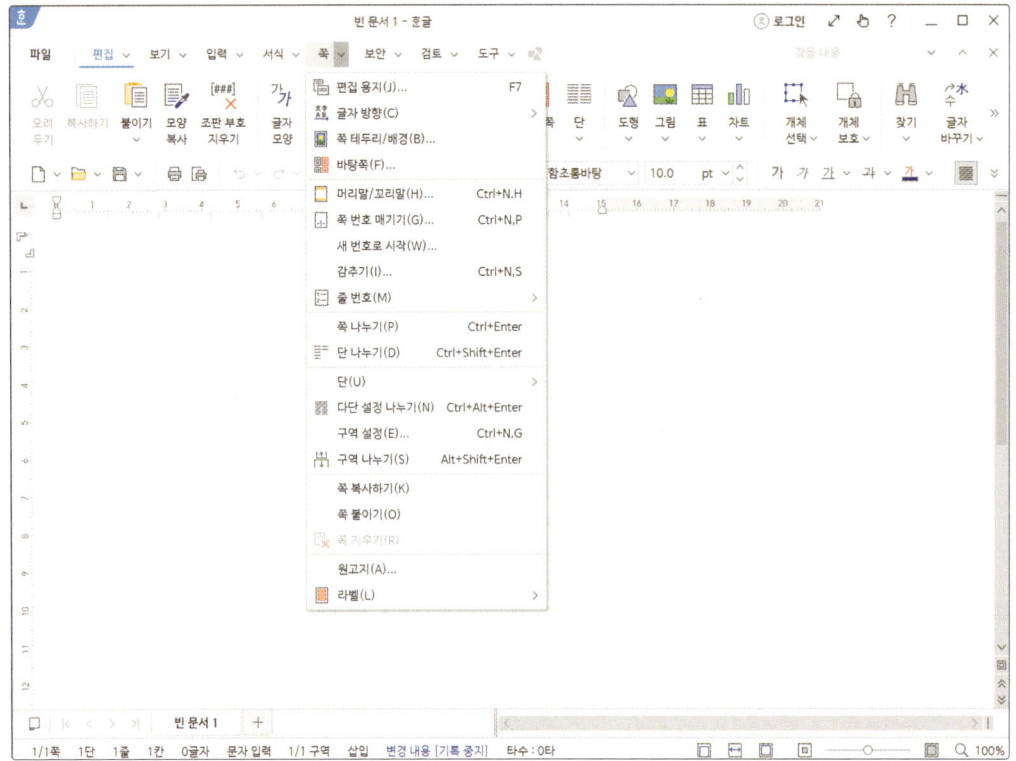

문제 풀어보기

1 [서식] 탭의 ∨를 선택하여 하위 메뉴를 펼쳐서 [글자 모양]의 대화 상자를 열어 보세요.

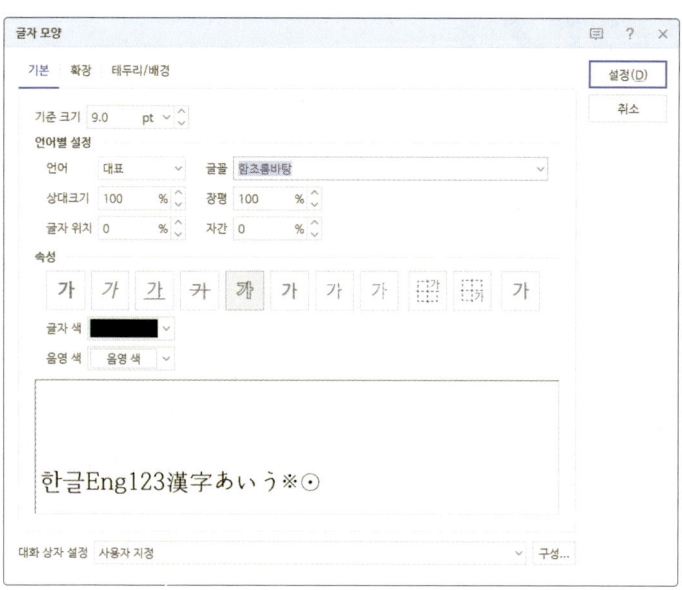

2 화면 보기를 [쪽 윤곽]으로 선택하고 화면 배율을 80%로 맞춰 보세요.

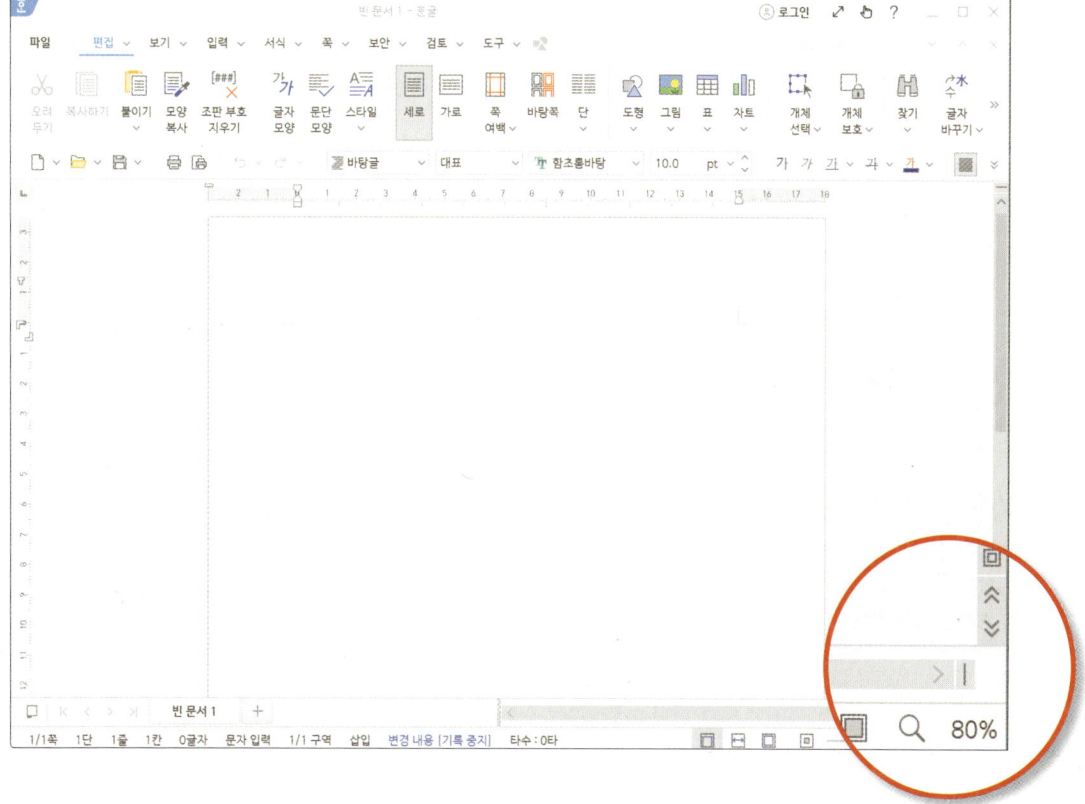

017

Hangul 2022

02 문자 입력하고 저장하기
SECTION

특수 문자, 한자 등 문자를 입력하여 문서를 작성하고 저장하는 방법에 대해 알아봅니다. 기존 한글 문서가 호환성이 떨어지고 데이터 분석이 어렵다는 문제를 해결하고, 문서에 대한 개방성을 확보하기 위해 XML 기반의 개방형 파일 형식인 'hwpx'로 문서를 저장해 봅니다.

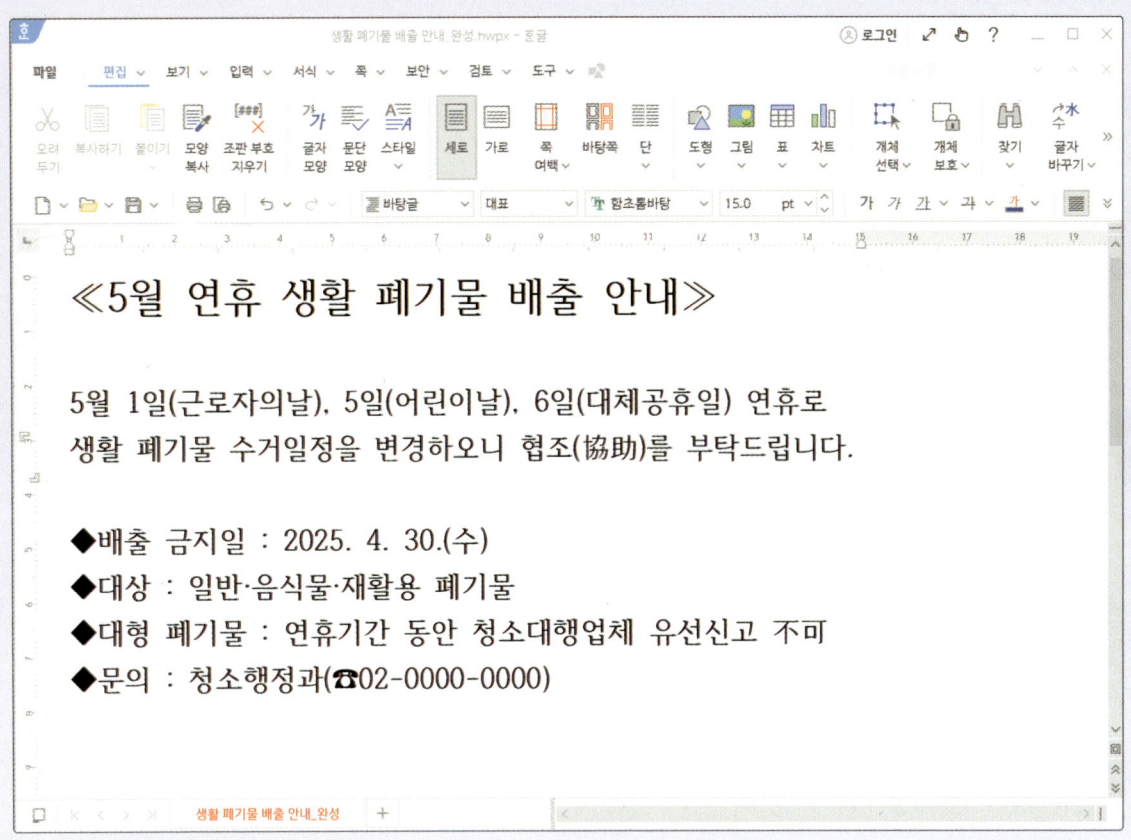

파일명 생활 폐기물 배출 안내_완성.hwpx

MISSION
실습 1 특수 문자 입력하기
실습 2 한자 입력하기
실습 3 문서 저장하기

CHECK POINT
포인트 1 문서의 가독성을 높이기 위해 특수 문자와 한자를 입력해 보세요.
포인트 2 작성한 문서를 새로운 폴더를 만들어서 저장해 보세요.

특수 문자 입력하기

1 한글 2022에서 [새 문서]를 실행하고 ❶ [파일] 탭의 ❷ [불러오기]를 클릭합니다.

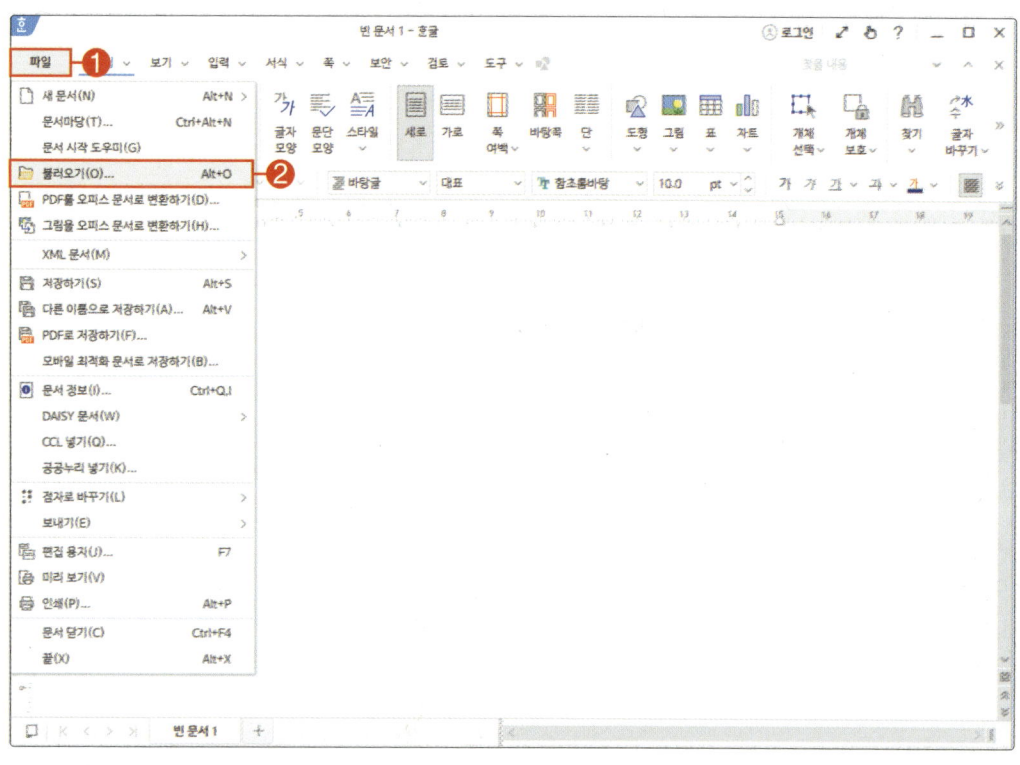

TIP [서식 도구 상자]에서 ❶ [불러오기] 아이콘을 클릭해도 됩니다.

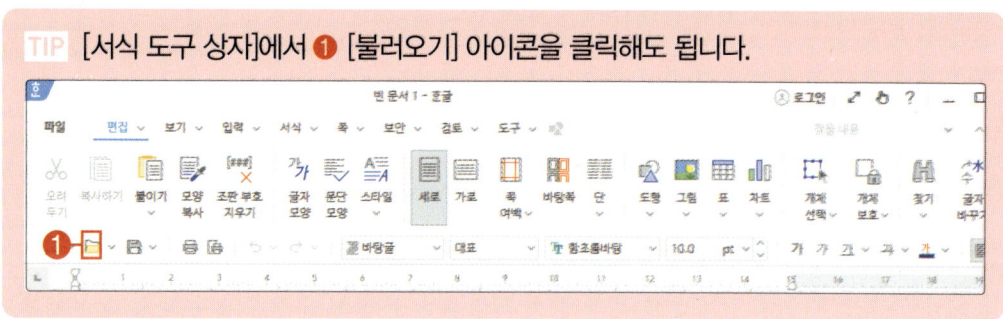

2 [불러오기] 대화 상자가 열리면 ❶ '생활 폐기물 배출 안내_준비.hwpx'를 선택하고 ❷ [열기]를 클릭합니다.

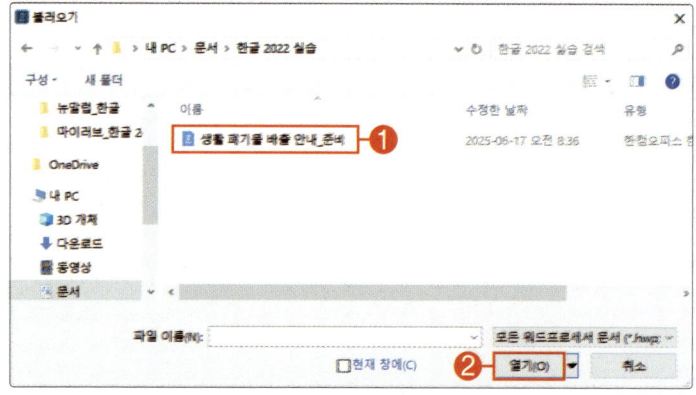

TIP [불러오기] 단축키 Alt + O

Hangul 2022

3 특수 문자를 입력하기 위해 ❶ 첫 줄의 제목 맨 앞에 커서를 놓고 ❷ [입력] 탭의 ∨를 클릭하여 ❸ [문자표]를 선택합니다.

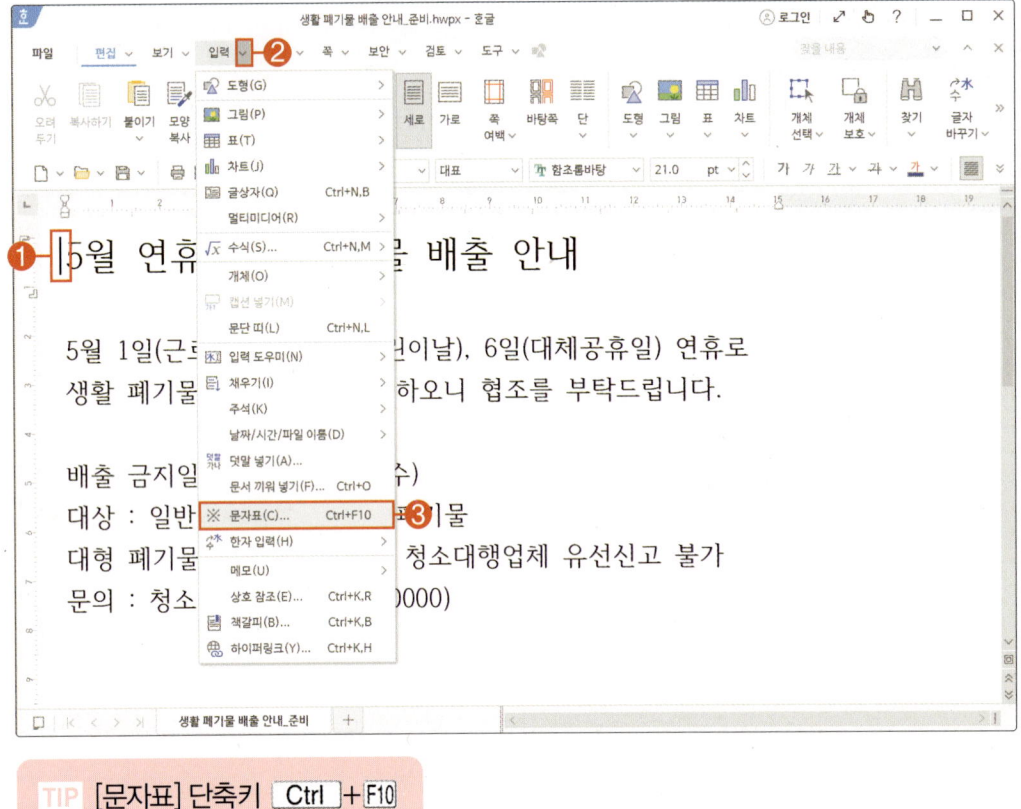

TIP [문자표] 단축키 Ctrl + F10

4 [문자표] 대화 상자가 열리면 ❶ [사용자 문자표] 탭의 ❷ '기호 1'에서 ❸ '≪'를 선택하고 ❹ [넣기]를 클릭합니다. 같은 방법으로 제목 마지막 부분에 '≫'를 선택하여 입력합니다.

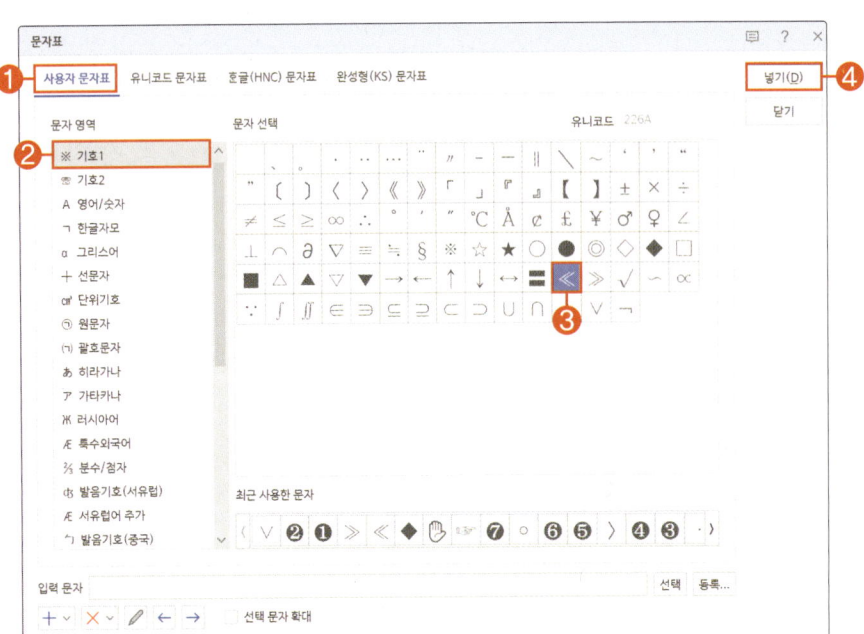

Section 02 | 문자 입력하고 저장하기

5 ❶ 제목의 처음과 끝 부문에 특수 문자 '≪'과 '≫'가 입력되었습니다. 이번에는 쉼표(,)를 가운뎃점(·)으로 바꿔 입력하기 위해 다음과 같이 ❷ 본문에서 쉼표(,)와 다음 빈칸까지 드래그하여 블록을 설정합니다.

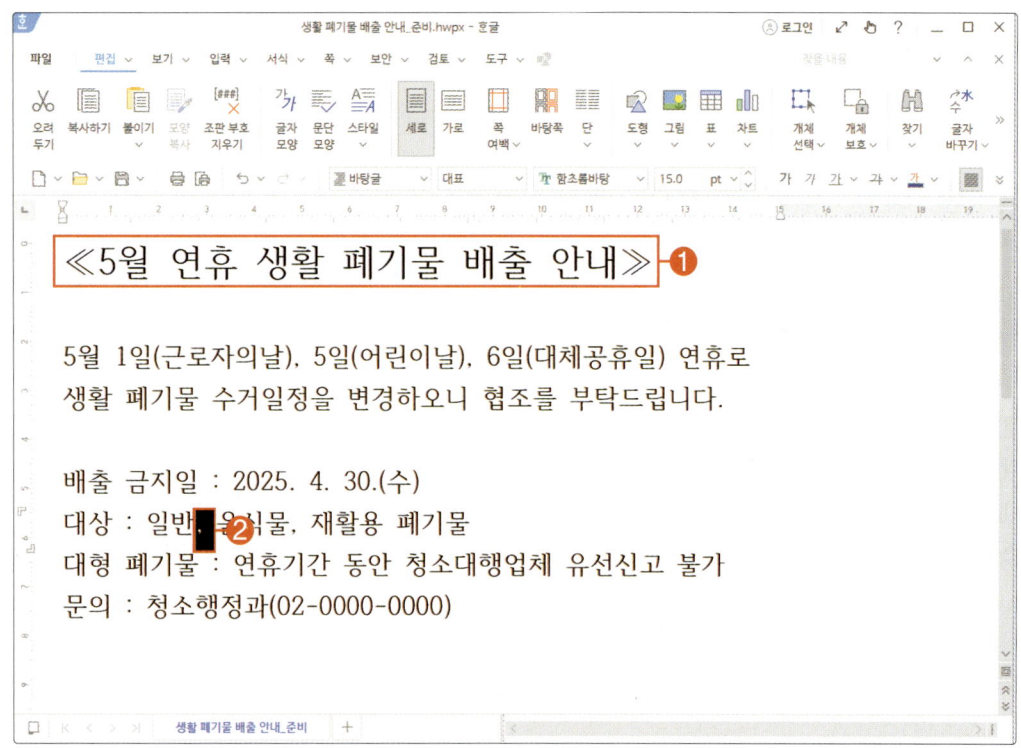

6 단축키 Ctrl + F10 를 눌러 [문자표] 대화 상자를 열고 ❶ [사용자 문자표] 탭의 ❷ '기호 1'에서 ❸ '·'를 선택하고 ❹ [넣기]를 클릭합니다.

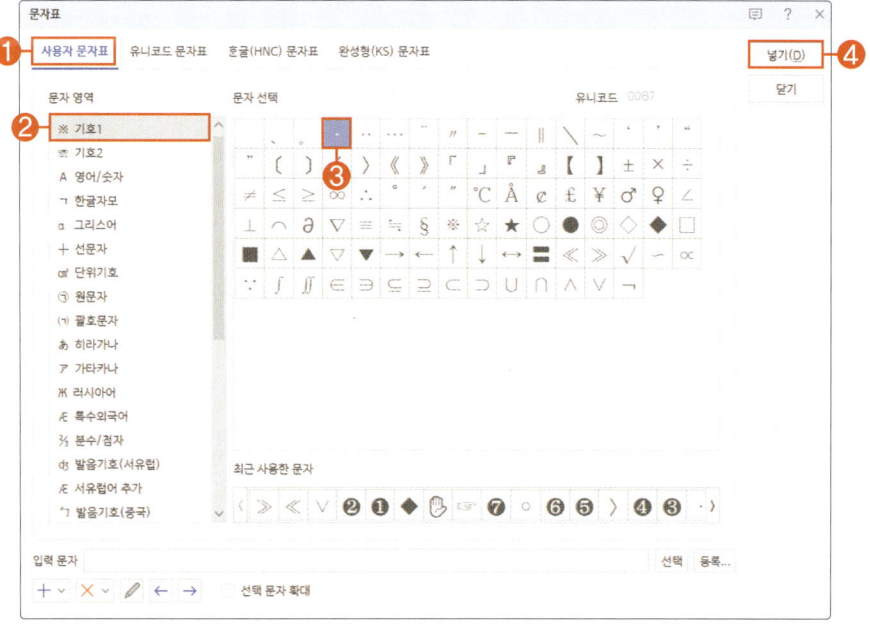

7 ❶ 쉼표(,)가 가운뎃점(·)으로 바뀌었습니다. ❷ 같은 방법으로 다음 쉼표(,)도 가운뎃점(·)으로 바꿔 봅니다.

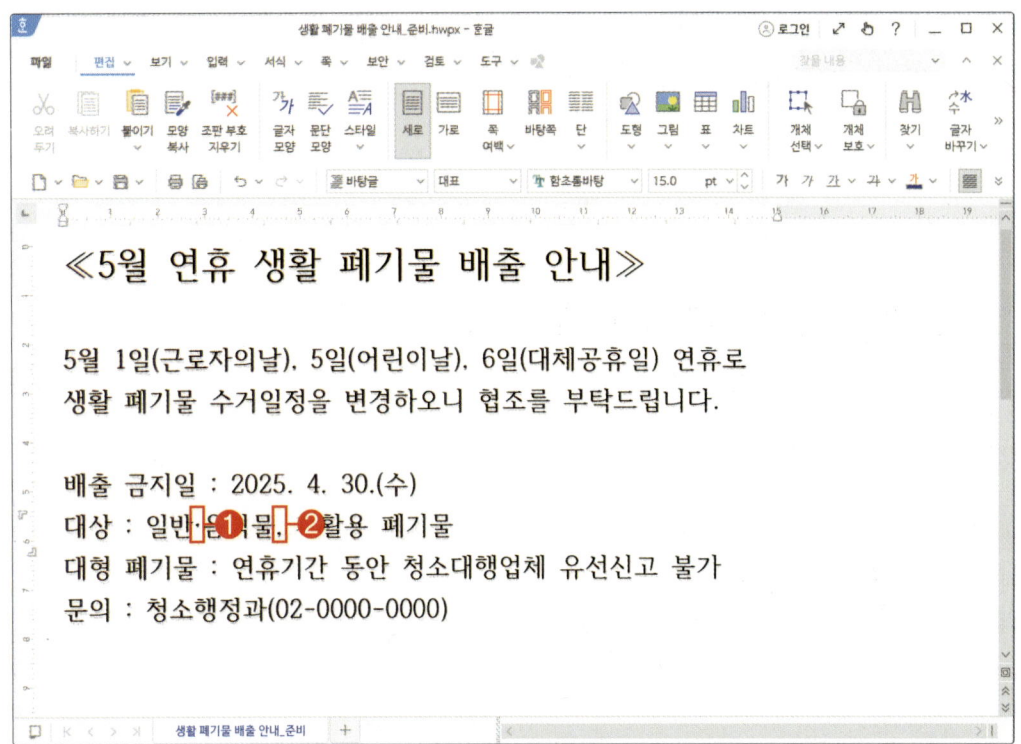

8 다음과 같이 특수 문자 ❶ '◆'과 ❷ '☎'를 모두 입력해 봅니다.

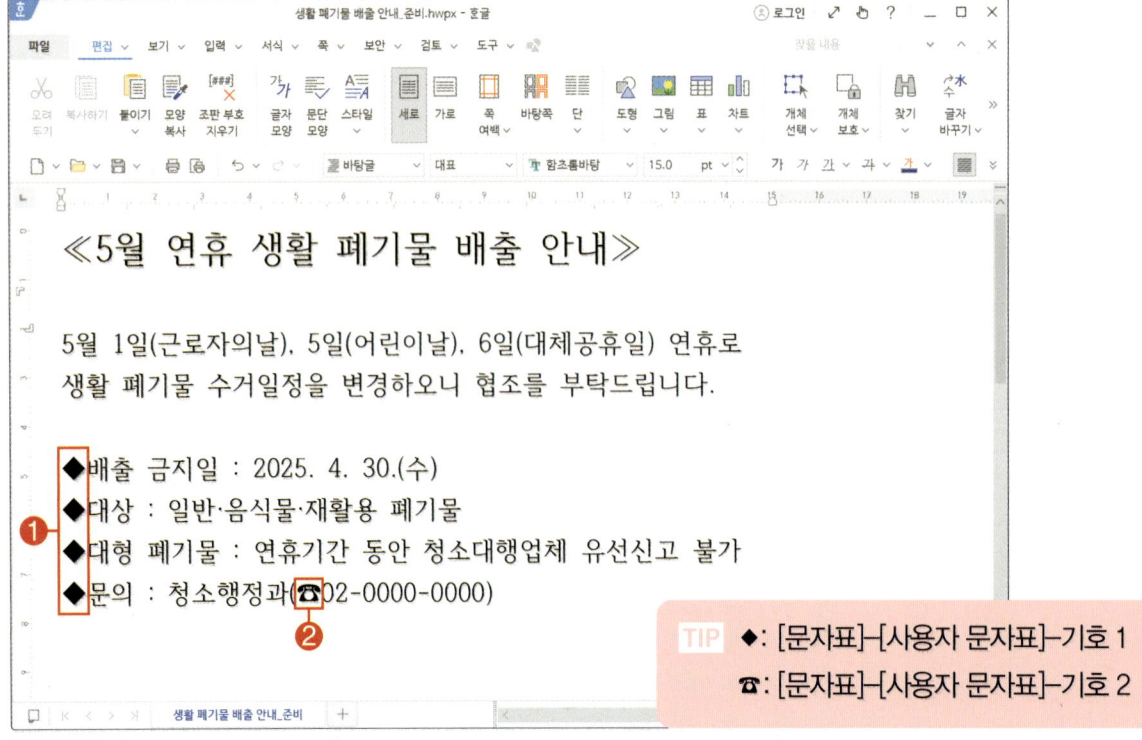

TIP ◆: [문자표]-[사용자 문자표]-기호 1
☎: [문자표]-[사용자 문자표]-기호 2

실습 2 한자 입력하기

1 본문에 한자를 입력하기 위해 ① '협조' 뒤에서 마우스를 클릭합니다. ② [입력] 탭의 ∨를 눌러 ③ [한자 입력]에서 ④ [한자로 바꾸기]를 선택합니다.

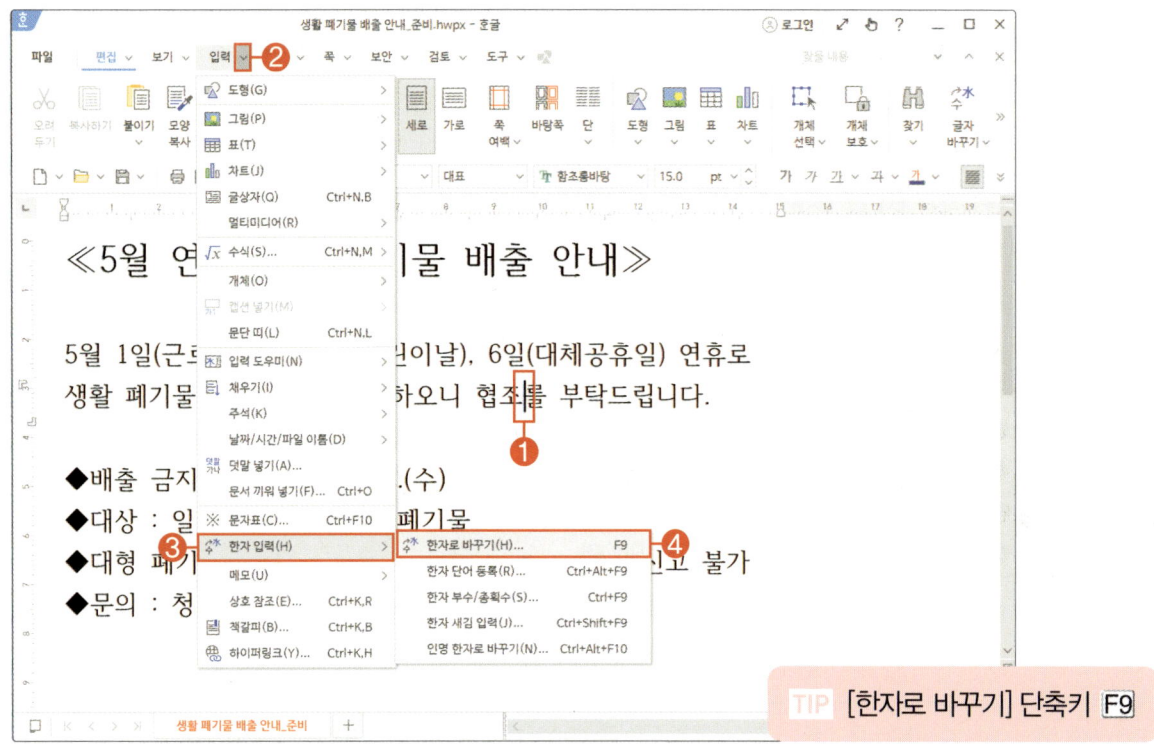

TIP [한자로 바꾸기] 단축키 F9

2 [한자로 바꾸기] 대화 상자가 열리면 ① '한자 목록'에서 '協助'를, ② '입력 형식'에서 '한글(漢字)'를 선택하고 ③ [바꾸기]를 클릭합니다.

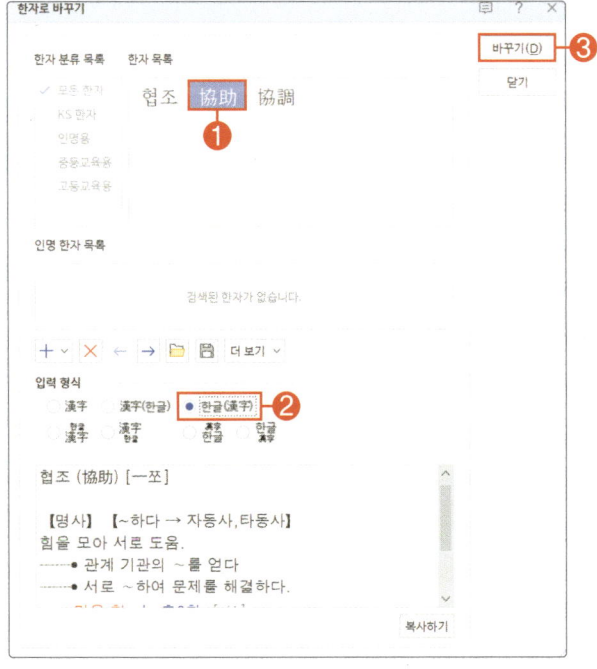

3 이번에는 ❶ '불가' 뒤에 마우스 커서를 놓고 단축키 F9 를 누릅니다.

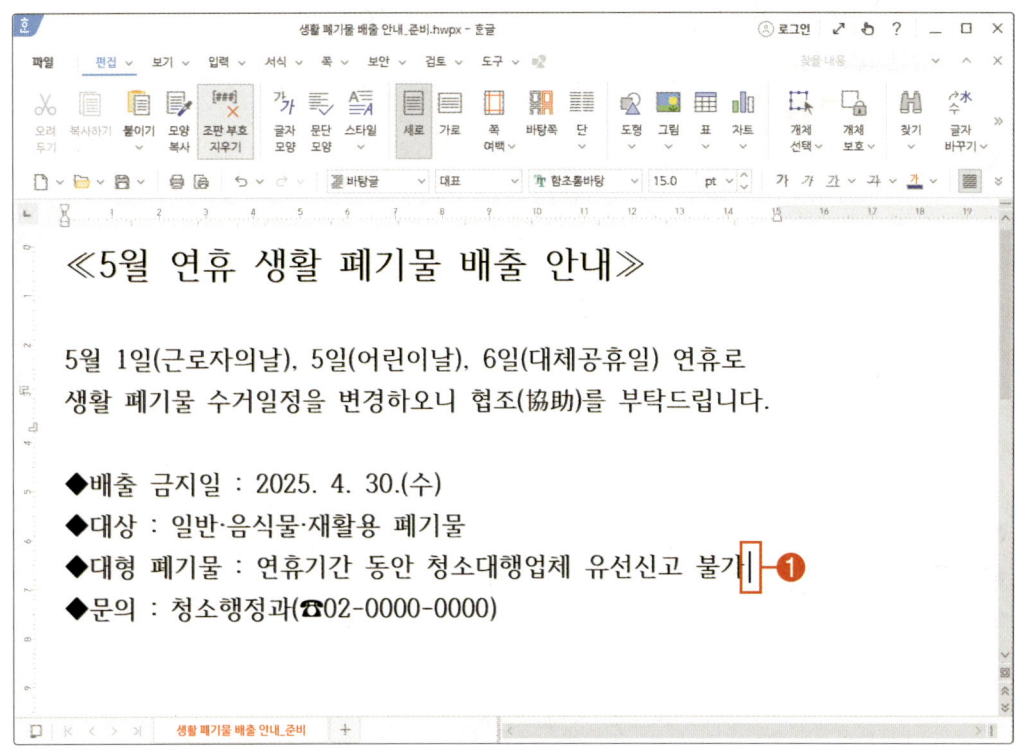

4 [한자로 바꾸기] 대화 상자가 열리면 ❶ '한자 목록'에서 '不可'를, ❷ '입력 형식'에서 '漢字'를 선택하고 ❸ [바꾸기]를 클릭합니다.

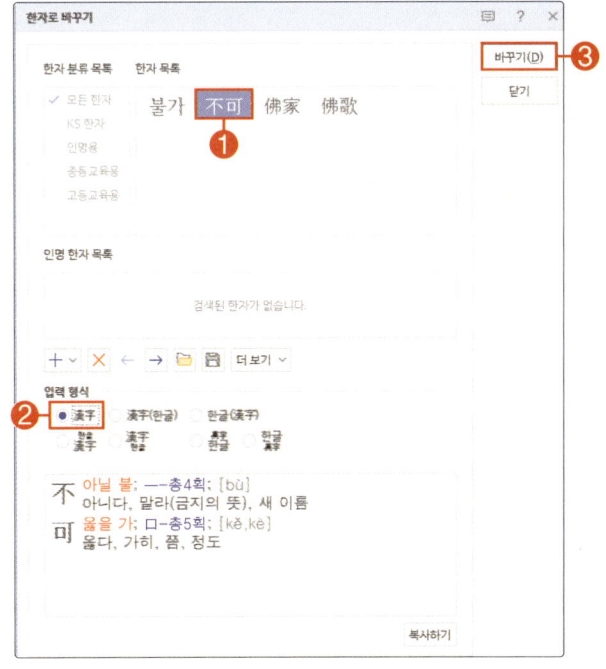

실습 3 문서 저장하기

MISSION

1 입력한 문서를 저장하기 위해 ❶ [파일] 탭에서 ❷ [다른 이름으로 저장하기]를 선택합니다. [다른 이름으로 저장하기] 대화 상자가 열리면 ❸ [새 폴더]를 클릭하여 ❹ '한글 2022 연습'으로 입력하고 ❺ [열기]를 클릭합니다.

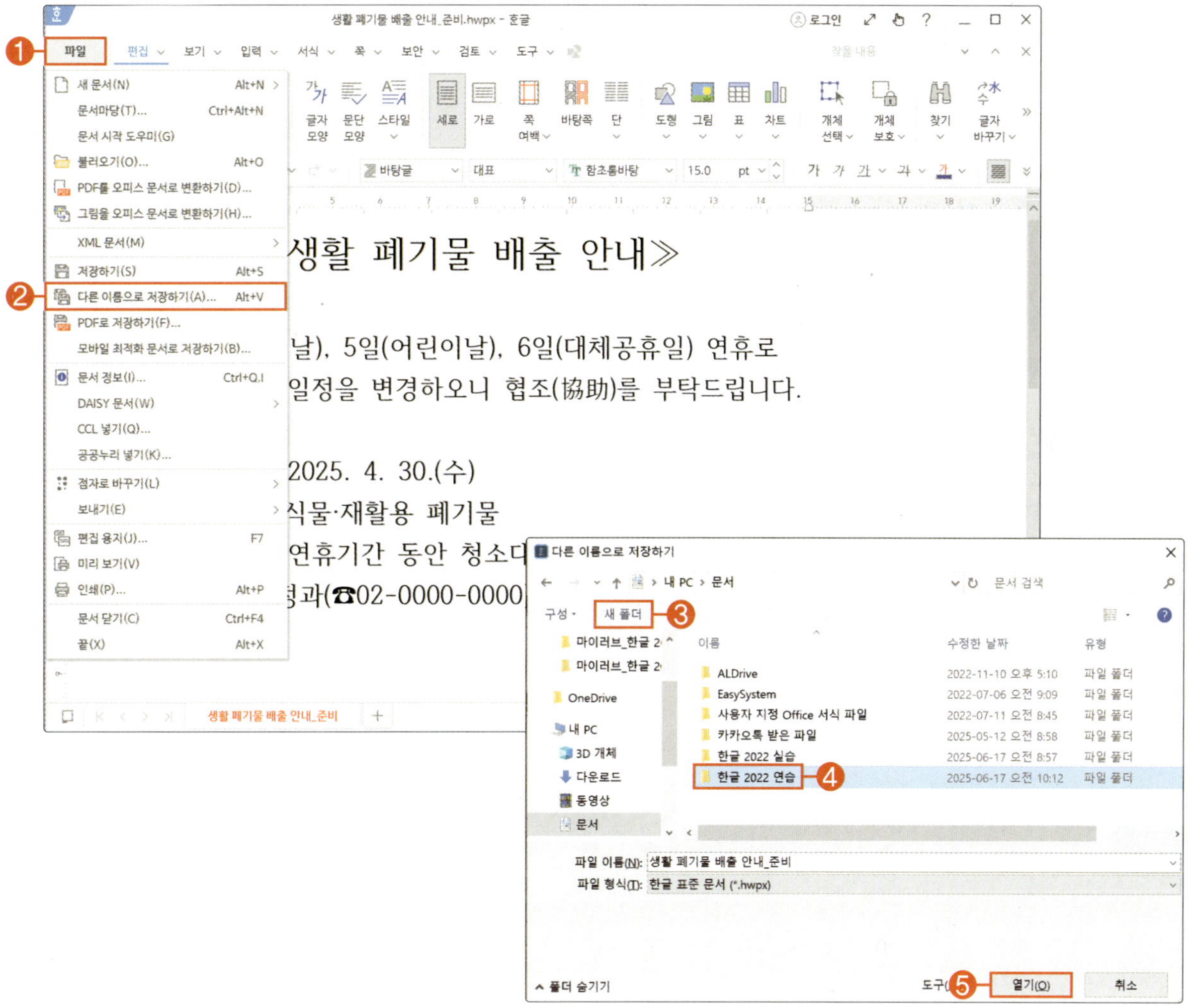

2 '한글 2022 연습' 폴더가 열리면 ❶ '파일 이름'에 '생활 폐기물 배출 안내_완성'을 입력하고 ❷ [저장]을 클릭합니다.

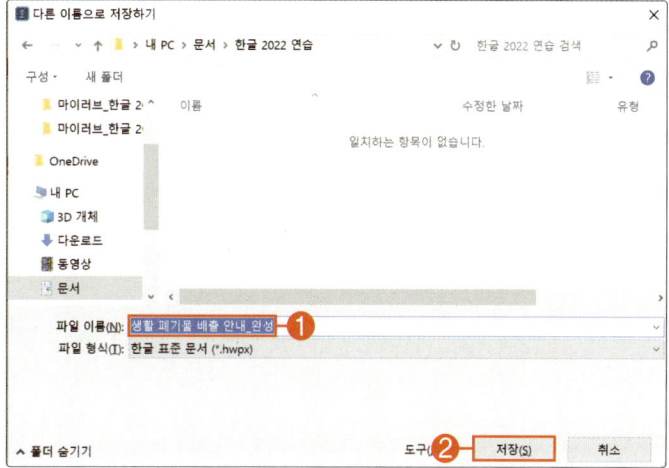

TIP [다른 이름으로 저장하기] 단축키 Alt + V

문제 풀어보기

1 [문자표]를 활용하여 다음과 같이 입력하고 문서를 저장해 보세요.

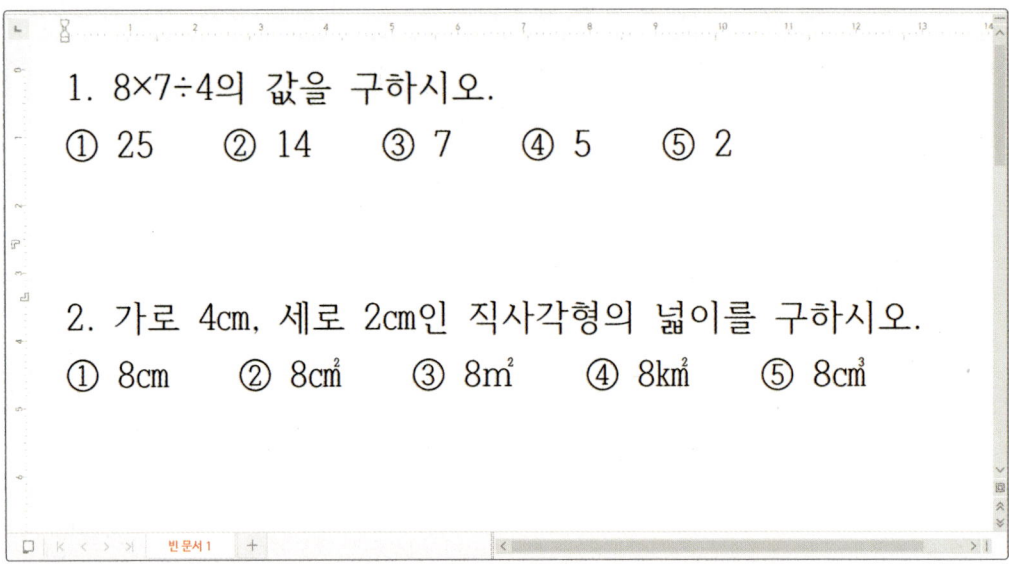

수학 연산자 [입력]-[문자표]-[사용자 문자표]-기호 1 또는 수학연산자
원문자 [입력]-[문자표]-[사용자 문자표]-원문자
단위기호 [입력]-[문자표]-[사용자 문자표]-단위기호

2 [한자 입력] 기능을 활용하여 다음과 같이 입력하고 문서를 저장해 보세요.

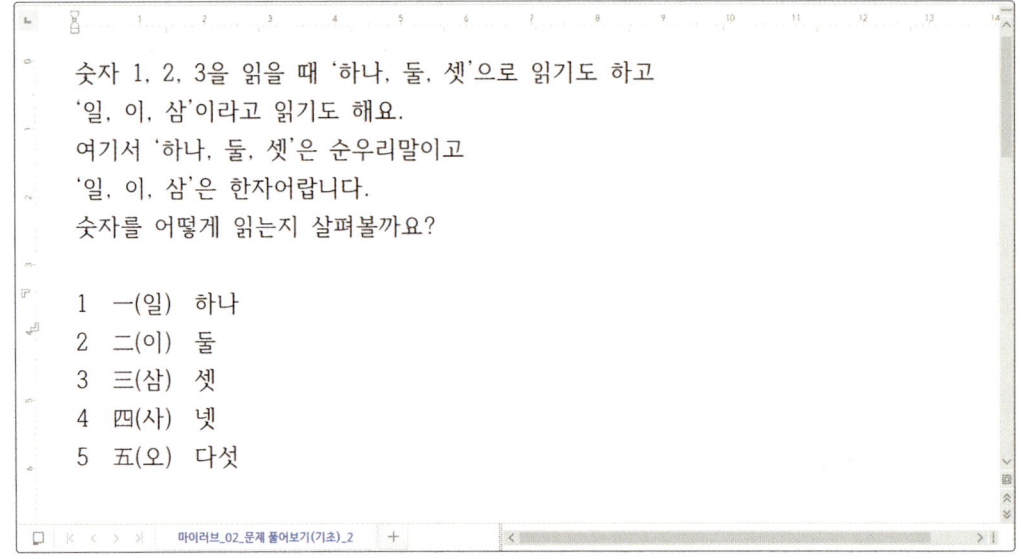

[입력]-[한자 입력]-[한자로 바꾸기], [입력 형식-漢字(한글)]

문제 풀어보기

1 [문자표]를 활용하여 다음과 같이 입력하고 문서를 저장해 보세요.

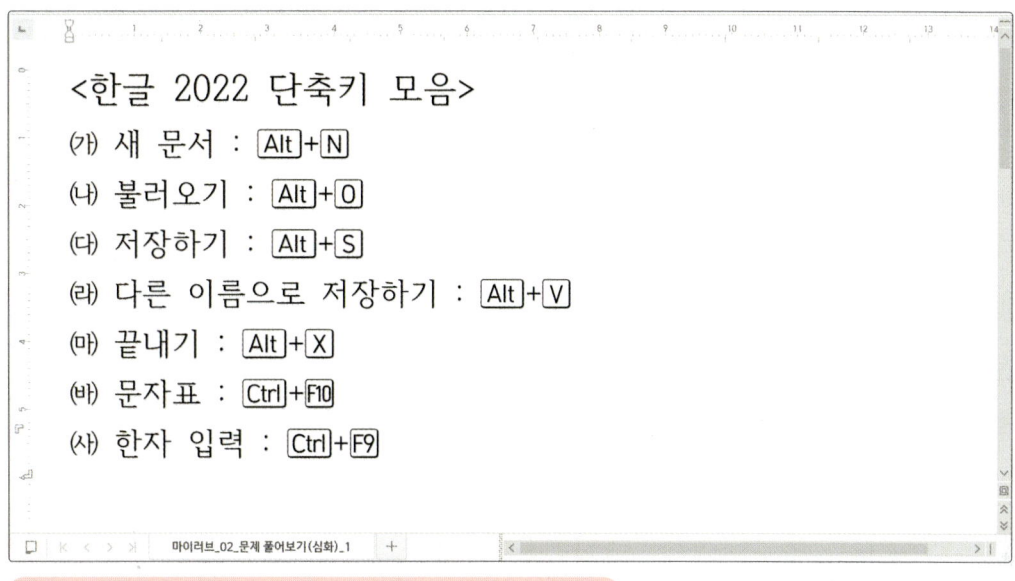

> **키 캡** [입력]-[문자표]-[한글(HNC) 문자표]-키 캡
> **괄호문자** [입력]-[문자표]-[사용자 문자표]-괄호문자

2 [한자 입력] 기능을 활용하여 다음과 같이 입력하고 문서를 저장해 보세요.

```
우리가 쓰는 말 중에는 순우리말처럼 느껴지지만 사실 한자인 경우가 많아요.

급기야(及其也) : '마지막에 가서는'이라는 뜻의 한자어.
도대체(都大體) : '다른 말은 그만두고 요점만 말하자면'이라는 뜻의 한자어.
호랑이(虎狼이) : 순우리말로 된 동물 이름인 줄 알았지만 '범' 대신 쓰이는 한자어.
점심(點心) : '하루 중에 해가 가장 높이 떠 있는 동안'을 의미하는 한자어로,
           중간 식사를 가리키는 말로 쓰임.

우리는 생각보다 많은 한자어를 사용하고 있지요?
이러한 단어들은 뜻을 살펴보며 어원을 이해하면
문해력(文解力)과 어휘력(語彙力)이 더욱 풍부해집니다.
```

> [입력]-[한자 입력]-[한자로 바꾸기], 입력 형식-한글(漢字)

Hangul 2022

SECTION 03 복사하기 · 오려 두기 · 붙이기

'복사하기' 기능을 활용하면 문서 내 텍스트나 이미지 등을 원본 형태로 클립보드에 저장해서 다른 위치에 중복해서 넣을 수 있습니다. 문서 내 텍스트나 이미지를 원하는 위치로 이동시키고자 할 때는 '오려 두기' 기능을 활용하면 유용합니다. 오려 두기 기능을 활용하면 원래 위치에서의 텍스트나 이미지는 삭제됩니다.

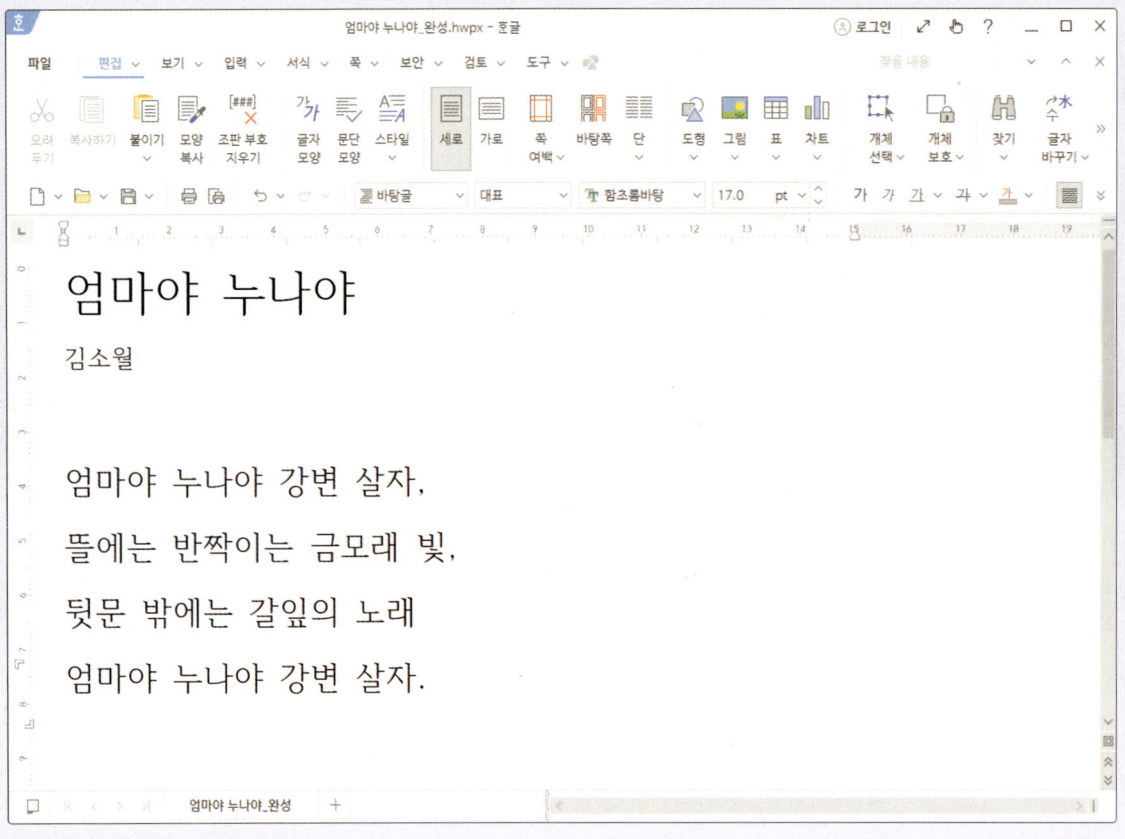

파일명 엄마야 누나야_완성.hwpx

MISSION
실습 1 복사해서 붙이기
실습 2 오려서 붙이기

CHECK POINT
포인트 1 내용을 중복해서 넣을 경우 복사하기와 붙이기 기능을 활용해 보세요.
포인트 2 내용의 위치를 이동시킬 경우 오려 두기와 붙이기 기능을 활용해 보세요.

복사해서 붙이기

1 '엄마야 누나야_준비.hwpx' 파일을 불러옵니다.

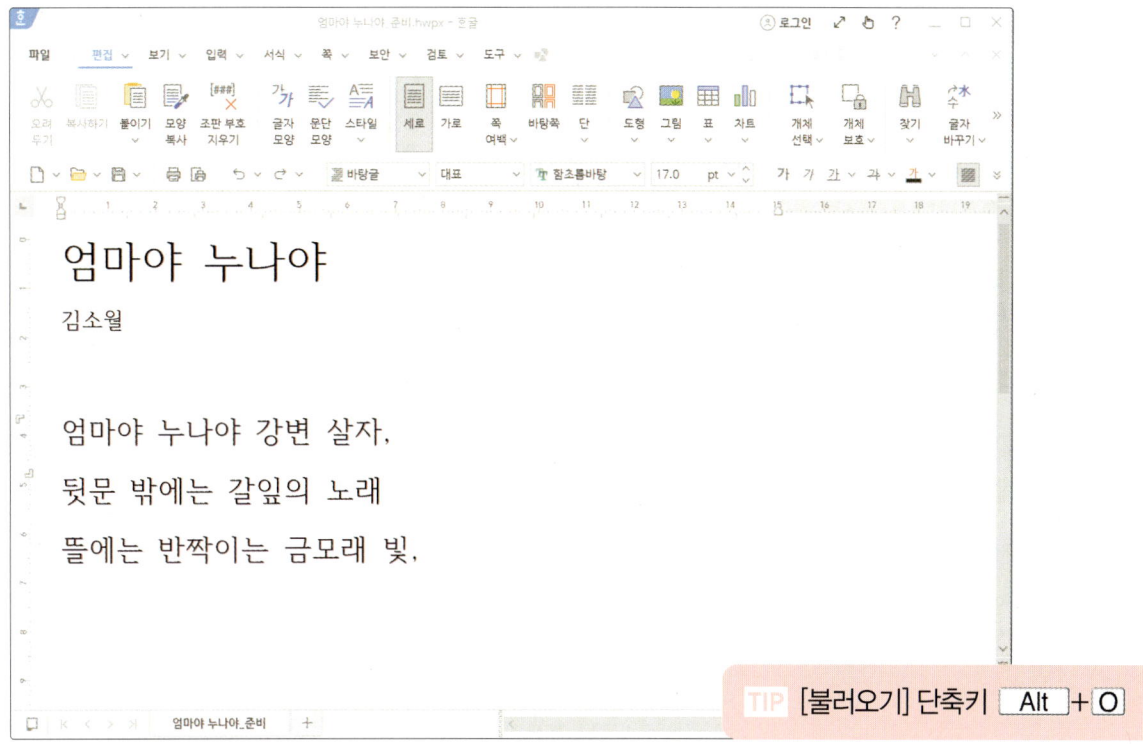

TIP [불러오기] 단축키 Alt + O

2 ❶ '엄마야 누나야 강변 살자,' 문장을 드래그하여 블록으로 설정하고 ❷ [편집] 탭의 ∨를 눌러 ❸ [복사하기]를 클릭합니다.

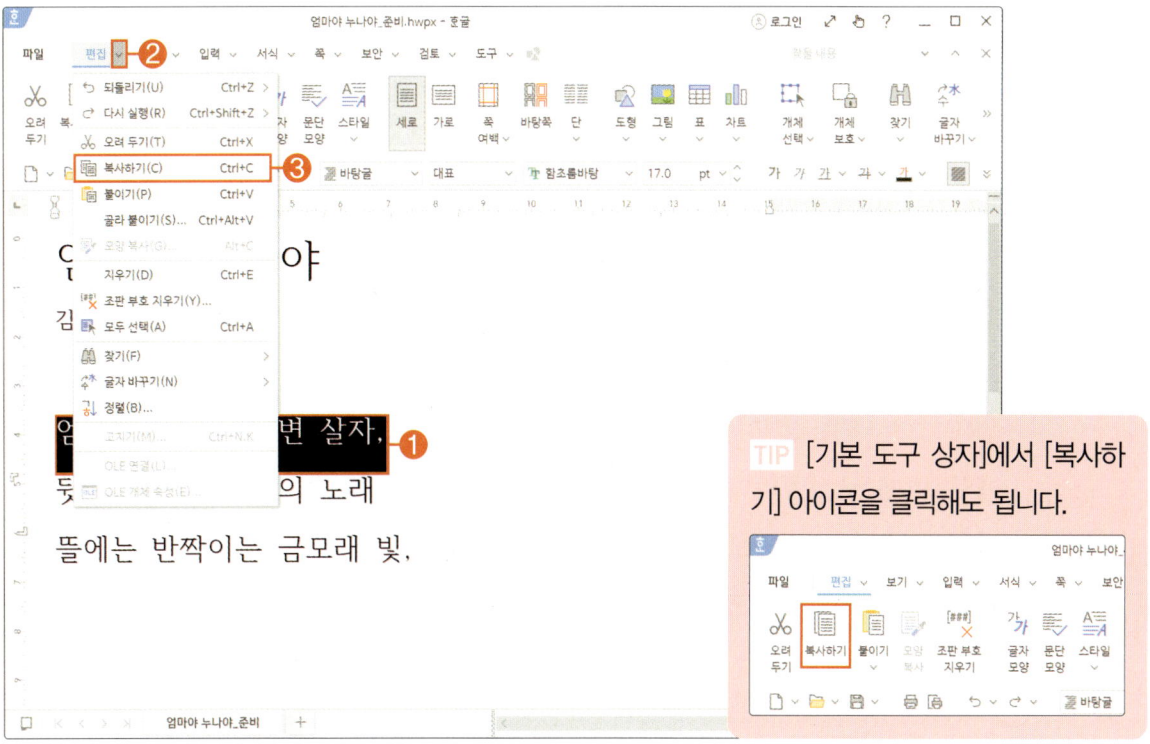

TIP [기본 도구 상자]에서 [복사하기] 아이콘을 클릭해도 됩니다.

Hangul 2022

3 복사한 내용을 붙일 위치에 ❶ 마우스를 클릭하고 ❷ [편집] 탭의 ∨를 눌러 ❸ [붙이기]를 클릭합니다.

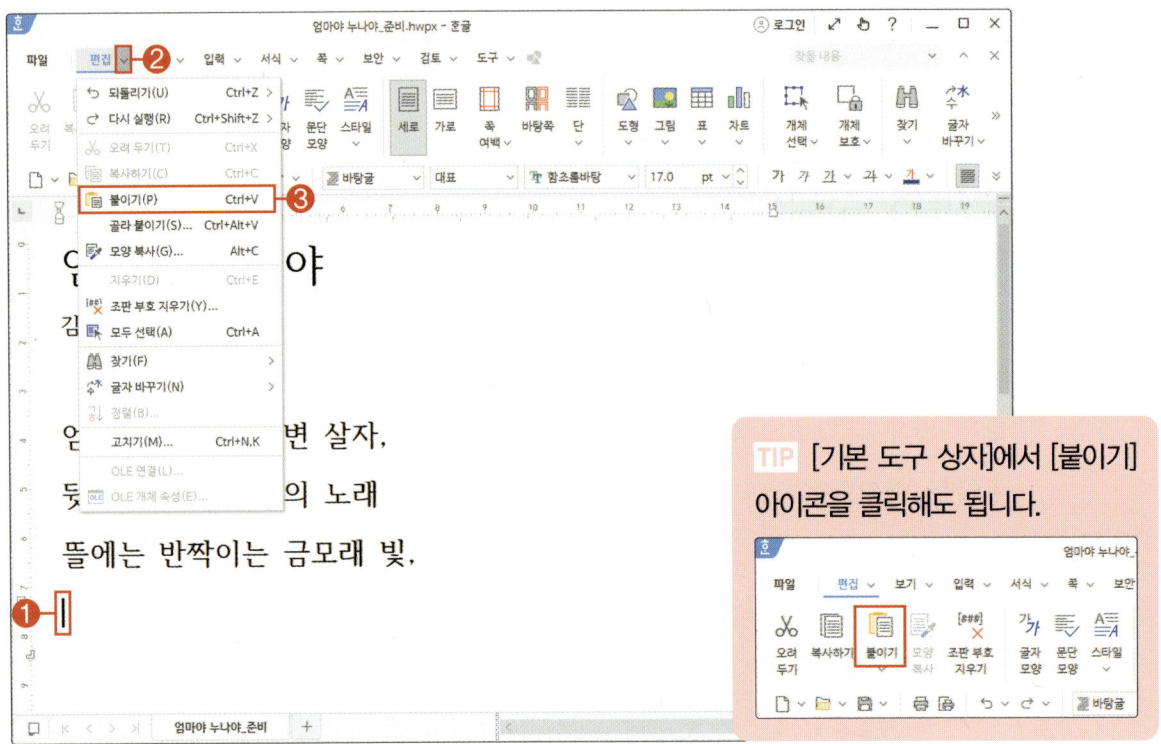

TIP [기본 도구 상자]에서 [붙이기] 아이콘을 클릭해도 됩니다.

4 복사해 둔 내용이 마지막 줄에 입력된 것을 확인할 수 있습니다. ❶ 이제 쉼표(,)를 마침표(.)로 수정합니다.

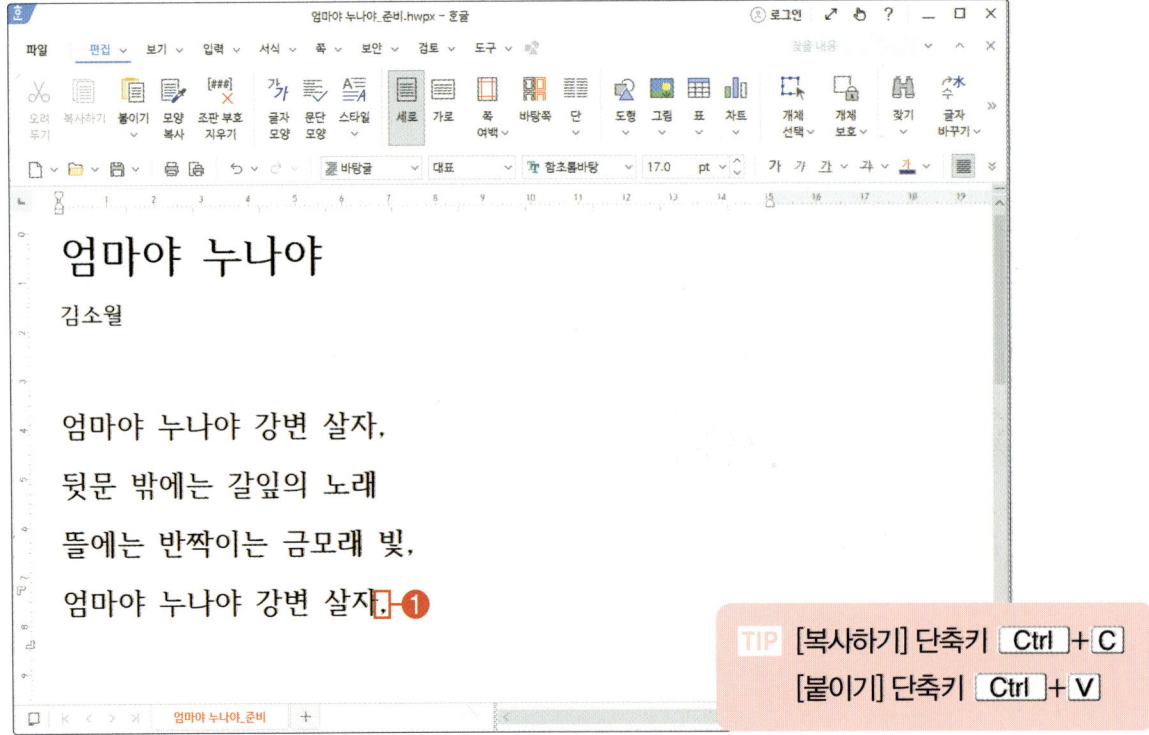

TIP [복사하기] 단축키 Ctrl + C
[붙이기] 단축키 Ctrl + V

마우스를 클릭해서 블록 설정하기

원하는 영역을 블록으로 설정하려면 단축키나 마우스 드래그 등 여러 가지 방법을 사용할 수 있습니다. 여기서는 마우스를 클릭해서 빠르고 쉽게 블록을 설정하는 방법을 알아봅니다.

❶ '엄마야' 부분을 두 번 클릭합니다.

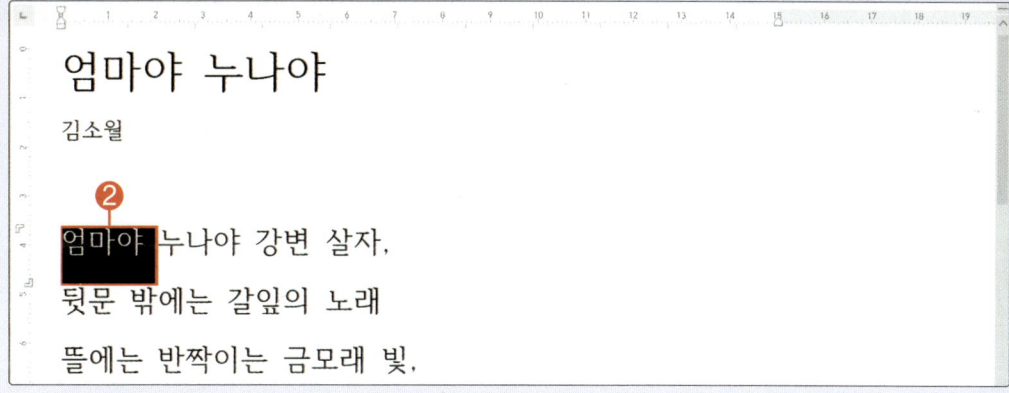

❷ '엄마야' 부분이 블록으로 설정됩니다. 이번에는 '엄마야' 부분을 세 번 클릭합니다.

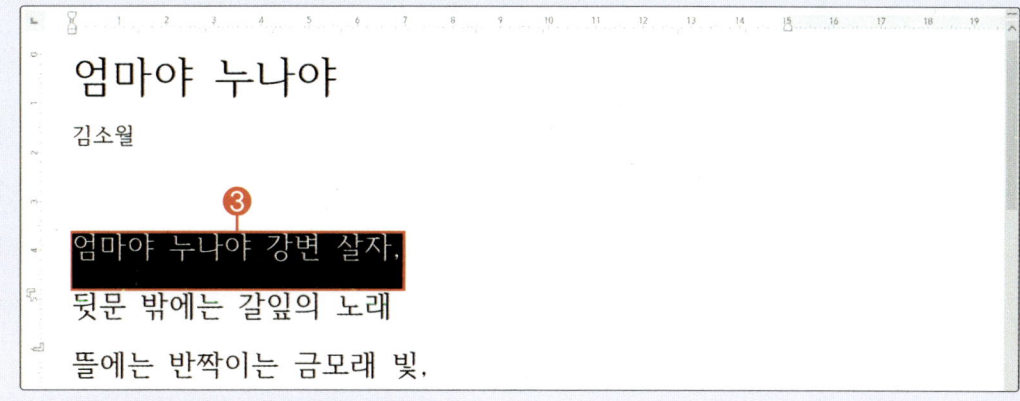

❸ 세 번 클릭하면 해당 줄이 모두 블록으로 설정됩니다.

오려서 붙이기

1 시의 2행과 3행의 위치를 바꾸기 위해 ❶ 2행을 블록으로 설정하고 ❷ [편집] 탭의 ∨를 눌러 ❸ [오려 두기]를 클릭합니다.

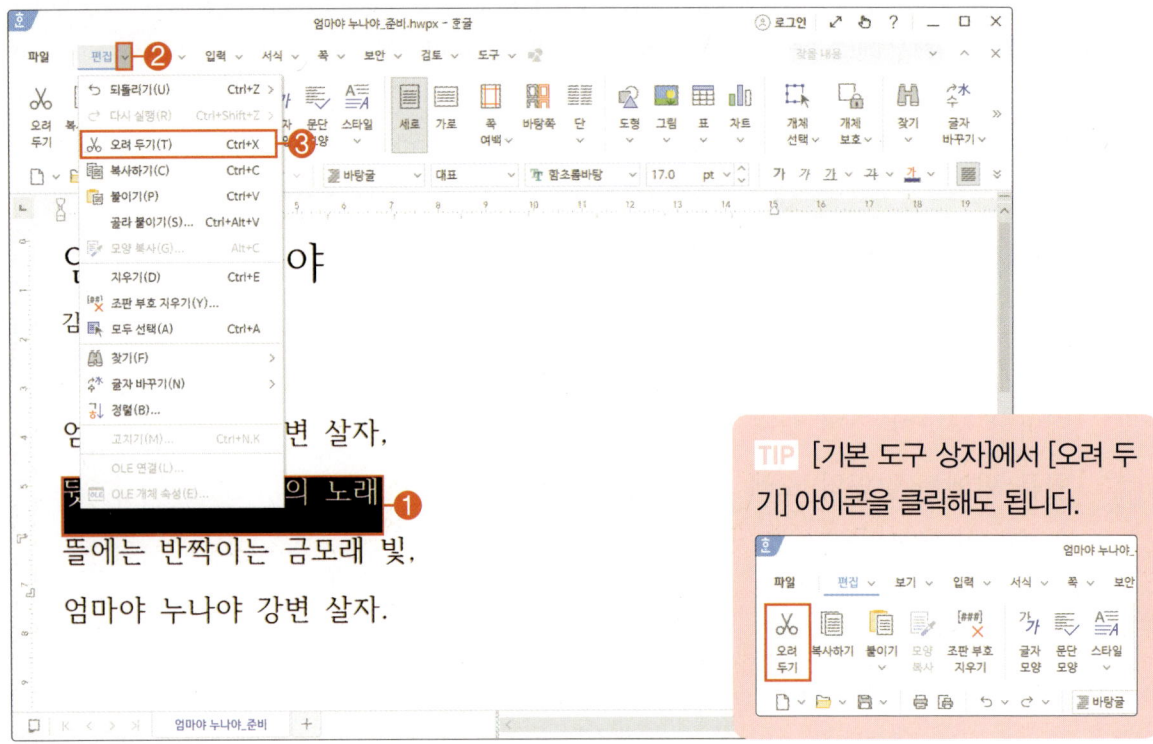

TIP [기본 도구 상자]에서 [오려 두기] 아이콘을 클릭해도 됩니다.

2 다음과 같이 ❶ Enter 키를 눌러 붙여 넣을 줄을 만들어 줍니다.

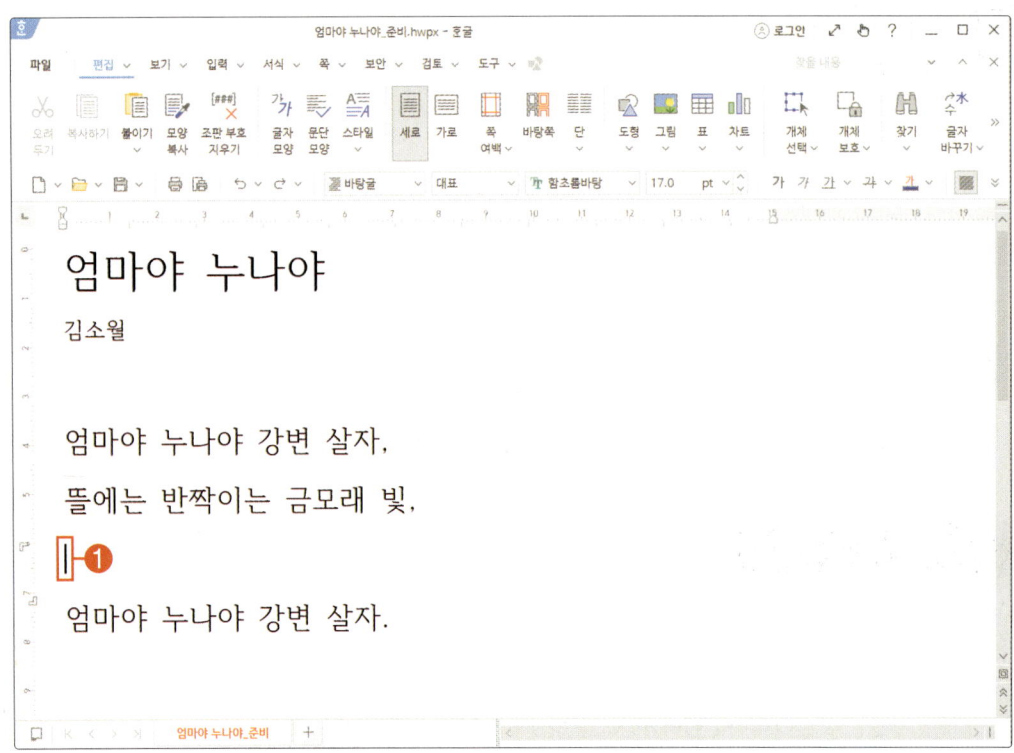

Section 03 | 복사하기 · 오려 두기 · 붙이기

3 ❶ [편집] 탭의 ∨를 눌러 ❷ [붙이기]를 클릭합니다.

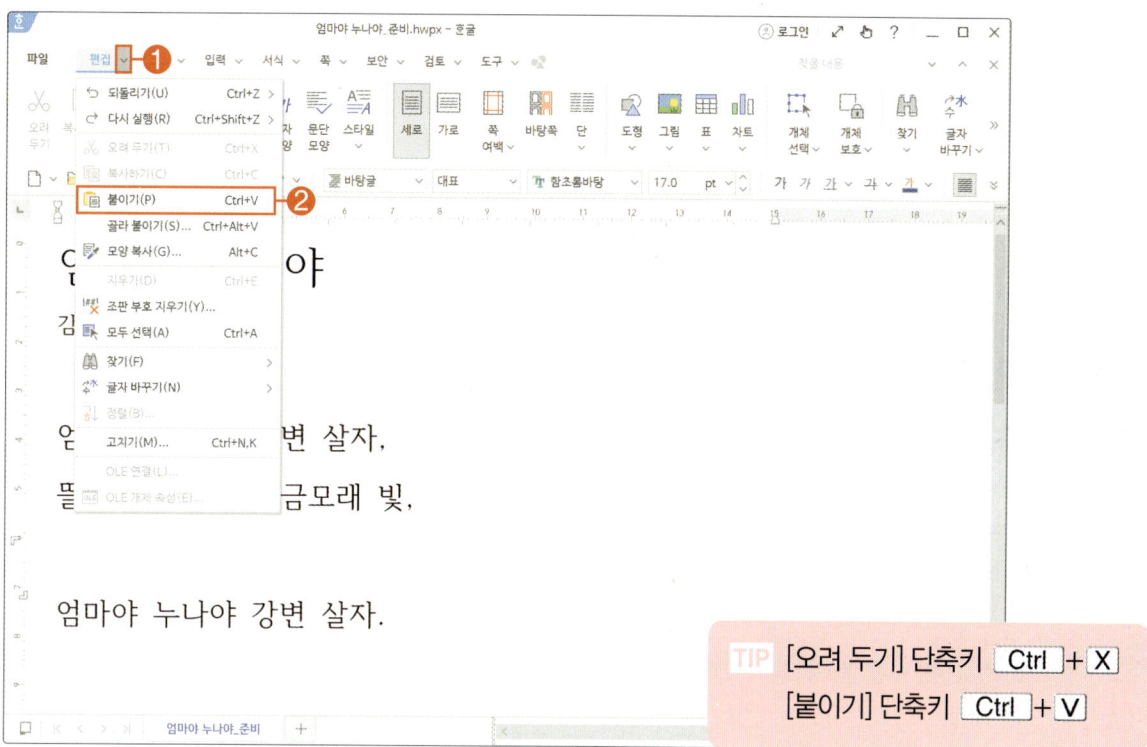

TIP [오려 두기] 단축키 Ctrl + X
[붙이기] 단축키 Ctrl + V

4 [복사하기]와 [오려 두기] 기능을 활용하여 시가 완성되었습니다.

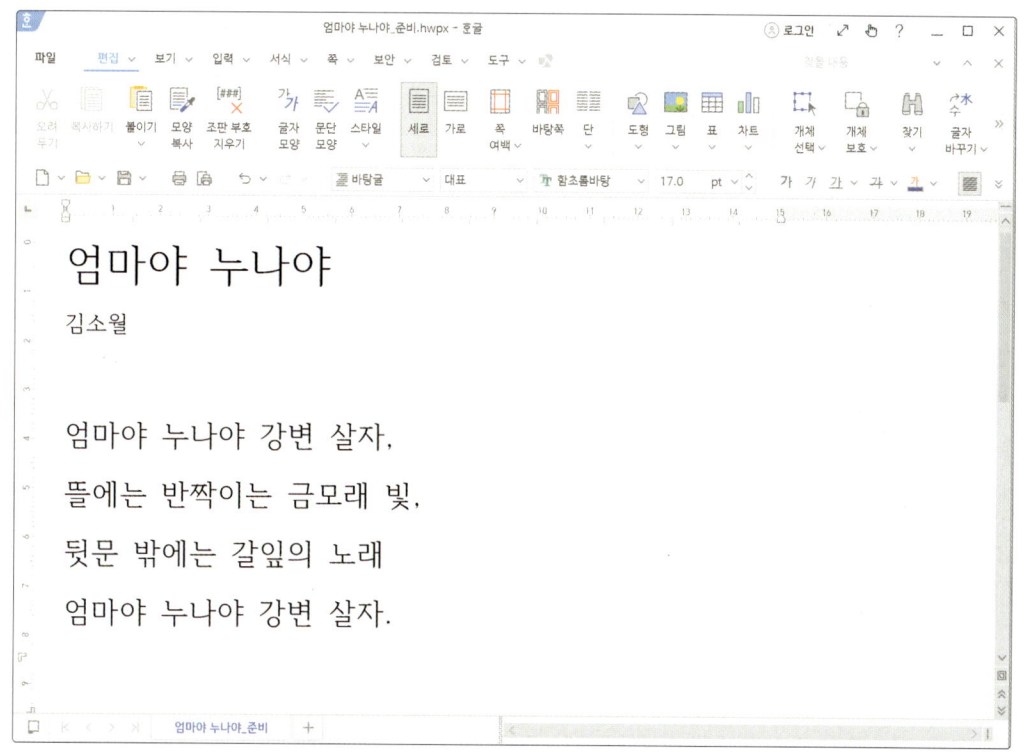

033

 **문제 풀어보기**

1 '직업체험 무료입장권_준비.hwpx' 파일을 열어서 [복사하기] 기능을 활용하여 다음과 같이 문서를 완성해 보세요.

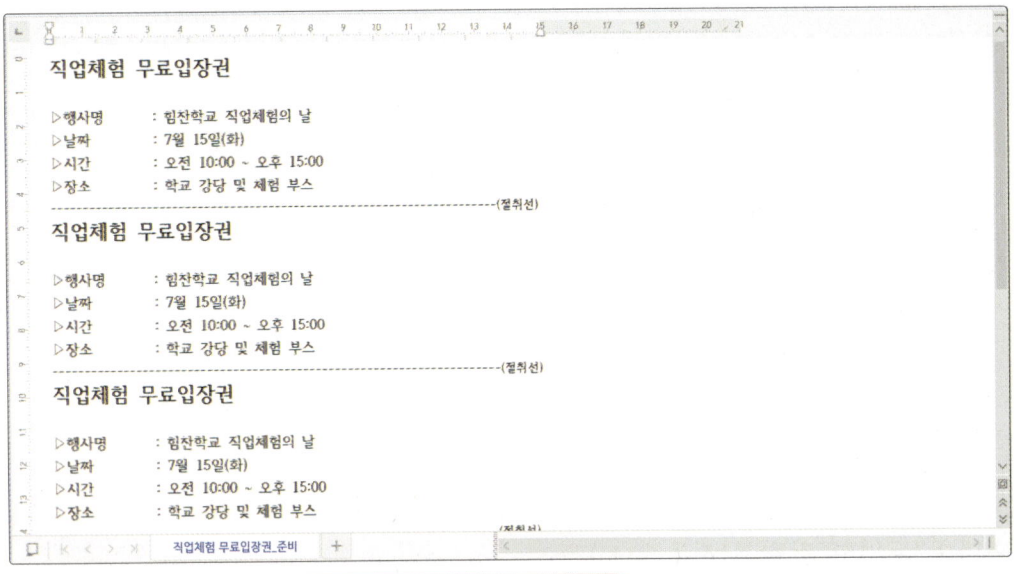

[파일] 탭의 ∨를 눌러 [복사하기]와 [붙이기] 기능 활용

2 '우리 모둠 친구들 생일_준비.hwpx' 파일을 열어서 [오려 두기] 기능을 활용하여 다음과 같이 이름을 가나다 순으로 정렬해 보세요.

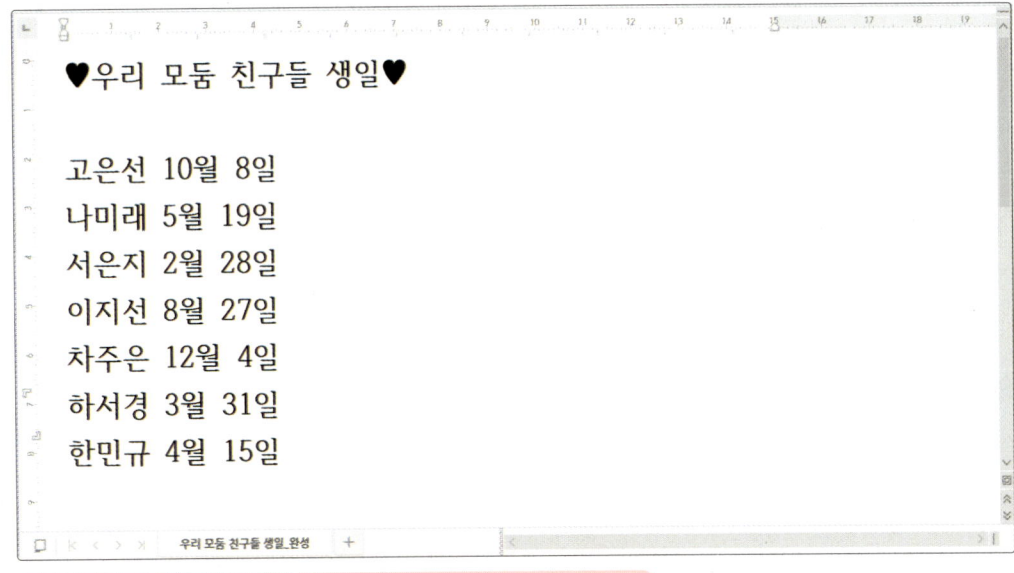

[파일] 탭의 ∨를 눌러 [오려 두기]와 [붙이기] 기능 활용

심화 문제 풀어보기

1 '내 인생을 바꾼 속담_준비.hwpx' 파일을 열어서 [복사하기] 기능을 활용하여 빈칸을 채워 보세요.

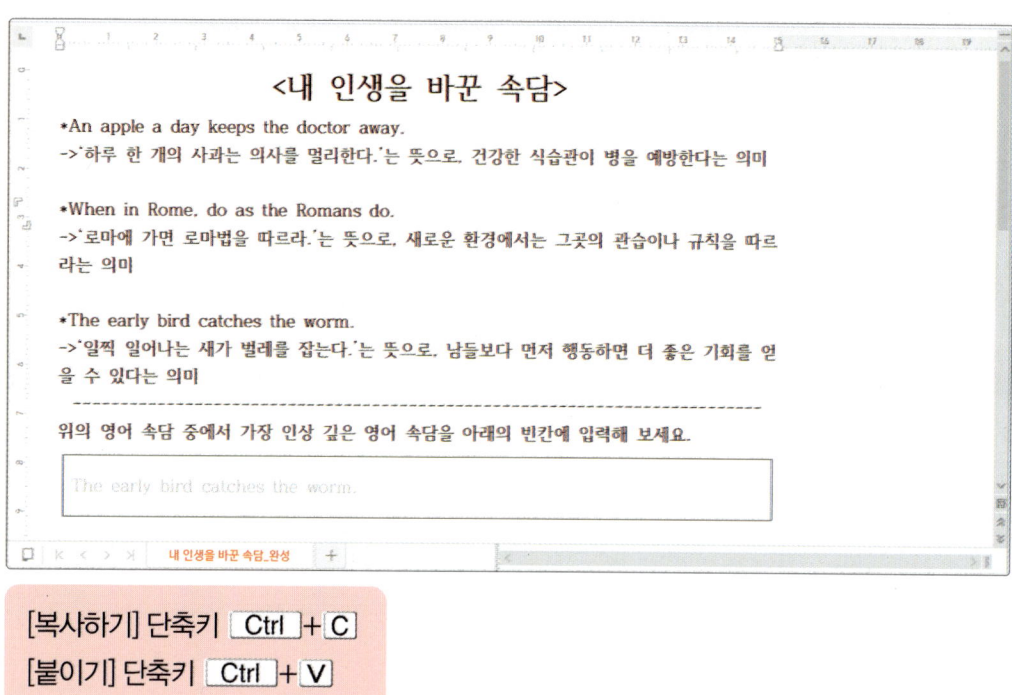

[복사하기] 단축키 Ctrl + C
[붙이기] 단축키 Ctrl + V

2 '3월 용돈기입장_준비.hwpx' 파일을 열어서 [오려 두기] 기능을 활용하여 다음과 같이 일 자순으로 정렬해 보세요.

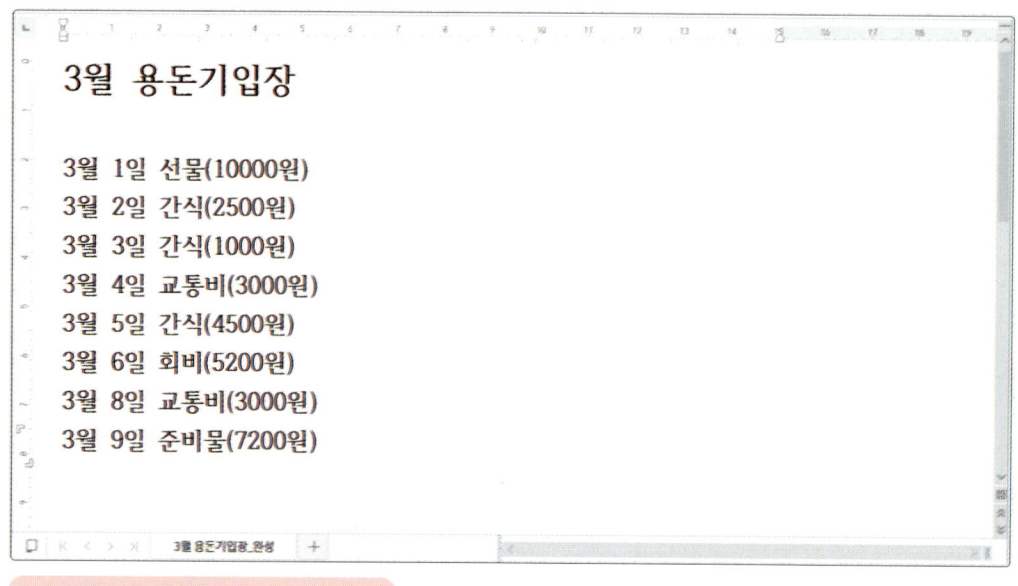

[오려 두기] 단축키 Ctrl + X
[붙이기] 단축키 Ctrl + V

Hangul 2022

04 SECTION
글자 모양과 문단 모양 설정하기

'글자 모양' 메뉴에서 글꼴, 글자 크기 등을 지정할 수 있습니다. 또한 글자 색, 기울임, 진하게, 밑줄, 그림자 등을 적용하여 글자를 다양하게 꾸밀 수 있습니다. 문단은 문맥에 따라 줄바꿈으로 구분하는 단위로, 한글에서는 Enter 키를 누르면 문단이 나뉩니다. '문단 모양' 메뉴에서는 문단의 여백, 들여쓰기/내어쓰기, 정렬 방식, 줄 간격, 문단 테두리 등을 설정할 수 있습니다.

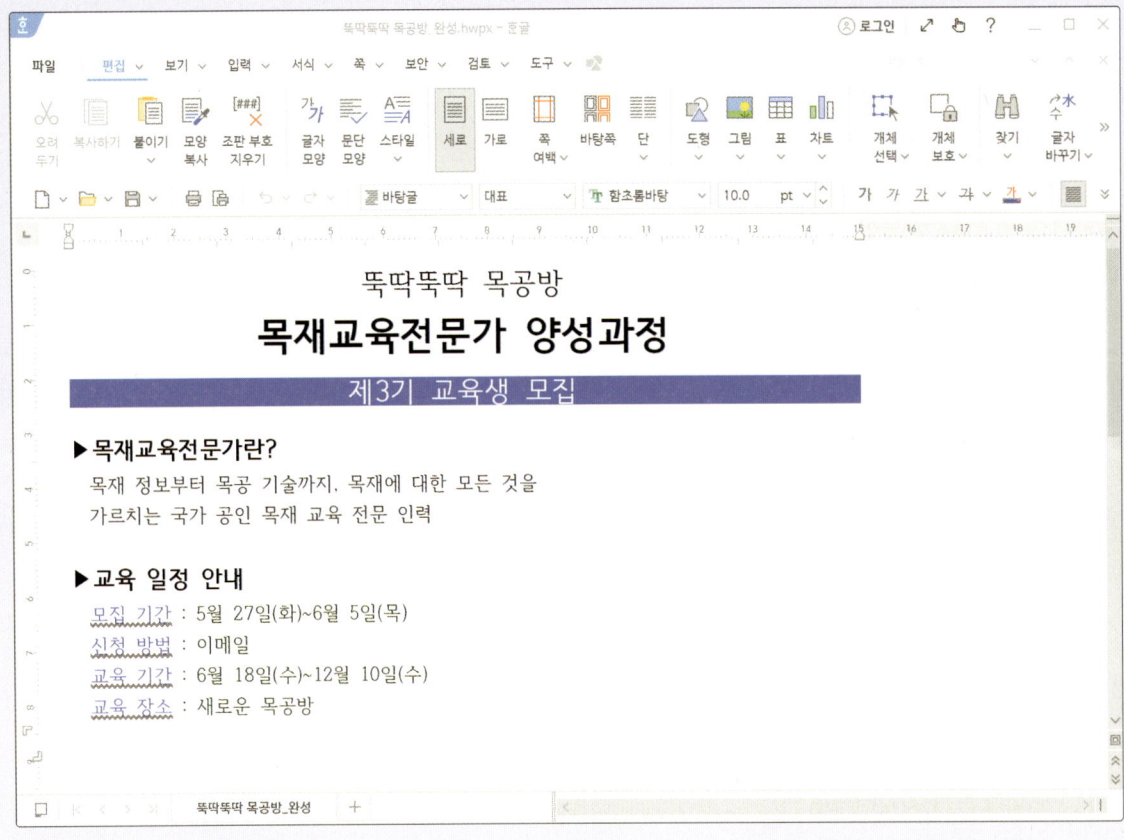

파일명 뚝딱뚝딱 목공방_완성.hwpx

MISSION
실습 1 글자 모양 설정하기
실습 2 문단 모양 설정하기
실습 3 모양 복사하기

CHECK POINT
포인트 1 글자 모양과 문단 모양은 빈번하게 사용되는 메뉴이니 단축키 사용이 익숙해지도록 실습해 보세요.
포인트 2 모양 복사 기능을 활용하면 문서 작성의 효율성을 높일 수 있어요.

실습 1 글자 모양 설정하기

1 '뚝딱뚝딱 목공방_준비.hwpx' 파일을 열고 ❶ '뚝딱뚝딱 목공방'을 드래그하여 블록으로 설정합니다. ❷ [서식] 탭의 ∨를 눌러 ❸ [글자 모양]을 클릭합니다.

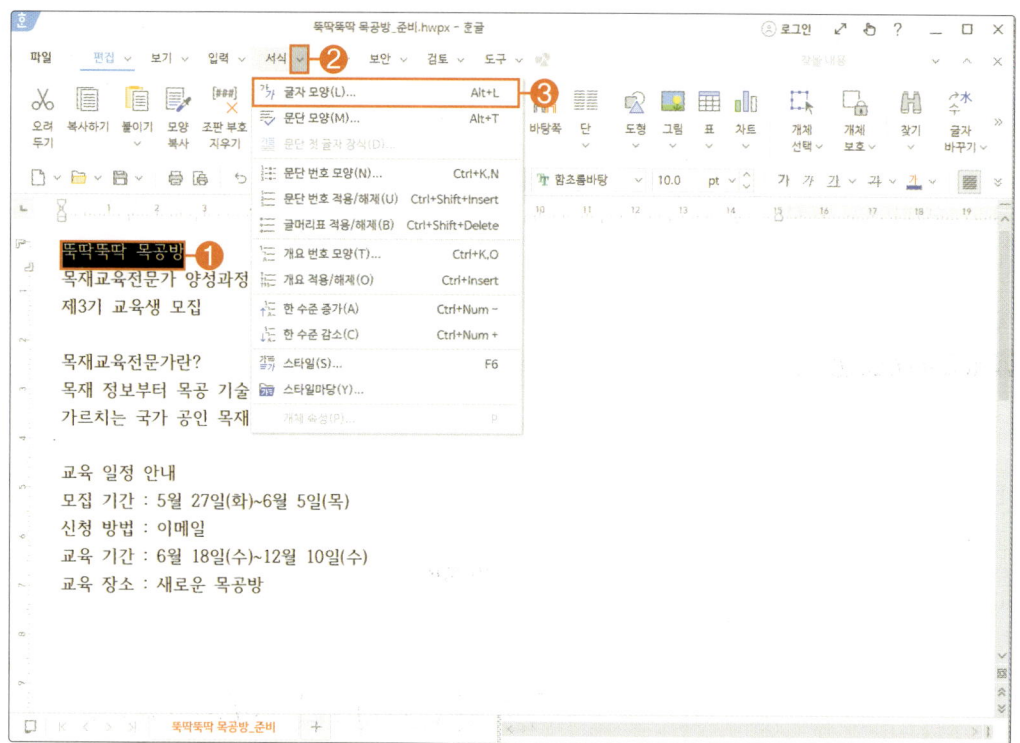

TIP [서식] 탭의 [기본 도구 상자]에서 [글자 모양] 아이콘을 클릭해도 됩니다.

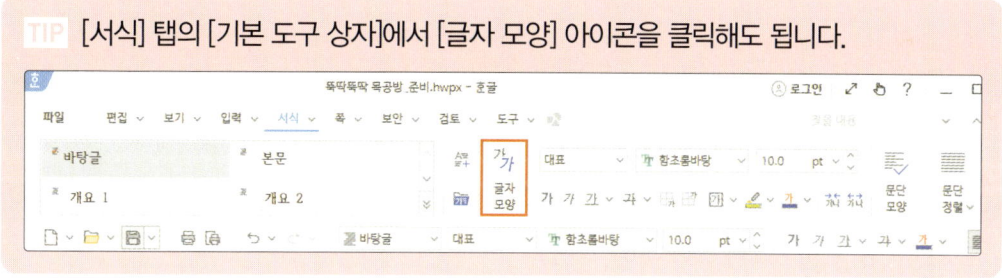

2 [글자 모양] 대화 상자가 열리면 ❶ '기준 크기'를 '15.0pt'로, ❷ '글꼴'을 '함초롬돋움'으로 변경하고 ❸ [설정]을 클릭합니다.

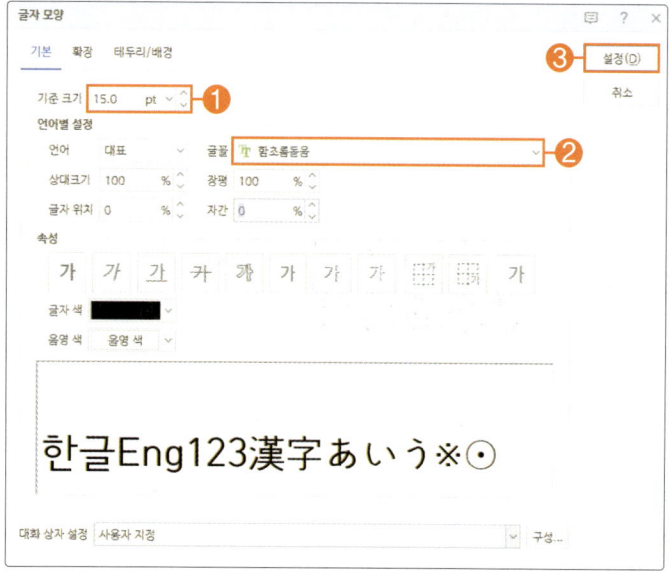

TIP [글자 모양] 단축키 Alt + L

Hangul 2022

3 ① '목재교육전문가 양성과정'을 드래그하여 블록으로 설정합니다. Alt + L 키를 눌러 [글자 모양] 대화 상자가 열리면 ② '기준 크기'를 '20.0pt'로, ③ '글꼴'을 '함초롬돋움'으로 변경합니다. ④ '속성'에서 '진하게'를 선택하고 ⑤ [설정]을 클릭합니다.

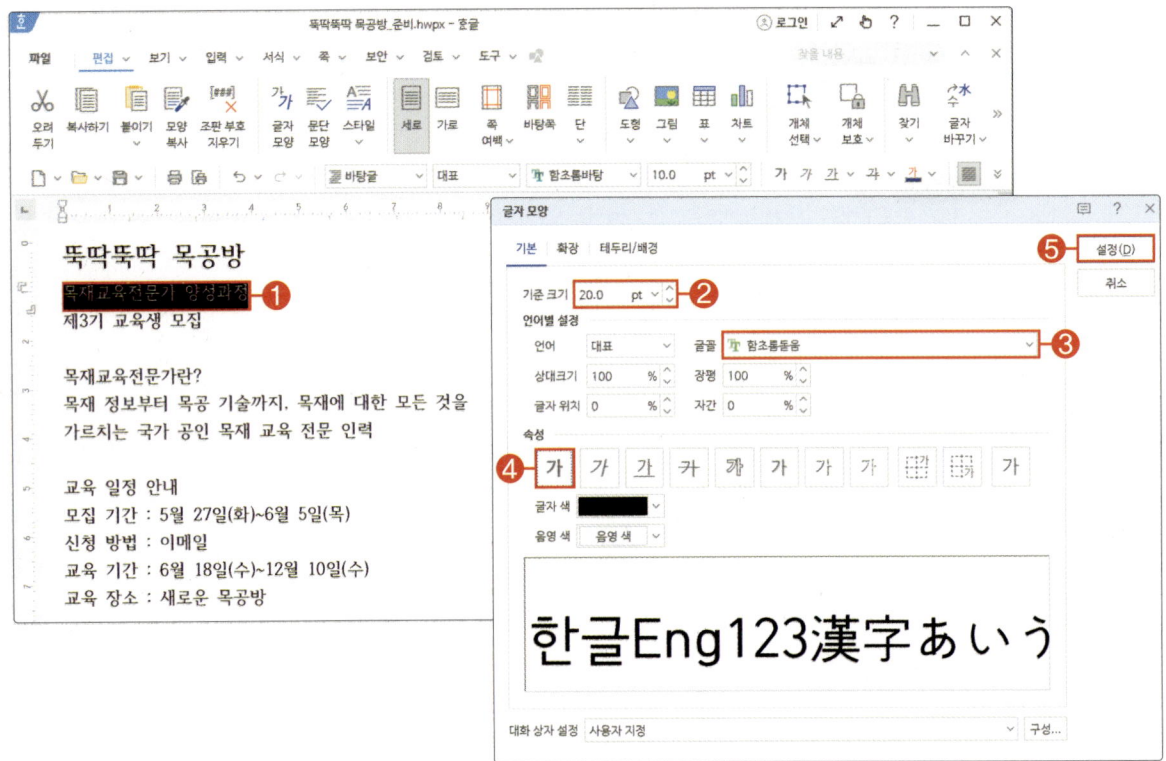

4 [글자 모양]은 [서식 도구 상자]에서 바로 설정할 수도 있습니다. ① '제3기 교육생 모집'을 드래그하여 블록으로 설정합니다. [서식 도구 상자]에서 ② '글꼴'을 '함초롬돋움'으로, ③ '기준 크기'를 '15.0pt'로 변경합니다.

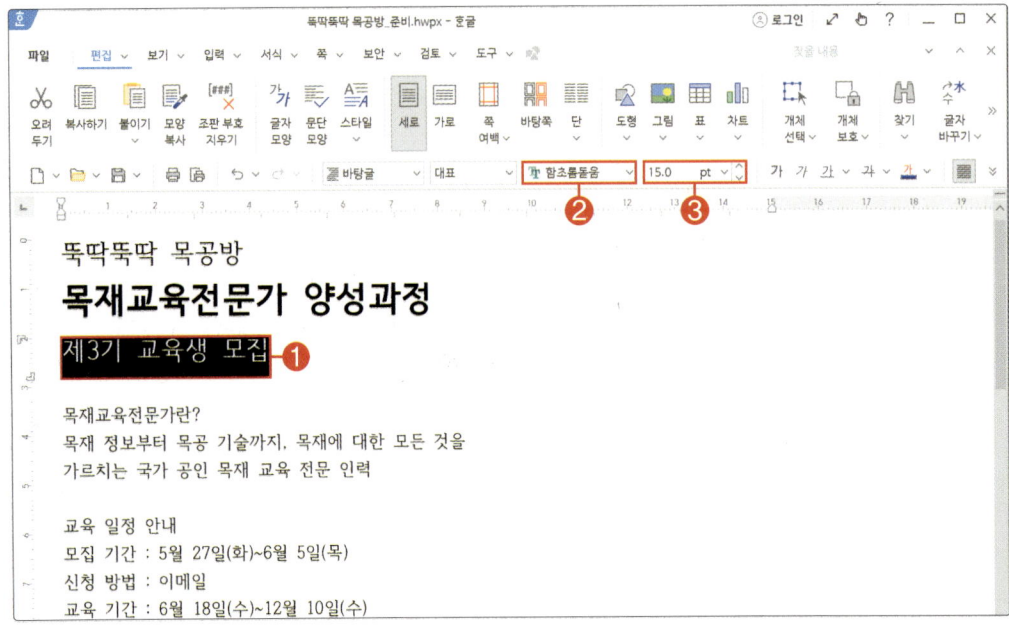

Section 04 | 글자 모양과 문단 모양 설정하기

5 '목재교육전문가란?' 앞에 ▶를 입력하고 ❶ 드래그하여 블록으로 설정합니다. [서식 도구 상자]에서 ❷ '글꼴'을 '함초롬돋움'으로, ❸ '기준 크기'를 '15.0pt'로 변경하고 ❹ '속성'에서 '진하게'를 선택합니다.

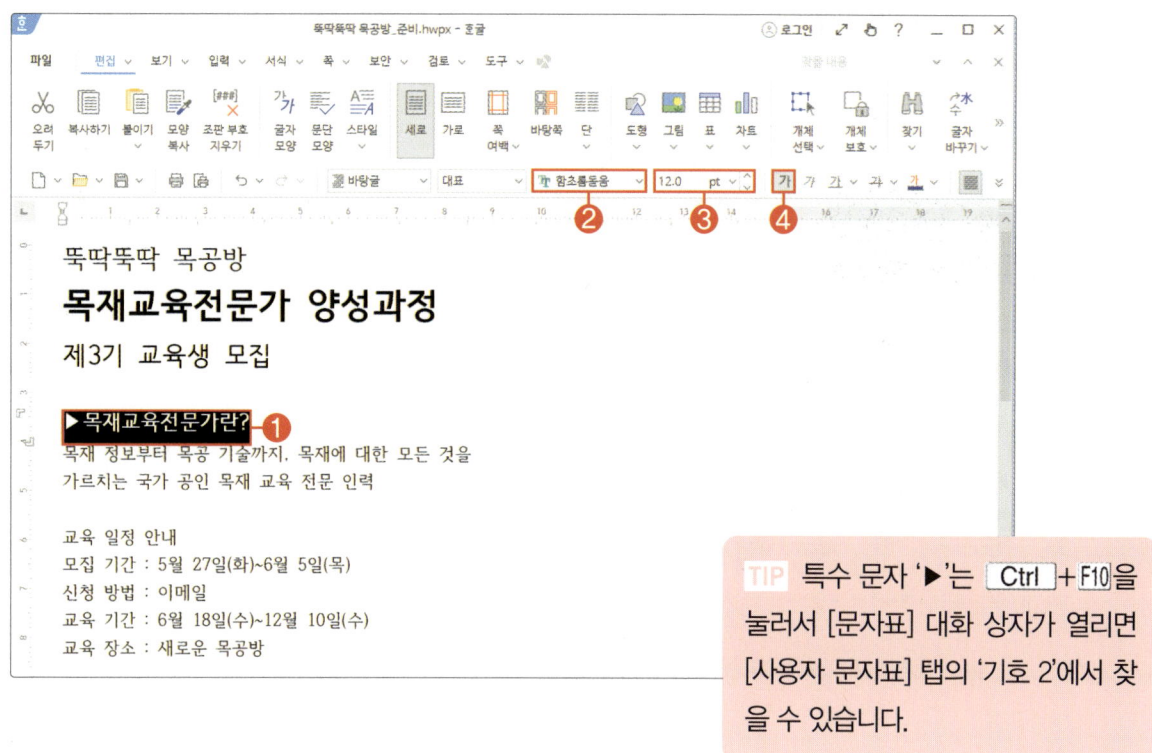

TIP 특수 문자 '▶'는 Ctrl + F10을 눌러서 [문자표] 대화 상자가 열리면 [사용자 문자표] 탭의 '기호 2'에서 찾을 수 있습니다.

6 ❶ '교육 일정 안내' 앞에도 ▶를 입력하고 '글꼴'을 '함초롬돋움'으로, '기준 크기'를 '15.0pt'로 변경하고 '속성'에서 '진하게'를 설정합니다.

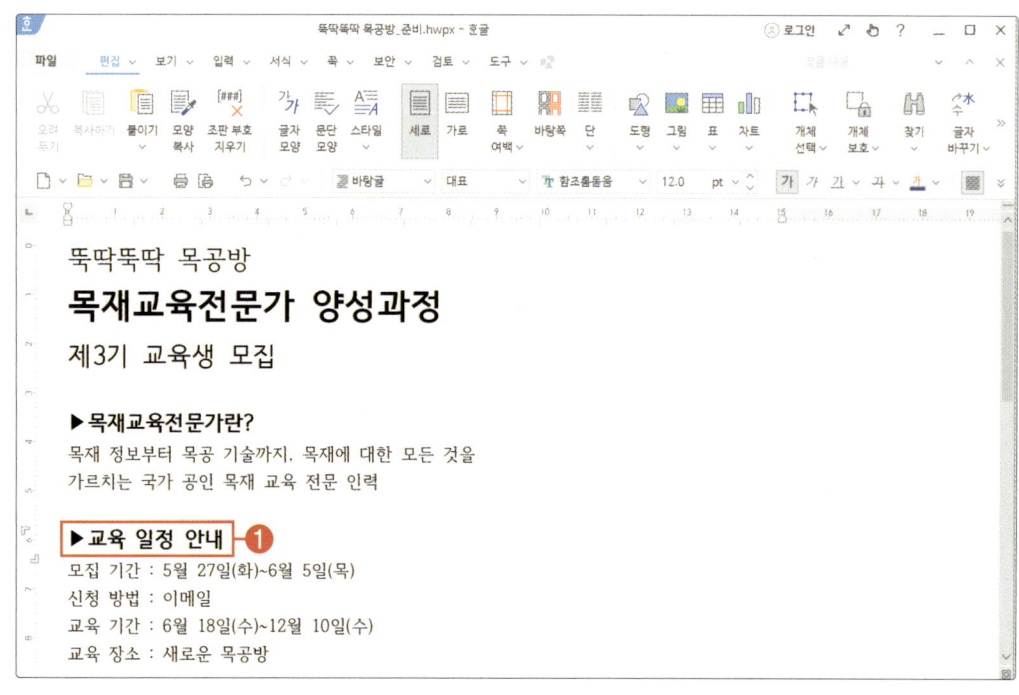

실습 2 문단 모양 설정하기

1 ① 첫 번째와 두 번째 줄을 드래그하여 블록으로 설정합니다. ② [서식] 탭의 ∨를 눌러 ③ [문단 모양]을 클릭합니다.

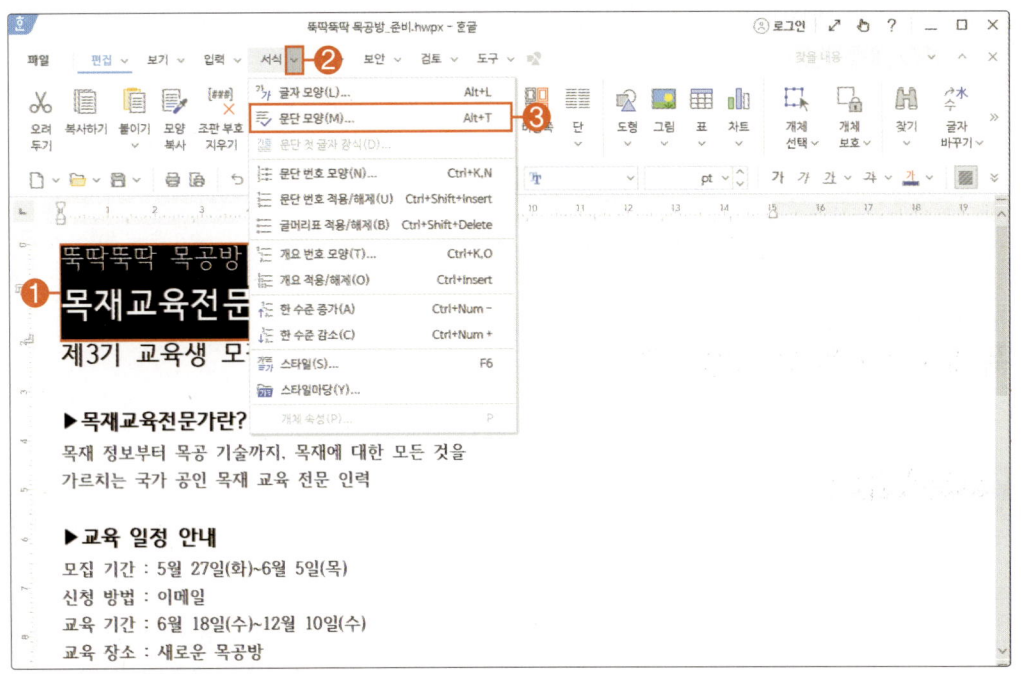

TIP [서식] 탭의 [기본 도구 상자]에서 [문단 모양] 아이콘을 클릭해도 됩니다.

2 [문단 모양] 대화 상자가 열리면 ① [기본] 탭에서 ② '정렬 방식'을 '가운데 정렬'로 선택하고 ③ [설정]을 클릭합니다.

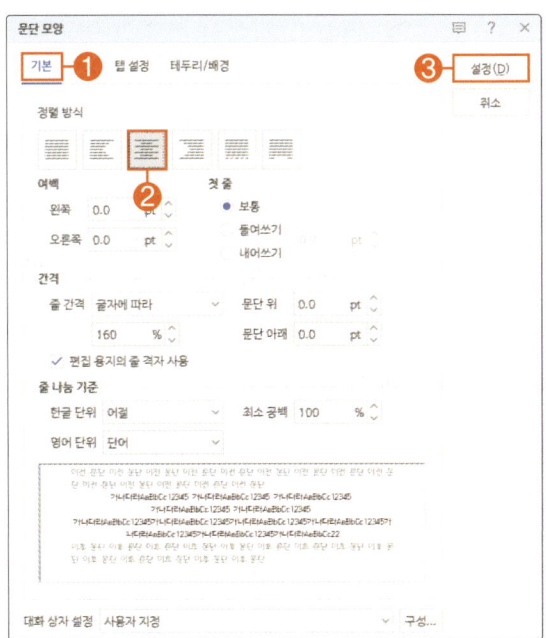

TIP [문단 모양] 단축키 Alt + T

040

Section 04 | 글자 모양과 문단 모양 설정하기

3 ❶ '제3기 교육생 모집'을 드래그하여 블록으로 설정합니다.

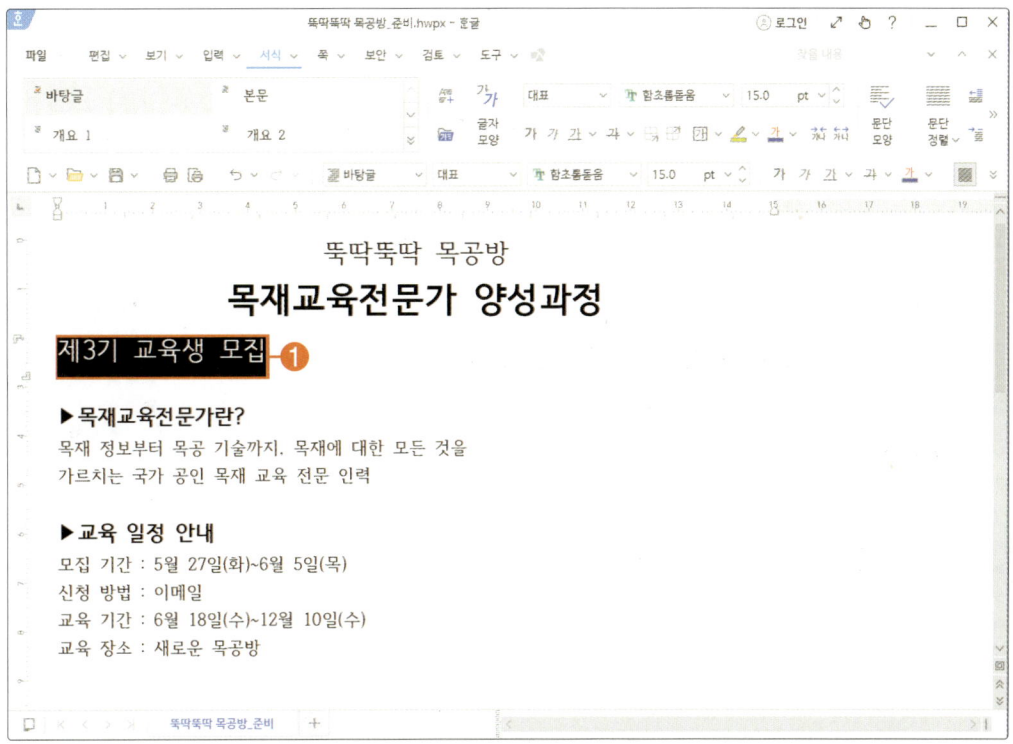

4 Alt + T 키를 눌러 [문단 모양] 대화 상자가 열리면 ❶ [기본] 탭에서 ❷ '정렬 방식'을 '가운데 정렬'로 선택하고 ❸ '줄 간격'을 '100%'로 변경합니다. ❹ [테두리/배경] 탭에서 ❺ '면 색'의 ∨를 눌러 ❻ '파랑'으로 선택하고 ❼ [설정]을 클릭합니다.

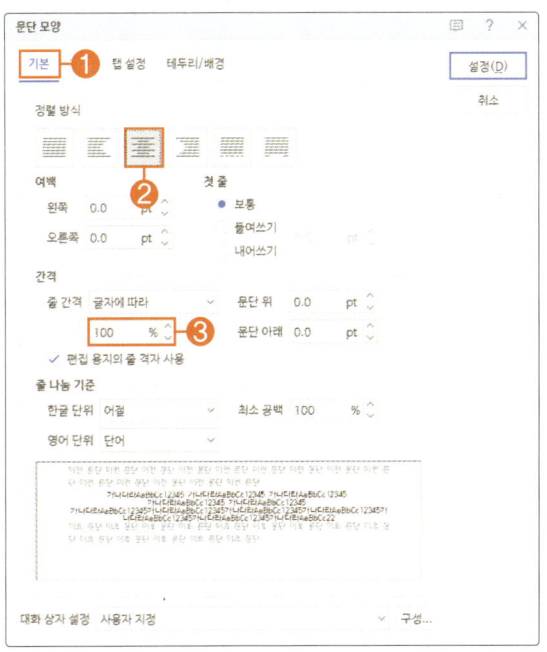 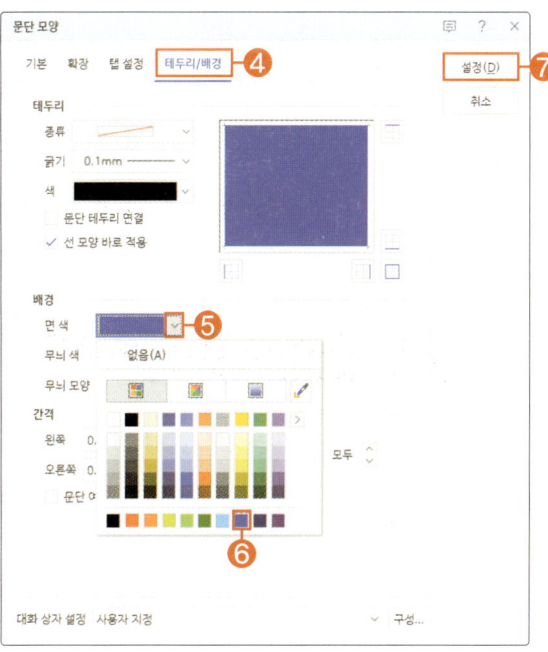

041

Hangul 2022

5 블록 설정을 유지한 상태에서 [서식 도구 상자]의 ❶ '글자 색'에서 ∨를 눌러 ❷ '하양'을 선택합니다.

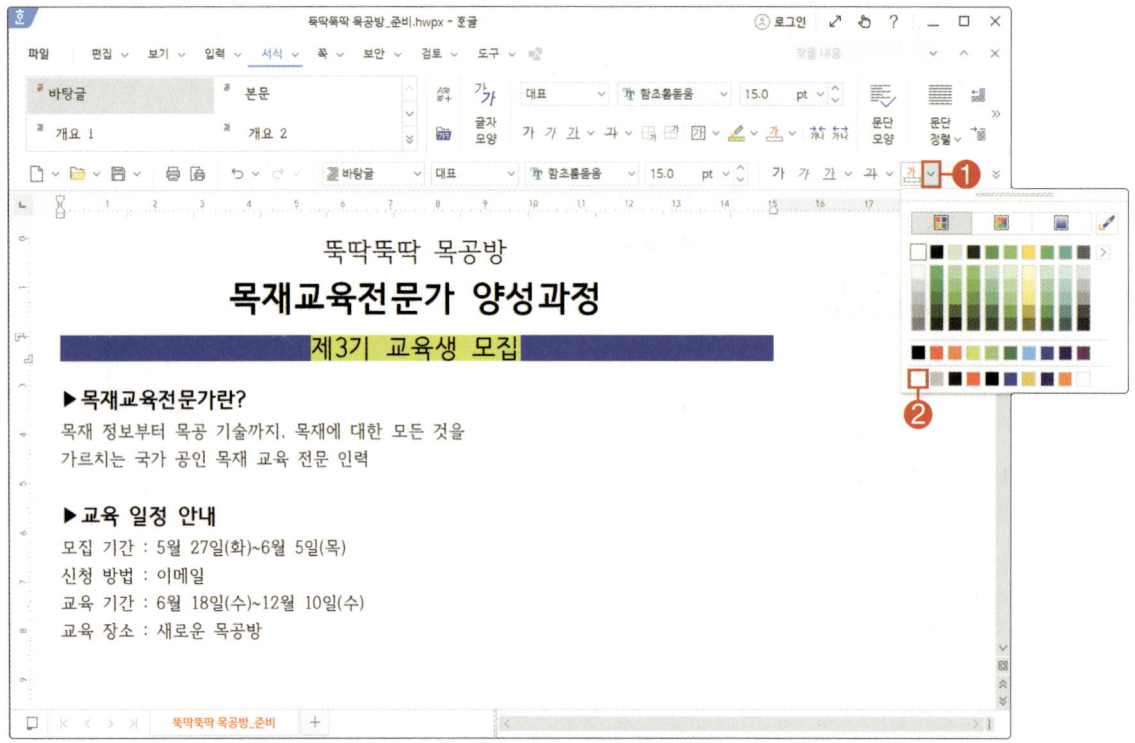

6 ❶ 다음과 같이 해당 내용을 드래그하여 블록으로 설정합니다.

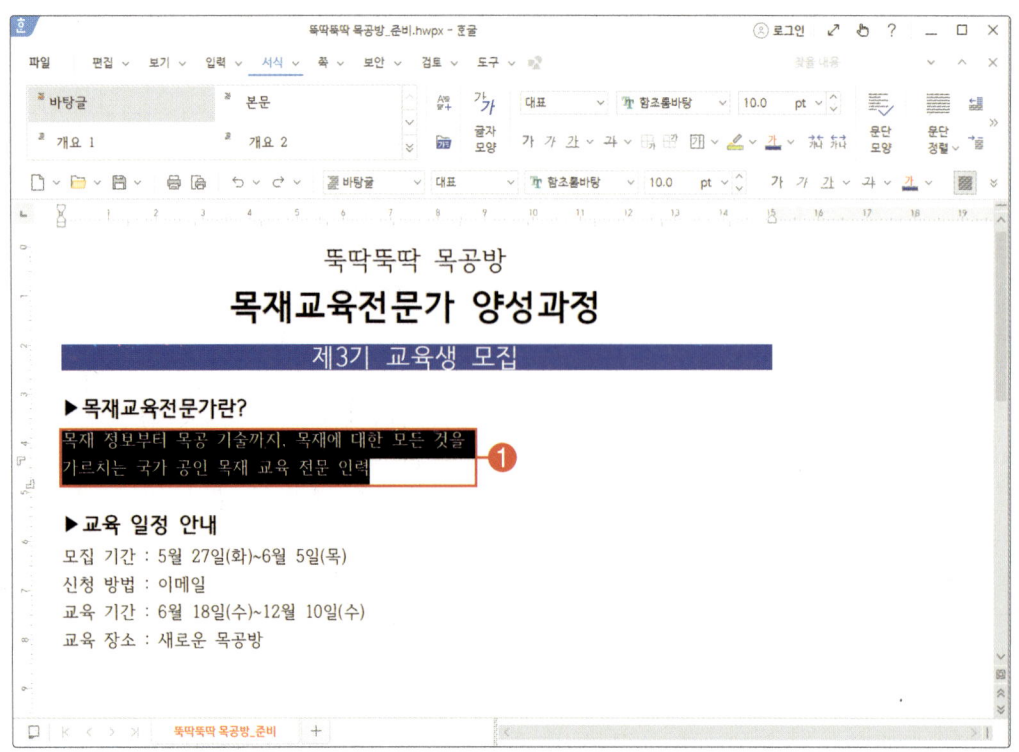

Section 04 | 글자 모양과 문단 모양 설정하기

7 Alt + T 키를 눌러 [문단 모양] 대화 상자가 열리면 ❶ [기본] 탭에서 ❷ '여백' 중 '왼쪽'을 '10.0pt'로 변경하고 ❸ [설정]을 클릭합니다.

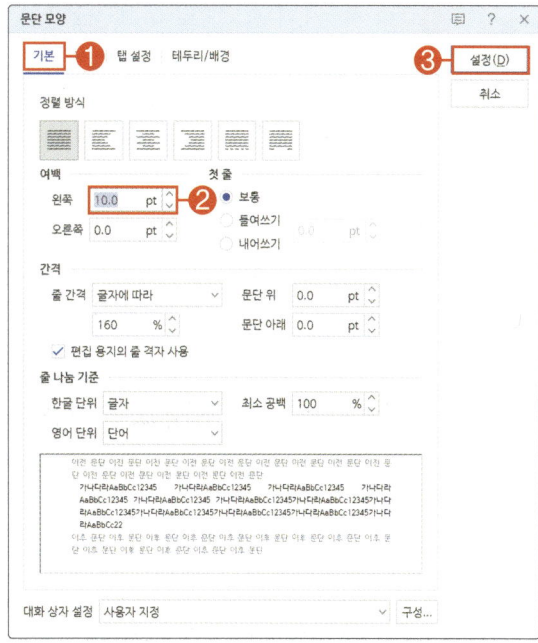

8 ❶ '교육 일정 안내'의 내용도 다음과 같이 드래그하여 블록으로 설정하고 Alt + T 키를 누릅니다. [문단 모양] 대화 상자가 열리면 ❷ [기본] 탭에서 ❸ '여백' 중 '왼쪽'을 '10.0pt'로 변경하고 ❹ [설정]을 클릭합니다.

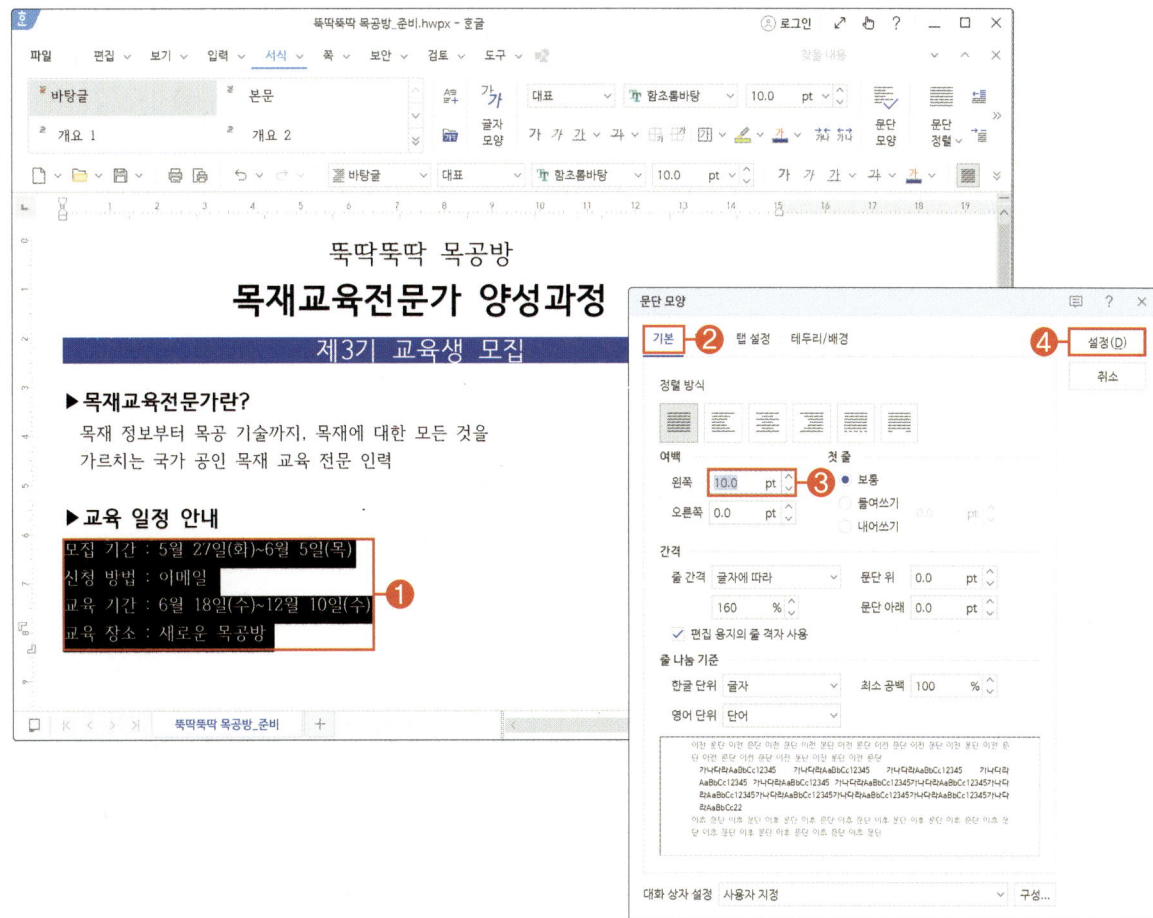

실습 3 모양 복사하기

1 ① '모집 기간'을 블록으로 설정하고 [서식 도구 상자]에서 ② '밑줄'의 ∨를 눌러서 ③ '이중 물결선'을 선택합니다. ④ '글자 색'도 마찬가지로 ∨를 눌러서 '파랑'을 선택합니다.

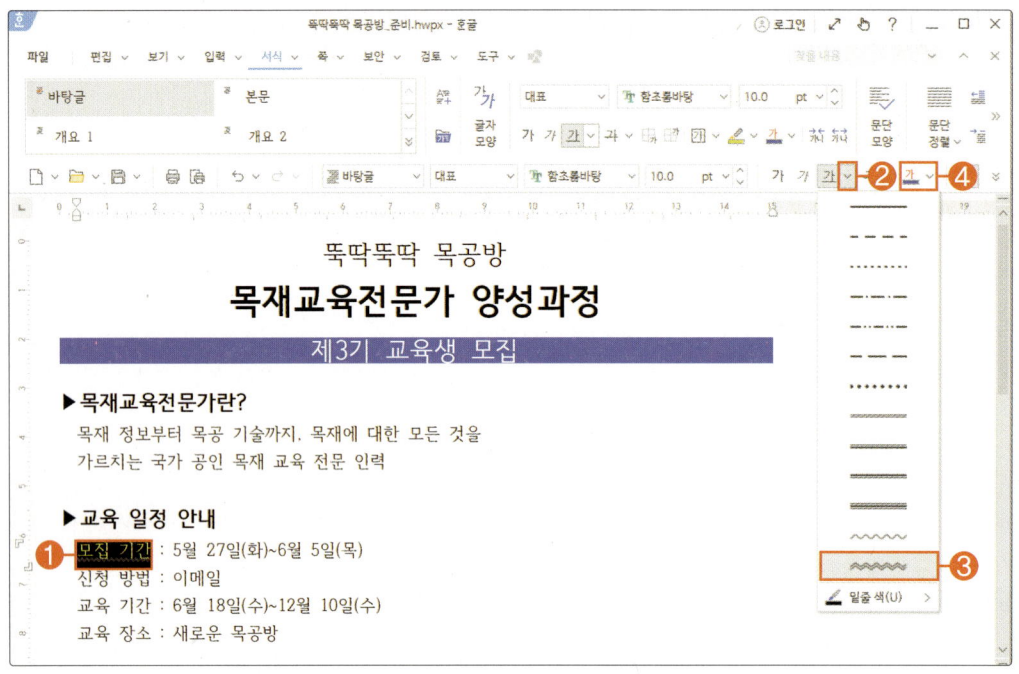

2 ① '모집 기간' 뒤에 마우스 커서를 놓고 ② [편집] 탭의 ∨를 눌러서 ③ [모양 복사]를 선택합니다. [모양 복사] 대화 상자가 열리면 ④ [글자 모양] 선택하고 ⑤ [복사]를 클릭합니다.

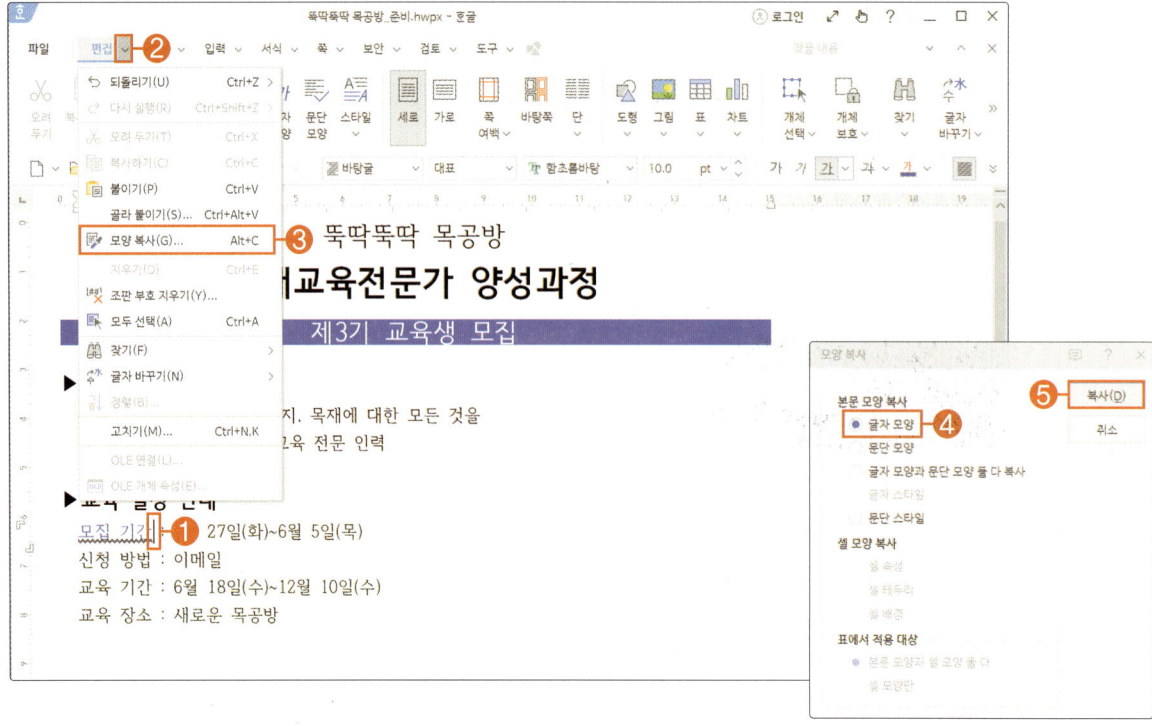

Section 04 | 글자 모양과 문단 모양 설정하기

3 ❶ '신청 방법'을 드래그하여 블록으로 설정하고 ❷ [편집] 탭에서 ❸ [모양 복사]를 클릭합니다.

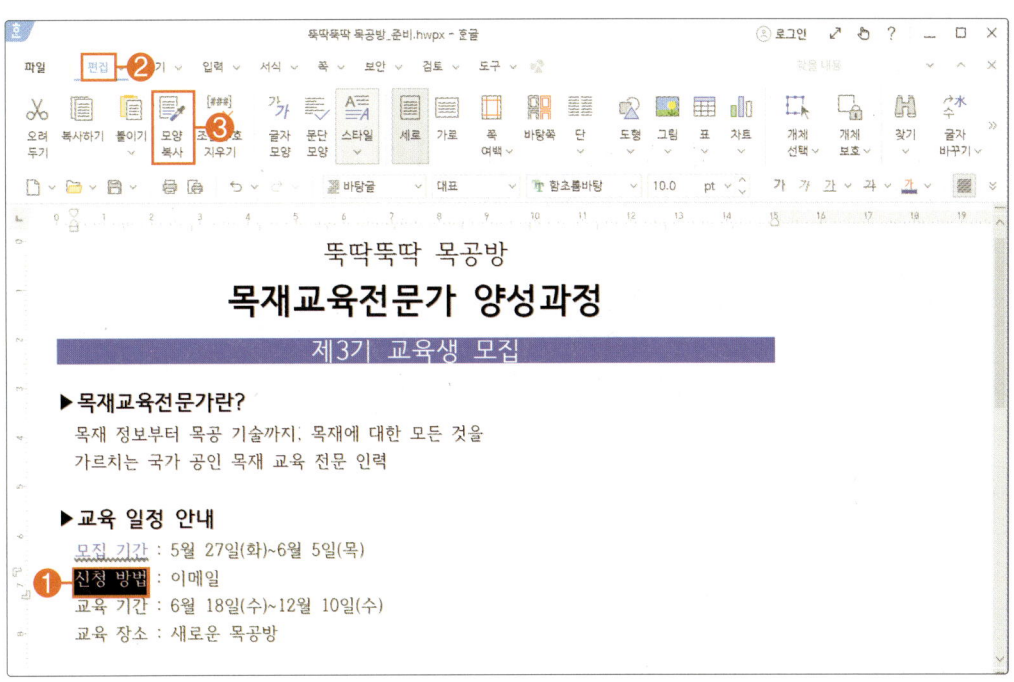

4 모양 복사할 부분을 블록으로 설정하고 [편집] 탭의 [모양 복사] 클릭하면 글자 모양이 바뀝니다. ❶ '교육 기간'과 '교육 장소'도 [모양 복사] 기능을 활용하여 글자 모양을 바꿔 봅니다.

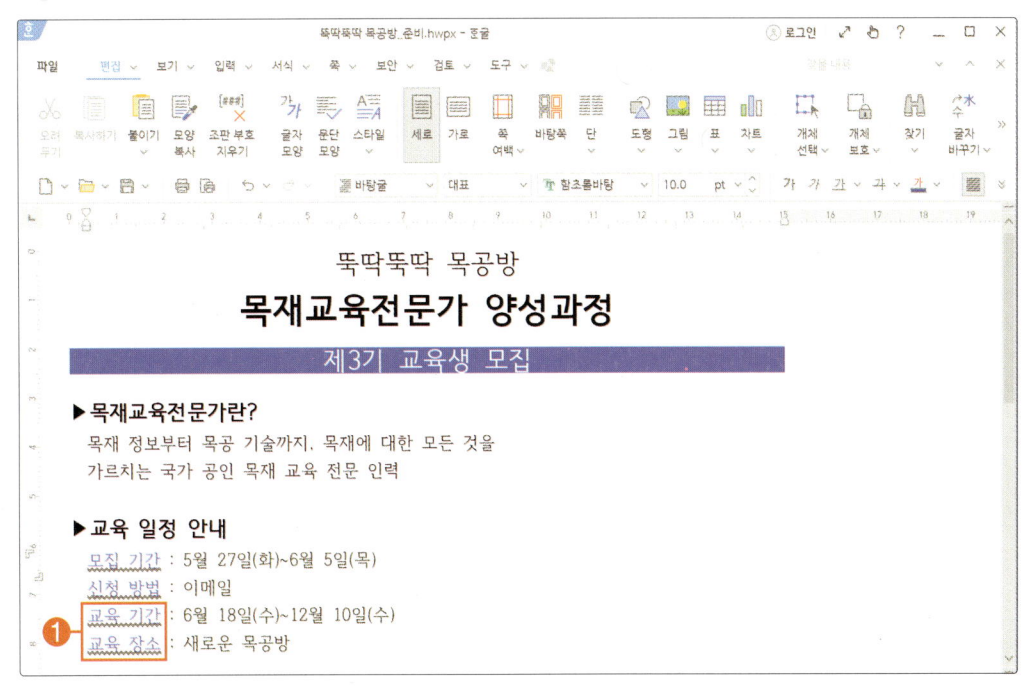

문제 풀어보기

1 '이화에 월백하고_준비.hwpx' 파일을 열어 [글자 모양]과 [문단 모양]을 변경해서 문서를 완성해 보세요.

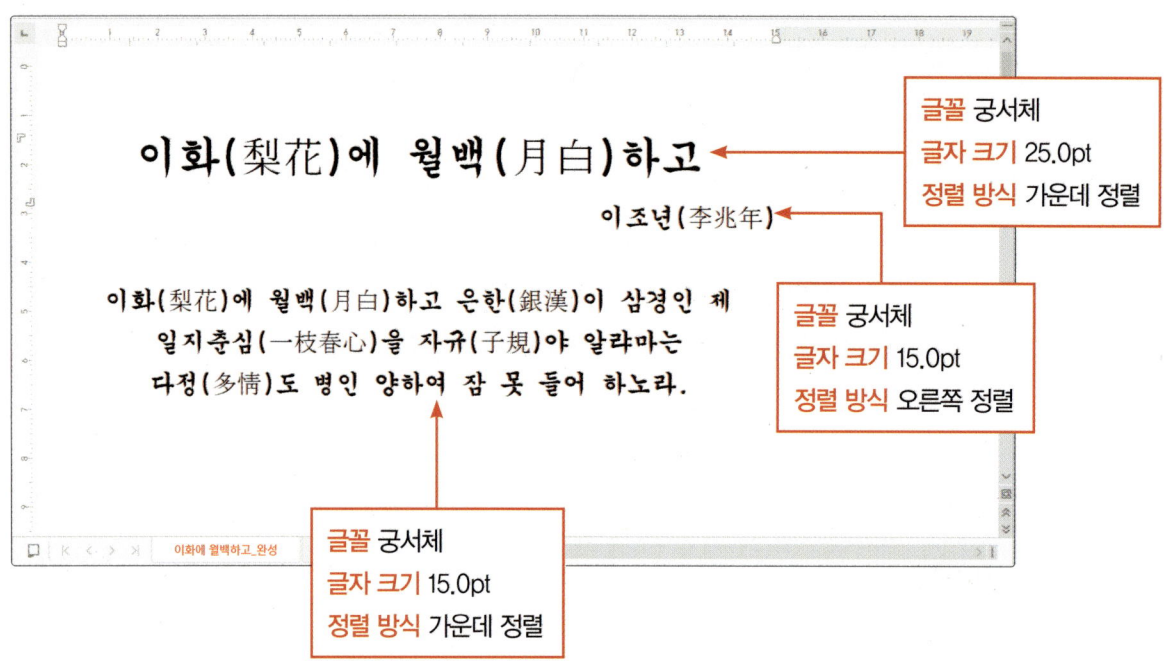

2 'ESG란 무엇인가_준비.hwpx' 파일을 열어 [글자 모양]과 [문단 모양]을 변경하고 [모양 복사]를 활용해서 문서를 완성해 보세요.

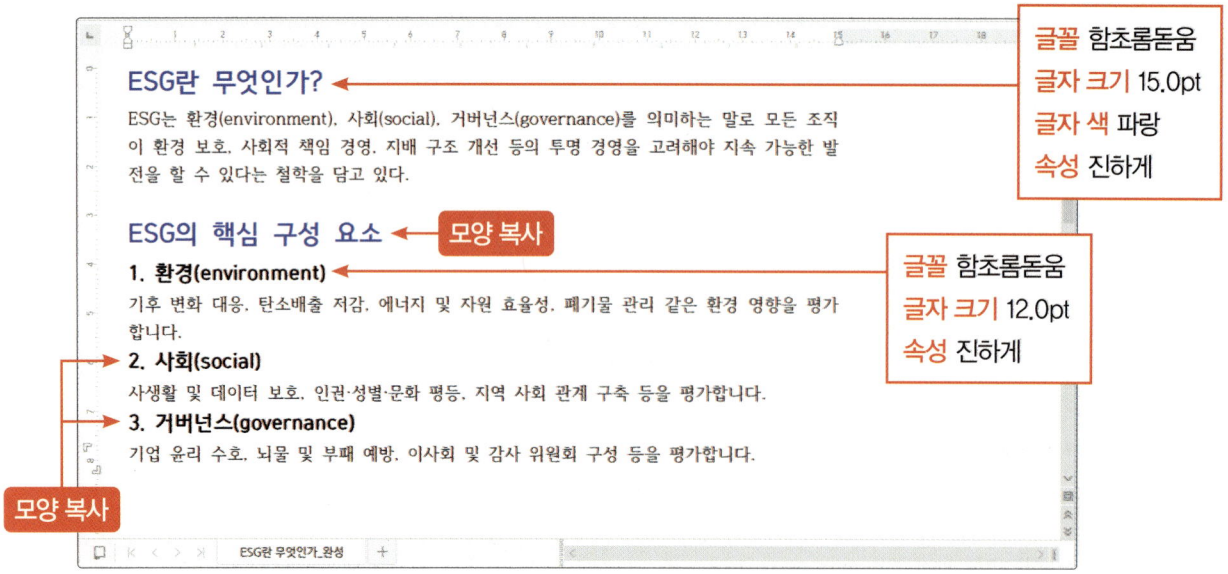

심화 문제 풀어보기

1 '디지털 드로잉 디자이너_준비.hwpx' 파일을 열어 [글자 모양]과 [문단 모양]을 변경하고 [모양 복사]를 활용해서 문서를 완성해 보세요.

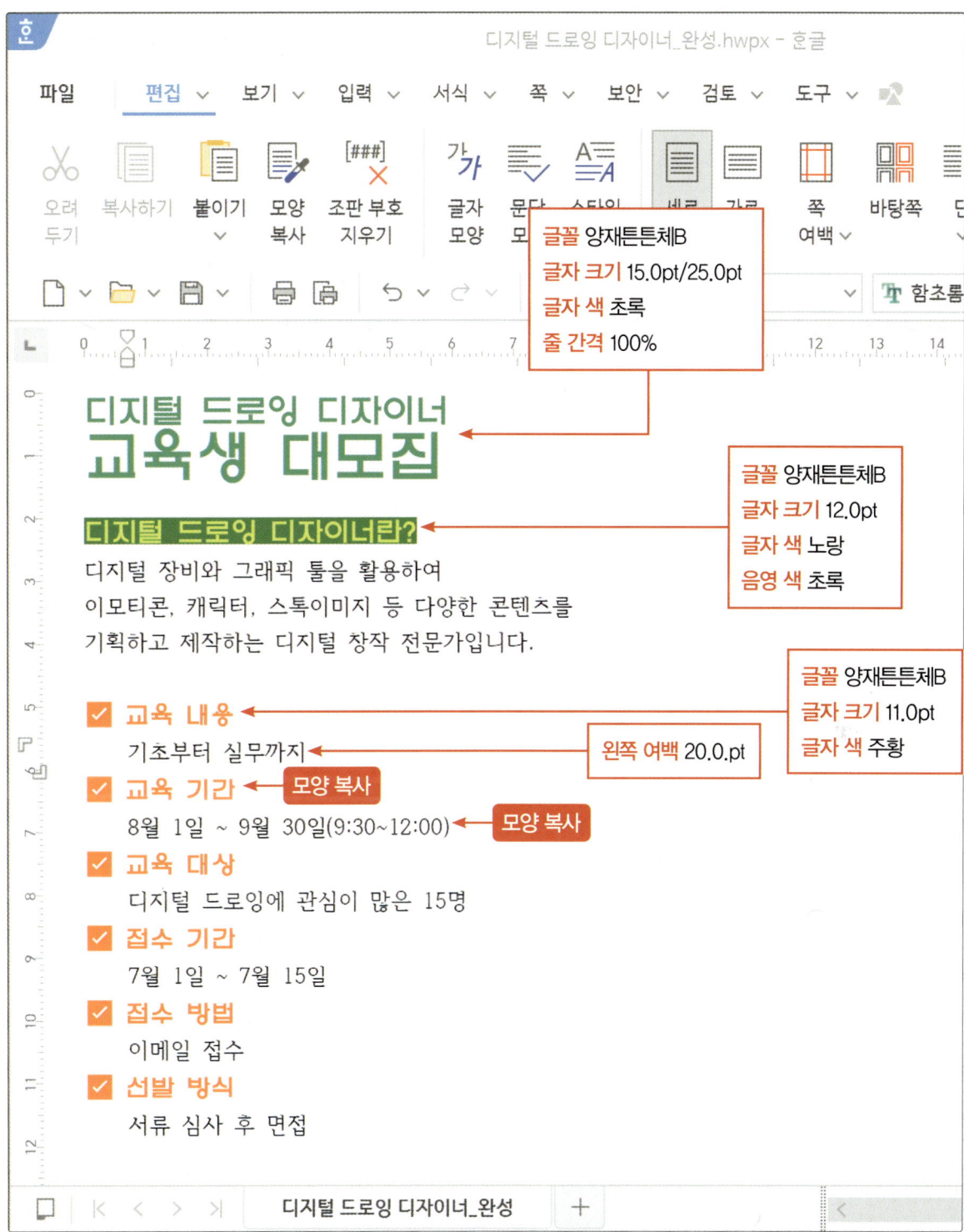

Hangul 2022

05 스타일 설정하기
SECTION

'스타일'은 자주 사용하는 글자 모양이나 문단 모양을 미리 정해 놓고 쓰는 것을 말합니다. 스타일을 미리 만들어 놓으면 필요할 때 원하는 스타일을 선택하는 것만으로 글자 모양과 문단 모양을 한꺼번에 바꿀 수 있습니다.

스타일은 글자 모양이나 문단 모양을 간편하게 설정하는 데 유용할 뿐만 아니라 긴 글을 편집할 때 일관된 서식을 유지하기 위해 꼭 필요한 기능입니다.

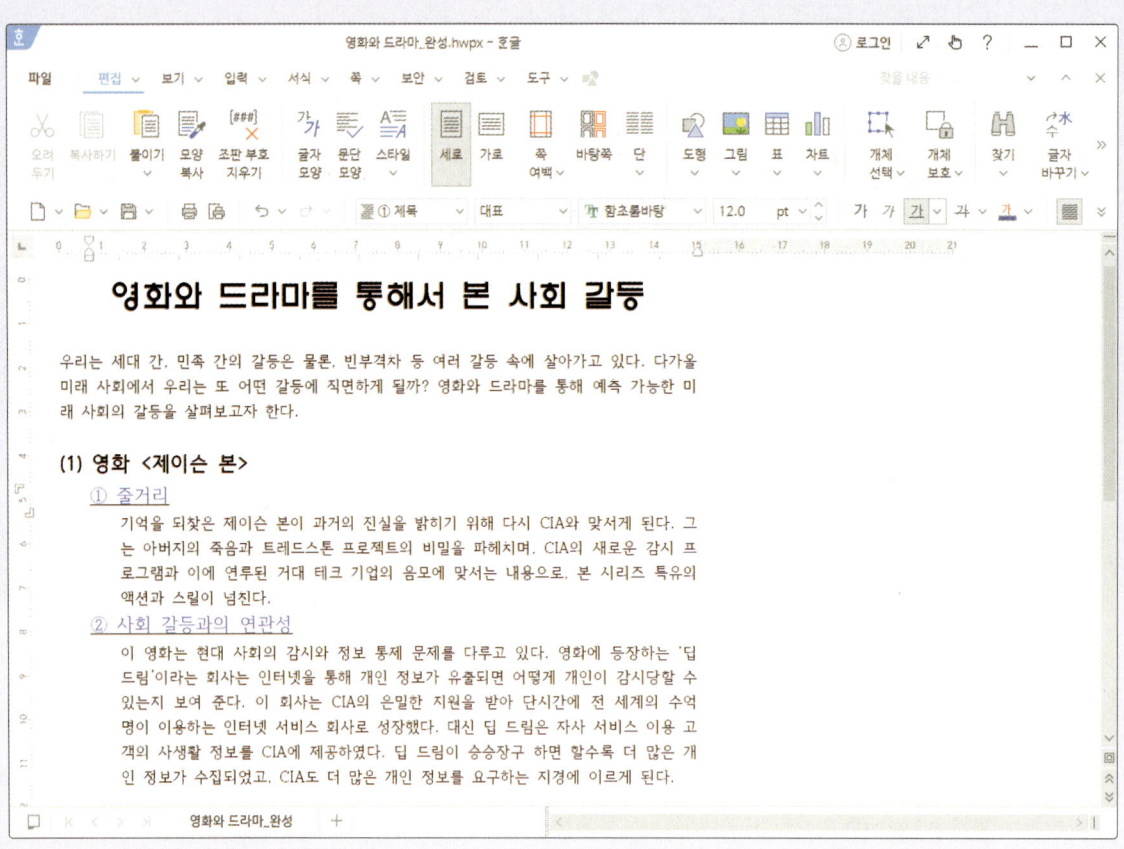

파일명 영화와 드라마_완성.hwpx

MISSION
- 실습 1 스타일 만들기
- 실습 2 스타일 적용하기
- 실습 3 스타일 수정하기

CHECK POINT
- 포인트 1 나만의 문서 스타일을 완성하기 위해 글자 모양과 문단 모양을 설정해서 스타일을 만들어 보세요.
- 포인트 2 긴 글을 편집할 때 더욱 강력한 스타일 기능을 경험해 보세요.

실습 1 스타일 만들기

1 '영화와 드라마_준비.hwpx' 파일을 열고 ❶ '영화와 드라마를 통해서 본 사회 갈등'을 드래그하여 블록으로 설정합니다. [서식 도구 상자]에서 ❷ '글꼴'은 '양재튼튼체B', ❸ '글자 크기'는 '20.0pt', ❹ '정렬 방식'에서 ∨을 눌러 ❺ '가운데 정렬'로 설정합니다.

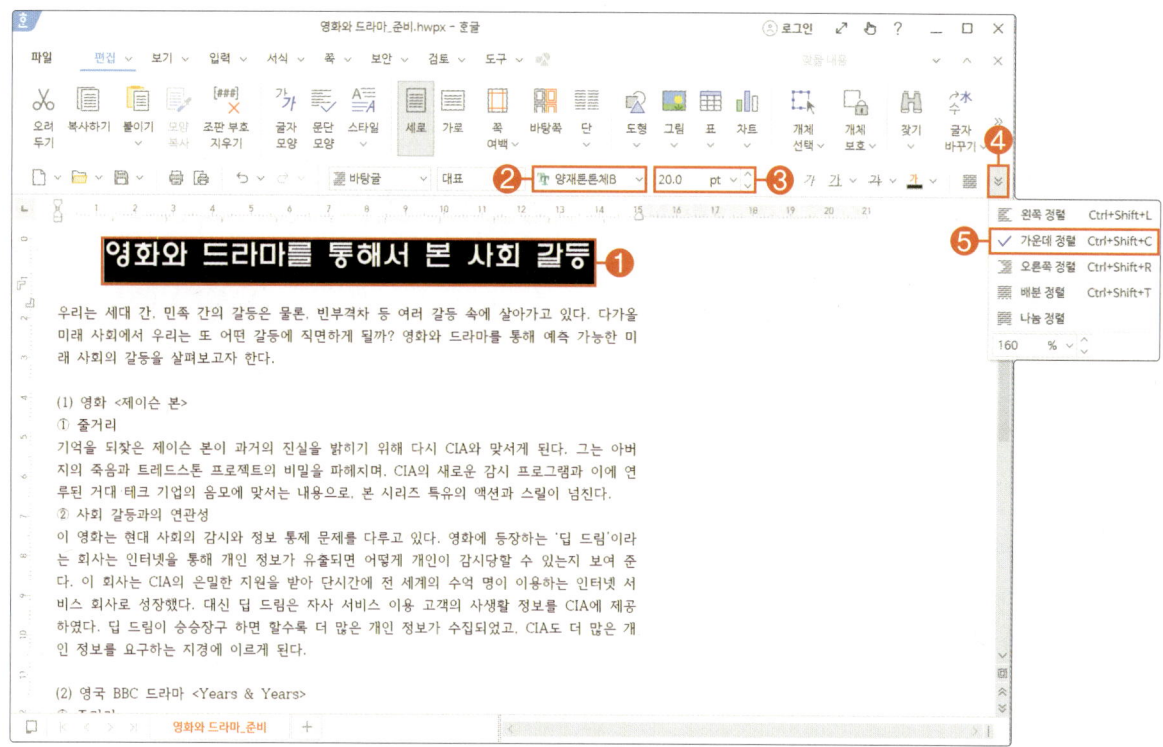

2 블록을 유지한 상태에서 ❶ [서식] 탭의 ∨를 눌러 ❷ [스타일]을 클릭합니다.

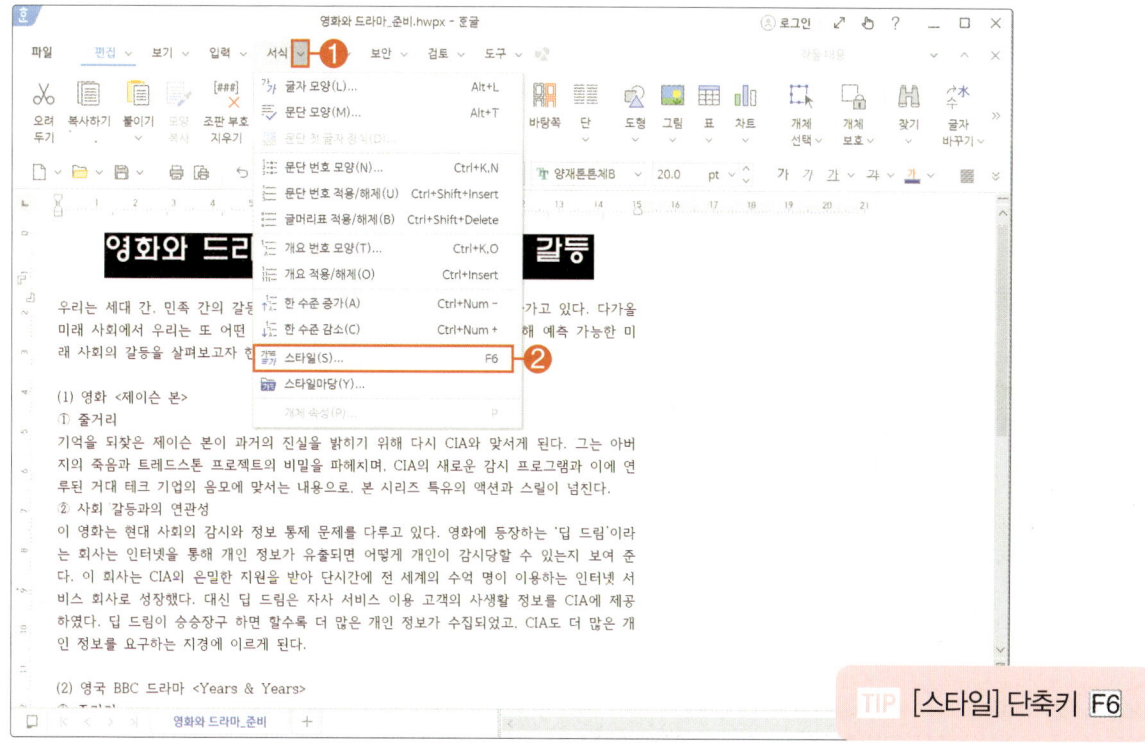

TIP [스타일] 단축키 F6

3 [스타일] 대화 상자가 열리면 ❶ [스타일 추가하기] 버튼을 클릭합니다.

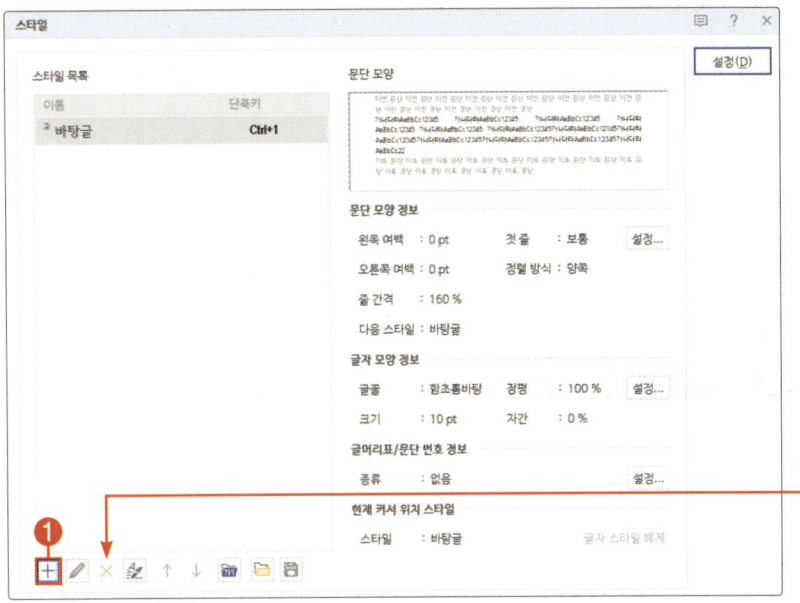

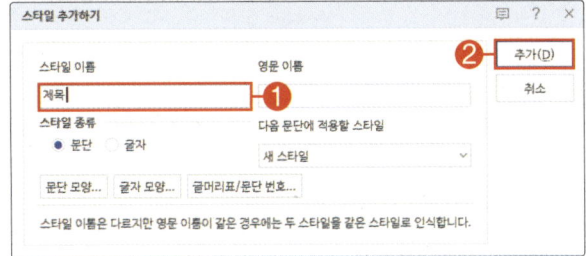

TIP 만약 '스타일 목록'에 불필요한 목록이 있다면 바탕글은 제외하고 [스타일 지우기] 버튼을 눌러 모두 삭제합니다.

4 [스타일 추가하기] 대화 상자가 열리면 ❶ '스타일 이름'에 '제목'을 입력하고 ❷ [추가]를 클릭합니다.

5 [스타일] 대화 상자의 '스타일 목록'에 ❶ '제목'이 추가된 것을 확인하고 ❷ [설정]을 클릭합니다.

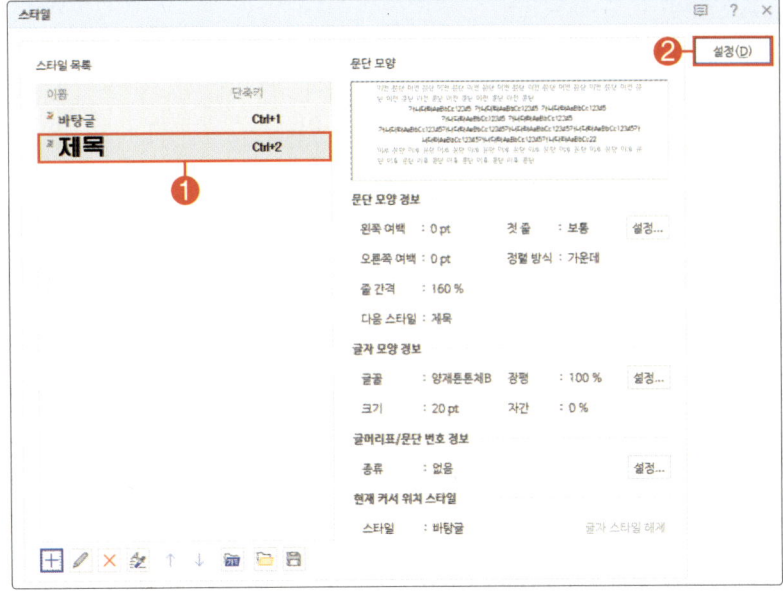

Section 05 | 스타일 설정하기

6 '영화와 드라마를 통해서 본 사회 갈등'의 스타일이 '바탕글'에서 ❶ '제목'으로 변경된 것을 확인할 수 있습니다.

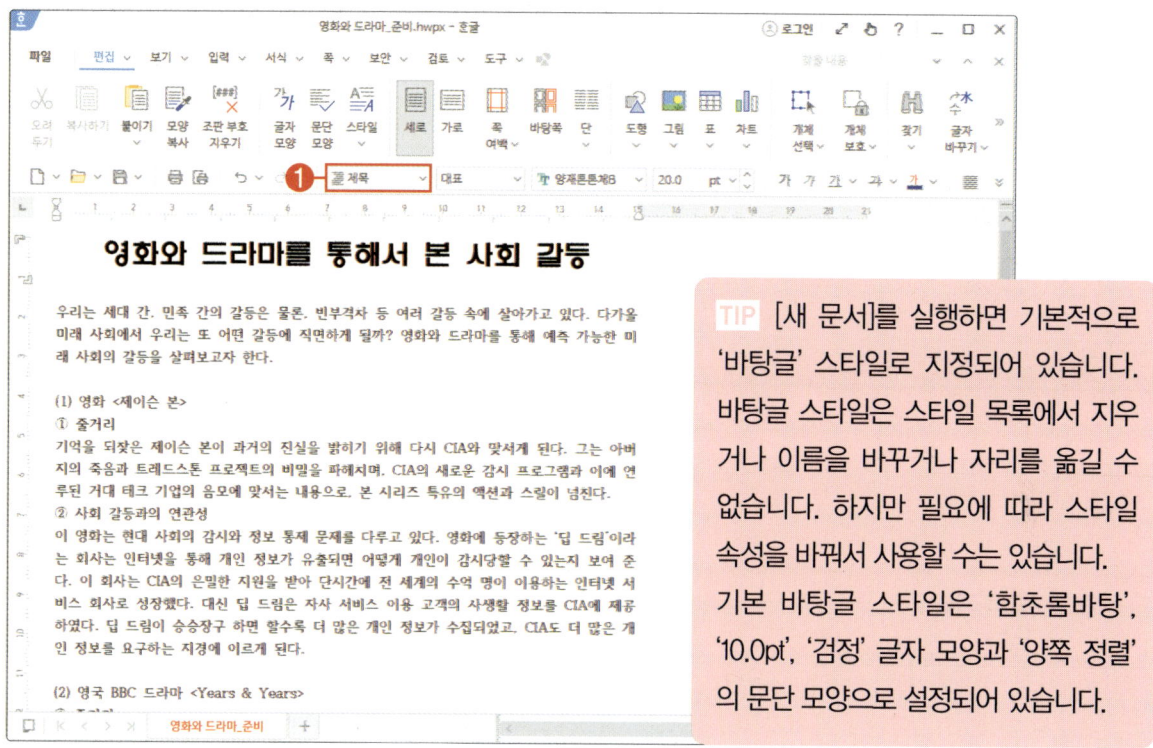

TIP [새 문서]를 실행하면 기본적으로 '바탕글' 스타일로 지정되어 있습니다. 바탕글 스타일은 스타일 목록에서 지우거나 이름을 바꾸거나 자리를 옮길 수 없습니다. 하지만 필요에 따라 스타일 속성을 바꿔서 사용할 수는 있습니다.
기본 바탕글 스타일은 '함초롬바탕', '10.0pt', '검정' 글자 모양과 '양쪽 정렬'의 문단 모양으로 설정되어 있습니다.

7 ❶ '(1) 영화 <제이슨 본>'을 드래그하여 블록으로 설정합니다. [서식 도구 상자]에서 ❷ '글꼴'은 '함초롬돋움', ❸ '글자 크기'는 '13.0pt', ❹ '속성'은 '진하게'로 설정합니다.

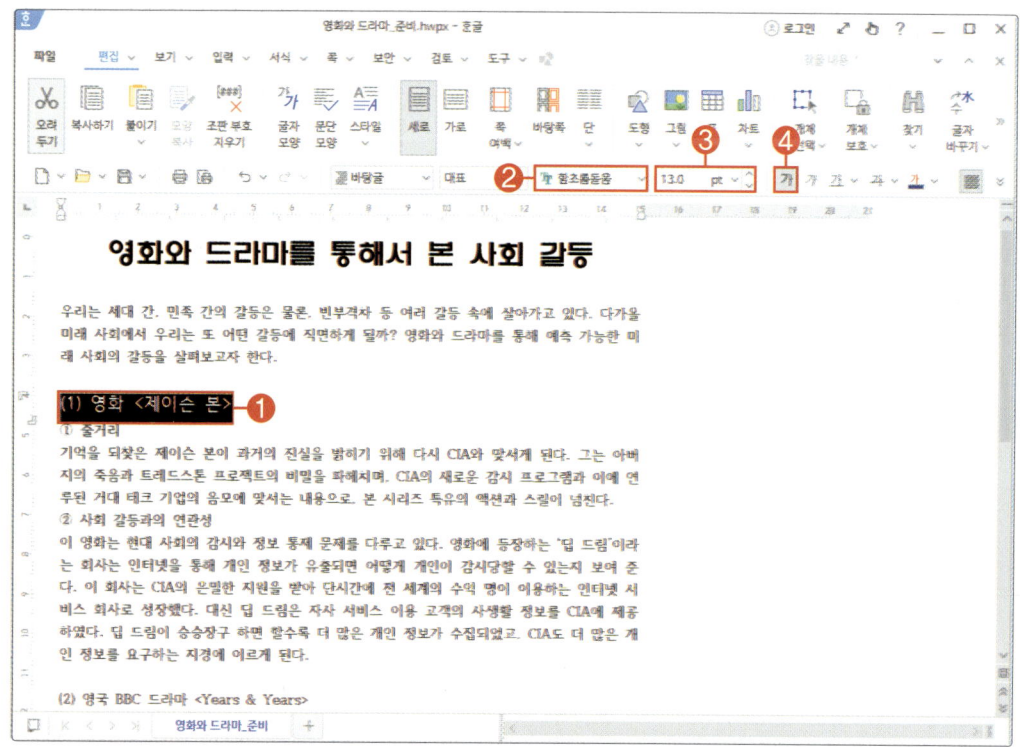

8 F6 키를 눌러 [스타일] 대화 상자가 열리면 ❶ [스타일 추가하기] 버튼을 클릭합니다. [스타일 추가하기] 대화 상자가 열리면 ❷ '스타일 이름'에 '(1) 제목'을 입력하고 ❸ [추가]를 클릭합니다.

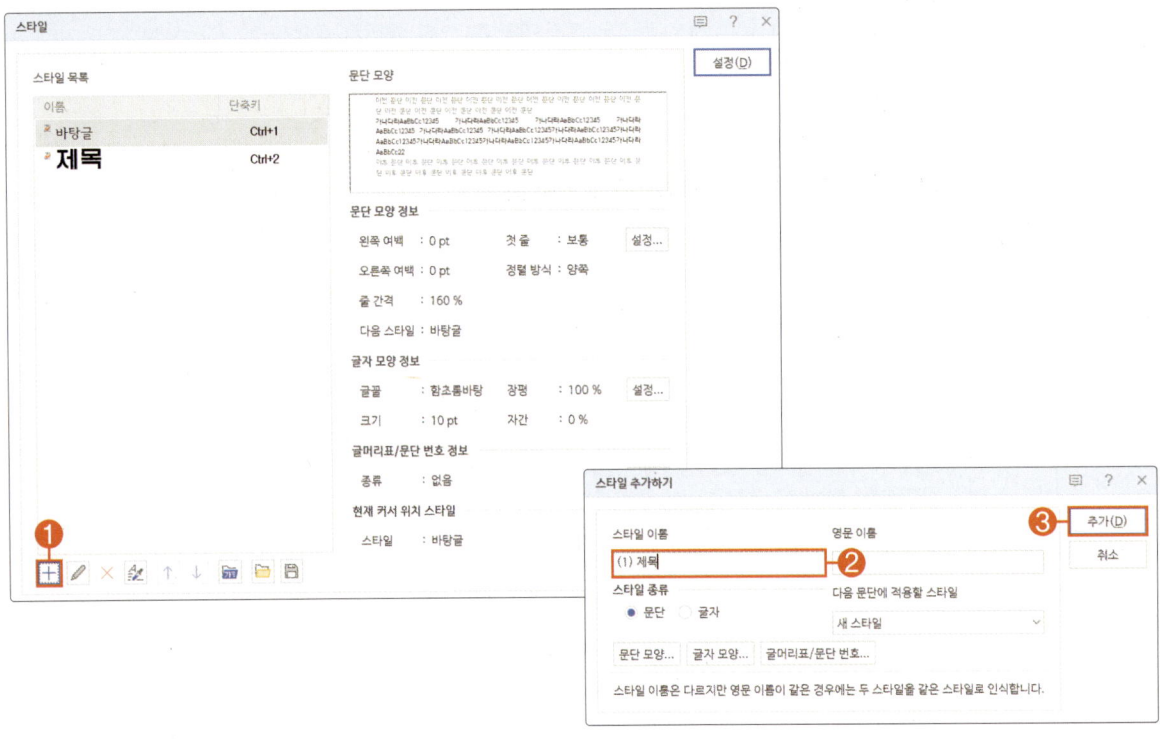

9 [스타일] 대화 상자의 '스타일 목록'에 ❶ '(1) 제목'을 선택하고 ❷ [한 줄 아래로 이동하기] 버튼을 누른 뒤 ❸ [설정]을 클릭합니다.

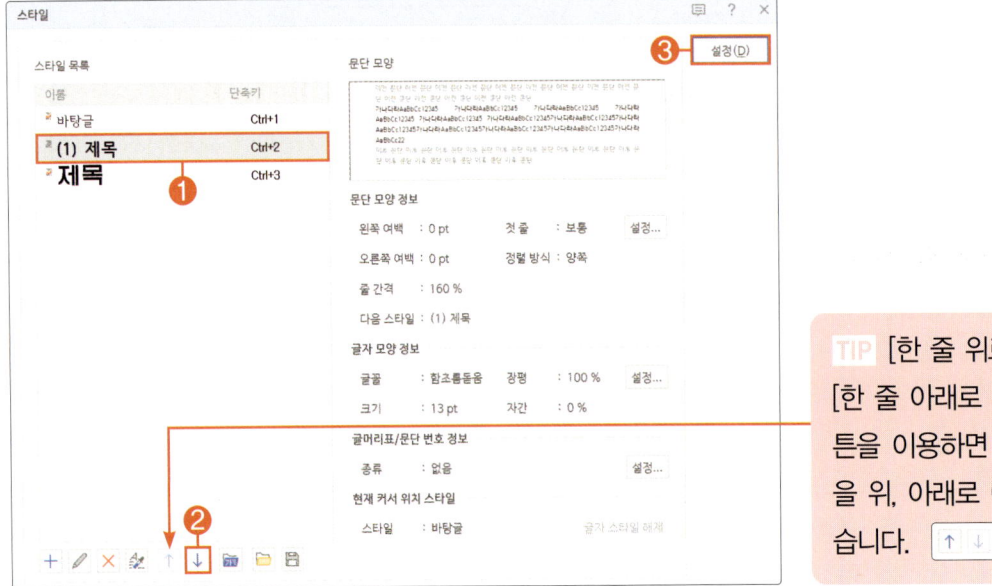

> **TIP** [한 줄 위로 이동하기], [한 줄 아래로 이동하기] 버튼을 이용하면 스타일 목록을 위, 아래로 이동할 수 있습니다. ↑ ↓

Section 05 | 스타일 설정하기

10 ❶ '① 줄거리'를 드래그하여 블록으로 설정합니다. [서식 도구 상자]에서 ❷ '글꼴'은 '함초롬돋움', ❸ '글자 크기'는 '12.0pt', ❹ '속성'은 '밑줄'의 ∨를 눌러 '실선'으로 설정합니다. Alt + T 키를 눌러 [문단 모양] 대화 상자가 열리면 ❺ [기본] 탭의 ❻ '여백'에서 '왼쪽'을 '20.0pt'로 변경하고 ❼ [설정]을 클릭합니다.

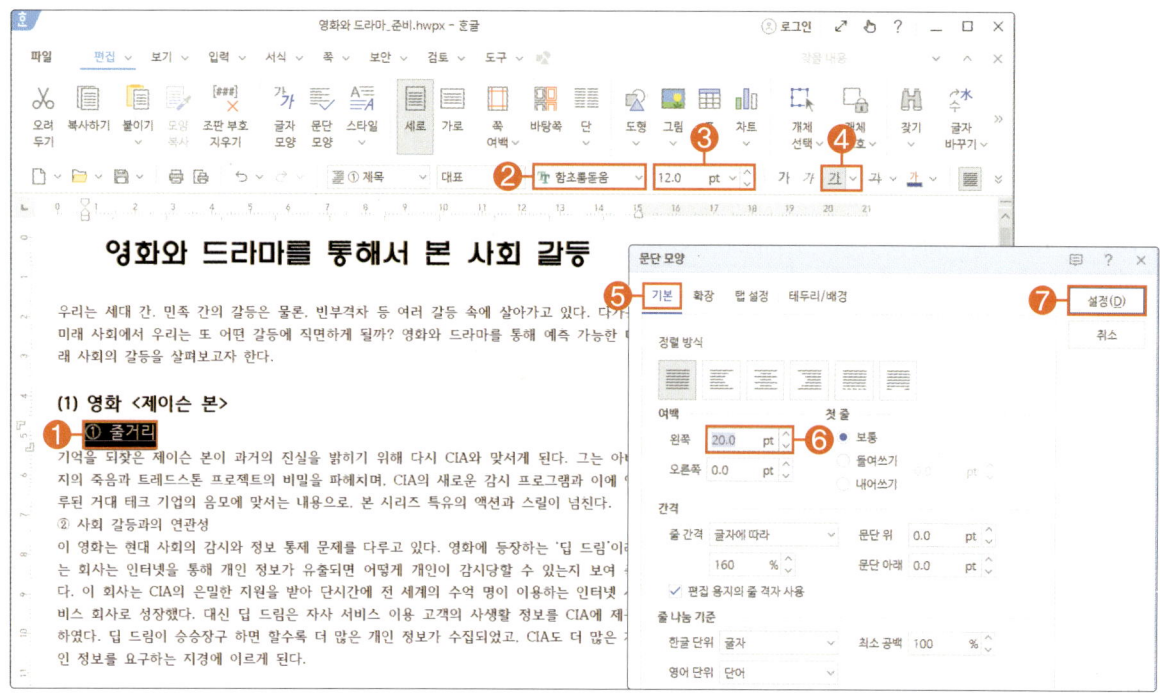

11 F6 키를 눌러 [스타일] 대화 상자가 열리면 ❶ [스타일 추가하기] 버튼을 클릭합니다. [스타일 추가하기] 대화 상자에서 ❷ '스타일 이름'에 '① 제목'을 입력하고 ❸ [추가]를 클릭합니다.

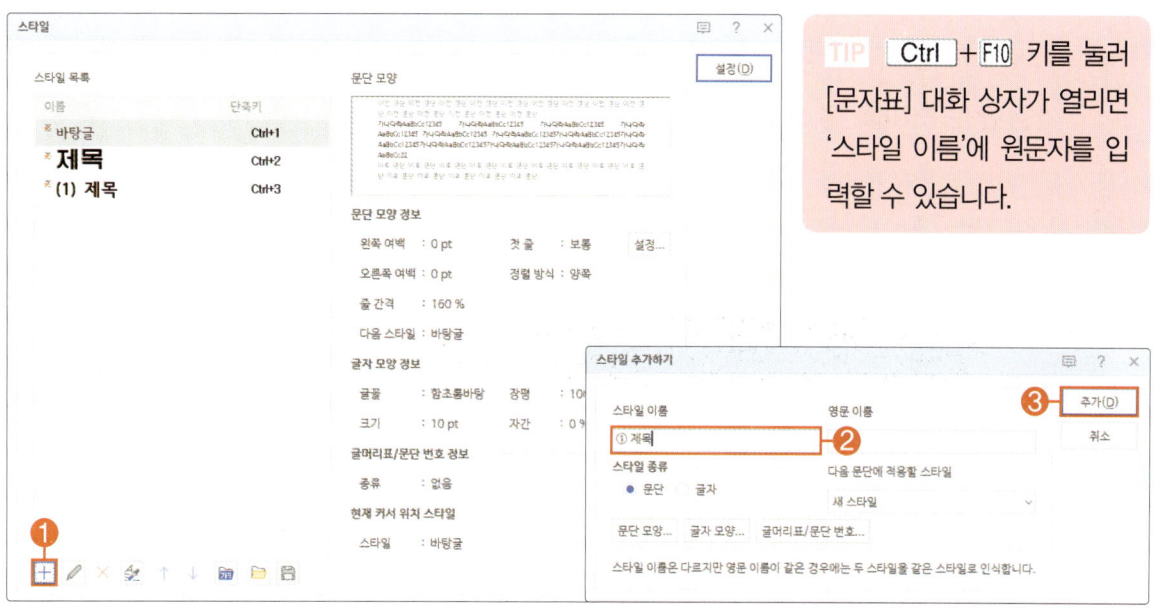

> **TIP** Ctrl + F10 키를 눌러 [문자표] 대화 상자가 열리면 '스타일 이름'에 원문자를 입력할 수 있습니다.

053

12 [스타일] 대화 상자의 '스타일 목록'에서 ❶ '① 제목'을 선택하고 ❷ [한 줄 아래로 이동하기] 버튼을 두 번 누른 뒤 ❸ [설정]을 클릭합니다.

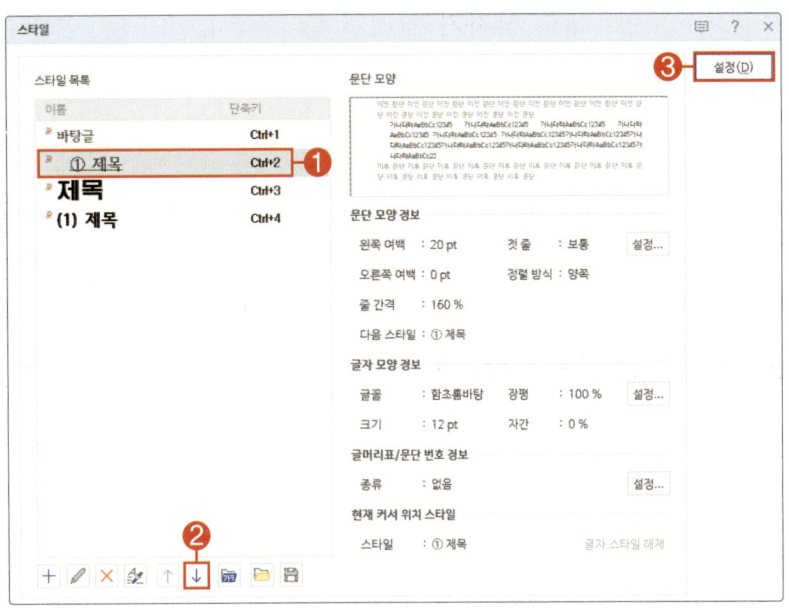

13 ❶ 다음과 같이 드래그하여 블록으로 설정합니다. Alt + T 키를 눌러 [문단 모양] 대화 상자가 열리면 ❷ [기본] 탭의 ❸ '여백'에서 '왼쪽'을 '40.0pt'로 변경하고 ❹ [설정]을 클릭합니다.

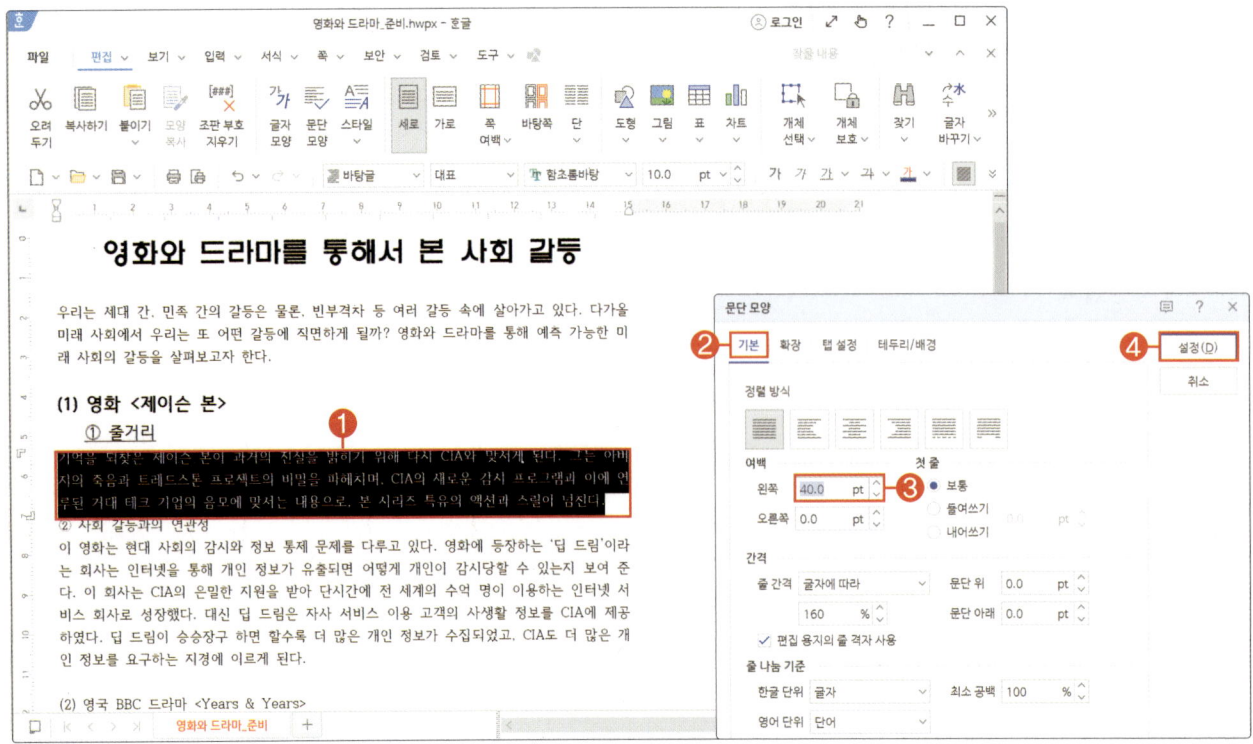

Section 05 | 스타일 설정하기

14 F6 키를 눌러 [스타일] 대화 상자가 열리면 ❶ [스타일 추가하기] 버튼을 클릭합니다. [스타일 추가하기] 대화 상자가 열리면 ❷ '스타일 이름'에 '① 본문'을 입력하고 ❸ [추가]를 클릭합니다.

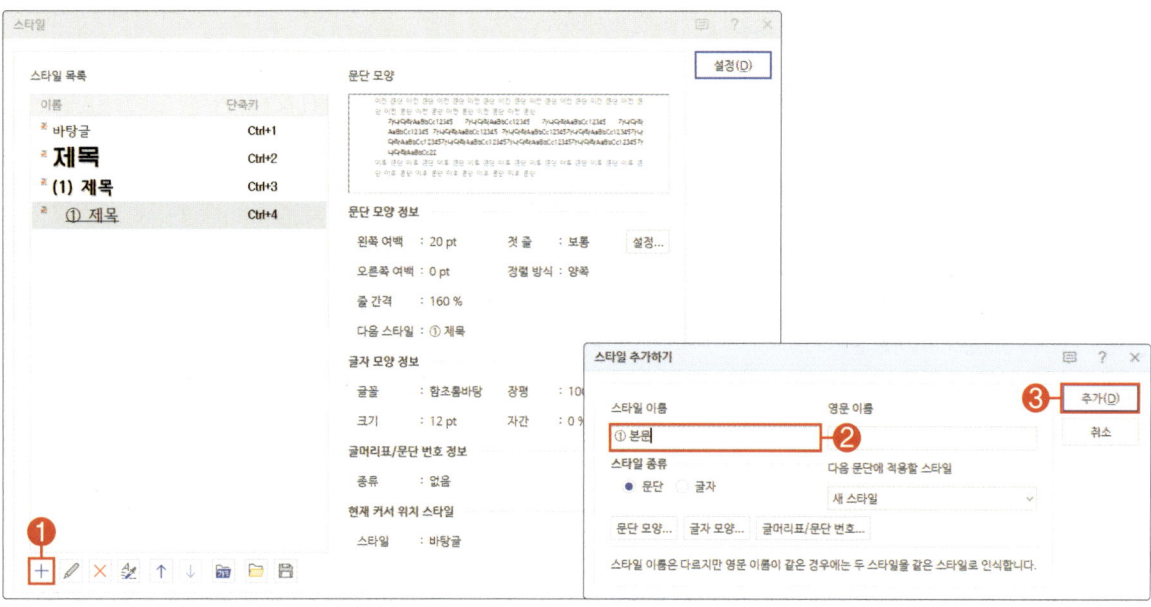

15 [스타일] 대화 상자의 '스타일 목록'에서 ❶ '① 본문'을 선택하고 ❷ [한 줄 아래로 이동하기] 버튼을 세 번 누른 뒤 ❸ [설정]을 클릭합니다.

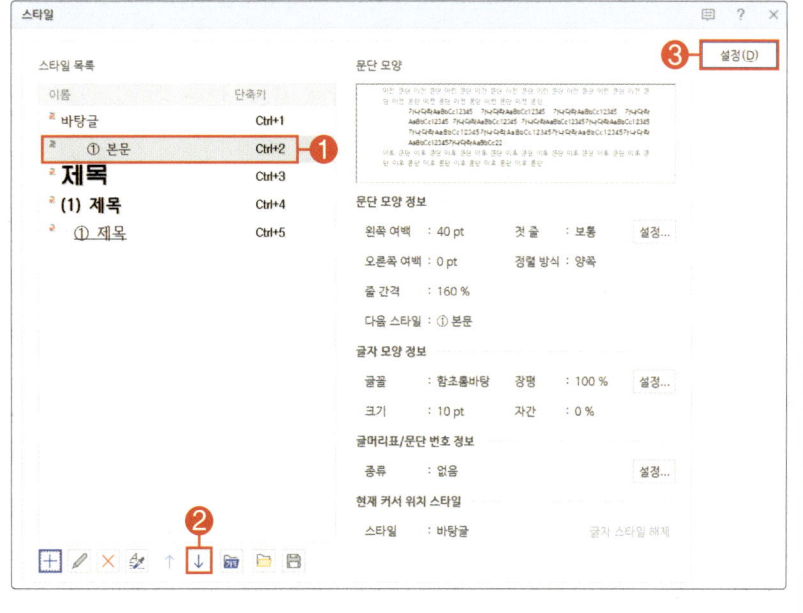

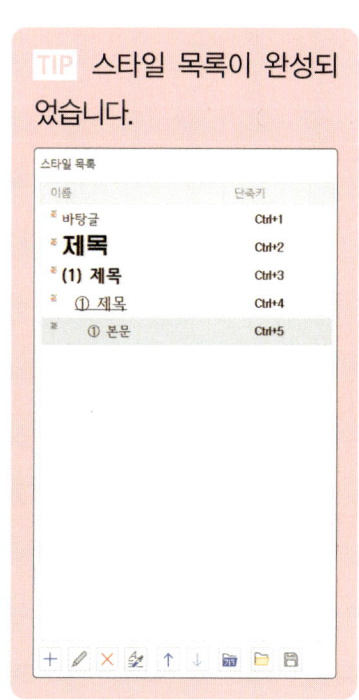

TIP 스타일 목록이 완성되었습니다.

실습 2 스타일 적용하기

1 ❶ '② 사회 갈등과의 연관성' 뒤에 마우스 커서를 놓고 [서식 도구 상자]의 ❷ [스타일]에서 ∨를 눌러 ❸ '① 제목'을 클릭합니다. 해당 내용의 글자 모양과 문단 모양이 변경됩니다.

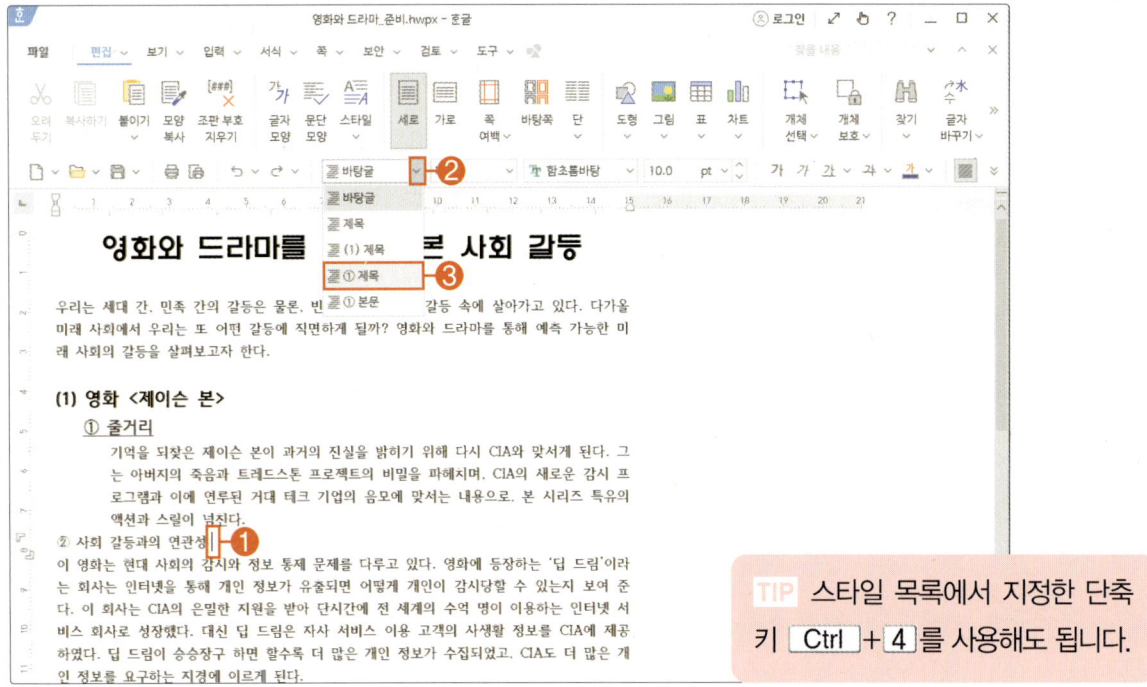

TIP 스타일 목록에서 지정한 단축키 Ctrl + 4 를 사용해도 됩니다.

2 ❶ 다음과 같이 '② 사회 갈등과의 연관성' 본문 뒤에 마우스 커서를 놓고 [서식 도구 상자]의 ❷ [스타일]에서 ∨를 눌러 ❸ '① 본문'을 클릭합니다.

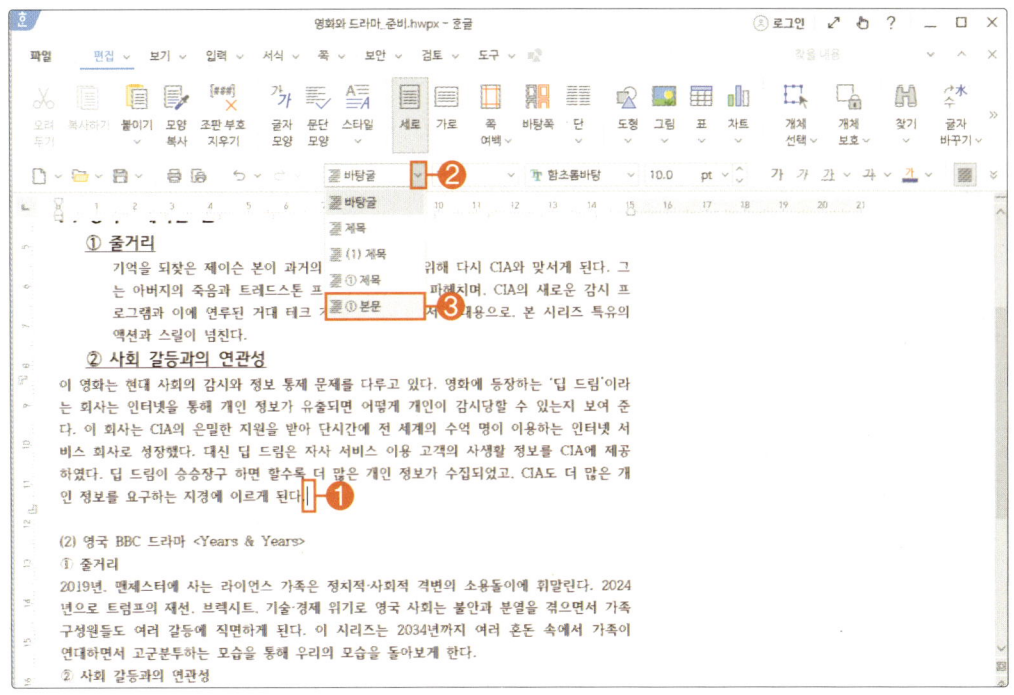

Section 05 | 스타일 설정하기

3 ❶ '(2) 영국 BBC 드라마 〈Years & Years〉' 뒤에 마우스 커서를 놓고 [서식 도구 상자]의 ❷ [스타일]에서 ∨를 눌러 ❸ '(1) 제목'을 클릭합니다.

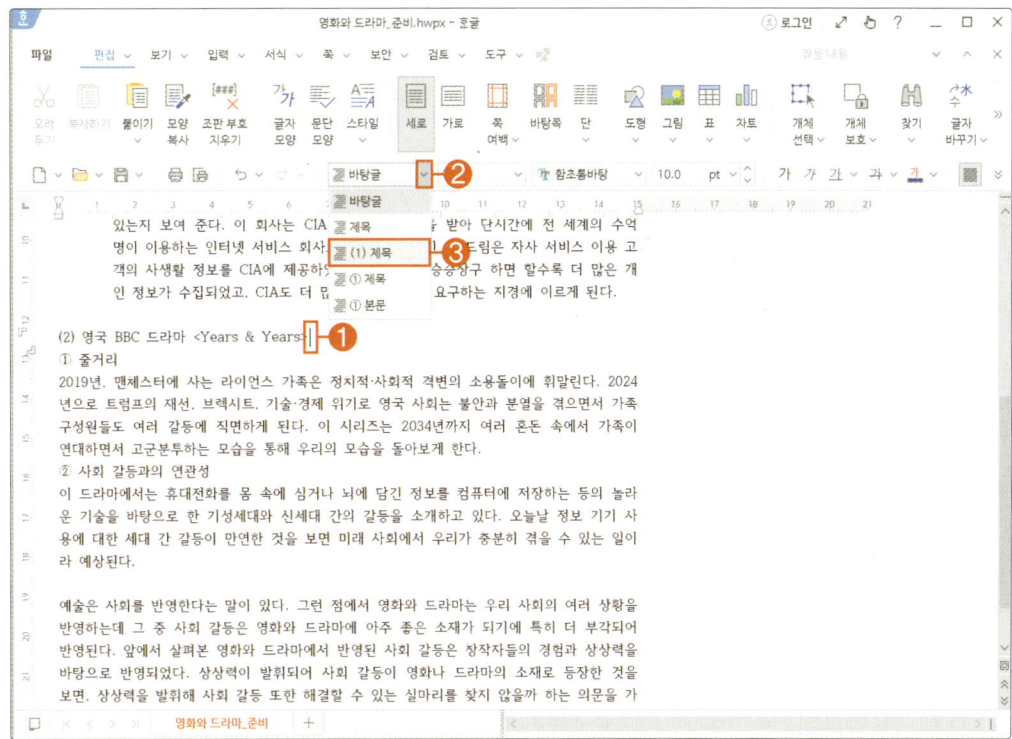

4 나머지 내용도 [스타일]을 모두 적용해서 문서를 완성합니다.

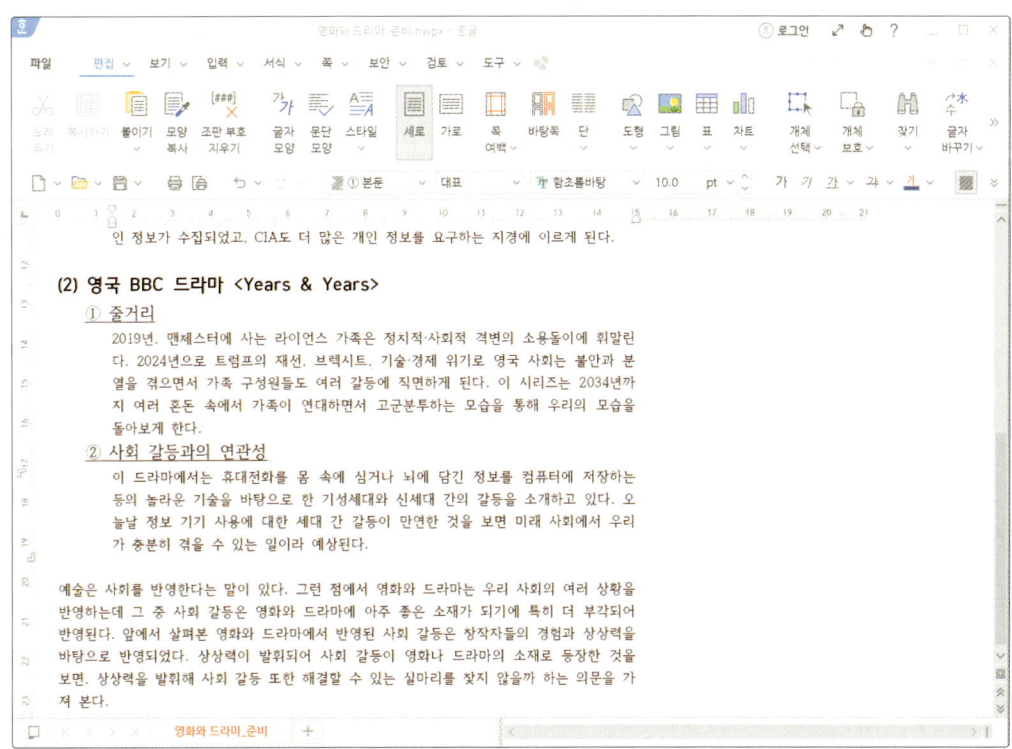

057

스타일 수정하기

1 ❶ '① 줄거리' 뒤에 마우스 커서를 놓고 F6 키를 눌러 [스타일] 대화 상자가 열리면 ❷ [스타일 편집하기]를 클릭합니다.

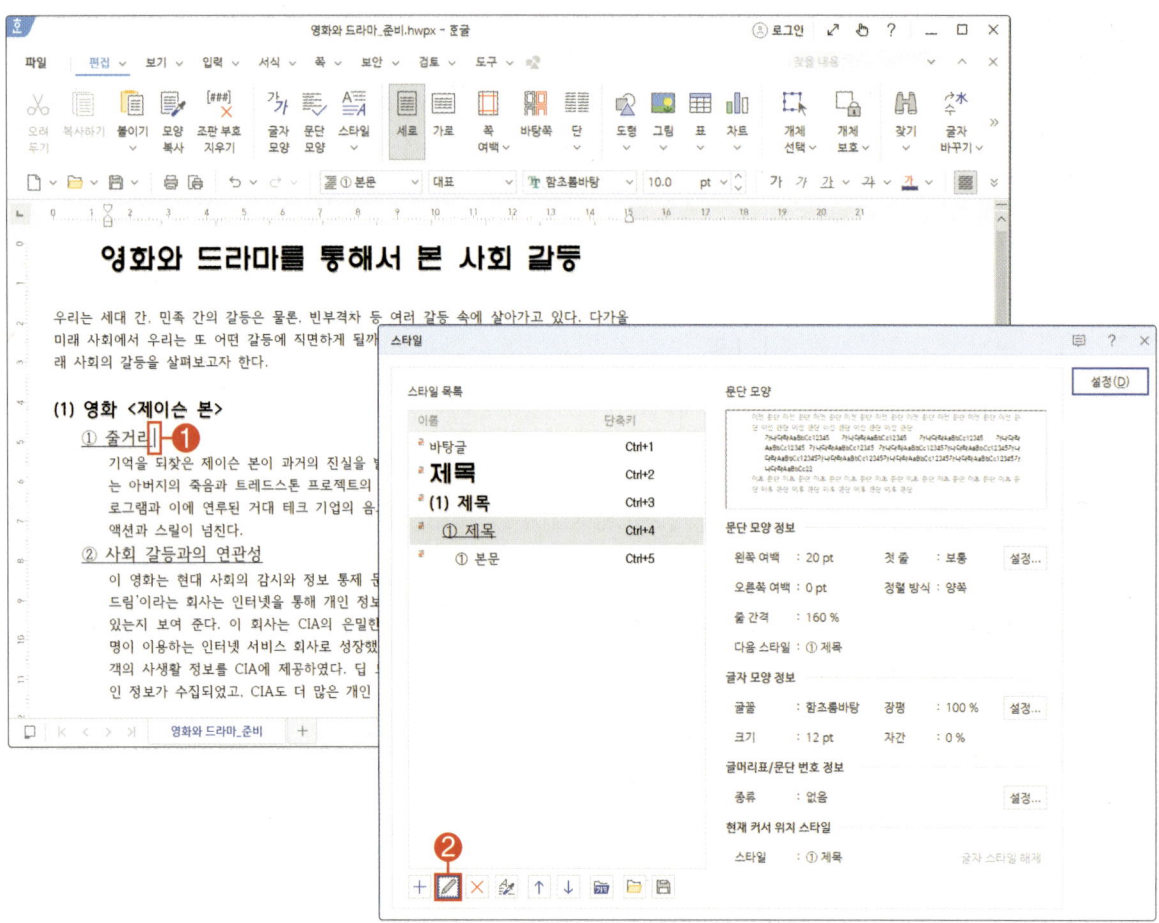

2 [스타일 편집하기] 대화 상자가 나타나면 ❶ [글자 모양]을 클릭합니다. [글자 모양] 대화 상자에서 ❷ '글자 색'의 ∨를 눌러 ❸ '파랑'을 선택하고 ❹ [설정]을 클릭합니다.

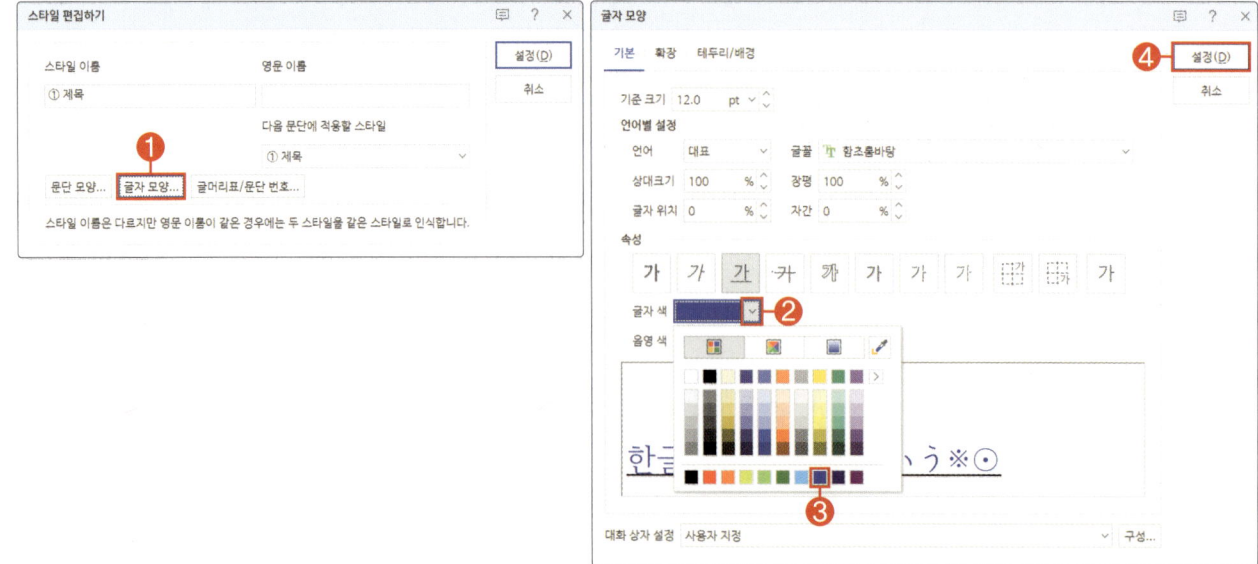

Section 05 | 스타일 설정하기

3 [스타일 편집하기] 대화 상자에서 ❶ [설정]을 클릭하고, 이어서 [스타일] 대화 상자에서도 ❷ [설정]을 클릭해서 모든 창을 닫습니다.

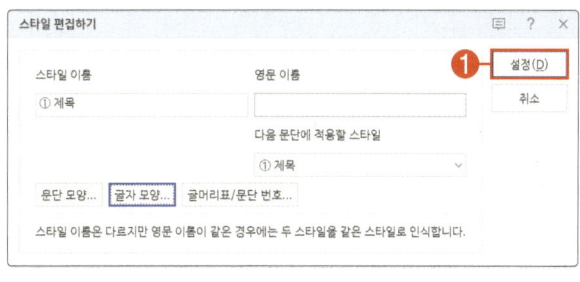

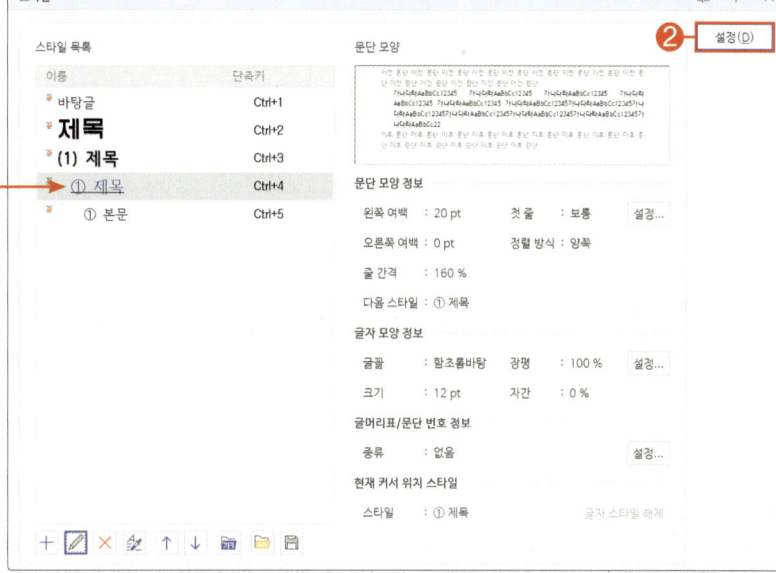

TIP '① 제목'의 글자 색이 파랑으로 바뀐 것을 확인할 수 있습니다.

4 수정한 스타일이 본문에 바로 적용된 것을 확인할 수 있습니다.

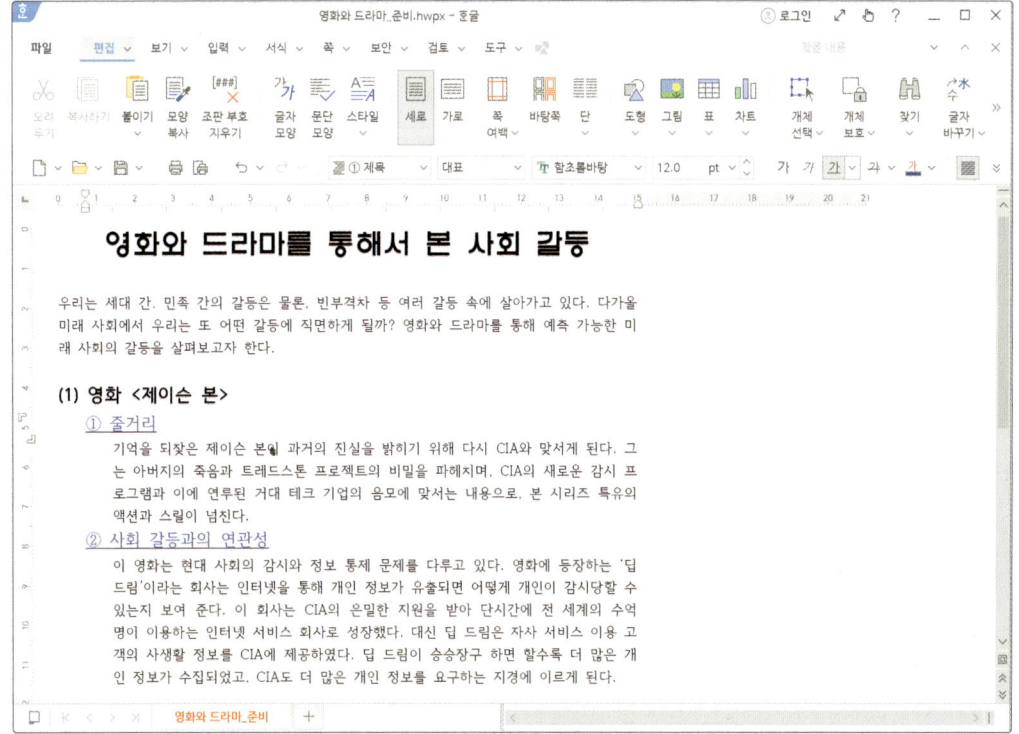

문제 풀어보기

1 '우리동네돌봄단_준비.hwpx' 파일을 열어서 다음과 같이 [스타일]을 만들어 문서를 완성해 보세요.

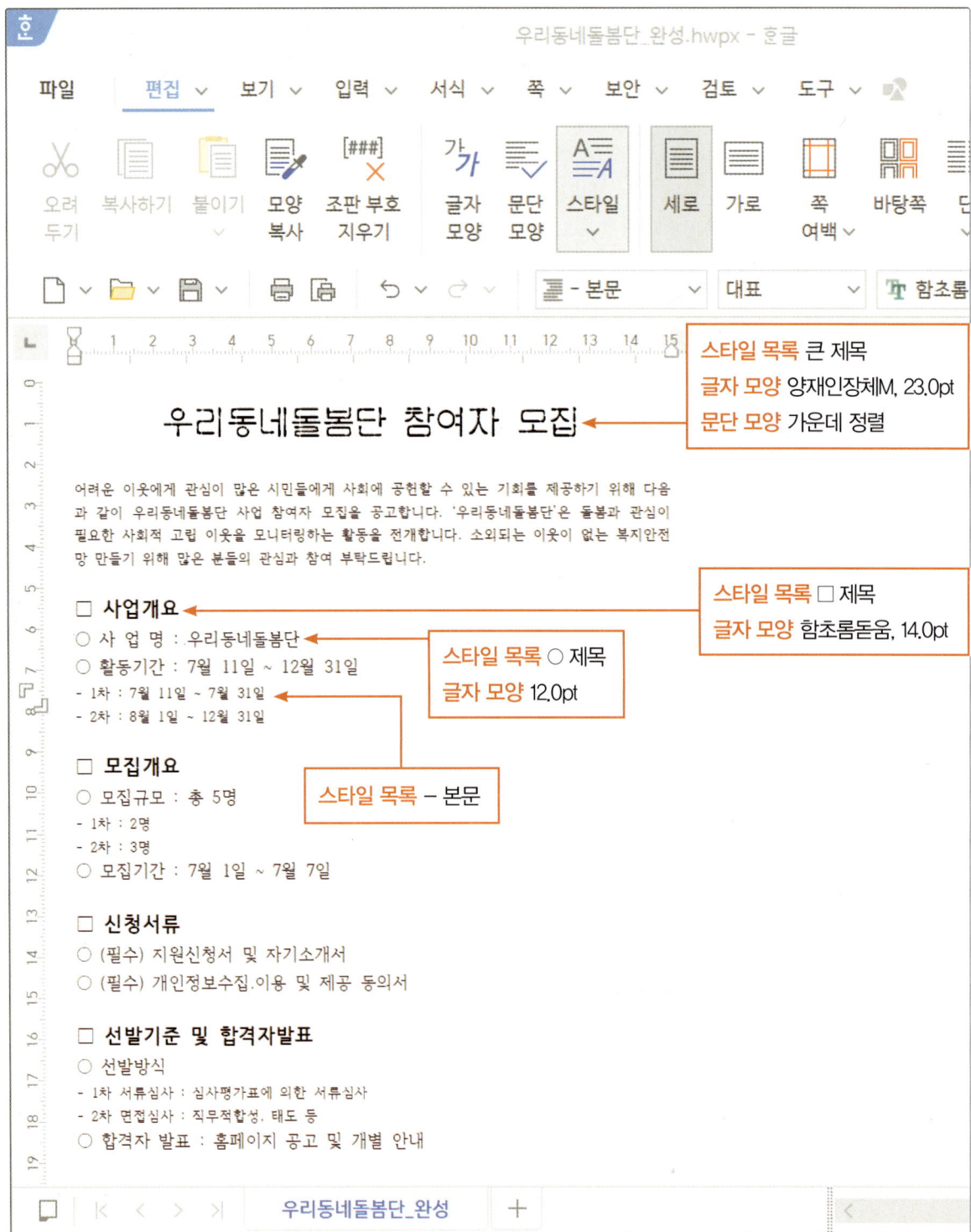

문제 풀어보기

1 [스타일]을 적용하여 완성한 〈문제 풀어보기(기초)〉 1번의 문서에서 [스타일]을 수정하여 다음과 같이 문서를 완성해 보세요.

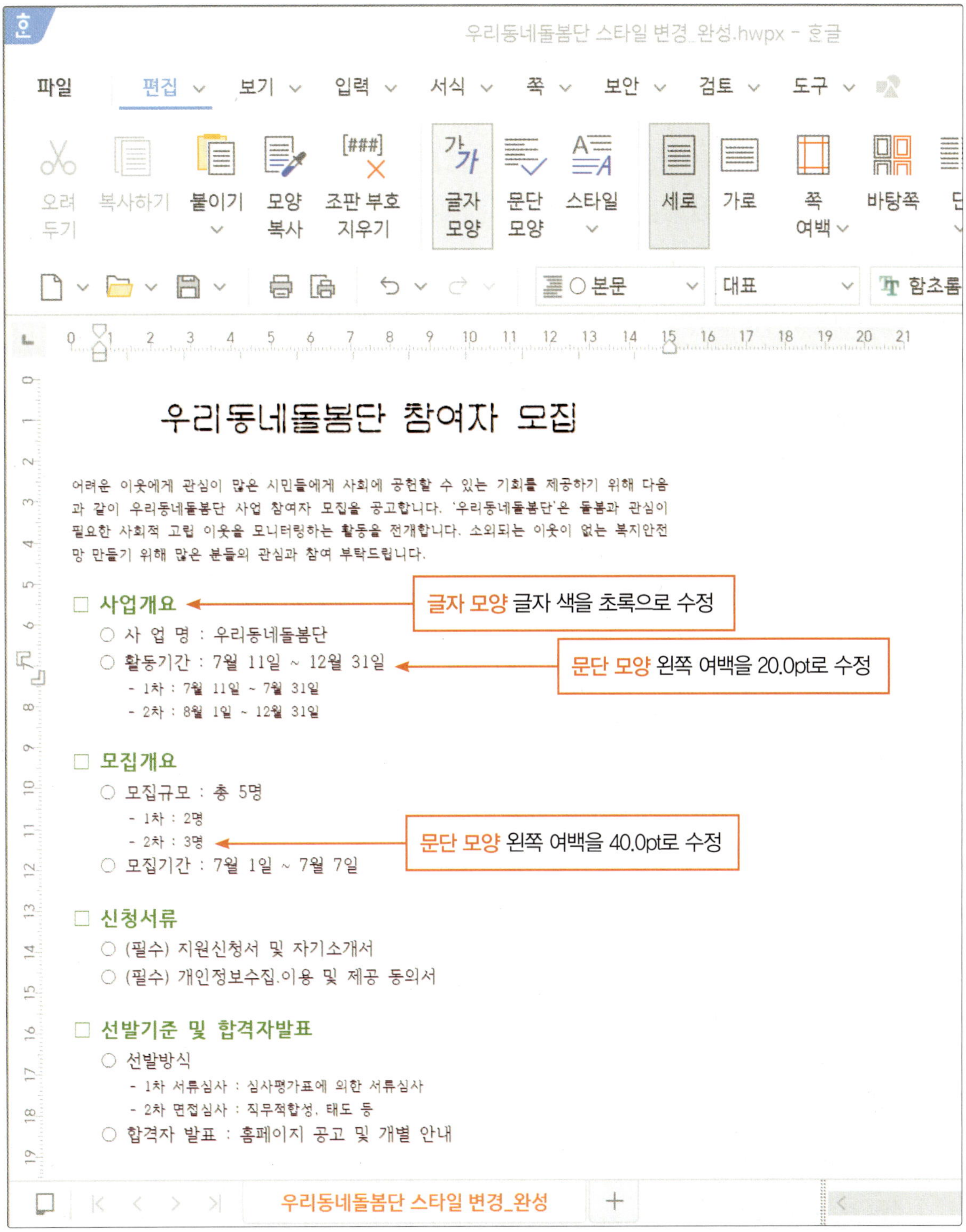

- 글자 모양 글자 색을 초록으로 수정
- 문단 모양 왼쪽 여백을 20.0pt로 수정
- 문단 모양 왼쪽 여백을 40.0pt로 수정

Hangul 2022

06 문서에 이미지 삽입하기
SECTION

텍스트로만 구성된 한글 문서에 그림 또는 사진 등의 '이미지'를 삽입하면 전달하고자 하는 내용의 가독성을 높일 수 있습니다. 삽입한 이미지는 전체가 필요한 경우도 있지만 일부분만 필요한 경우도 있습니다. '그림 자르기' 기능을 이용하면 이미지에서 필요한 일부분만 쉽게 잘라 쓸 수 있습니다. 더불어 이미지를 확대하거나 축소하여 넣을 수도 있고 테두리 등 다양한 효과를 설정하거나 해제할 수도 있습니다. 이번 섹션에서는 이미지를 문서에 삽입하고 크기를 조절하거나 본문과의 배치, 여백을 지정하는 방법을 알아봅니다.

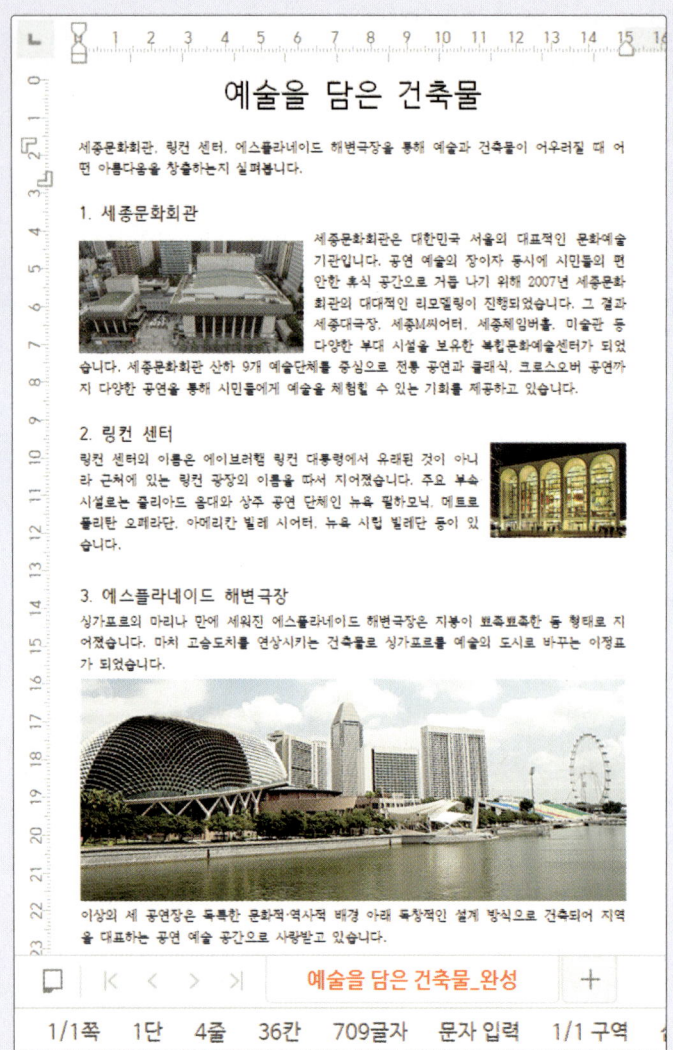

MISSION
- 실습 1   이미지 삽입하기
- 실습 2   이미지 자르기
- 실습 3   이미지 속성 설정하기

CHECK POINT
- 포인트 1   한글 메뉴에서의 [그림]은 사진과 그림 등을 포괄적으로 의미하는 '이미지'에 해당됩니다.
- 포인트 2   '자르기' 기능으로 그림에서 불필요한 부분을 제거하여 시각적 전달 효과를 극대화할 수 있습니다.
- 포인트 3   그림 속성을 잘 활용하면 그림자, 반사, 네온, 테두리 같은 다양한 효과를 그림에 적용할 수 있습니다.

파일명 예술을 담은 건축물_완성.hwpx

실습 1 이미지 삽입하기

1 '예술을 담은 건축물_준비.hwpx' 파일을 열고 ❶ [입력] 탭의 ∨를 눌러 ❷ [그림]을 선택하고 ❸ 하위 메뉴인 [그림]을 클릭합니다.

TIP [그림 넣기] 단축키 Ctrl + N , I
단축키 N , I 는 New Image를 의미합니다.

2 [그림 넣기] 대화 상자가 열리면 그림 파일이 있는 폴더에서 ❶ '세종문화회관'을 선택하고 ❷ '문서에 포함'과 '마우스로 크기 지정'을 체크한 뒤 ❸ [열기]를 클릭합니다.

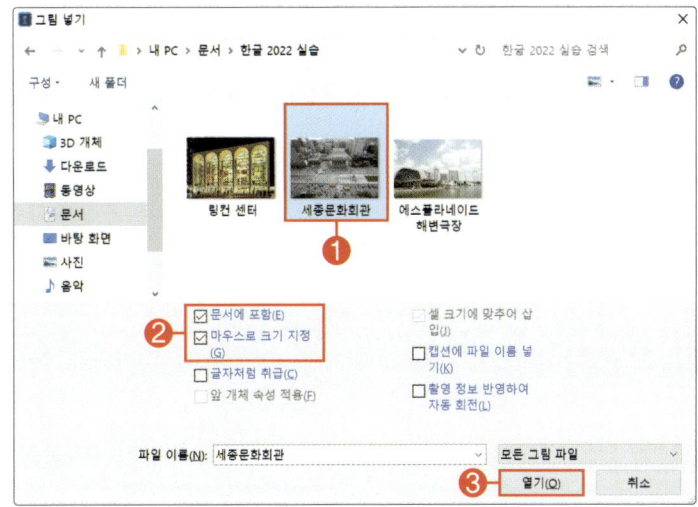

TIP **문서에 포함** 다른 컴퓨터에서도 문제 없이 그림을 볼 수 있습니다.
마우스로 크기 지정 마우스로 드래그하여 그림 크기를 지정합니다. 체크하지 않으면 원본 크기 그대로 그림이 삽입됩니다.

Hangul 2022

3 마우스 포인터가 ❶ ┼로 바뀌면 다음과 같이 드래그합니다.

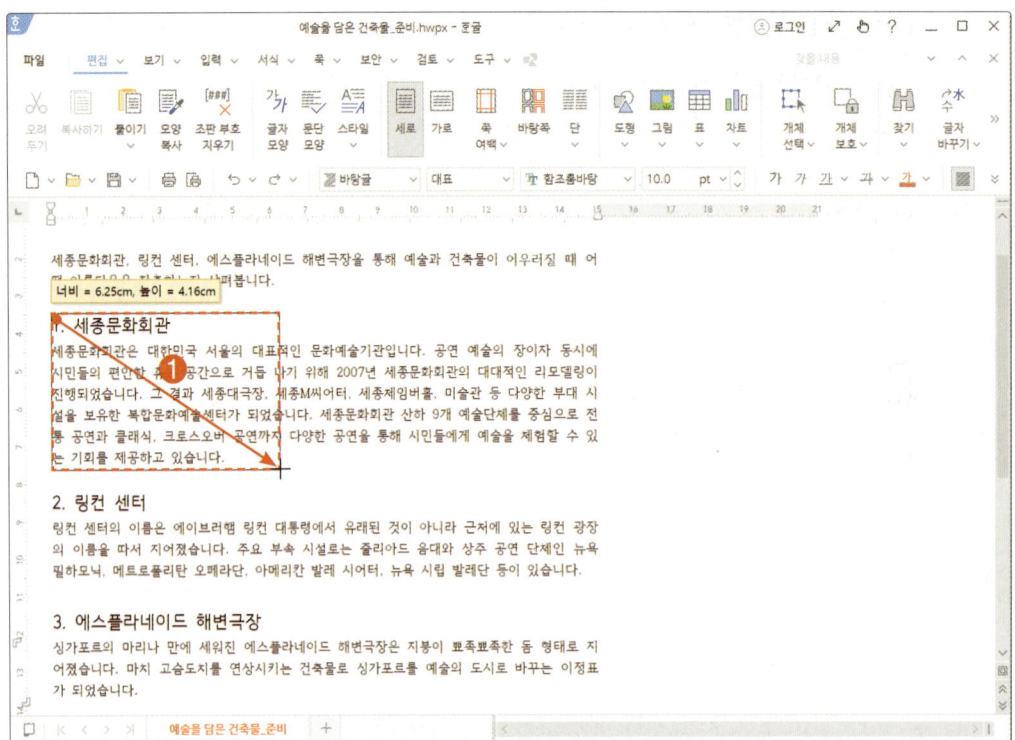

4 이미지가 다음과 같이 삽입되었습니다.

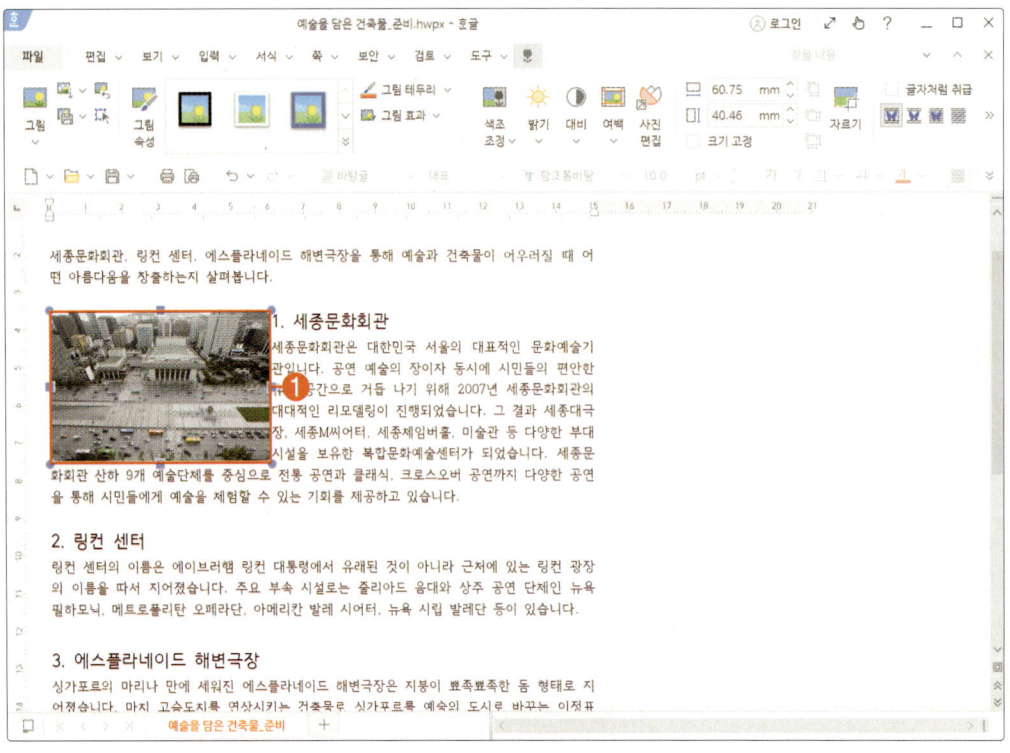

Section 06 | 문서에이미지 삽입하기

5 ❶ [입력] 탭의 기본 도구 상자에서 ❷ [그림]을 선택해도 [그림 넣기] 대화 상자를 열 수 있습니다. [그림 넣기] 대화 상자에서 ❸ '링컨 센터'를 선택하고 ❹ '문서에 포함'과 '마우스로 크기 지정'을 체크한 뒤 ❺ [열기]를 클릭합니다.

6 마우스 포인터가 ❶ +로 바뀌면 다음과 같이 드래그하여 이미지를 삽입합니다.

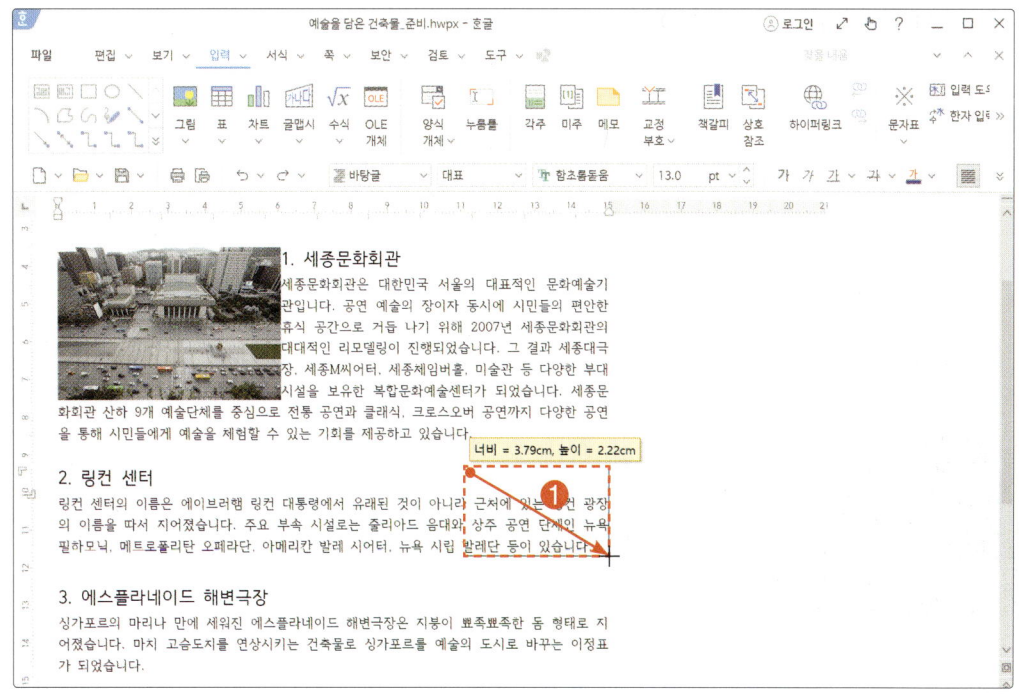

7 다음과 같이 ❶ 커서를 놓고 Ctrl 키를 누른 상태에서 N 키와 I 키를 차례로 눌러도 [그림 넣기] 대화 상자를 열 수 있습니다. [그림 넣기] 대화 상자의 그림 파일이 있는 폴더에서 ❷ '에스폴라네이드 해변극장'을 선택하고 ❸ '문서에 포함'과 '글자처럼 취급'을 체크하고 ❹ [열기]를 클릭합니다.

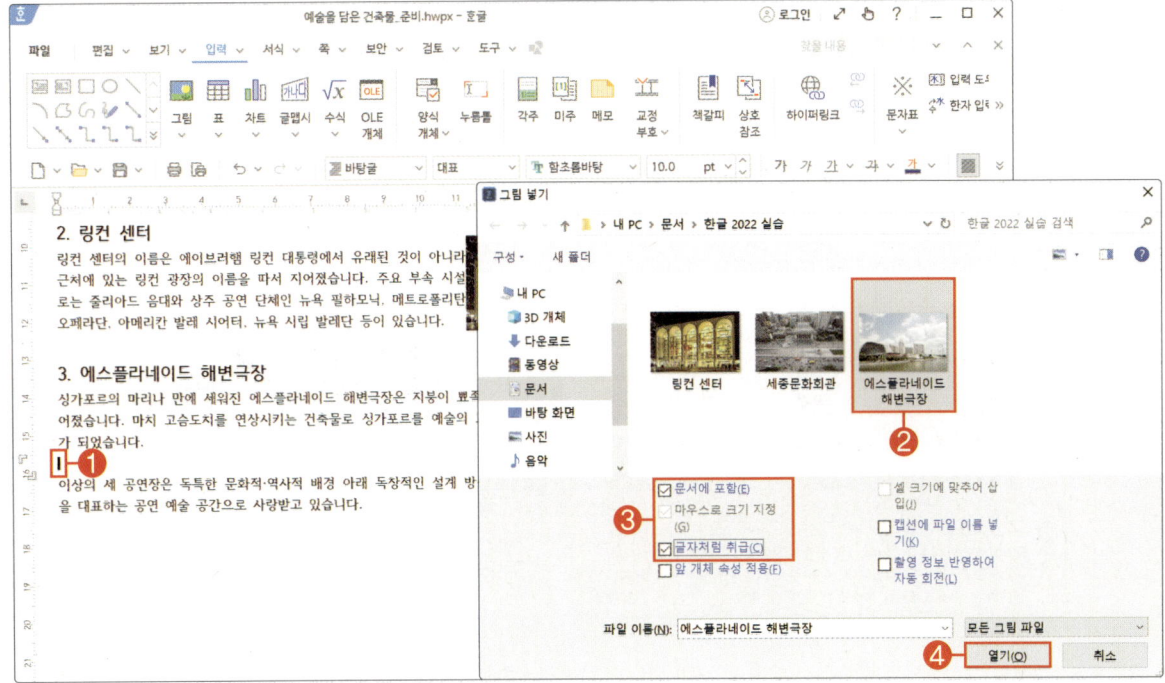

8 ❶ 이미지가 문서에 꽉 차게 삽입됩니다.

이미지 자르기

1 선택한 이미지에서 불필요한 부분을 잘라 봅니다. 먼저 ❶ '세종문화회관' 이미지를 선택하고 ❷ [그림] 탭의 ❸ [자르기]를 클릭합니다.

2 '세종문화회관' 이미지에 8개의 조절점이 생겼습니다. ❶ 오른쪽 가운데 조절점을 드래그하여 불필요한 이미지를 잘라냅니다.

TIP 8개의 조절점을 드래그하면 높이와 너비를 각각 또는 동시에 잘라낼 수 있습니다.

067

Hangul 2022

3 '세종문화회관' 이미지에서 오른쪽 부분이 잘린 것을 확인할 수 있습니다. 조절점을 드래그하여 ❶ 위쪽, ❷ 왼쪽, ❸ 아래쪽의 불필요한 이미지도 잘라내어 점선 부분만 남깁니다.

TIP 자른 그림을 원래 그림으로 되돌리려면 '자르기' 상태에서 드래그했던 방향 반대로 드래그하면 됩니다.

4 '자르기' 상태를 해제합니다. '세종문화회관' 이미지를 드래그하여 다음과 같이 배치한 후 ❶ 오른쪽 하단의 조절점을 드래그하여 이미지 크기를 키웁니다.

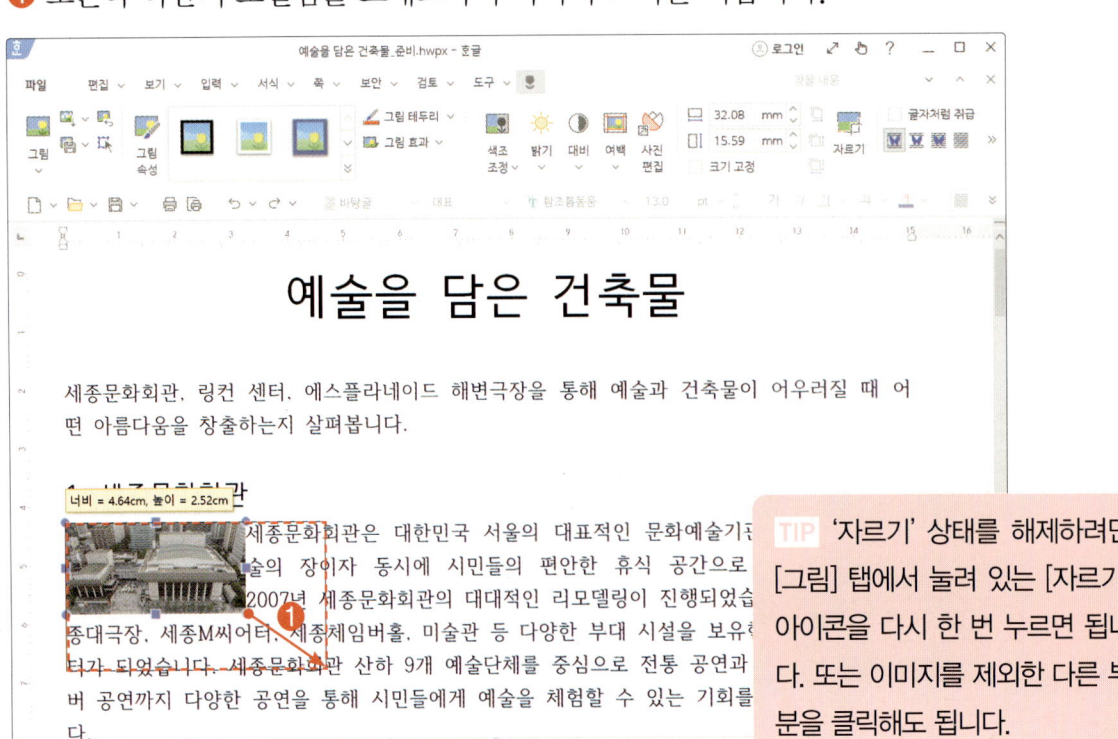

TIP '자르기' 상태를 해제하려면 [그림] 탭에서 눌려 있는 [자르기] 아이콘을 다시 한 번 누르면 됩니다. 또는 이미지를 제외한 다른 부분을 클릭해도 됩니다.

Section 06 | 문서에 이미지 삽입하기

5 ❶ '에스플라네이드 해변극장' 이미지를 선택하고 ❷ [그림] 탭의 ❸ [자르기]를 클릭합니다. ❹ 위쪽 가운데 조절점을 드래그하여 불필요한 이미지를 잘라냅니다.

6 문서에 적합한 크기와 비율로 이미지가 정리된 것을 확인할 수 있습니다.

069

실습 3 이미지 속성 설정하기

1 ❶ '세종문화회관' 이미지를 선택하고 ❷ [그림] 탭의 ❸ [그림 속성]을 클릭합니다. [개체 속성] 대화 상자가 열리면 ❹ [여백/캡션] 탭에서 ❺ '바깥 여백'의 '오른쪽'을 '3.00mm'로 변경하고 ❻ [설정]을 클릭합니다.

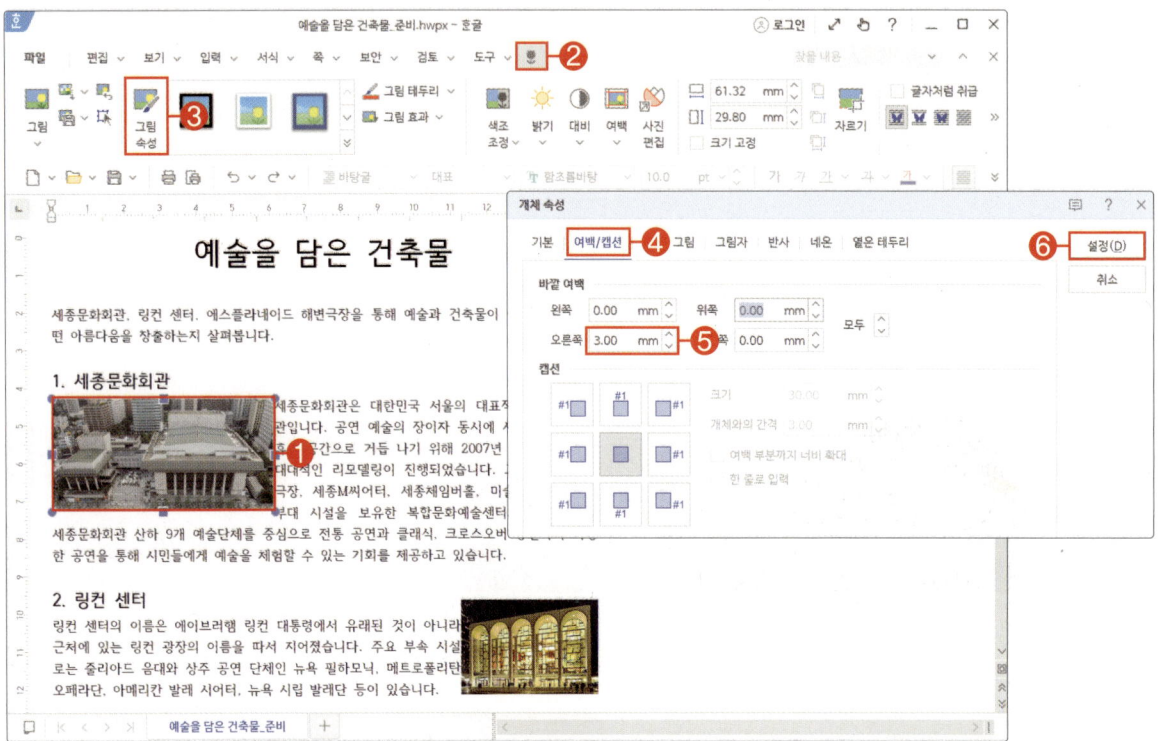

2 '세종문화회관' 이미지의 오른쪽에 여백이 생겨 더 보기 좋게 편집되었습니다. 이번에는 ❶ '링컨 센터' 이미지를 더블 클릭합니다. [개체 속성] 대화 상자가 열리면 ❷ [여백/캡션] 탭에서 ❸ '바깥 여백'의 '왼쪽'을 '3.00mm'로 변경하고 ❹ [설정]을 클릭합니다.

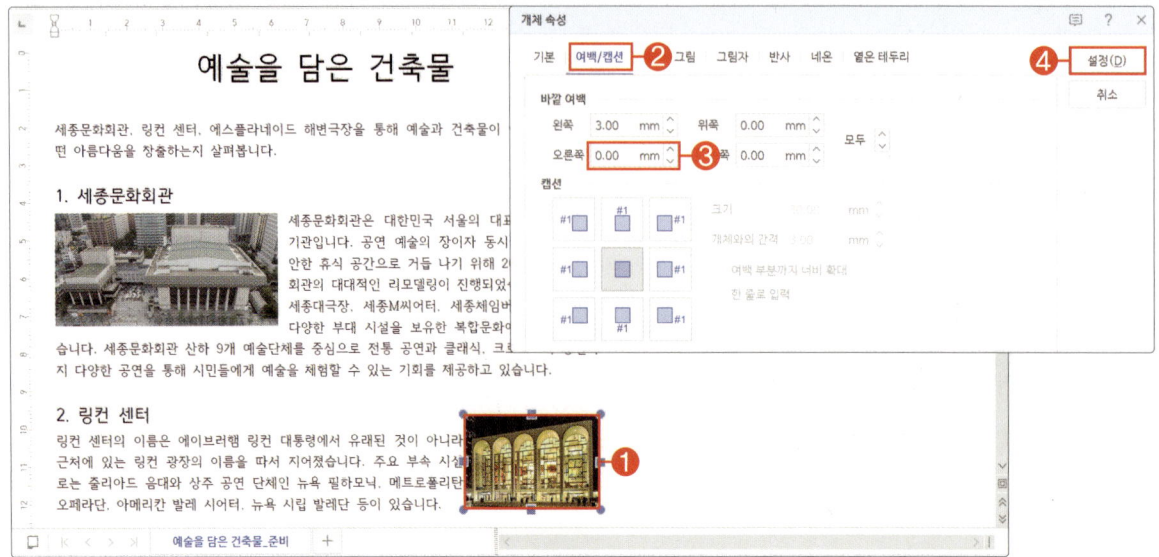

Section 06 | 문서에이미지 삽입하기

3 왼쪽 여백만큼 이미지가 오른쪽으로 밀려 들어갑니다. 이럴 때는 해당 ❶ 이미지를 선택해서 ❷ 왼쪽으로 드래그하여 보기 좋게 조정해 줍니다.

LEARN MORE

본문과 이미지 배치 방식 알아보기

[그림] 탭의 [개체 속성]에서 [기본] 탭을 클릭하면 '위치' 항목에서 이미지와 본문을 어떤 방식으로 배치할 것인지를 정할 수 있습니다.

❶ **글자처럼 취급** 이미지를 글자처럼 인식

❷ **어울림** 글이 이미지 주변으로 자연스럽게 흐르도록 배치

❸ **자리 차지** 이미지 높이만큼 빈칸으로 처리

❹ **글 앞으로** 이미지가 글 앞에 배치

❺ **글 뒤로** 이미지가 글 뒤로 배치

문제 풀어보기

1 '에너지 절약_준비.hwpx' 파일을 열어서 다음과 같이 그림 파일을 삽입하여 문서를 완성해 보세요.

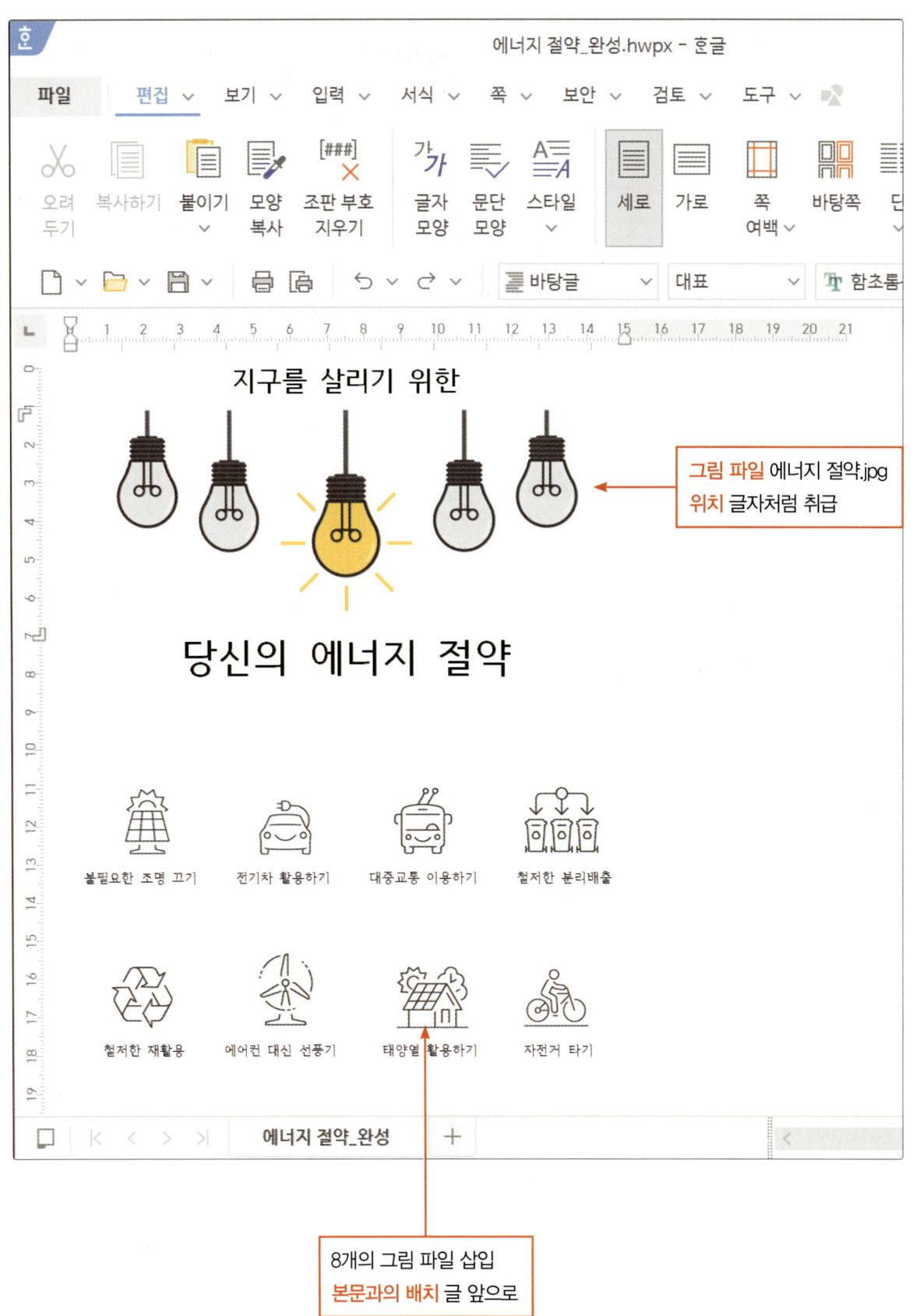

그림 파일 에너지 절약.jpg
위치 글자처럼 취급

8개의 그림 파일 삽입
본문과의 배치 글 앞으로

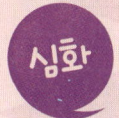

심화

문제 풀어보기

CHALLENGE

1 '수영장과 물놀이장_준비.hwpx' 파일을 열어서 다음과 같이 그림 파일을 삽입하고 그림 속성을 변경하여 문서를 완성해 보세요.

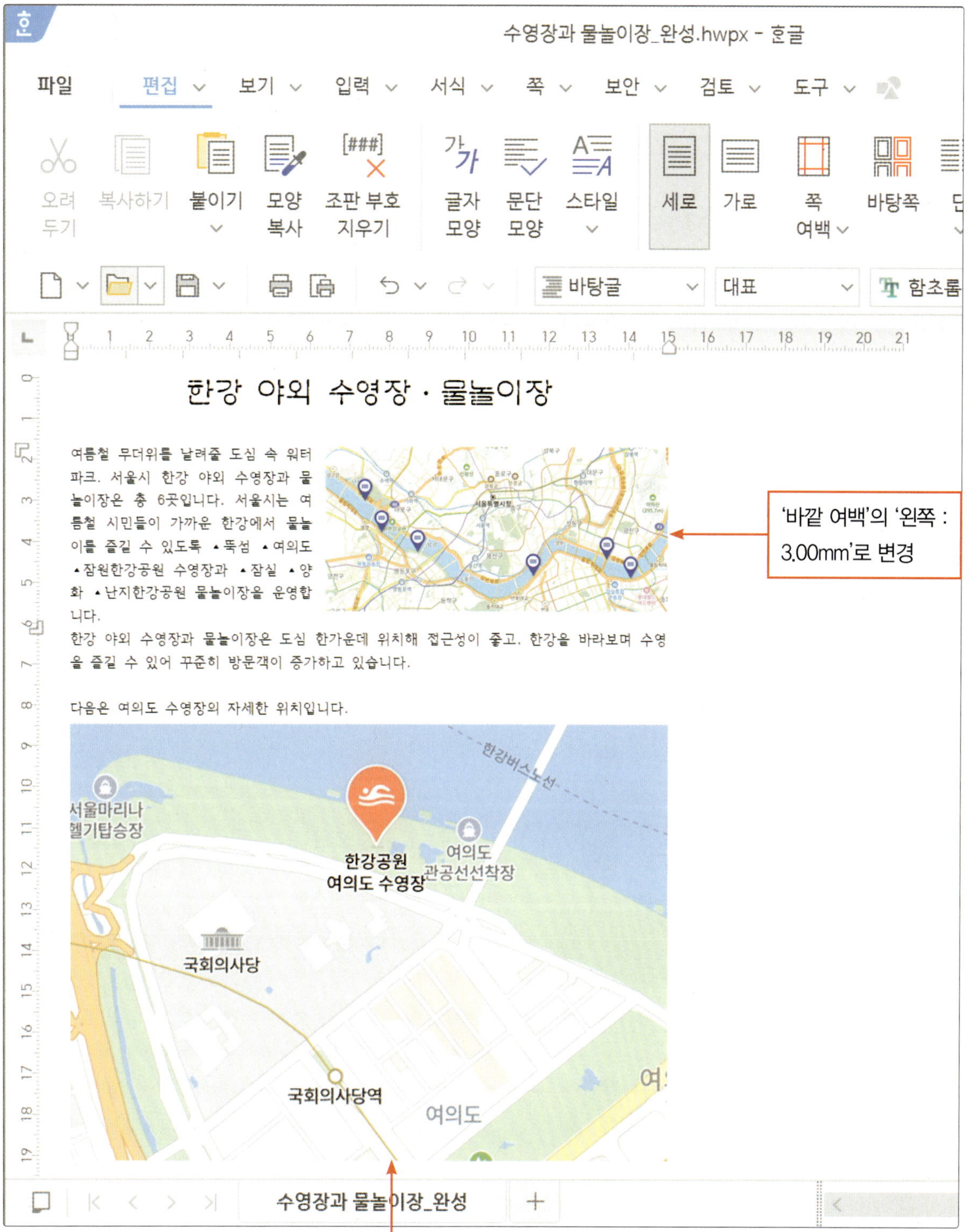

'바깥 여백'의 '왼쪽 : 3.00mm'로 변경

그림 파일 여의도 수영장.jpg
위치 글자처럼 취급
그림 자르기

Hangul 2022

07 SECTION
글상자 · 그리기마당 · 글맵시 활용하기

'글상자'는 글을 입력할 수 있으면서 그림과 같은 개체로 취급하여 본문에서 배치가 자유롭고 크기 조절, 채우기 효과, 테두리 설정 등을 설정할 수 있어 쓰임새가 많습니다. '그리기마당'은 도형, 아이콘 등의 개체를 모아놓은 라이브러리로, 원하는 형태의 그림을 쉽고 빠르게 그릴 수 있습니다. '글맵시' 기능을 활용하면 글자를 구부리거나 글자에 외곽선, 채우기, 그림자, 회전 등의 효과를 주어 다채롭게 꾸밀 수 있습니다.

MISSION

실습 1 글상자 활용하기
실습 2 그리기마당 활용하기
실습 3 글맵시 활용하기

CHECK POINT

포인트 1 한글 2022에서 문서를 보기 좋게 편집하는 방법은 한 가지로 정해져 있지 않습니다. 다양한 기능을 활용해 보기 좋은 문서를 완성해 보세요.

포인트 2 그림, 사진, 글상자, 글맵시 등의 여러 개체를 동시에 사용할 때는 '본문과의 배치'에 유의해서 개체를 삽입하세요.

포인트 3 여러 기능을 복합적으로 활용하여 나만의 문서 작성 노하우를 터득해 보세요.

파일명 글상자로 사진 꾸미기_완성.hwpx, 그리기마당으로 사진 꾸미기_완성.hwpx, 글맵시로 사진 꾸미기_완성.hwpx

실습 1   글상자 활용하기

1 '사진 꾸미기_준비.hwpx' 파일을 열고 ❶ [입력] 탭의 ∨를 눌러 ❷ [글상자]를 클릭합니다.

2 마우스 포인터가 ❶ ┼로 바뀌면 다음과 같이 드래그합니다.

> TIP [그림 넣기] 단축키 Ctrl + N , B
> 단축키 N , B 는 New Box를 의미합니다.

075

3 글상자가 삽입되면 글상자 안에 커서가 깜박입니다. ❶ 글상자 안에 다음과 같이 문자를 입력하고 드래그하여 블록으로 설정합니다. ❷ '글꼴'은 '함초롬돋움', ❸ '글자 크기'는 '20.0pt', ❹ '속성'은 '진하게' ❺ '정렬 방식'에서 ∨를 눌러 ❻ '가운데 정렬'로 변경합니다.

TIP 입력한 문자를 드래그해서 블록으로 설정하는 대신 글상자를 선택해서 [글자 모양]과 [문단 모양]을 변경해도 됩니다.

4 ❶ 글상자를 선택한 후 ❷ [도형] 탭의 ❸ [도형 속성]을 클릭합니다.

TIP 글상자를 더블 클릭해도 [개체 속성] 대화 상자가 열립니다.

5 [개체 속성] 대화 상자가 열리면 ❶ [선] 탭의 ❷ '선 종류'에서 ∨를 클릭하여 ❸ '없음'으로 선택합니다. ❹ [채우기] 탭에서 ❺ '색 채우기 없음'을 선택하고 ❻ [설정]을 클릭합니다.

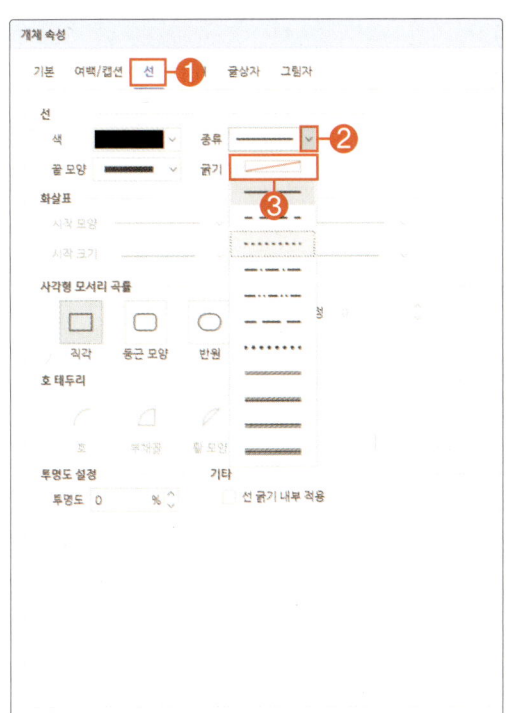
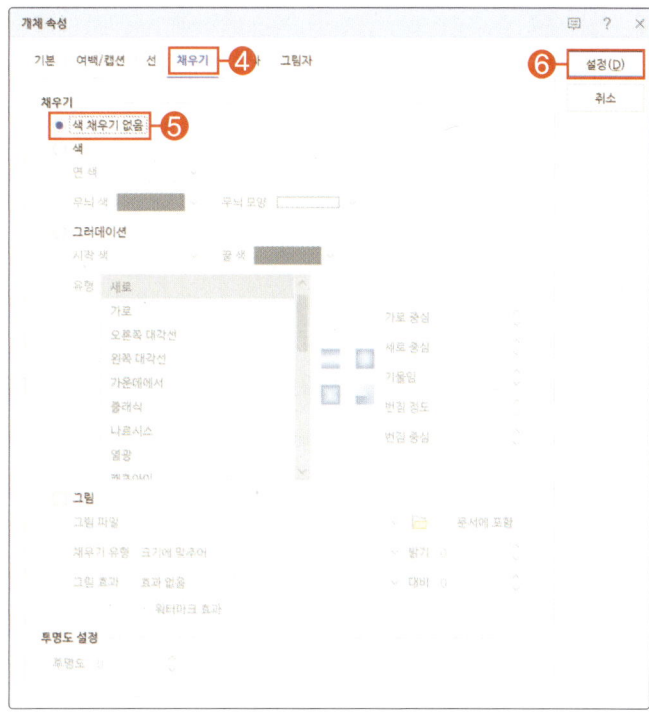

6 다음과 같이 ❶ 해당 내용을 드래그하여 블록으로 설정하고 ❷ '글자 색'의 ∨를 눌러 ❸ '하양'을 클릭합니다.

7 ❶ [입력] 탭을 눌러 ❷ '가로 글상자'를 선택합니다. 마우스 포인터가 ❸ ┼로 바뀌면 다음과 같이 드래그합니다.

8 글상자가 삽입되면 글상자 안에 커서가 깜박입니다. ❶ 글상자 안에 '우아, 바다다!'를 입력하고 드래그하여 블록으로 설정합니다. ❷ '글꼴'은 '가지', ❸ '글자 크기'는 '15.0pt', ❹ '속성'은 '진하게' ❺ '정렬 방식'에서 ∨를 눌러 ❻ '가운데 정렬'로 변경합니다.

Section 07 | 글상자 · 그리기마당 · 글맵시 활용하기

9 ❶ 글상자를 선택한 후 ❷ [도형] 탭의 ❸ [도형 속성]을 클릭합니다.

10 [개체 속성] 대화 상자가 열리면 ❶ [선] 탭의 ❷ '선 종류'에서 ∨를 클릭하여 ❸ '없음'으로 선택하고, ❹ [채우기] 탭에서 ❺ '색 채우기 없음'을 선택하고 ❻ [설정]을 클릭합니다.

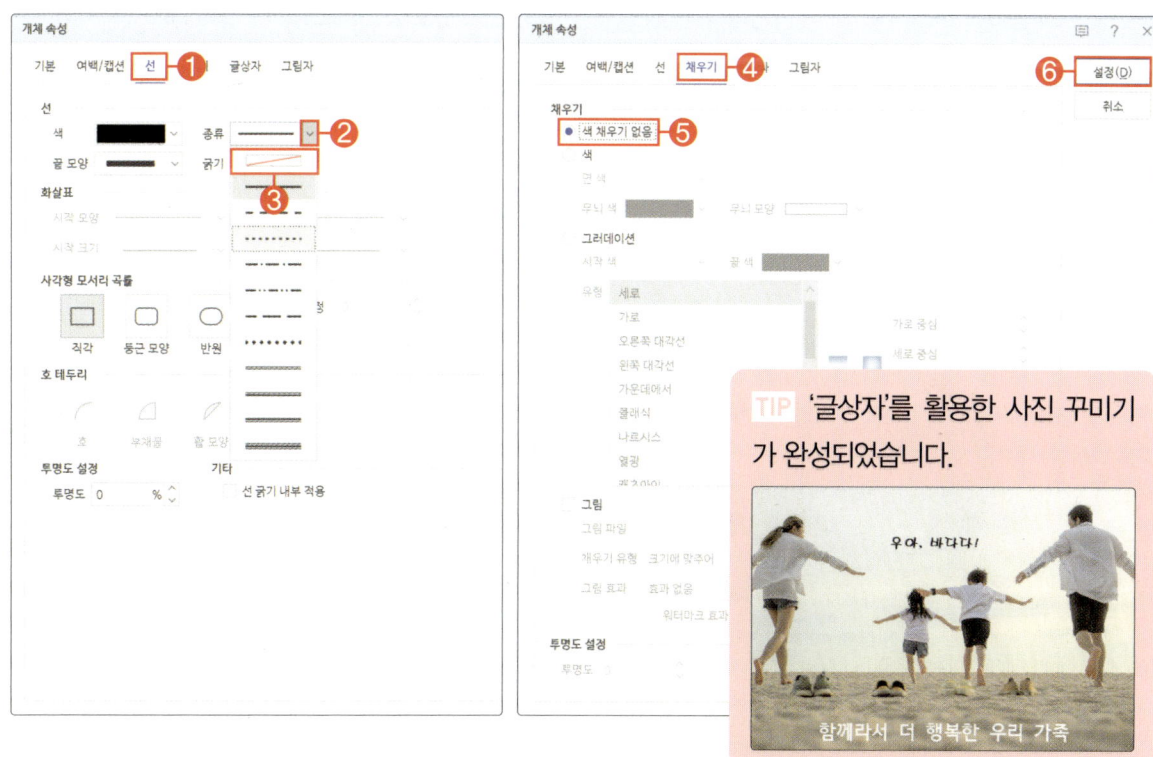

TIP '글상자'를 활용한 사진 꾸미기가 완성되었습니다.

079

실습 2 그리기마당 활용하기

1 '사진 꾸미기_준비.hwpx' 파일을 다시 열고 ❶ [입력] 탭의 ∨를 눌러 ❷ [그림]에서 ❸ [그리기마당]을 선택합니다. [그리기마당] 대화 상자가 열리면 ❹ [그리기 조각] 탭의 ❺ '설명상자(장식)'에서 ❻ '말풍선 02'를 선택하고 ❼ [넣기]를 클릭합니다.

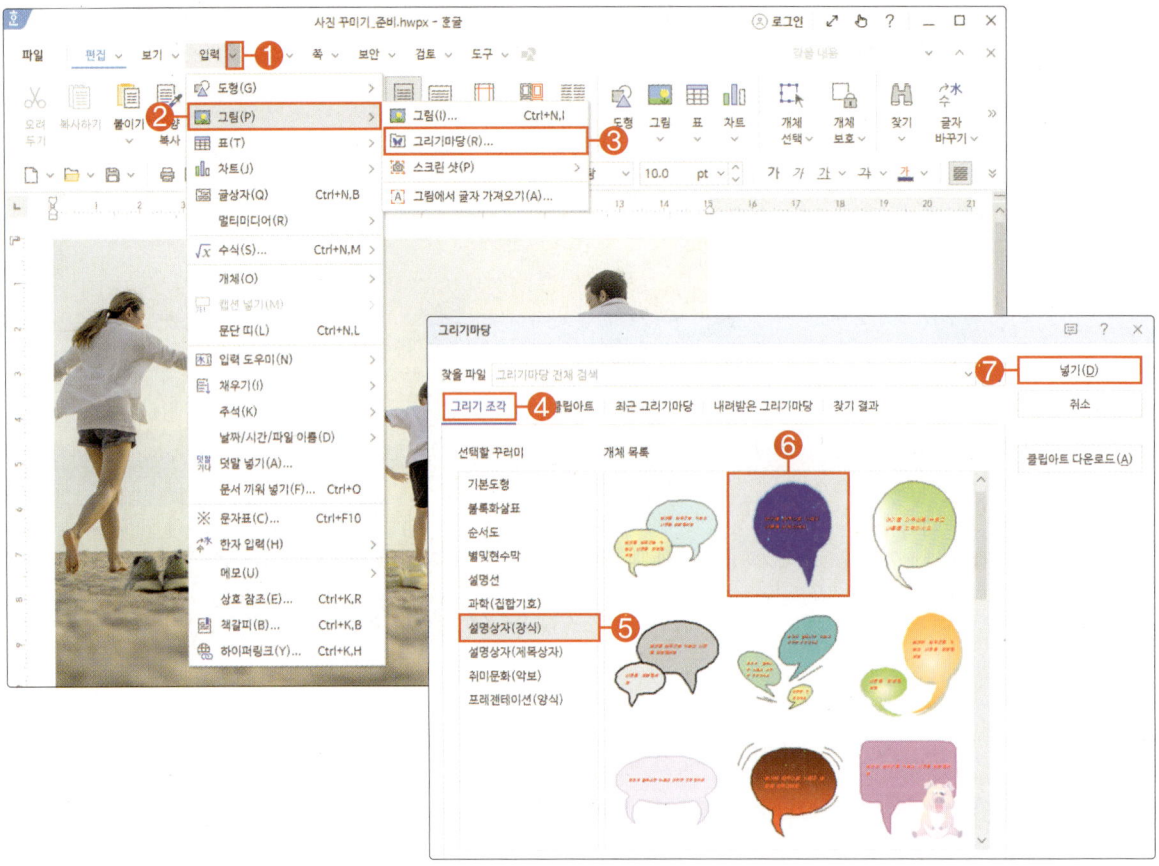

2 마우스 포인터가 ❶ ╋로 바뀌면 다음과 같이 드래그합니다. ❷ 말풍선이 삽입되면 빈 곳을 클릭하여 선택을 해제합니다. ❸ '여기를 마우스로 누르고 내용을 입력하세요'를 클릭하면 누름틀(「」)이 생깁니다.

Section 07 | 글상자 · 그리기마당 · 글맵시 활용하기

3 누름틀 안에 ❶ '우아, 바다다!'를 입력하고 드래그하여 블록으로 설정합니다. ❷ '글꼴'은 '가지', ❸ '글자 크기'는 '15.0pt', ❹ '속성'은 '진하게', ❺ '글자 색'은 '하양'으로 설정합니다. ❻ '정렬 방식'에서 ∨를 눌러 ❼ '가운데 정렬'로 변경하고 ❽ '줄 간격'은 '130%'로 합니다.

TIP '우아,'를 입력하고 Enter 키를 눌러 문단을 나눈 다음 '바다다!'를 입력합니다.

4 ❶ [입력] 탭을 눌러 ❷ [그림]에서 ❸ [그리기마당]을 선택해도 됩니다. [그리기마당] 대화상자가 열리면 ❹ [그리기 조각] 탭의 ❺ '별및현수막'에서 ❻ '물결'을 선택하고 ❼ [넣기]를 클릭합니다.

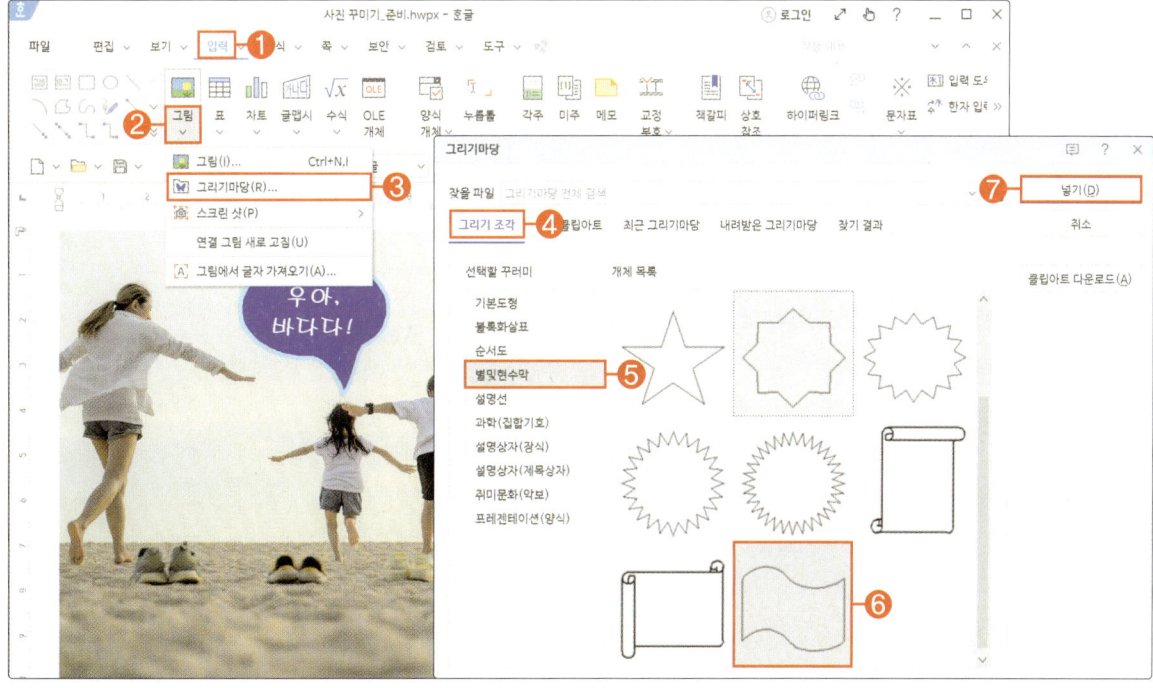

5 마우스 포인터가 ❶ +로 바뀌면 다음과 같이 드래그합니다.

6 '물결' 개체가 선택된 상태에서 Enter 키를 누르면 커서가 '물결' 개체 안으로 이동합니다. 개체 안에 ❶ '함께라서 더 행복한 우리 가족'을 입력하고 드래그하여 블록으로 설정합니다. ❷ '글꼴'은 '함초롬돋움', ❸ '글자 크기'는 '12.0pt', ❹ '속성'은 '진하게', ❺ '글자 색'은 '하양'으로 설정합니다. ❻ '정렬 방식'에서 ∨를 눌러 ❼ '가운데 정렬'로 변경합니다.

Section 07 | 글상자 · 그리기마당 · 글맵시 활용하기

7 ❶ '물결' 개체를 선택한 후 ❷ [도형] 탭의 ❸ [도형 속성]을 클릭합니다.

TIP '물결' 개체를 더블 클릭해도 [개체 속성] 대화 상자가 열립니다.

8 [개체 속성] 대화 상자가 열리면 ❶ [선] 탭의 ❷ '선 색'에서 '시안(하늘색)'을 선택하고 ❸ [채우기] 탭의 ❹ '면 색'에서 '파랑'을 선택한 뒤 ❺ [설정]을 클릭합니다.

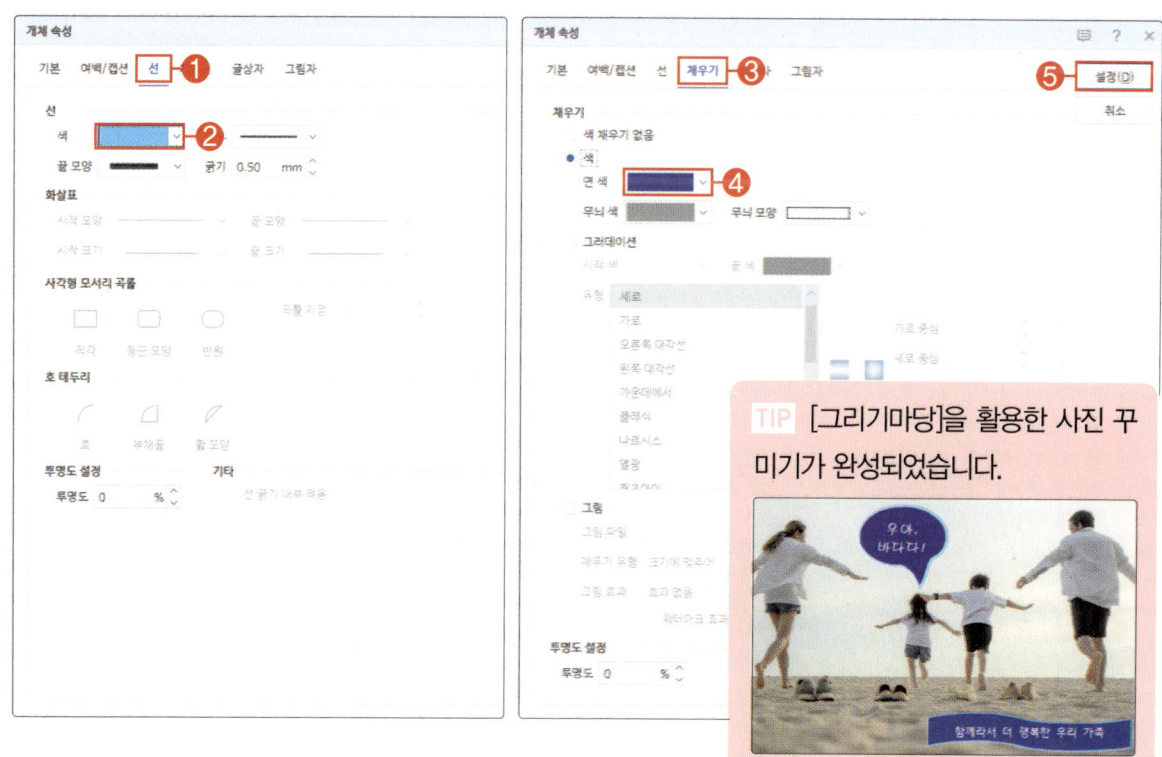

TIP [그리기마당]을 활용한 사진 꾸미기가 완성되었습니다.

실습 3 글맵시 활용하기

1. '사진 꾸미기_준비.hwpx' 파일을 다시 열고 ❶ [입력] 탭의 ∨를 눌러 ❷ [개체]에서 ❸ [글맵시]를 선택합니다. [글맵시 만들기] 대화 상자가 열리면 ❹ '내용'에 '우아, 바다다!'를 입력하고 ❺ '글맵시 모양'은 '역등변사다리꼴', ❻ '글꼴'은 '가지'로 선택하고 ❼ [설정]을 클릭합니다.

2. 글맵시가 삽입되면 ❶ 테두리의 조절점을 드래그하여 크기를 조절하고 다음과 같이 배치합니다.

Section 07 | 글상자 · 그리기마당 · 글맵시 활용하기

3 ❶ [입력] 탭을 눌러 ❷ [글맵시]를 선택해도 됩니다. [글맵시 만들기] 대화 상자가 열리면 ❸ '내용'에 '함께라서 더 행복한 우리 가족'을 입력하고 ❹ '글맵시 모양'은 '물결 2', ❺ '글꼴'은 '함초롬바탕'으로 선택하고 ❻ [설정]을 클릭합니다.

LEARN MORE

'본문과의 배치' 수정하기

'글맵시'를 삽입했을 때 왼쪽과 같이 배치된다면 ❶ '글맵시'를 더블 클릭해서 [개체 속성] 대화 상자를 열고 ❷ [기본] 탭의 ❸ '본문과의 배치'에서 '글 앞으로'를 선택한 뒤 ❹ [설정]을 클릭합니다.

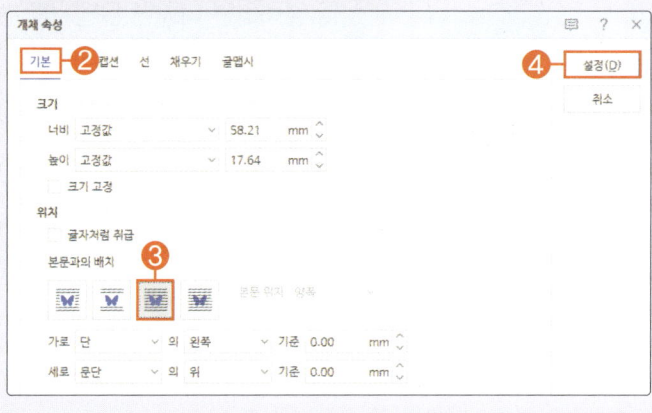

Hangul 2022

4 글맵시가 삽입되면 ❶ 테두리의 조절점을 드래그하여 크기를 조절하고 다음과 같이 배치합니다.

5 입력된 글맵시의 모양을 바꾸기 위해 ❶ 글맵시를 선택한 후 ❷ [글맵시] 탭의 ❸ [스타일]에서 '채우기 – 없음, 직사각형 모양'을 선택합니다.

TIP [글맵시] 탭의 [스타일]에서 ⌄를 클릭하면 다양한 글맵시를 선택할 수 있습니다.

문제 풀어보기

1 '생일 축하_준비.hwpx' 파일을 열어서 다음과 같이 문서를 완성해 보세요.

- 그리기마당 [그리기 조각] 탭의 '설명상자(장식)'에서 '말풍선 02'
- 그리기마당 [그리기 조각] 탭의 '설명상자(장식)'에서 '말풍선 08'
- 글상자 양재샤넬체M, 35.0pt, 하양, 가운데 정렬, 선-없음, 채우기-없음

2 '해수욕장_준비.hwpx' 파일을 열어서 다음과 같이 문서를 완성해 보세요.

- 글맵시 스타일-채우기 없음
  글맵시 모양-위쪽 원호
- 글상자 함초롬돋움, 20.0pt, 진하게, 노랑, 가운데 정렬, 선-없음, 채우기-없음

Hangul 2022

08 표 만들기
SECTION

문서를 작성할 때 '표'를 이용하면 복잡한 내용이나 수치 자료를 한눈에 볼 수 있습니다. 표의 각 칸을 '셀(cell)'이라고 하는데 표는 여러 개의 셀이 모여 이루어진 것으로, 셀은 표 편집의 기본 단위가 됩니다. 각 셀 안에 입력되는 내용은 본문이나 주변 셀의 내용에 영향을 받지 않습니다.

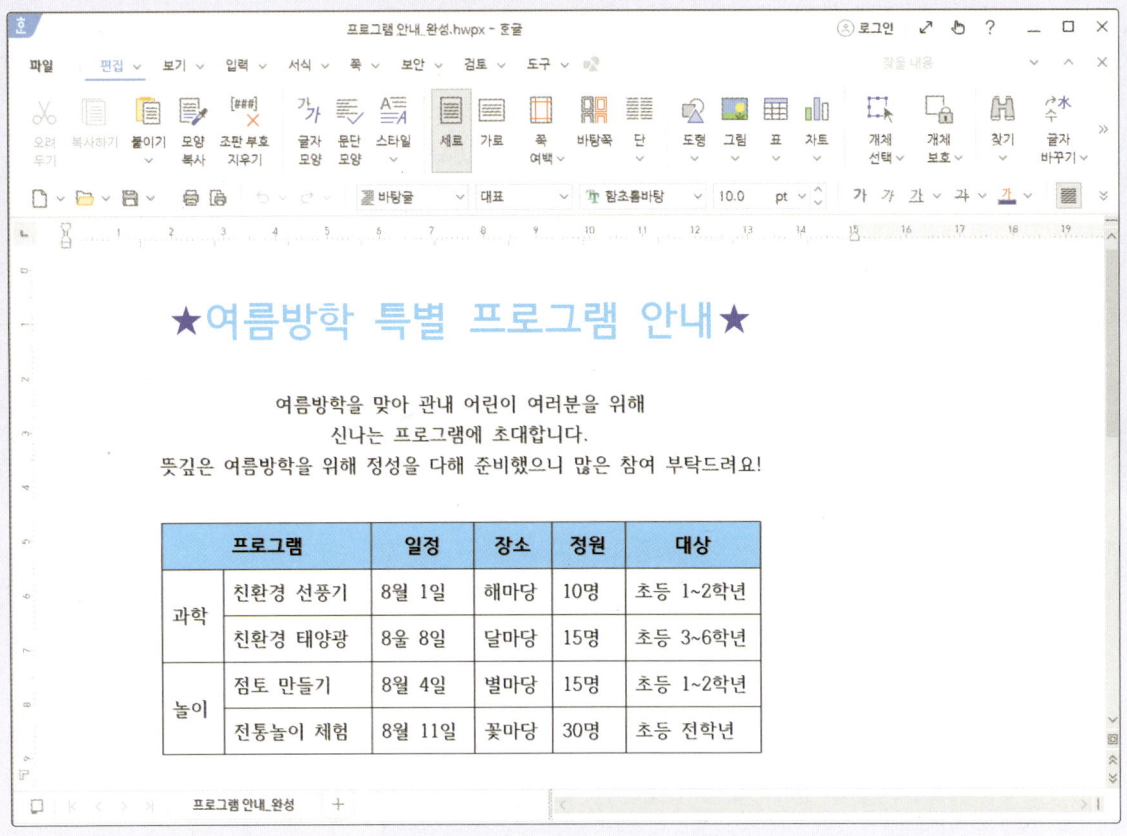

파일명 프로그램 안내_완성.hwpx

MISSION

- 실습 1 표 만들고 문자 입력하기
- 실습 2 셀 모양 변경하기
- 실습 3 표 편집하기

CHECK POINT

- 포인트 1 표를 만드는 방법은 여러 가지입니다. 다양한 방법을 활용해서 표를 만들어 보세요.
- 포인트 2 표의 줄과 칸 크기를 조정하고, 셀을 합치고 나눠 보는 등의 작업을 통해 표를 보기 좋게 만들어 보세요.

표 만들고 문자 입력하기

1 '프로그램 안내_준비.hwpx' 파일을 열고 ❶ [입력] 탭에서 ∨를 눌러 ❷ [표]를 선택하여 ❸ [표 만들기]를 클릭합니다. [표 만들기] 대화 상자가 열리면 ❹ '줄 개수'와 '칸 개수'를 '5'로 설정하고 ❺ '글자처럼 취급'을 체크한 후 ❻ [만들기]를 클릭합니다.

2 ❶ 표가 만들어졌습니다. ❷ 표에 다음과 같이 문자를 입력합니다.

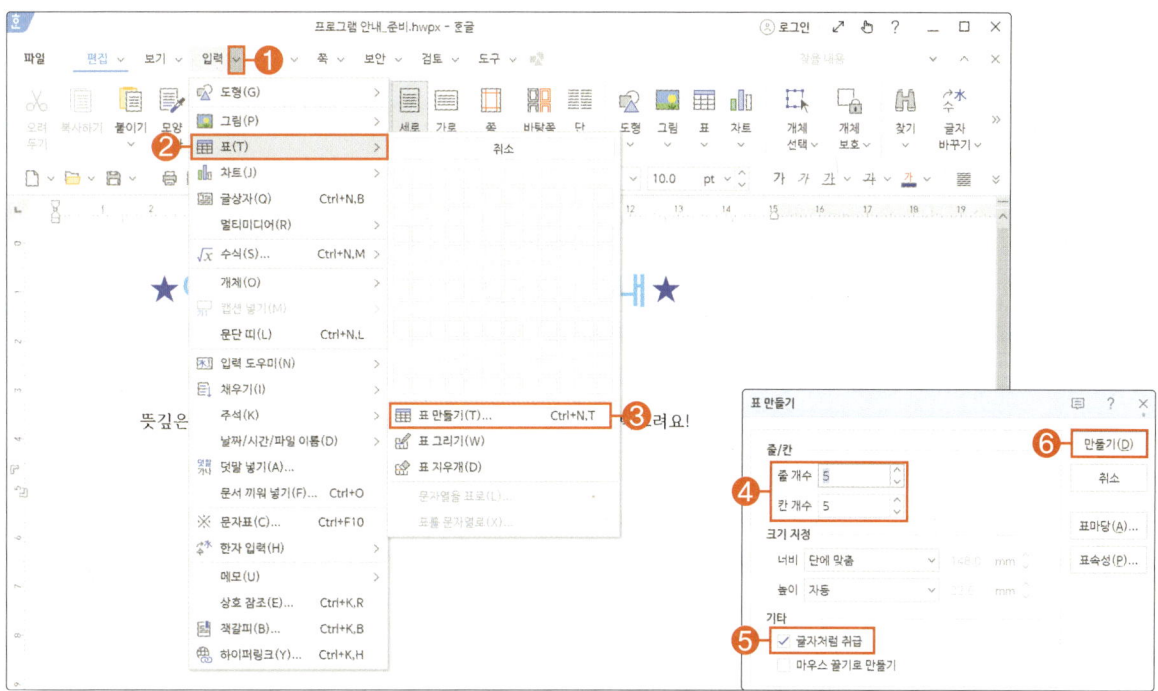

프로그램		장소	대상	일정
과학	친환경 선풍기	해마당	초등 1~2학년	8월 1일
	친환경 태양광	달마당	초등 3~6학년	8월 8일
놀이	점토 만들기	별마당	초등 1~2학년	8월 4일
	전통놀이 체험	꽃마당	초등 전학년	8월 11일

> **TIP** [표 만들기] 단축키 Ctrl + N, T
> 단축키 N, T는 New Table을 의미합니다.

셀 모양 변경하기

1 셀을 합치기 위해 ❶ 첫 번째 줄의 첫 번째 칸과 두 번째 칸을 드래그하여 블록으로 설정합니다. ❷ [표 레이아웃] 탭에서 ❸ [셀 합치기]를 클릭합니다.

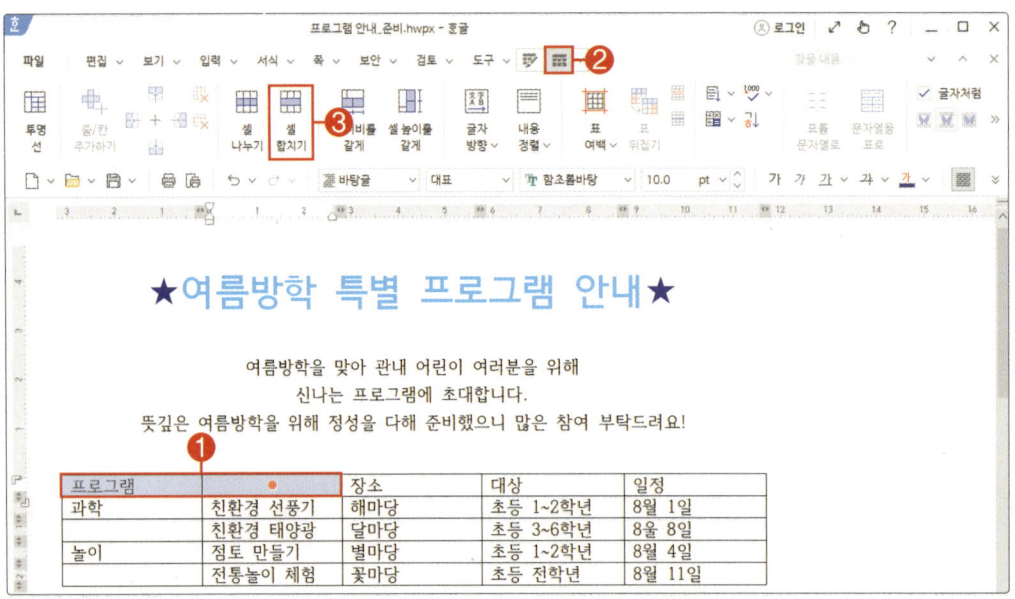

2 ❶ 두 번째 줄과 세 번째 줄의 첫 번째 칸을 드래그하여 블록으로 설정합니다. ❷ [표 레이아웃] 탭에서 ❸ [셀 합치기]를 클릭합니다. 마찬가지로 ❹ 네 번째 줄과 다섯 번째 줄의 첫 번째 칸도 드래그하여 블록으로 설정합니다. ❺ [표 레이아웃] 탭에서 ❻ [셀 합치기]를 클릭합니다.

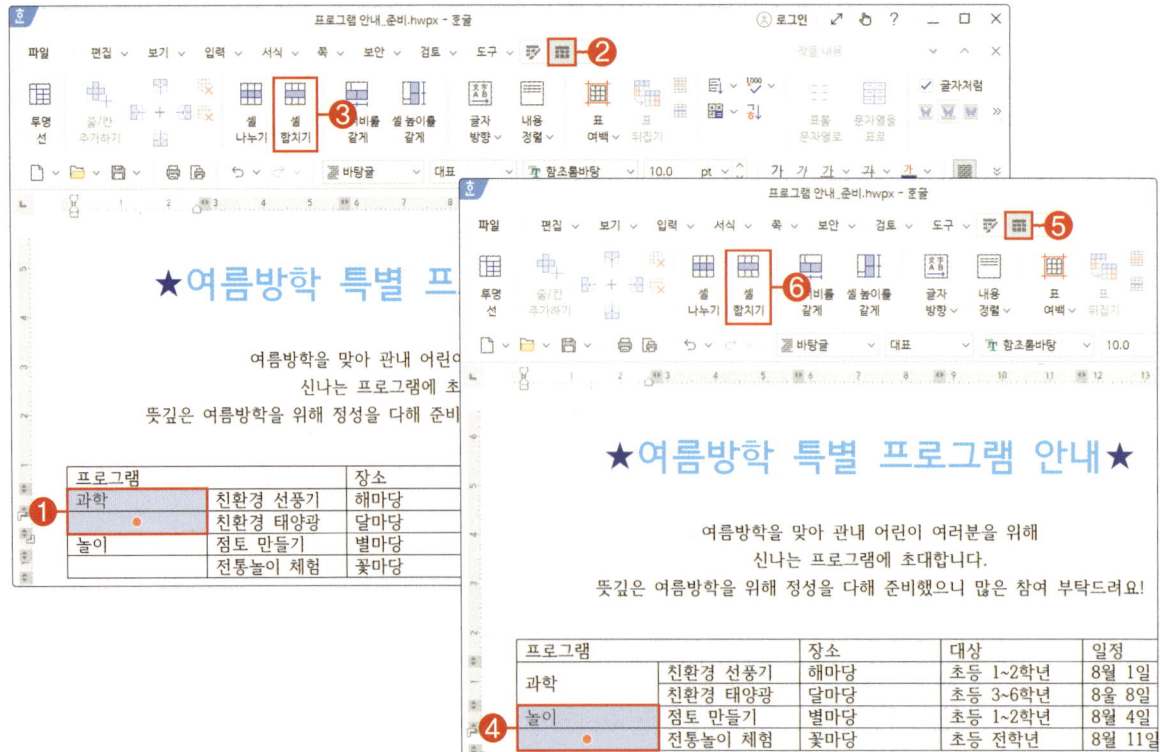

Section 08 | 표 만들기

3 셀을 나누기 위해 ❶ 세 번째 칸을 모두 드래그하여 블록으로 설정합니다. ❷ [표 레이아웃] 탭에서 ❸ [셀 나누기]를 클릭합니다. [셀 나누기] 대화 상자가 열리면 ❹ '칸 개수'만 '2'로 설정하고 ❺ [나누기]를 클릭합니다.

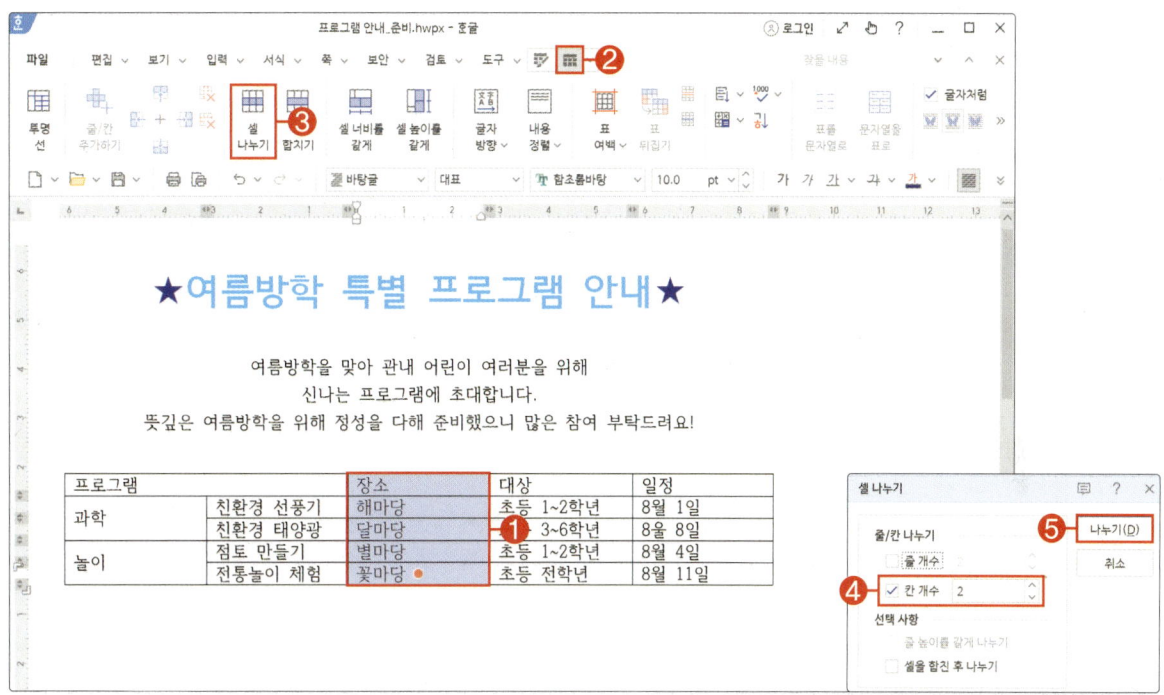

4 ❶ 칸이 2개로 나뉘었습니다. ❷ 추가된 칸에 다음과 같이 문자를 입력합니다.

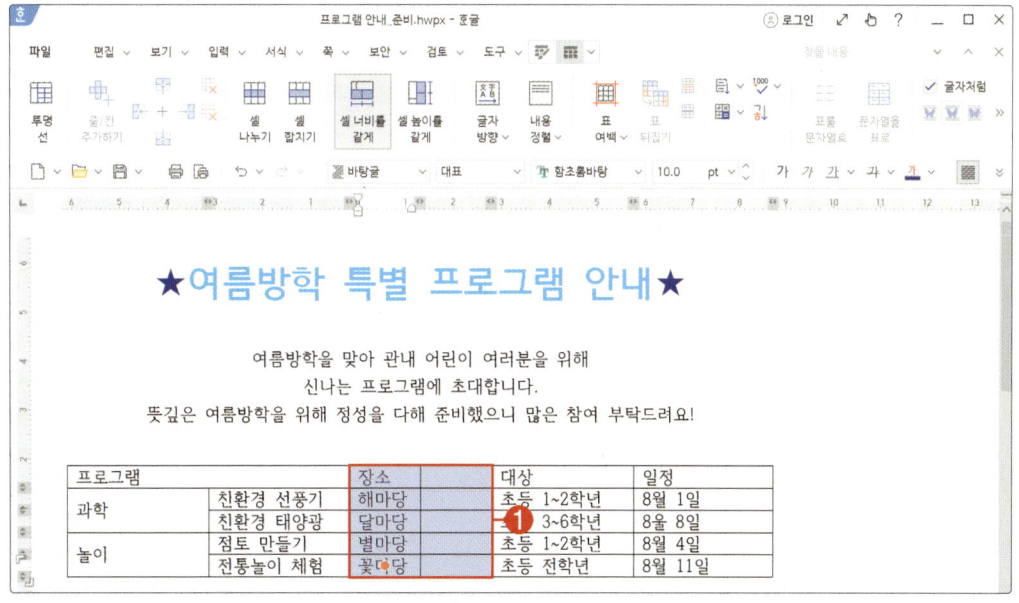

091

5 셀을 이동하기 위해 ❶ 여섯 번째 칸을 모두 드래그하여 블록으로 설정합니다. ❷ [편집] 탭의 ∨을 눌러 ❸ [오려 두기]를 클릭합니다. 해당 대화 상자가 열리면 ❹ [지우기]를 선택합니다.

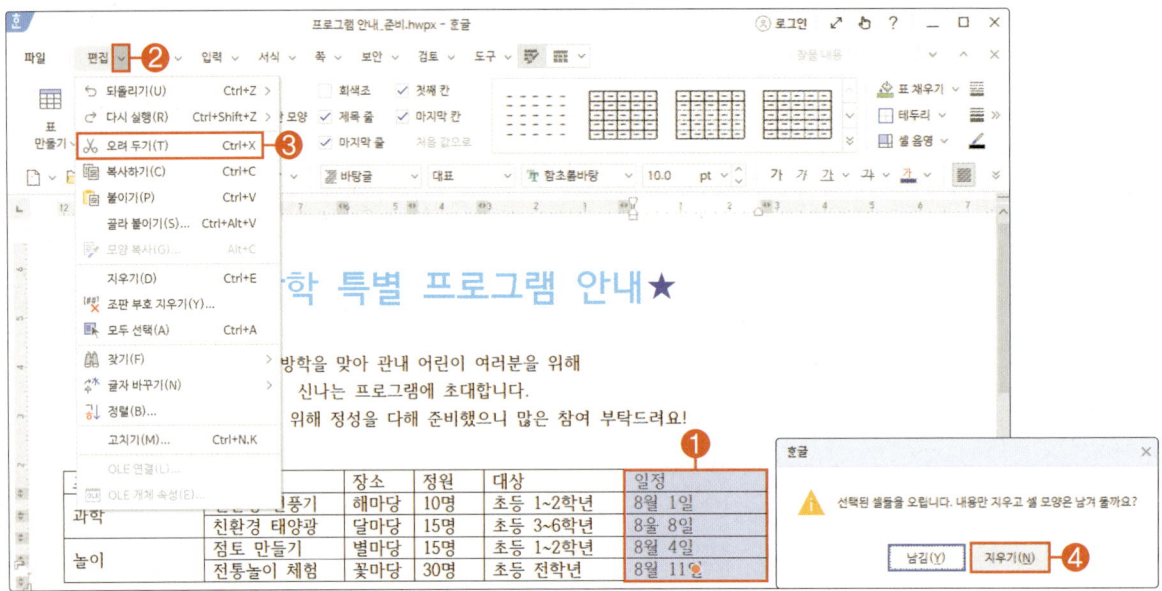

6 ❶ 첫 번째 줄의 세 번째 칸을 블록으로 설정합니다. ❷ [편집] 탭의 ∨을 눌러 ❸ [붙이기]를 클릭합니다. [셀 붙이기] 대화 상자가 열리면 ❹ '왼쪽에 끼워 넣기'를 선택하고 ❺ [붙이기]를 클릭합니다.

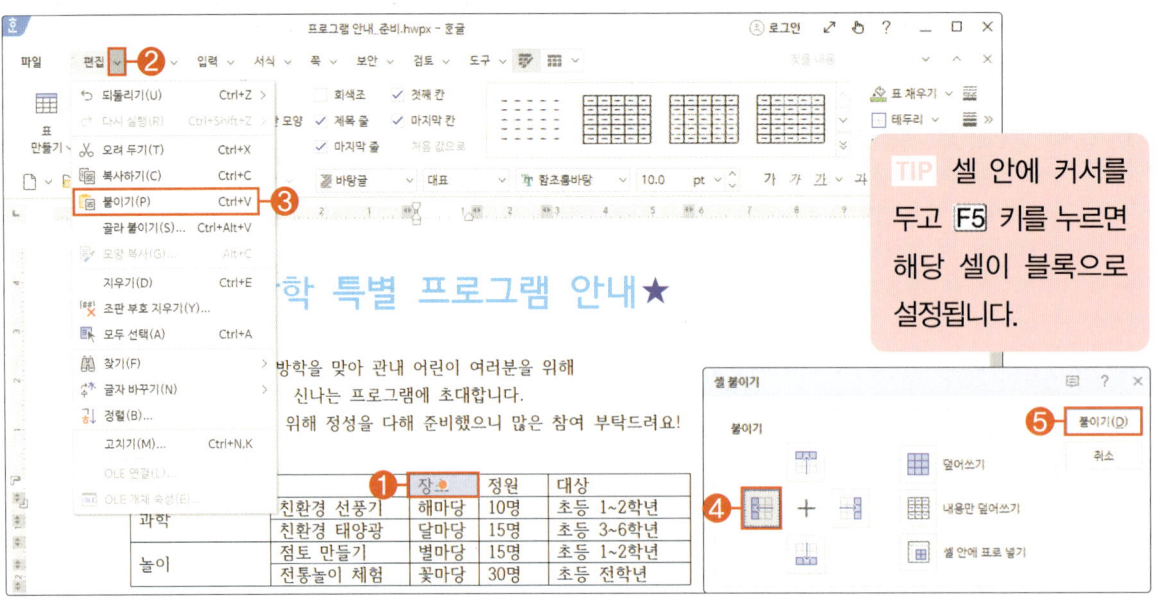

> **TIP** 셀 안에 커서를 두고 F5 키를 누르면 해당 셀이 블록으로 설정됩니다.

7 ❶ 오려 두었던 셀이 삽입되었습니다.

실습 3 표 편집하기

1 ❶ 표의 줄 간격을 조절하기 위해 마우스로 표 전체를 드래그하여 블록으로 설정합니다. ❷ 표의 맨 아랫줄에 마우스 커서를 이동시키면 마우스 포인터의 모양이 ⇕로 변경됩니다.

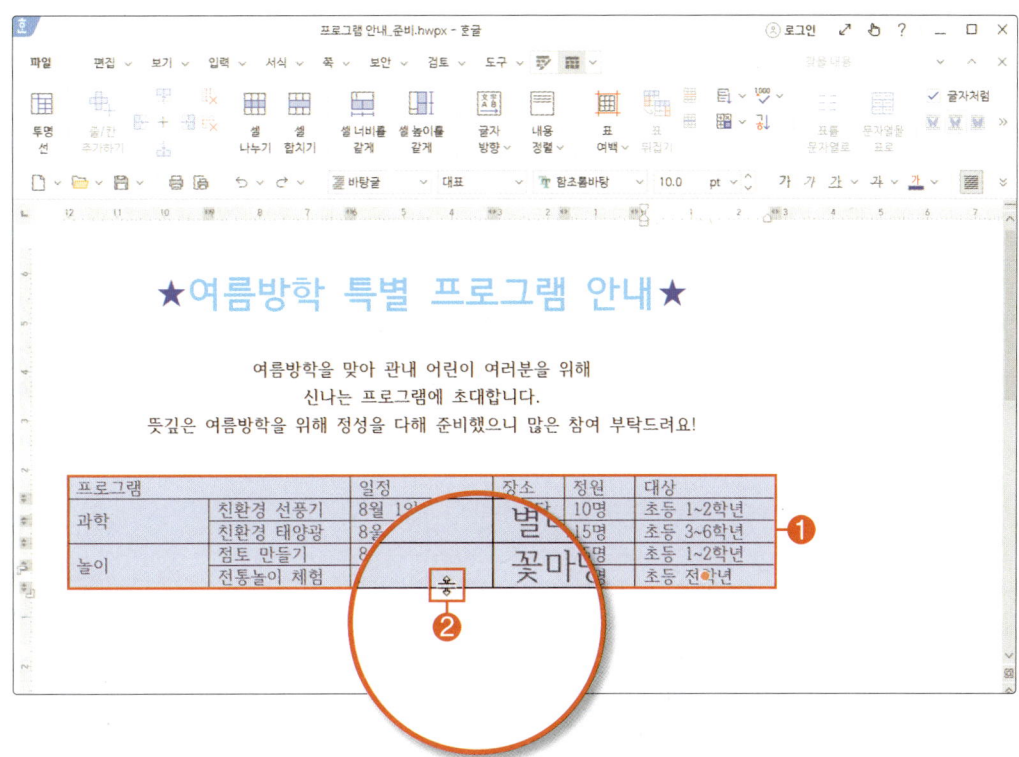

2 마우스 포인터의 모양이 변경된 상태에서 ❶ 마우스를 아래 방향으로 드래그하여 표를 늘려줍니다.

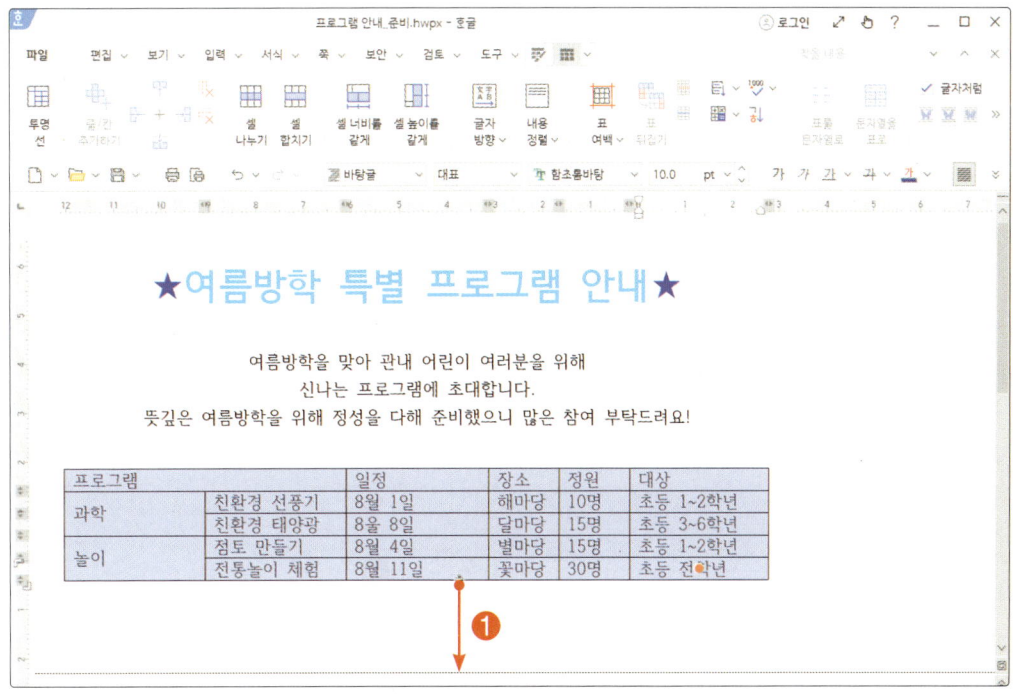

3 표의 칸 크기를 조절하기 위해 첫 번째 칸의 오른쪽 끝으로 마우스 커서를 이동시키면 마우스 포인터의 모양이 ꭡ로 변경됩니다. ❶ 이 상태에서 마우스를 왼쪽 방향으로 드래그하여 칸의 크기를 줄여줍니다.

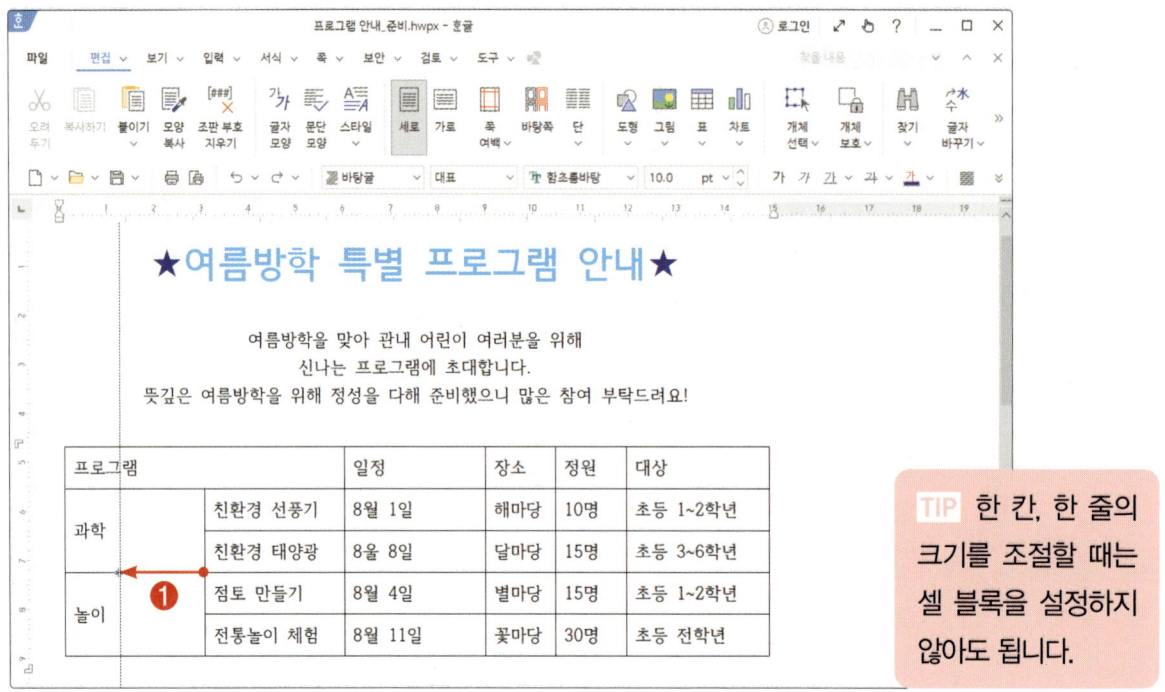

TIP 한 칸, 한 줄의 크기를 조절할 때는 셀 블록을 설정하지 않아도 됩니다.

4 표의 칸 크기를 차례대로 조절합니다. ❶ 표의 마지막 칸도 오른쪽 끝으로 마우스 커서를 이동시켜서 마우스 포인터의 모양이 변경되면 마우스를 왼쪽 방향으로 드래그하여 조절합니다.

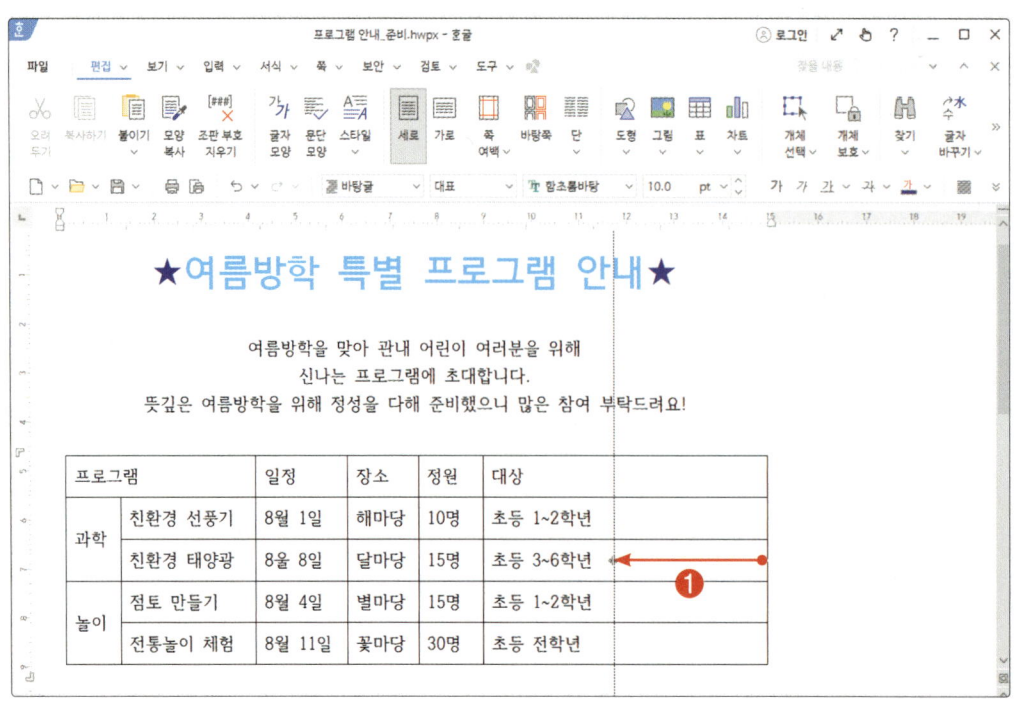

Section 08 | 표 만들기

5 표 제목줄의 [글자 모양]과 [문단 모양]을 바꾸기 위해 ❶ 첫 번째 줄을 모두 드래그하여 블록으로 설정합니다. ❷ '글꼴'은 '함초롬돋움' ❸ '속성'은 '진하게' ❹ '정렬 방식'은 ∨를 눌러 ❺ '가운데 정렬'로 변경합니다.

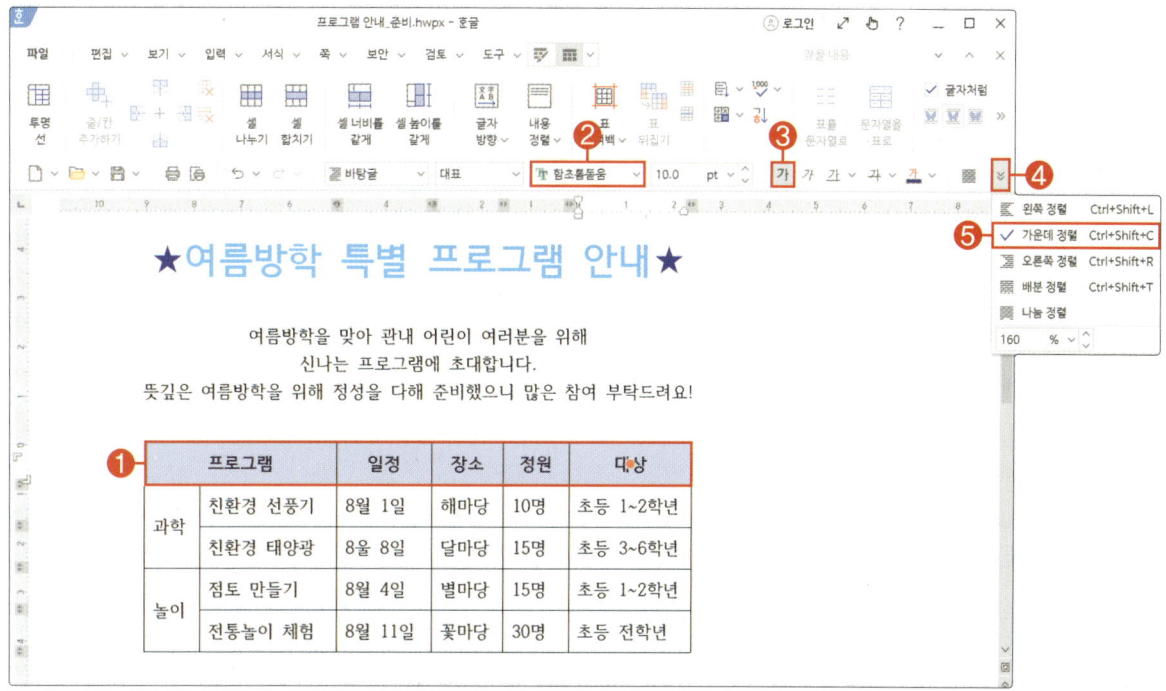

6 셀의 배경색을 바꿔 봅니다. ❶ 블록이 설정된 상태에서 ❷ [표 디자인] 탭에서 ❸ [표 채우기]의 ∨를 눌러 ❹ '시안(하늘색)'을 선택합니다.

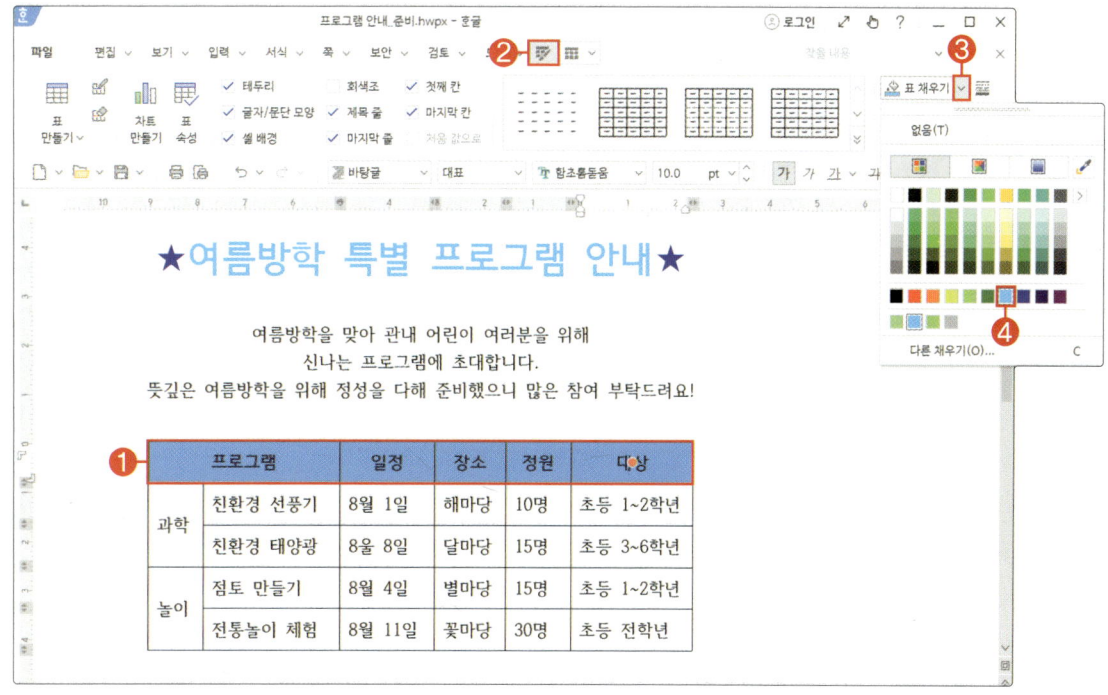

문제 풀어보기

1 '환경 설문조사_준비.hwpx' 파일을 열어서 다음과 같이 표를 만들어 문서를 완성해 보세요.

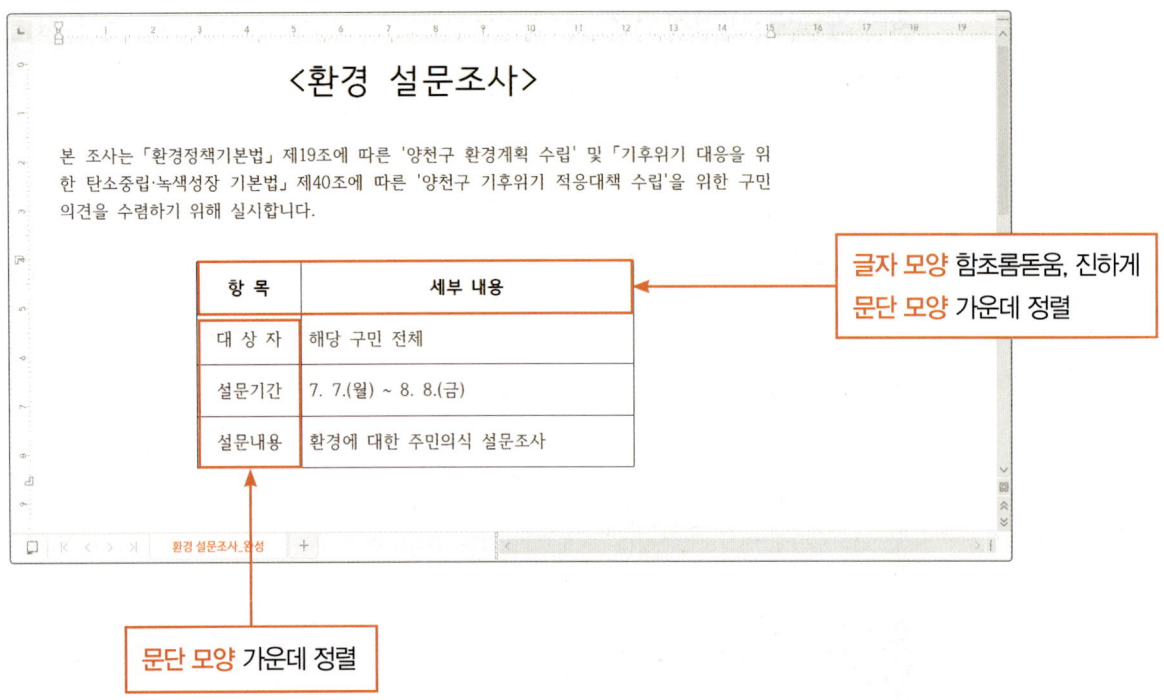

2 '봉사활동 명단_준비.hwpx' 파일을 열어서 다음과 같이 표를 만들어 문서를 완성해 보세요.

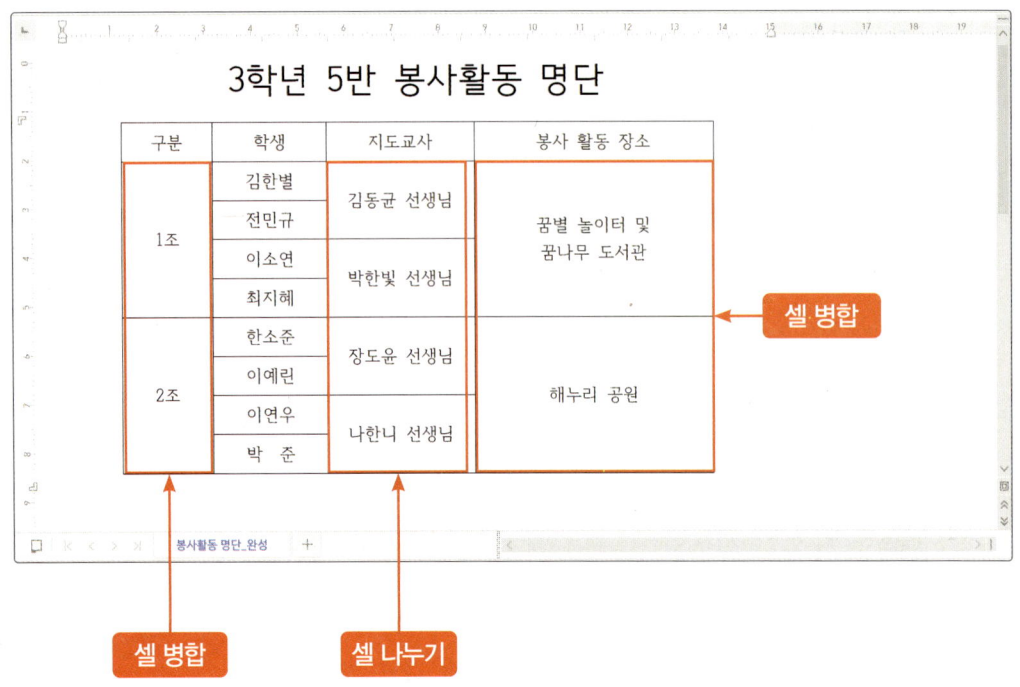

문제 풀어보기

1 [새 문서]를 실행해서 다음과 같이 표를 만들어 문서를 완성해 보세요.

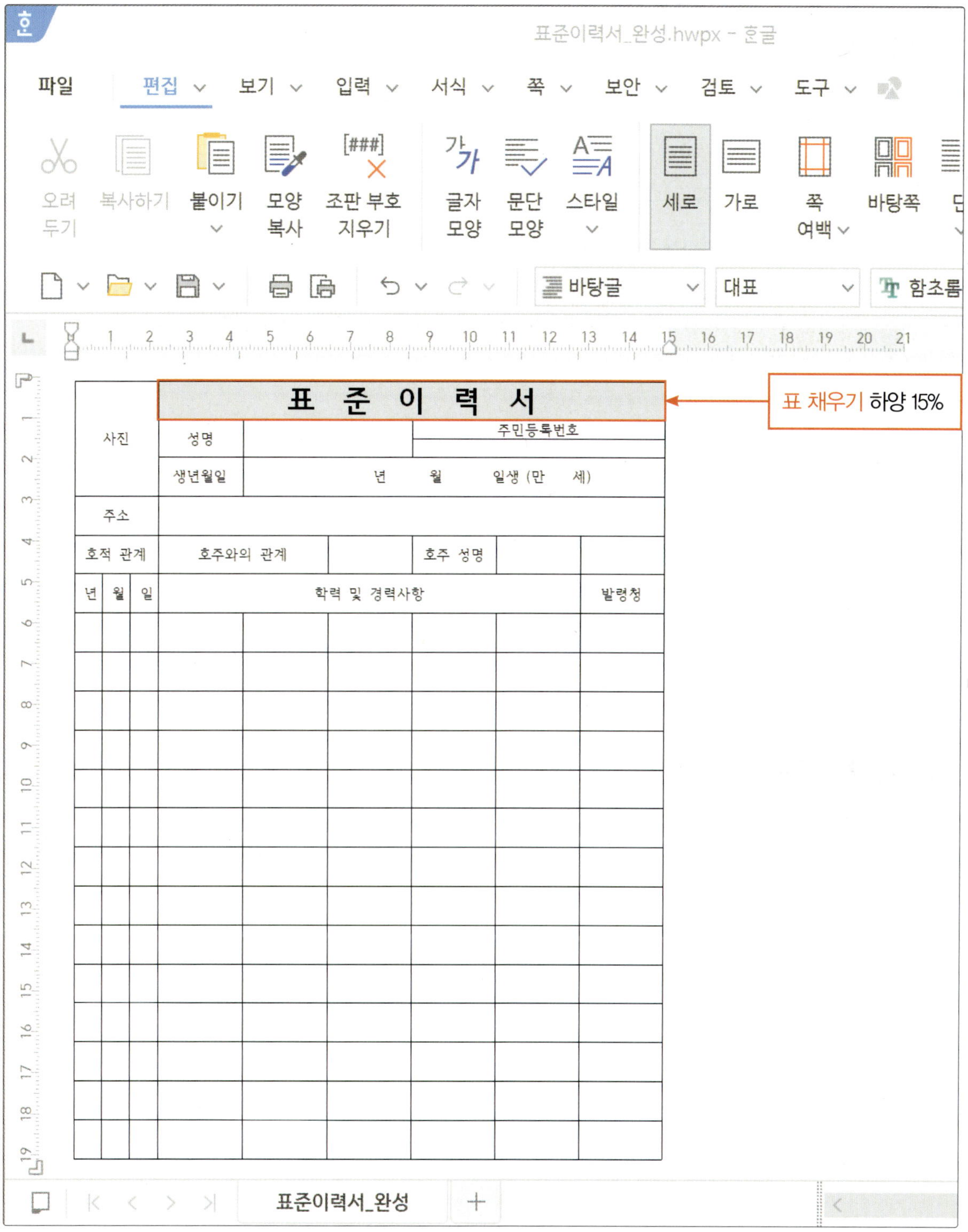

표 채우기 하양 15%

Hangul 2022

09 표 계산하기
SECTION

표에서는 덧셈, 뺄셈, 곱셈, 나눗셈을 이용한 계산도 할 수 있습니다. 블록으로 설정한 셀의 값을 자동으로 계산해 주는 '블록 계산식'과 가로 합계, 세로 합계 등과 같은 '쉬운 계산식'을 활용하면 매우 편리하게 총합이나 평균을 구할 수 있습니다. 성적표나 용돈 기입장, 가계부 등의 문서를 작성할 때 표를 만들어 '계산식'을 활용하면 매우 유용합니다.

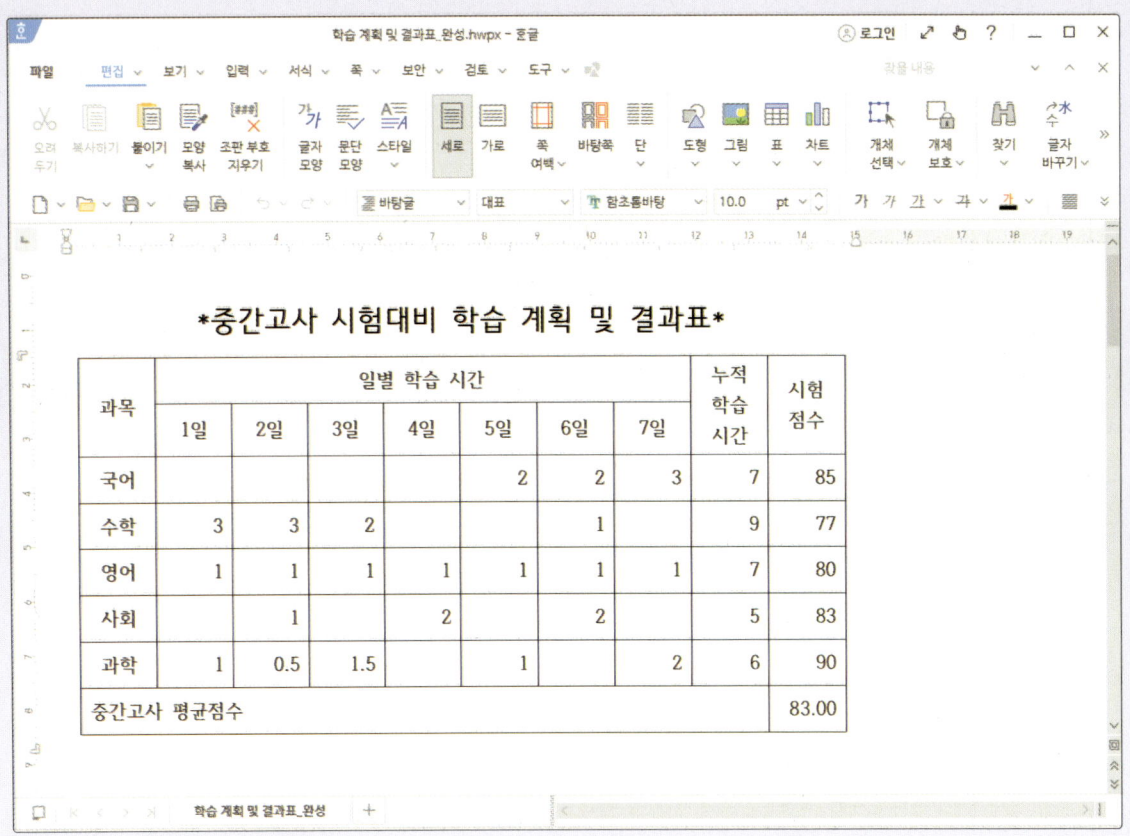

파일명 학습 계획 및 결과표_완성.hwpx

MISSION

실습 1 블록 합계 구하기
실습 2 블록 평균 구하기

CHECK POINT

포인트 1 스프레드시트처럼 한글 2022에서는 간단한 계산식을 구현할 수 있어요.
포인트 2 블록 계산식을 활용해 합계, 평균 등을 구해 보세요.

블록 합계 구하기

1 '학습 계획 및 결과표_준비.hwpx' 파일을 열고 ❶ 여덟 번째 칸의 임의의 줄에 마우스 커서를 이동시키고 ❷ [표 레이아웃] 탭에서 ❸ [줄/칸 추가하기]를 클릭합니다. [줄/칸 추가하기] 대화 상자가 열리면 ❹ '오른쪽에 칸 추가하기'를 선택하고 ❺ [추가]를 클릭합니다.

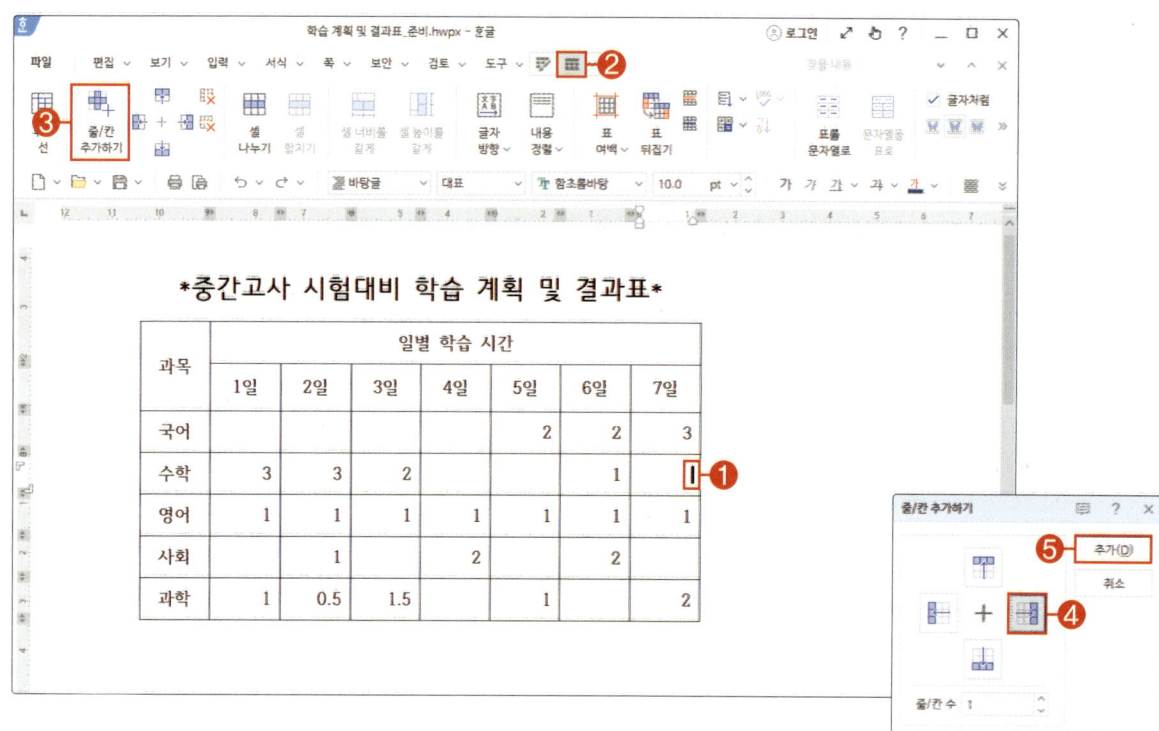

2 ❶ 추가된 칸의 첫 번째와 두 번째 줄을 드래그하여 블록으로 설정하고 ❷ [표 레이아웃] 탭에서 ❸ [셀 합치기]를 클릭합니다. ❹ 합쳐진 셀에 '누적 학습 시간'을 입력합니다.

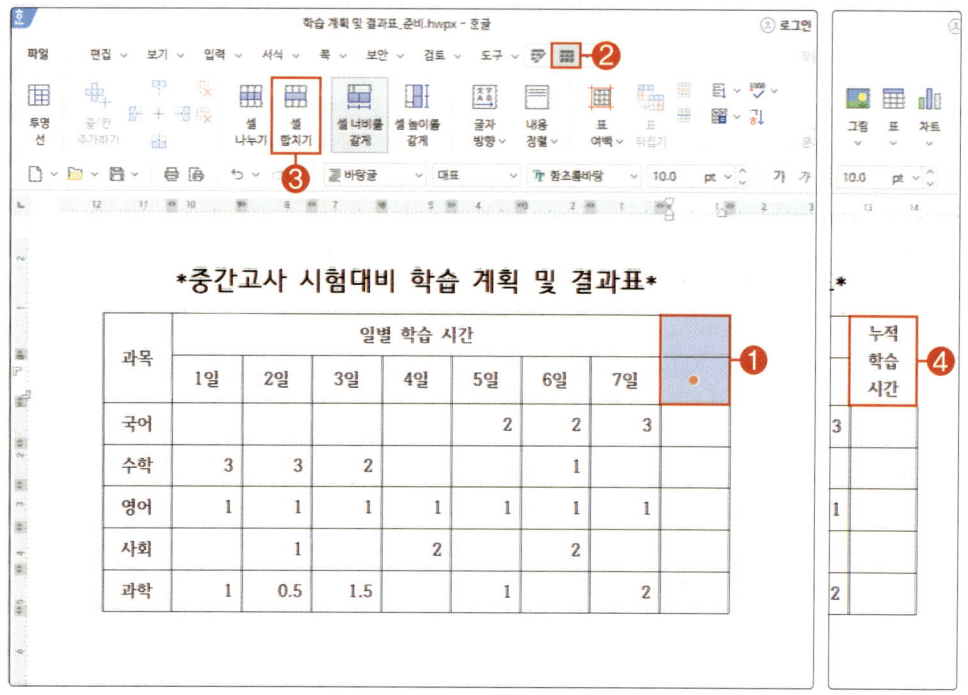

099

3 ❶ 세 번째 줄의 두 번째 칸부터 모두 드래그하여 블록으로 설정합니다. ❷ [표 레이아웃] 탭에서 ❸ [계산식]의 ∨를 눌러 ❹ '블록 합계'를 클릭합니다.

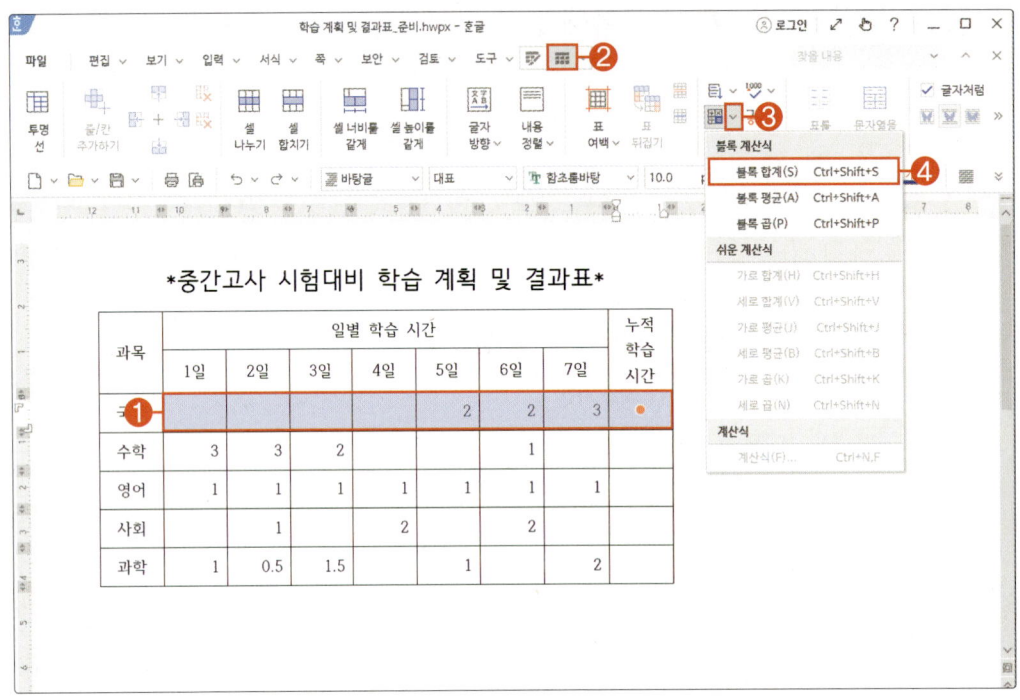

4 한 줄씩 차례대로 블록 합계를 삽입하고 마지막으로 ❶ 일곱 번째 줄도 두 번째 칸부터 모두 드래그하여 블록으로 설정합니다. ❷ [표 레이아웃] 탭에서 ❸ [계산식]의 ∨를 눌러 ❹ '블록 합계'를 클릭합니다.

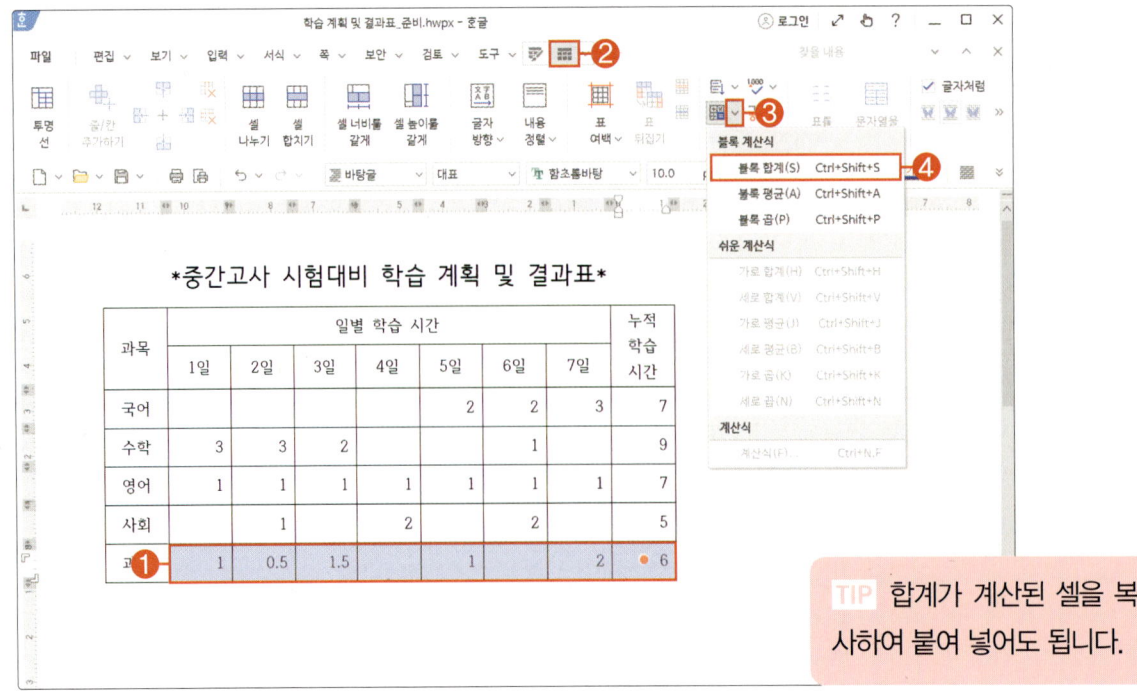

TIP 합계가 계산된 셀을 복사하여 붙여 넣어도 됩니다.

실습 2 블록 평균 구하기

1 ① 아홉 번째 칸의 임의의 줄에 마우스 커서를 이동시키고 ② [표 레이아웃] 탭에서 ③ [줄/칸 추가하기]를 클릭합니다. [줄/칸 추가하기] 대화 상자가 열리면 ④ '오른쪽에 칸 추가하기'를 선택하고 ⑤ [추가]를 클릭합니다.

2 ① 추가된 칸에 다음과 같이 입력합니다.

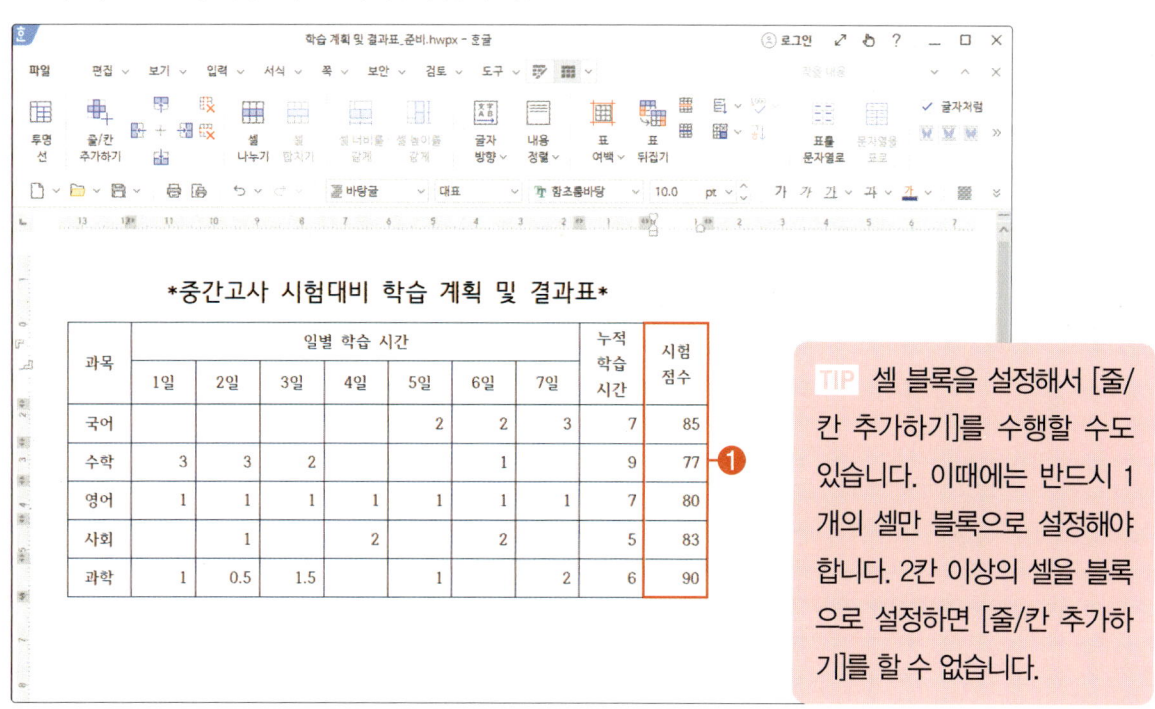

TIP 셀 블록을 설정해서 [줄/칸 추가하기]를 수행할 수도 있습니다. 이때에는 반드시 1개의 셀만 블록으로 설정해야 합니다. 2칸 이상의 셀을 블록으로 설정하면 [줄/칸 추가하기]를 할 수 없습니다.

3 ❶ 일곱 번째 줄의 임의의 칸에 마우스 커서를 이동시키고 ❷ [표 레이아웃] 탭에서 ❸ [줄/칸 추가하기]를 클릭합니다. [줄/칸 추가하기] 대화 상자가 열리면 ❹ '아래쪽에 줄 추가하기'를 선택하고 ❺ [추가]를 클릭합니다.

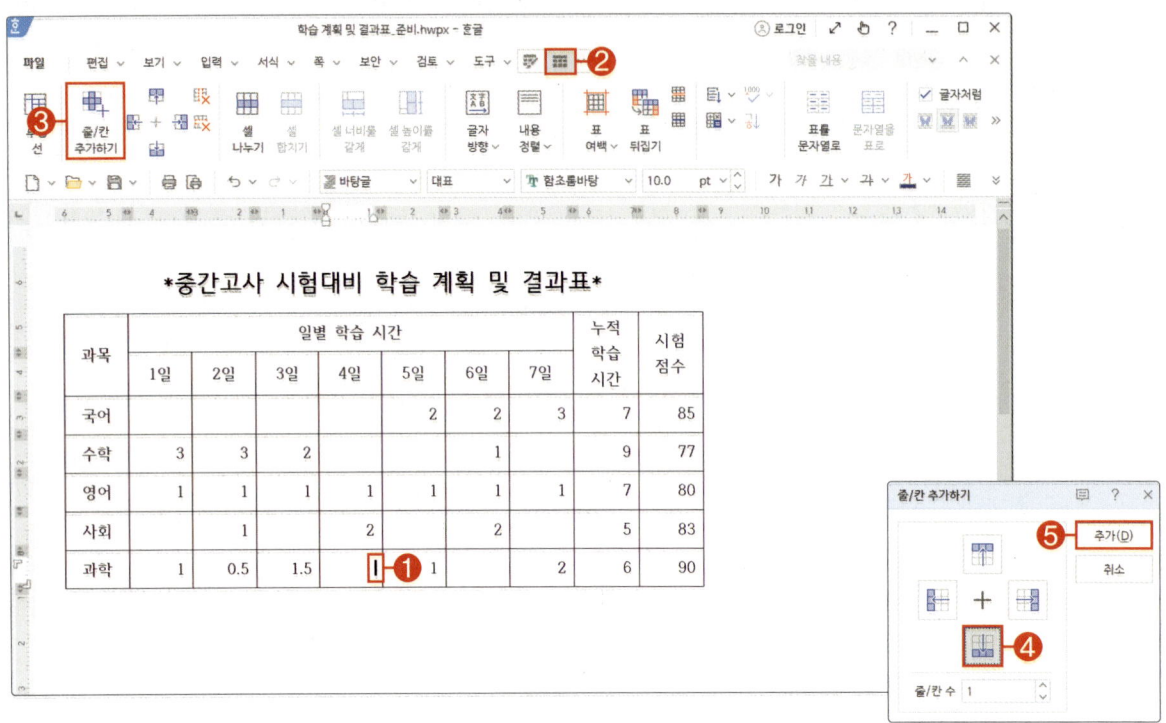

4 ❶ 추가된 줄의 첫 번째부터 아홉 번째 칸까지 드래그하여 블록으로 설정하고 ❷ [표 레이아웃] 탭에서 ❸ [셀 합치기]를 클릭합니다.

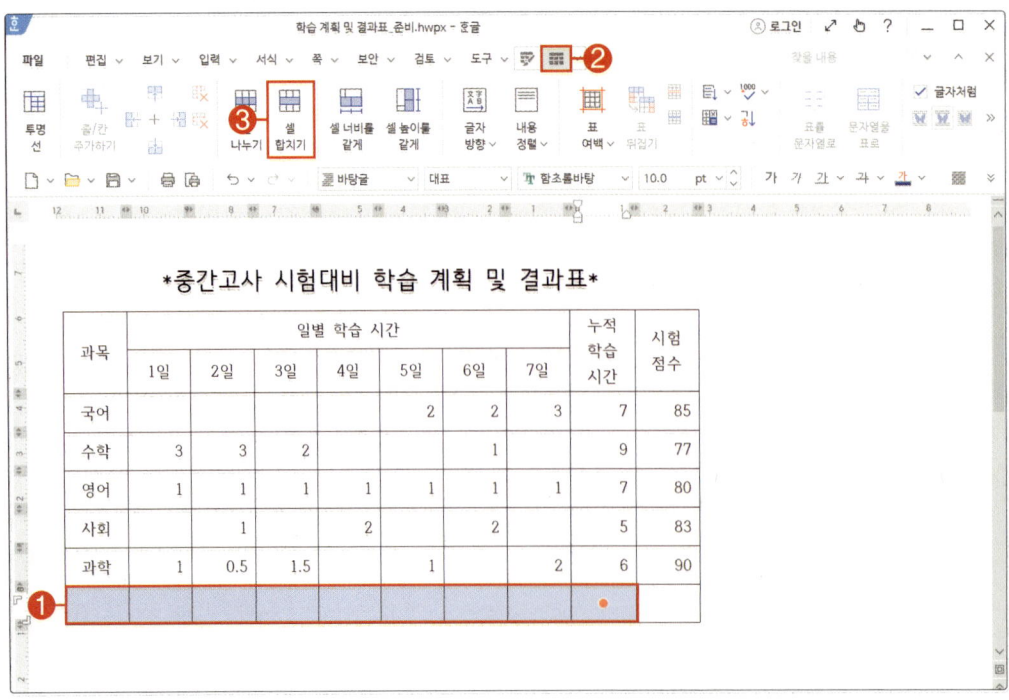

Section 09 | 표 계산하기

5 ❶ 합쳐진 셀에 '중간고사 평균점수'를 입력하고 ❷ '정렬 방식'을 '양쪽 정렬'로 변경합니다.

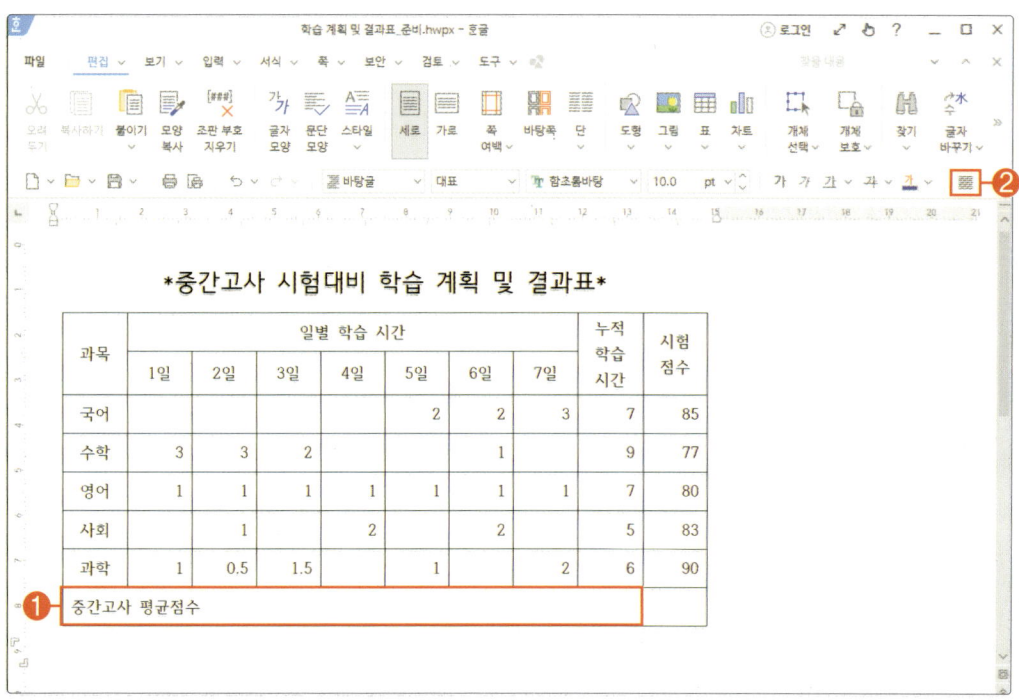

6 ❶ 열 번째 칸의 세 번째 줄부터 여덟 번째 줄까지 모두 드래그하여 블록으로 설정합니다.
❷ [표 레이아웃] 탭에서 ❸ [계산식]의 ∨를 눌러 ❹ '블록 평균'을 클릭합니다.

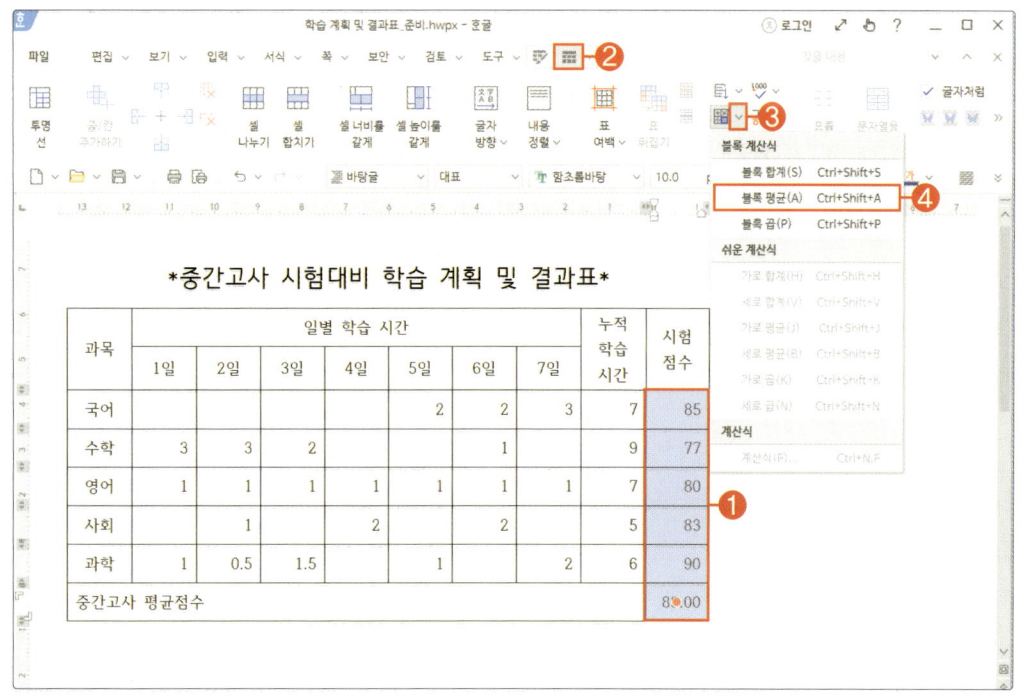

문제 풀어보기

1 '용돈기입장_준비.hwpx' 파일을 열어서 다음과 같이 표를 만들어 문서를 완성해 보세요.

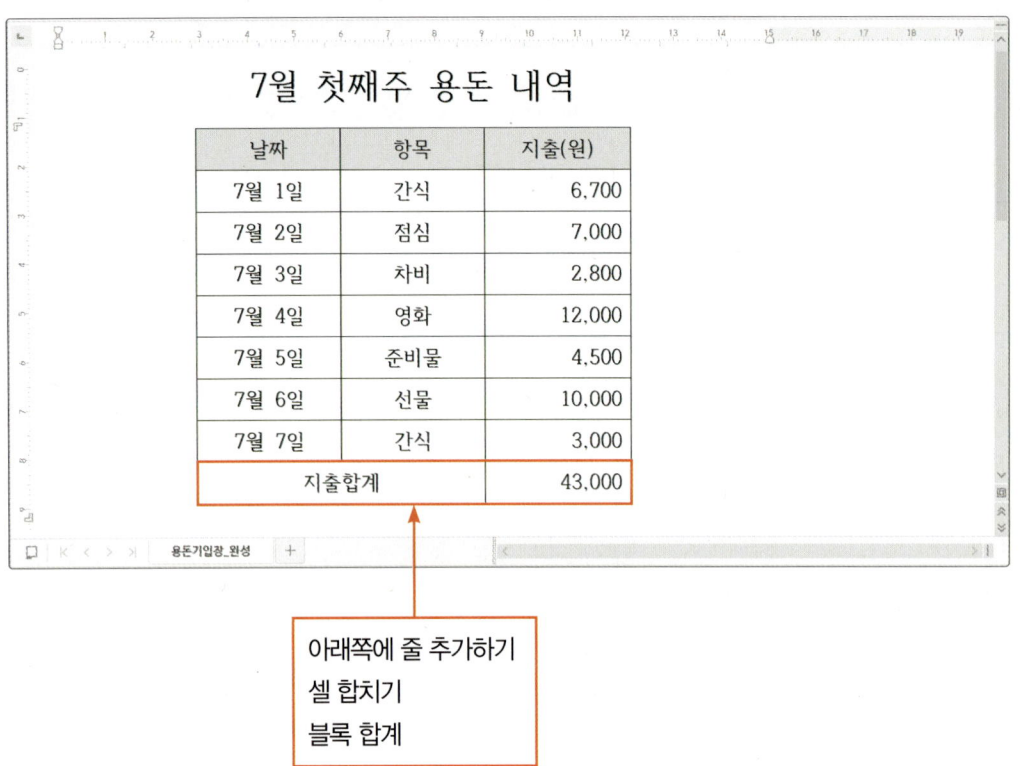

아래쪽에 줄 추가하기
셀 합치기
블록 합계

2 '기온 현황표_준비.hwpx' 파일을 열어서 다음과 같이 표를 만들어 문서를 완성해 보세요.

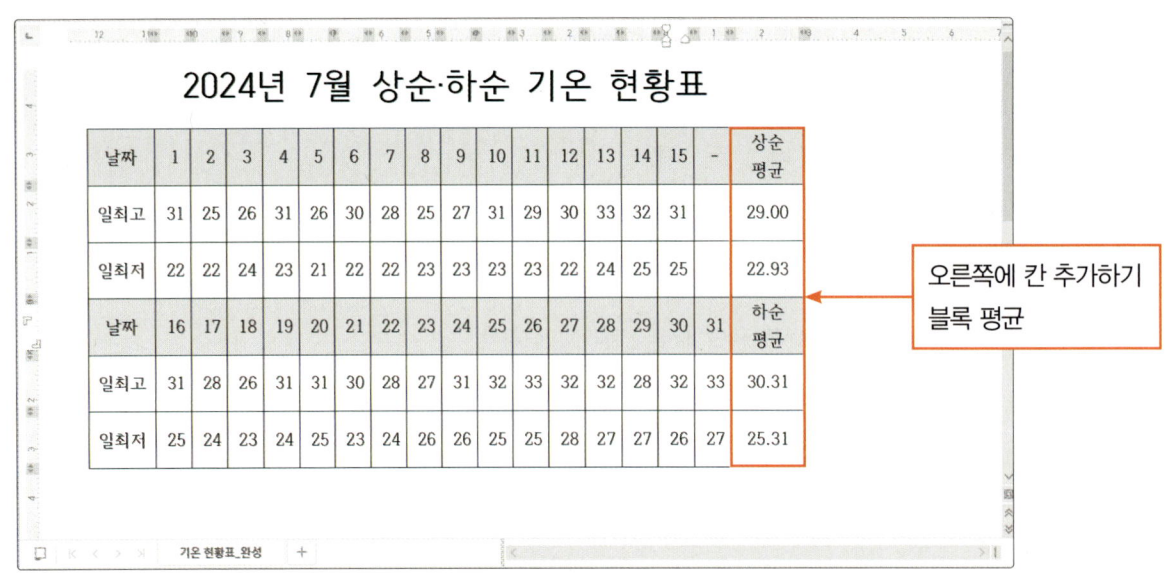

오른쪽에 칸 추가하기
블록 평균

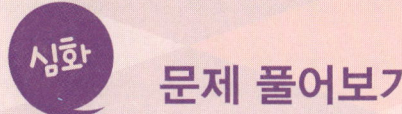

문제 풀어보기

1 '꼬마분식 매출현황표_준비.hwpx' 파일을 열어서 다음과 같이 표를 만들어 문서를 완성해 보세요.

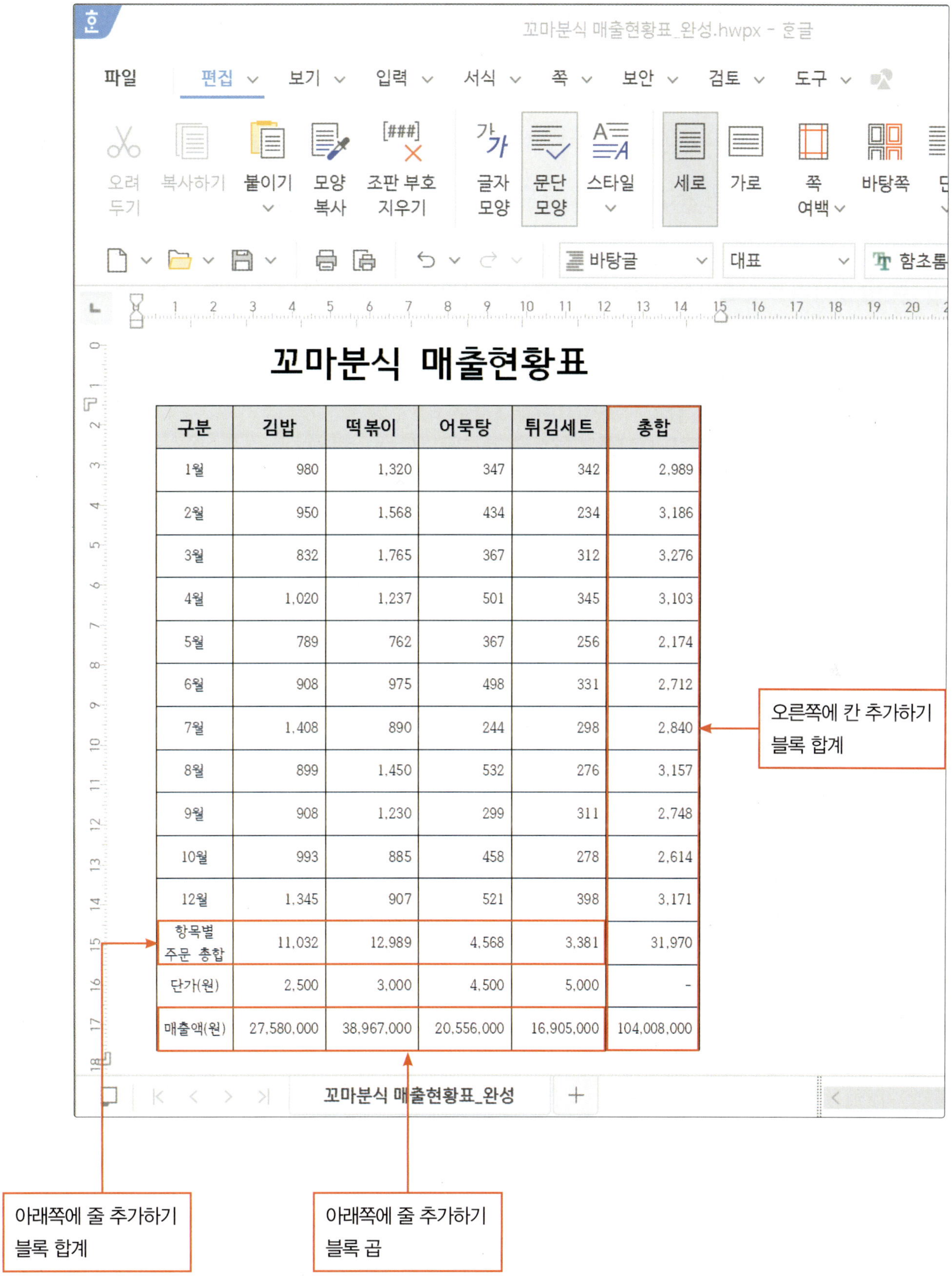

꼬마분식 매출현황표

구분	김밥	떡볶이	어묵탕	튀김세트	총합
1월	980	1,320	347	342	2,989
2월	950	1,568	434	234	3,186
3월	832	1,765	367	312	3,276
4월	1,020	1,237	501	345	3,103
5월	789	762	367	256	2,174
6월	908	975	498	331	2,712
7월	1,408	890	244	298	2,840
8월	899	1,450	532	276	3,157
9월	908	1,230	299	311	2,748
10월	993	885	458	278	2,614
12월	1,345	907	521	398	3,171
항목별 주문 총합	11,032	12,989	4,568	3,381	31,970
단가(원)	2,500	3,000	4,500	5,000	-
매출액(원)	27,580,000	38,967,000	20,556,000	16,905,000	104,008,000

- 오른쪽에 칸 추가하기 / 블록 합계
- 아래쪽에 줄 추가하기 / 블록 합계
- 아래쪽에 줄 추가하기 / 블록 곱

Hangul 2022

10 그림 그리고 꾸미기
SECTION

한글 2022에는 다른 응용 프로그램 없이 직접 그림을 그릴 수 있는 '그림 그리기' 기능이 포함되어 있습니다. '도형 이미지 꾸러미'를 실행하여 직사각형, 타원, 직선 등 필요한 개체를 선택하면 원하는 형태의 그림을 그릴 수 있습니다. '선'과 '채우기' 기능을 활용하여 간단한 그림에서부터 복잡한 그림까지 약간의 응용만으로도 다채로운 효과를 낼 수 있습니다.

파일명 해바라기_완성.hwpx

MISSION

실습 1 도형으로 그림 그리기
실습 2 그림 꾸미기

CHECK POINT

포인트 1 도형으로 그림을 그릴 때는 그림 실력보다 창의적인 아이디어가 더 중요해요.

포인트 2 도형의 배치, 결합, 회전 등을 고려해야 원하는 형태의 그림을 얻을 수 있어요.

도형으로 그림 그리기

1 [새 문서]를 실행하고 ❶ [입력] 탭의 ❷ [도형 꾸러미]에서 '타원'을 선택합니다. 마우스 포인터가 ❸ +로 바뀌면 다음과 같이 드래그하여 '원'을 그려 넣습니다.

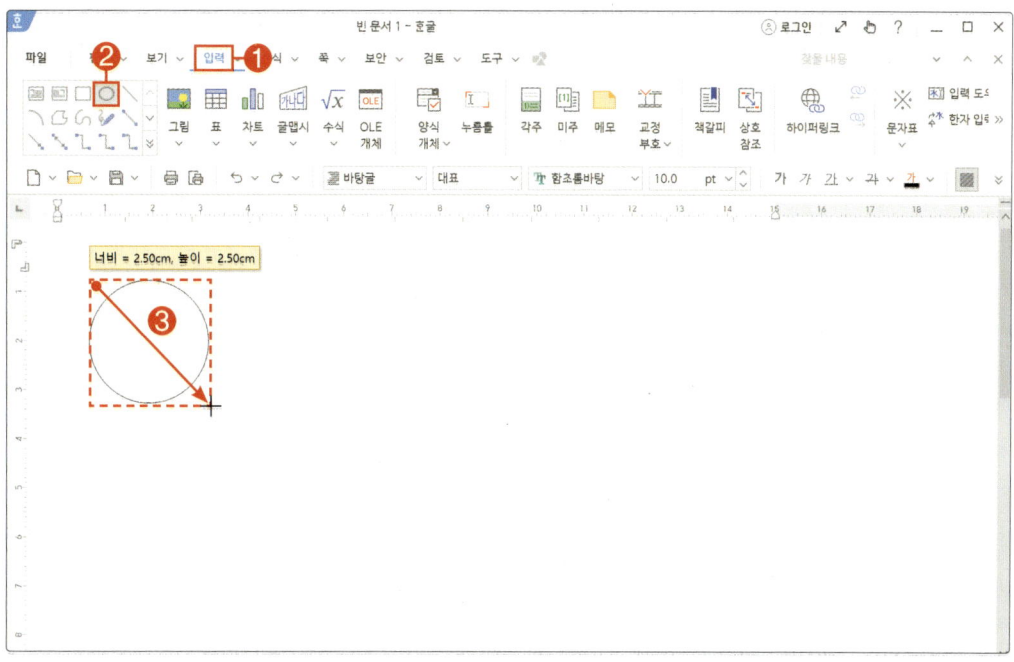

2 다시 ❶ [입력] 탭의 ❷ [도형 꾸러미]에서 '타원'을 선택합니다. 마우스 포인터가 ❸ +로 바뀌면 다음과 같이 드래그하여 '꽃잎'을 그려 넣습니다. '꽃잎'을 선택한 상태에서 Ctrl + C 키를 눌러 복사한 뒤, Ctrl + V 키를 눌러 '꽃잎'을 붙여 넣습니다. ❹ 복사하여 붙여 넣은 7개의 꽃잎을 드래그하여 다음과 같은 모양을 만듭니다.

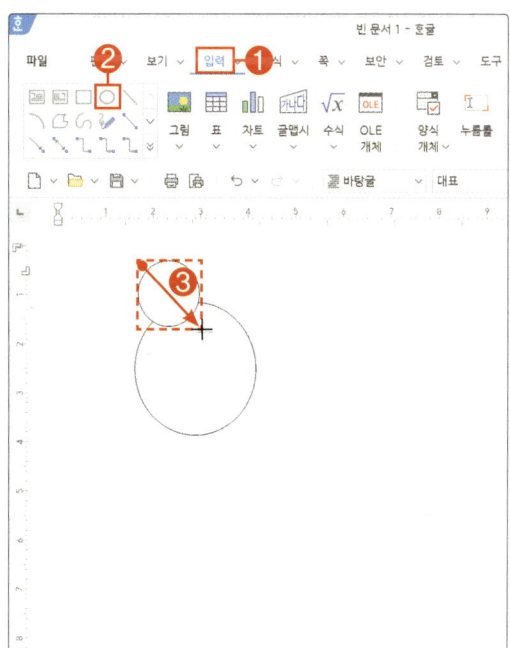

TIP [복사하기] 단축키 Ctrl + C
[붙이기] 단축키 Ctrl + V

3 ❶ [입력] 탭의 ❷ [도형 꾸러미]에서 '직사각형'을 선택합니다. 마우스 포인터가 ❸ ╋로 바뀌면 다음과 같이 드래그하여 '줄기'를 그려 넣습니다.

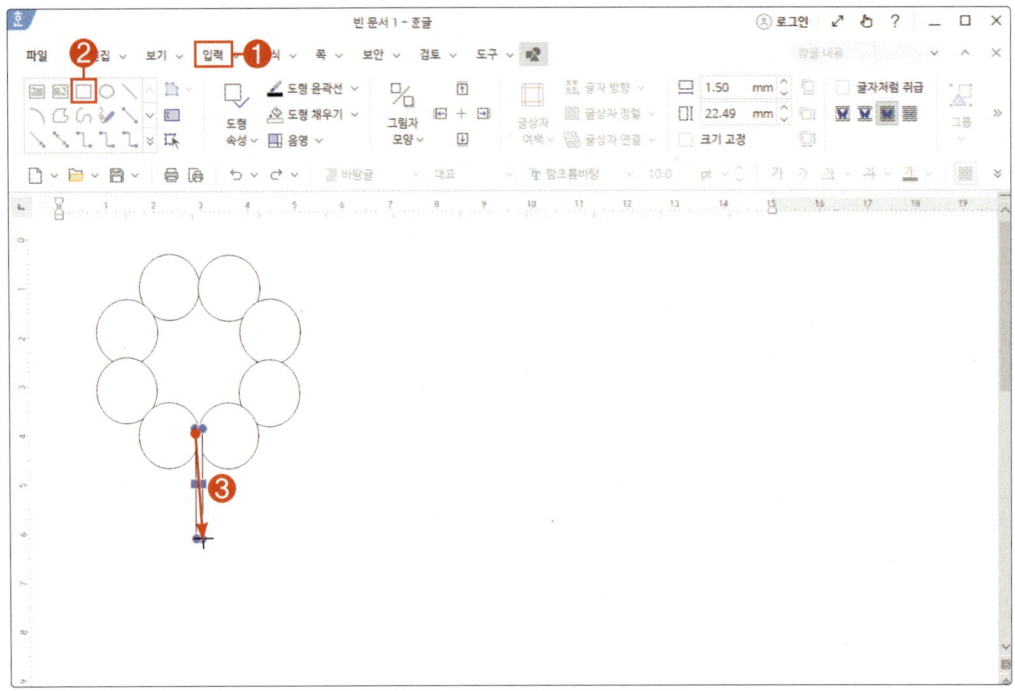

4 ❶ [입력] 탭의 ❷ [도형 꾸러미]에서 '자유선'을 선택합니다. 마우스 포인터가 ❸ ╋로 바뀌면 다음과 같이 드래그하여 '잎'을 그려 넣습니다.

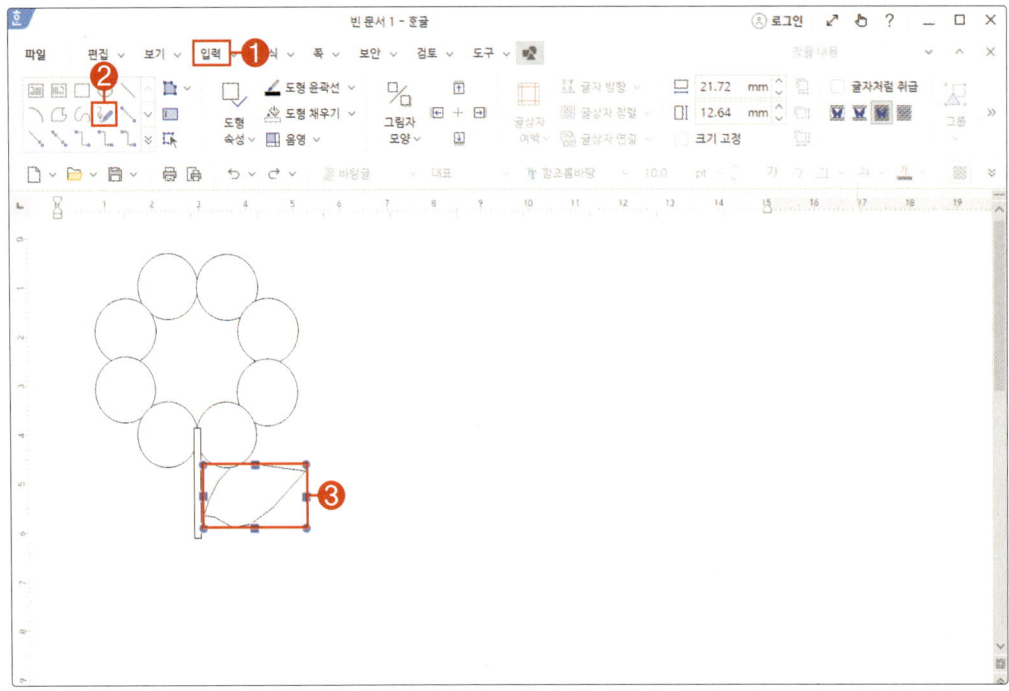

Section 10 | 그림 그리고 꾸미기

5 ❶ '잎'을 선택한 상태에서 Ctrl + C , Ctrl + V 키를 눌러 붙여 넣은 뒤, 바로 이어서 ❷ [도형] 탭의 ❸ [회전]을 선택하고 ❹ '좌우 대칭'을 클릭합니다.

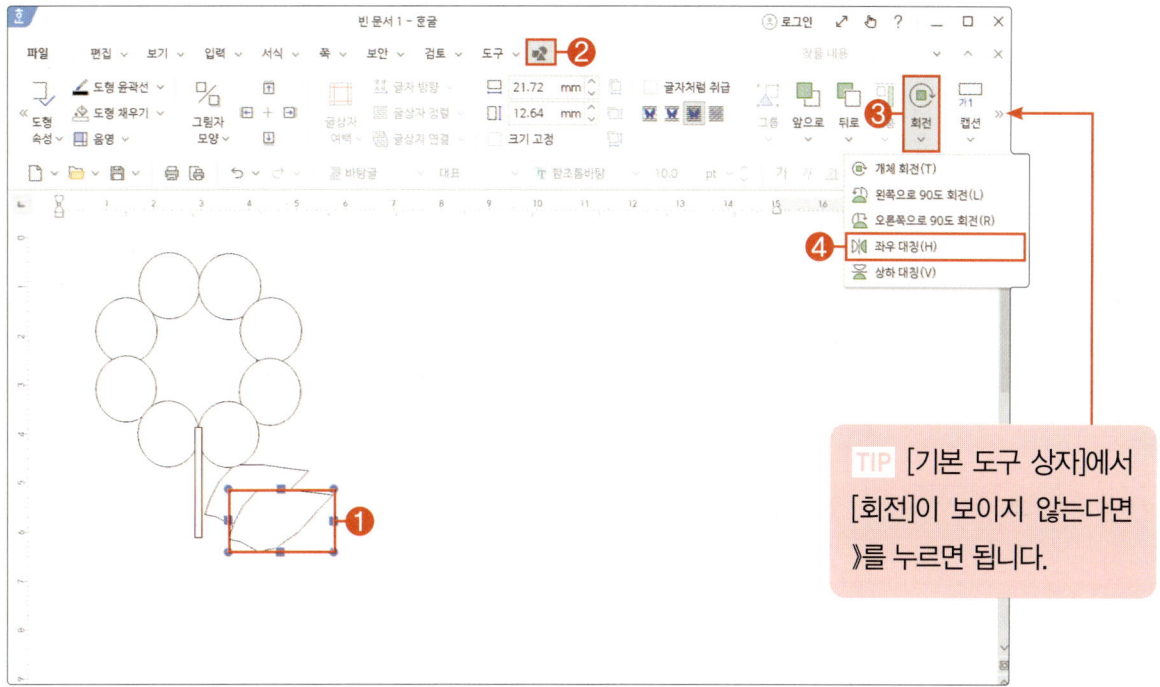

TIP [기본 도구 상자]에서 [회전]이 보이지 않는다면 》를 누르면 됩니다.

6 ❶ 좌우 대칭된 '잎'을 드래그하여 ❷ 다음과 같이 배치합니다.

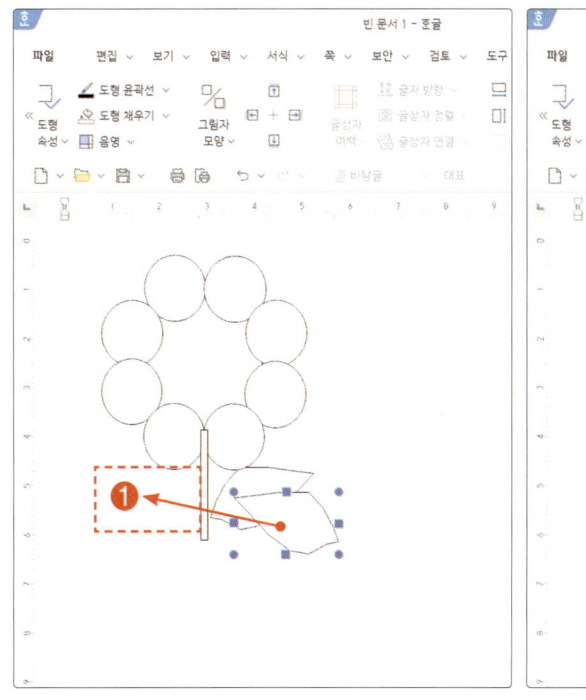 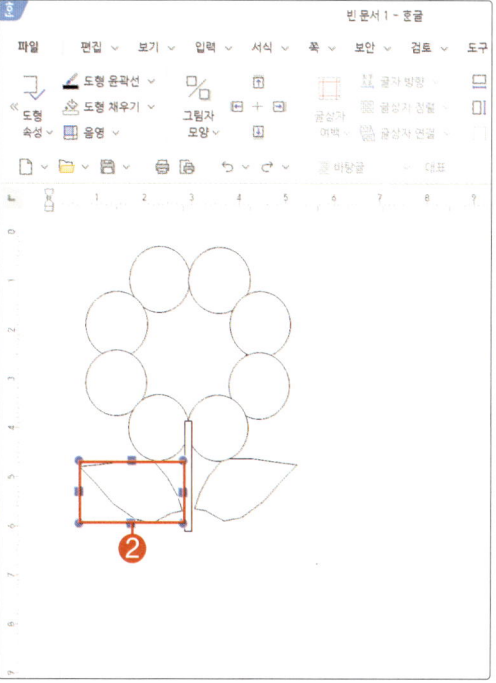

Hangul 2022

7 ❶ [입력] 탭의 ❷ [도형 꾸러미]에서 '자유선'을 선택합니다. 마우스 포인터가 ❸ ╋로 바뀌면 다음과 같이 드래그하여 '잎맥'을 그려 넣습니다.

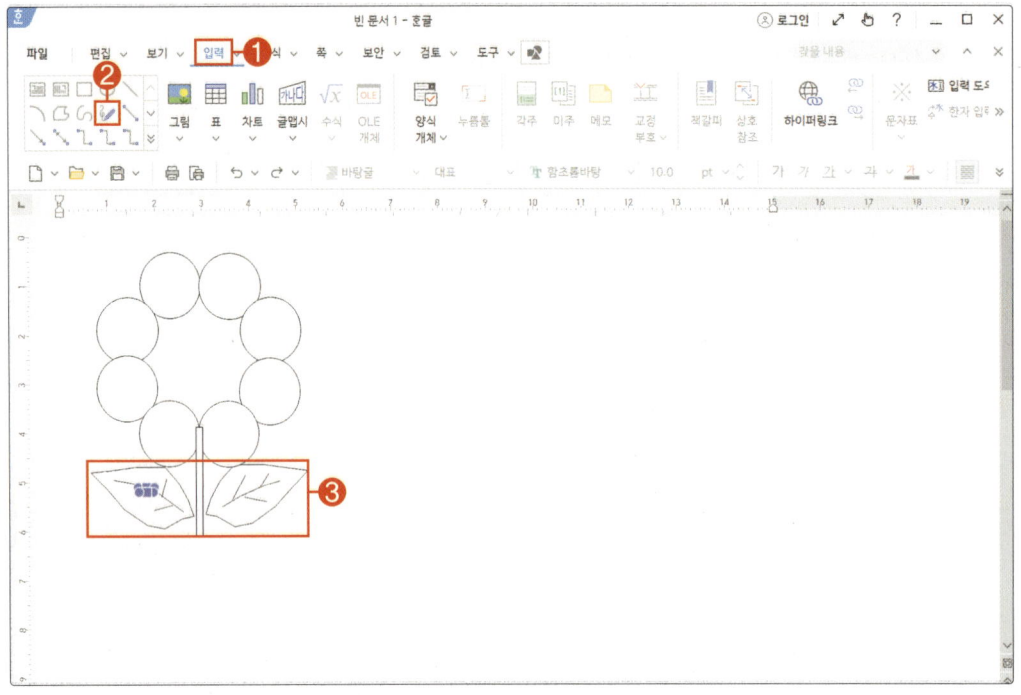

8 ❶ [입력] 탭의 ❷ [도형 꾸러미]에서 '직사각형'을 선택합니다. 마우스 포인터가 ❸ ╋로 바뀌면 다음과 같이 드래그하여 '화분'을 그려 넣습니다.

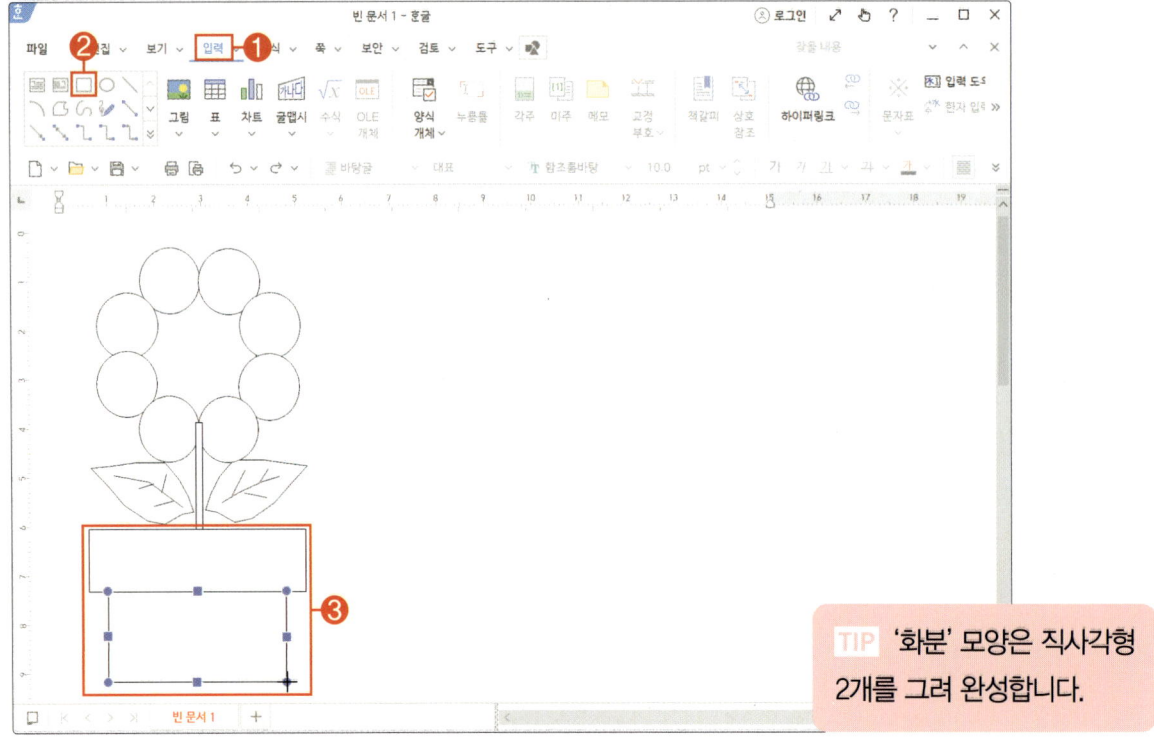

TIP '화분' 모양은 직사각형 2개를 그려 완성합니다.

실습 2 그림 꾸미기

1 ❶ Shift 키를 누른 상태에서 꽃잎 8개를 모두 선택하고 ❷ [도형] 탭에서 ❸ [도형 속성]을 클릭합니다.

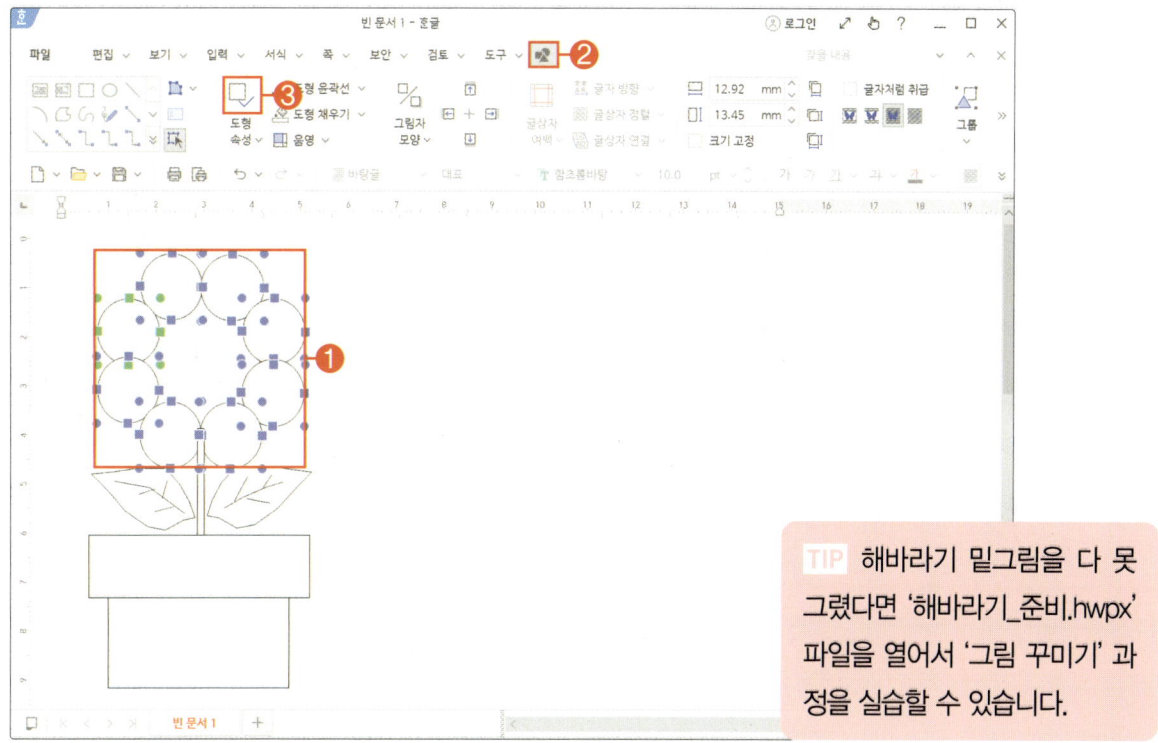

TIP 해바라기 밑그림을 다 못 그렸다면 '해바라기_준비.hwpx' 파일을 열어서 '그림 꾸미기' 과정을 실습할 수 있습니다.

2 [개체 속성] 대화 상자가 열리면 ❶ [선] 탭의 ❷ '선 종류'에서 ∨를 눌러 ❸ '없음'으로 선택합니다. ❹ [채우기] 탭의 ❺ '면 색'에서 ∨를 눌러 ❻ '노랑'을 선택하고 ❼ [설정]을 클릭합니다.

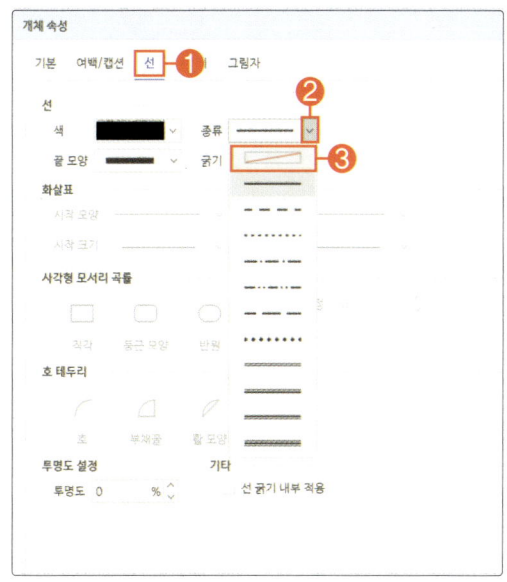
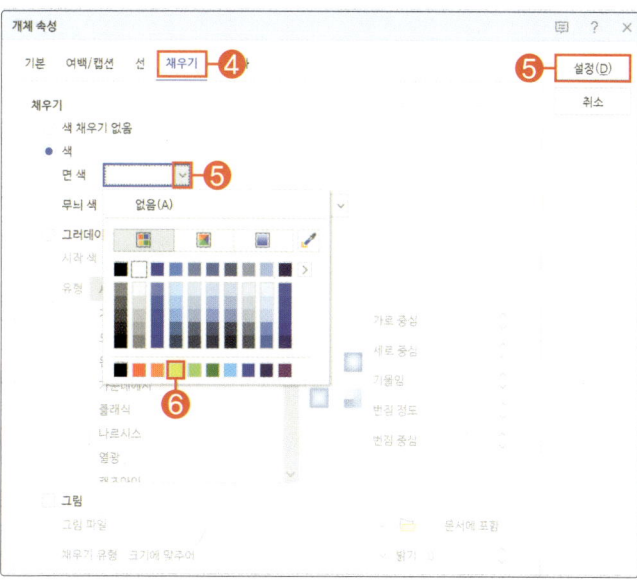

3 '꽃잎'의 색이 모두 노랑으로 변경되었습니다. 이번에는 ❶ 가운데 '원'을 선택하고 ❷ [도형] 탭에서 ❸ [도형 윤곽선]의 ∨를 눌러 ❹ '없음'을 클릭합니다. ❺ [도형 채우기]의 ∨를 눌러 ❻ '주황'을 클릭합니다.

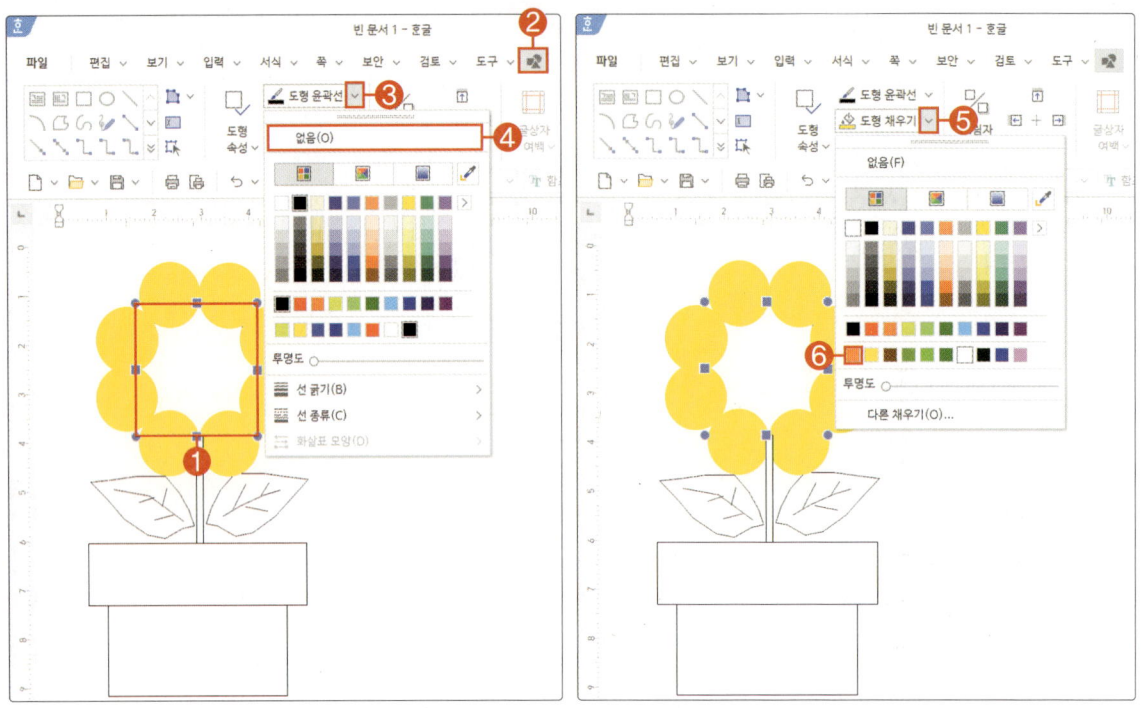

4 가운데 '원'의 색이 주황으로 변경되었습니다. 가운데 '원'이 선택된 상태에서 ❶ [도형] 탭의 ❷ '앞으로'를 눌러 ❸ '맨 앞으로'를 클릭합니다.

TIP [기본 도구 상자]에서 해당 메뉴가 보이지 않는다면 》를 누르면 됩니다.

Section 10 | 그림 그리고 꾸미기

5 ❶ Shift 키를 누른 상태에서 '줄기'와 '잎'을 선택하고 [도형] 탭에서 [도형 윤곽선]의 ∨를 눌러 '없음'을 누른 뒤, [도형 채우기]의 ∨를 눌러 '초록'을 클릭합니다. 마찬가지로 ❷ Shift 키를 누른 상태에서 '잎맥'을 모두 선택하고 ❸ [도형] 탭에서 ❹ [도형 윤곽선]의 ∨를 눌러 ❺ '선 색'은 '하양' ❻ '선 굵기'는 〉를 눌러 ❼ '0.5mm'로 변경합니다.

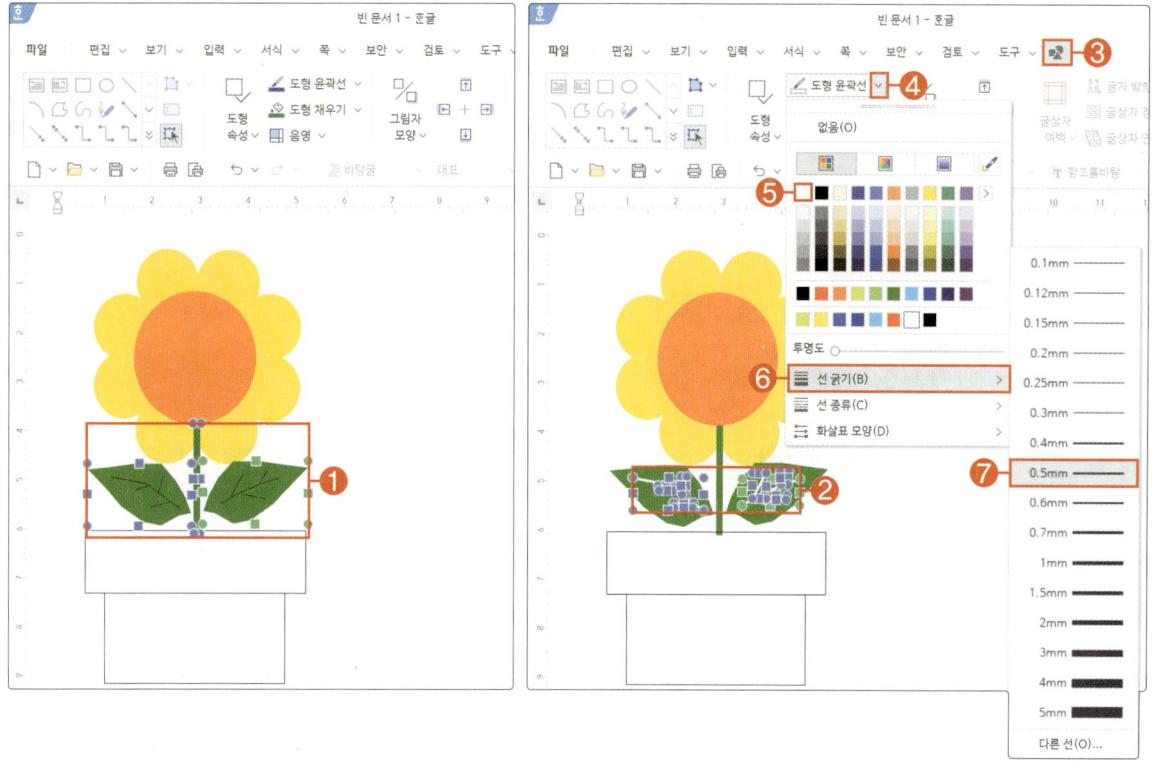

6 ❶ Shift 키를 누른 상태에서 '화분'의 직사각형 2개를 모두 선택하고 [도형] 탭에서 [도형 윤곽선]의 ∨를 눌러 '없음'을 누른 뒤, [도형 채우기]의 ∨를 눌러 '갈색'을 클릭합니다.

113

7 ❶ [편집] 탭에서 ❷ [개체 선택]을 클릭하고 ❸ '해바라기' 그림을 모두 드래그하여 선택합니다.

8 ❶ '해바라기' 그림이 모두 선택된 상태에서 ❷ [도형] 탭의 ❸ [그룹]을 눌러 ❹ '개체 묶기'를 클릭합니다.

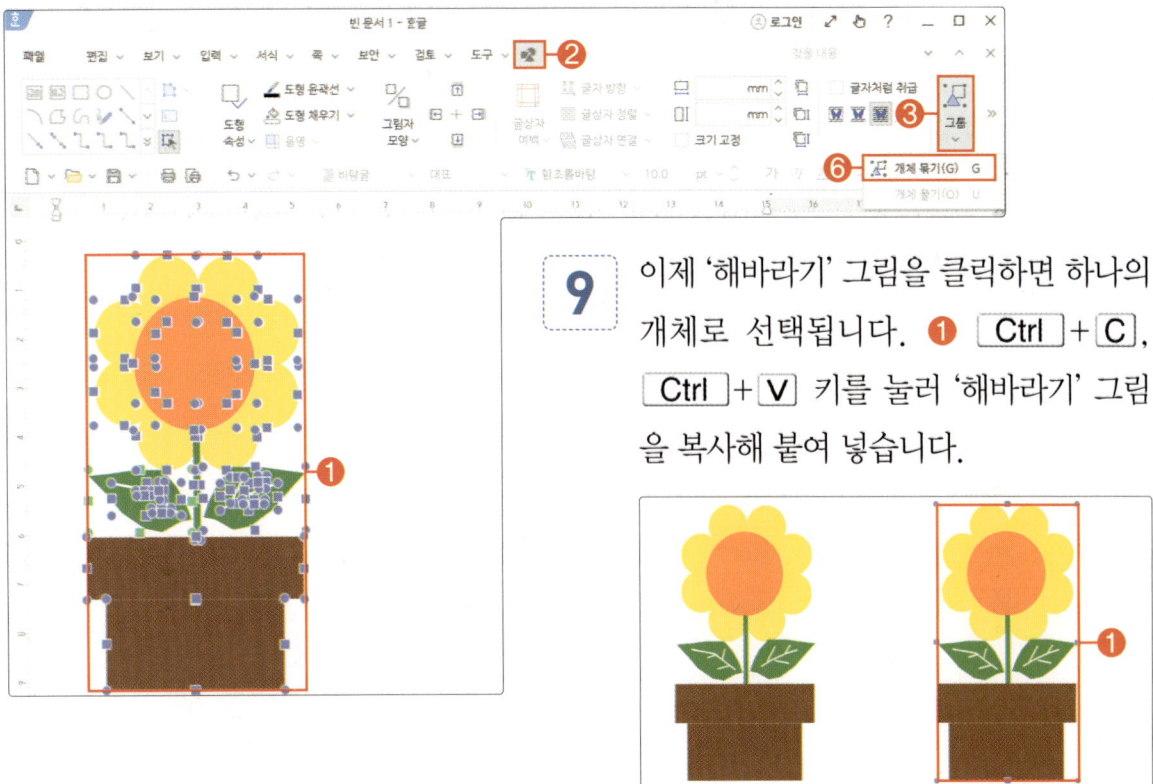

9 이제 '해바라기' 그림을 클릭하면 하나의 개체로 선택됩니다. ❶ Ctrl + C , Ctrl + V 키를 눌러 '해바라기' 그림을 복사해 붙여 넣습니다.

문제 풀어보기

1 '무당벌레 그리기_준비.hwpx'를 열어서 다음과 같이 그림을 그려 보세요.

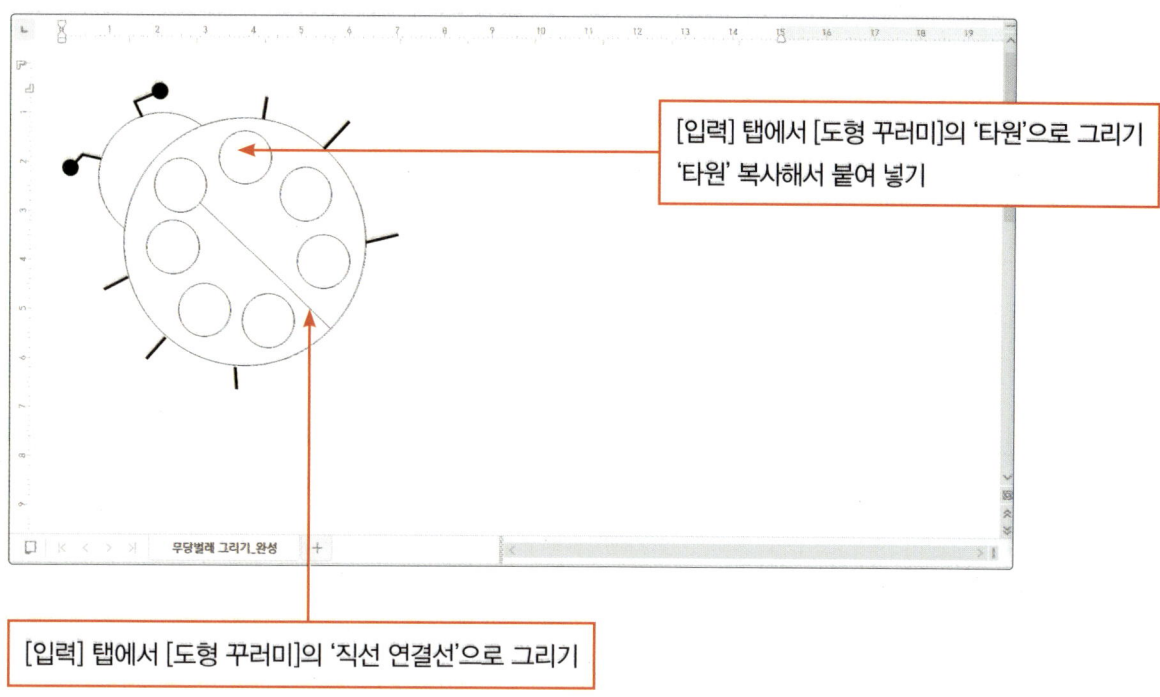

2 '무당벌레 꾸미기_준비.hwpx'를 열어서 다음과 같이 그림을 꾸며 보세요.

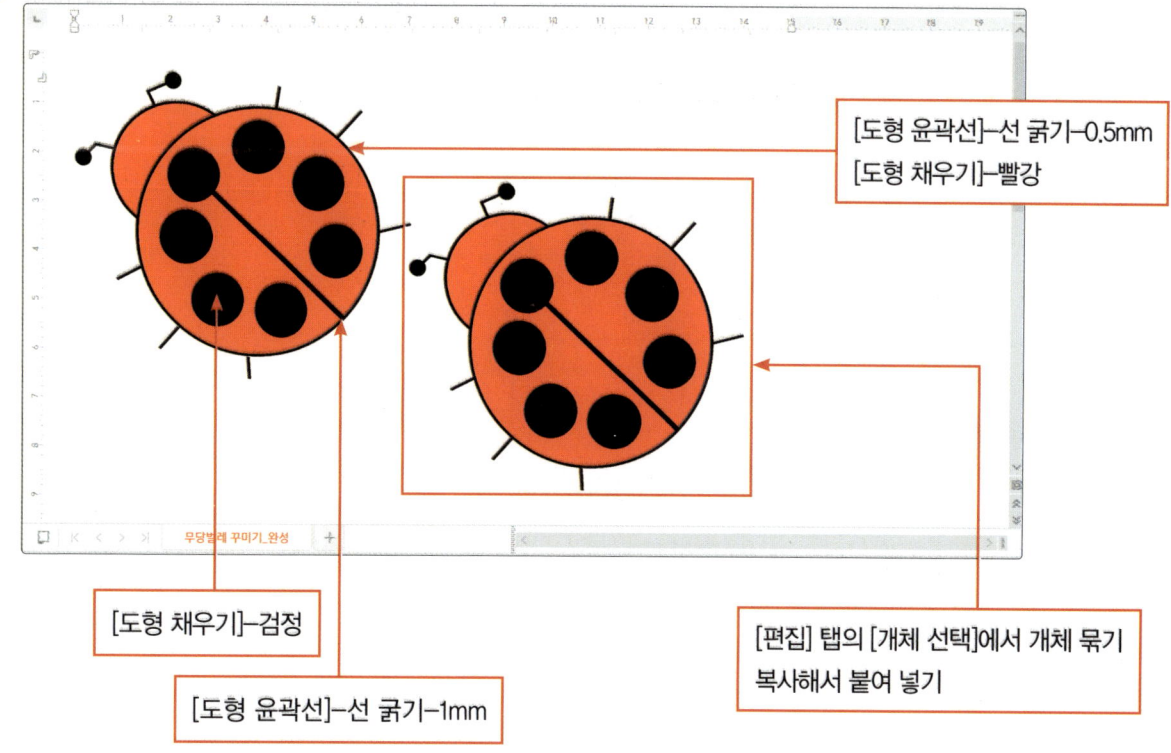

Hangul 2022

11 차트 만들기
SECTION

'차트'는 데이터를 그래프 형식으로 보여주므로 데이터의 변화를 한눈에 알아보기 쉽습니다. 차트를 삽입하고 편집하는 데 필요한 기능들이 아이콘 모양으로 모여 있는 [차트 디자인] 탭과 [차트 서식] 탭을 활용하면 더욱 편리하게 차트를 만들 수 있습니다. [차트 디자인] 탭에서는 차트 종류, 차트 스타일 등을 다양하게 선택할 수 있고 [차트 서식] 탭에서는 차트 제목, 범례 등 차트 요소를 세부적으로 설정할 수 있습니다.

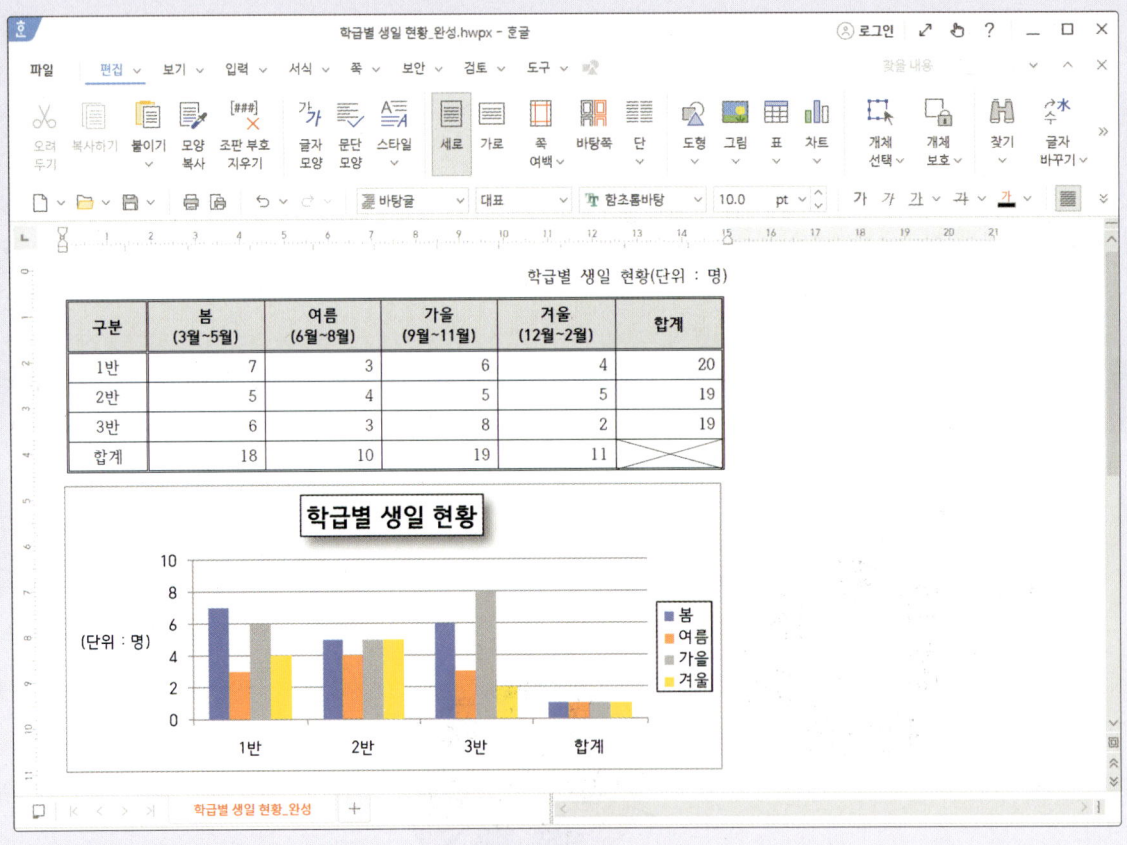

파일명 학급별 생일 현황_완성.hwpx

MISSION

실습 1 차트 삽입하기
실습 2 차트 속성 설정하기

CHECK POINT

포인트 1 표의 내용을 차트로 만들 때에는 셀의 범위를 어디까지 할 것인지 정해야 해요.
포인트 2 데이터를 가장 잘 보여줄 수 있는 차트의 종류를 선택해 보세요. 더불어 차트에 필요한 항목 중 누락된 것은 없는지도 살펴보세요.

차트 삽입하기

1 '학급별 생일 현황_준비.hwpx' 파일을 열고 ❶ 다음과 같이 드래그하여 블록으로 설정합니다.

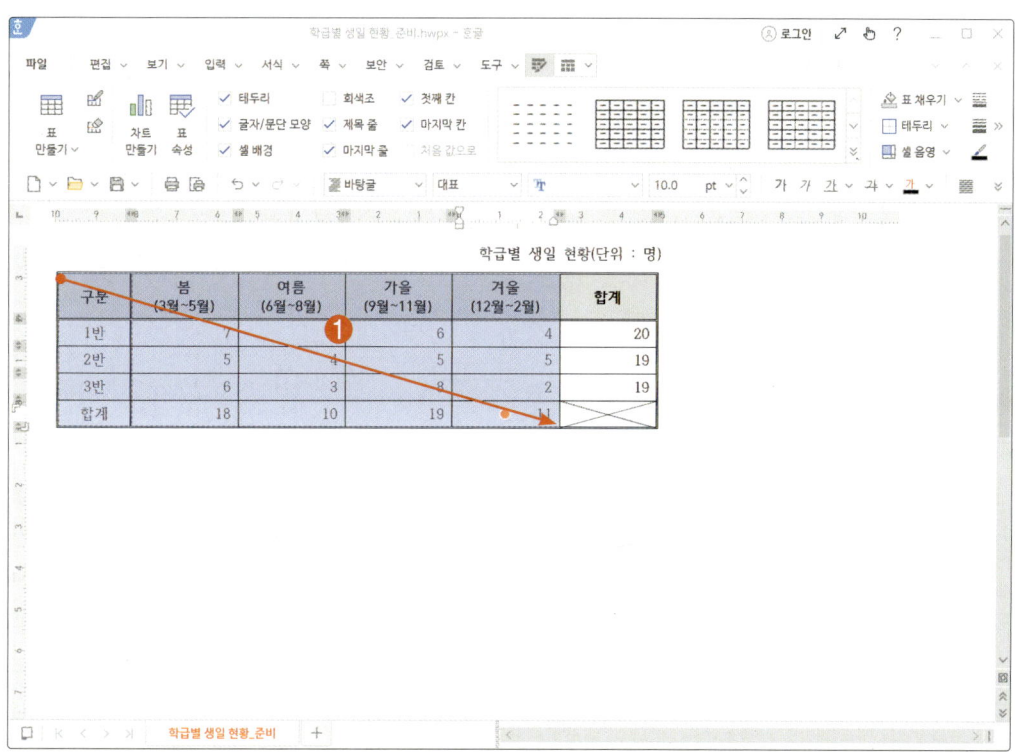

2 ❶ [입력] 탭의 ∨를 눌러 ❷ [차트]를 선택하고 ❸ '묶은 세로 막대형'을 클릭합니다.

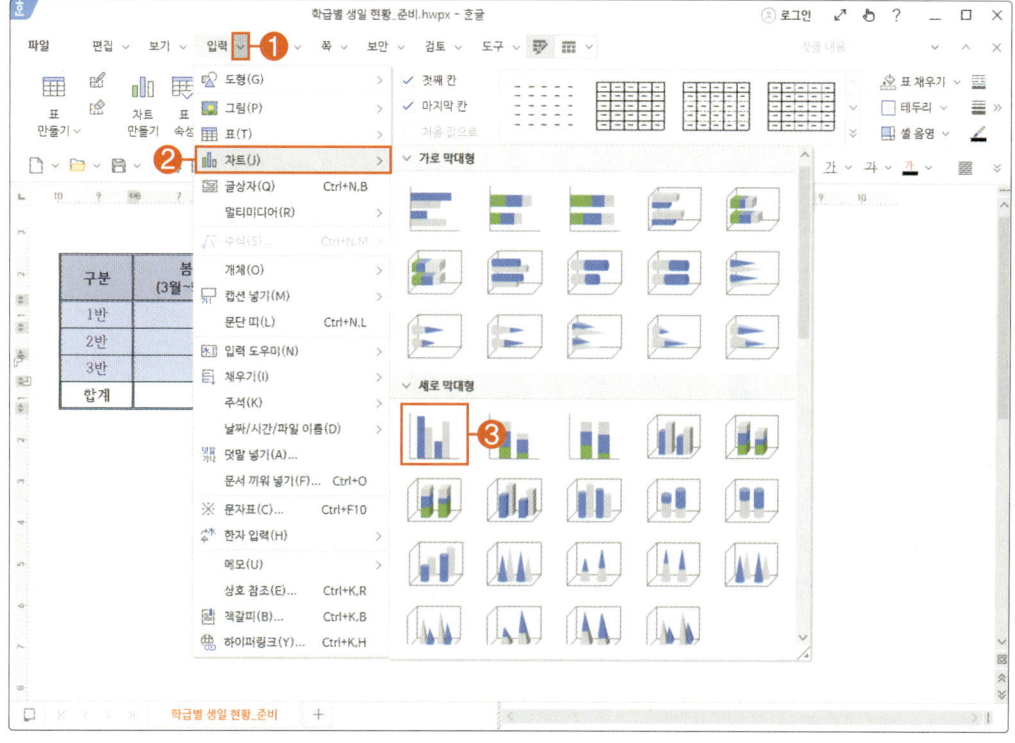

3 [차트 데이터 편집] 대화 상자가 열리면서 차트가 생성됩니다. 표에서 블록으로 설정한 데이터대로 차트가 생성되었는지 확인하고 ❶ [차트 데이터 편집] 대화 상자를 닫습니다.

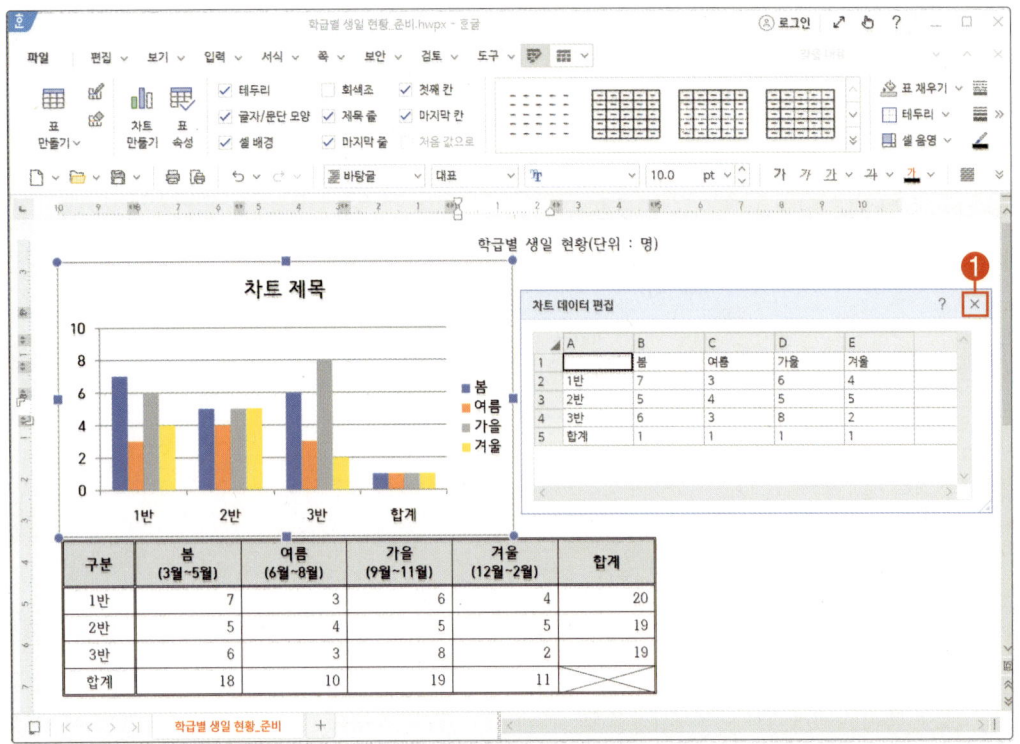

4 ❶ 차트의 조절점을 다음과 같이 드래그하여 크기를 조정합니다.

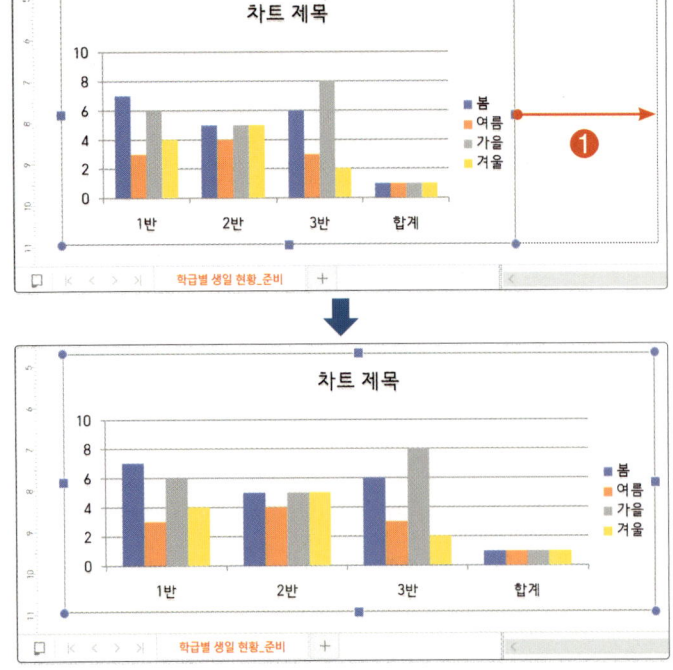

차트 속성 설정하기

1 ❶ '차트'와 ❷ '차트 제목'을 차례대로 클릭한 뒤 마우스 오른쪽 버튼을 눌러 [빠른 메뉴]가 나타나면 ❸ [제목 편집]을 선택합니다. [차트 글자 모양] 대화 상자가 열리면 ❹ '글자 내용'에 '학급별 생일 현황'을 입력하고 ❺ '속성'을 '진하게', ❻ '크기'를 '15.0pt'로 변경한 뒤 ❼ [설정]을 클릭합니다.

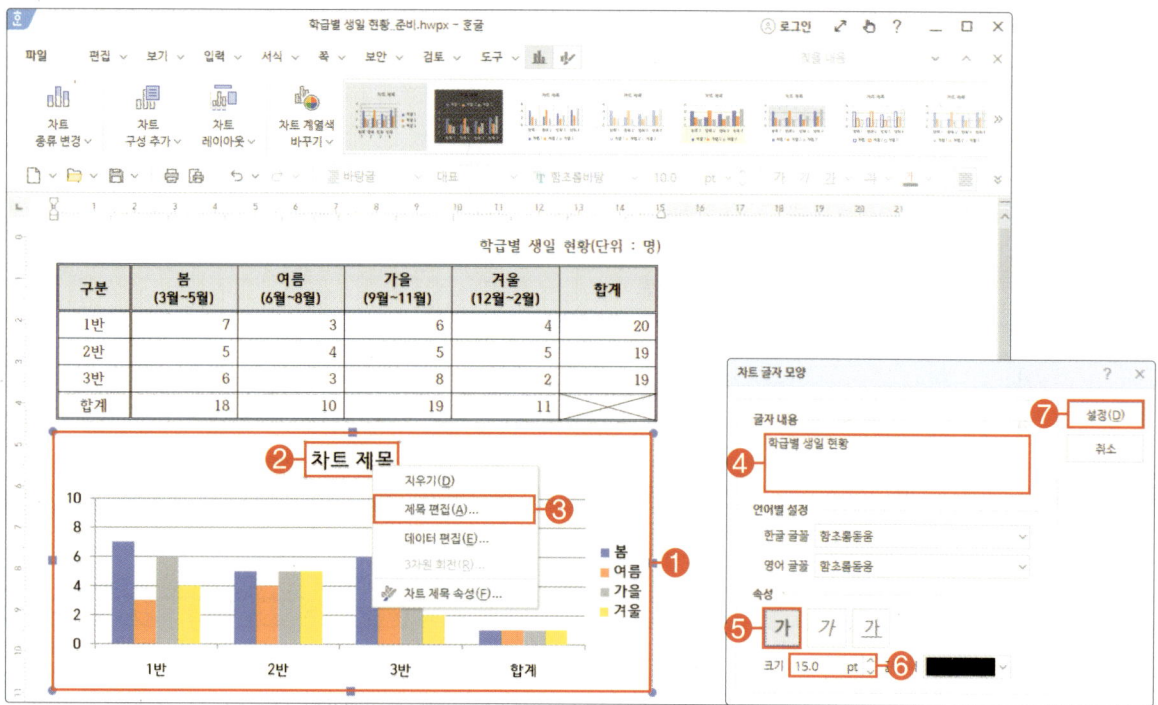

2 ❶ '차트'를 선택하고 ❷ [차트 서식] 탭에서 ❸ [도형 속성]을 클릭합니다.

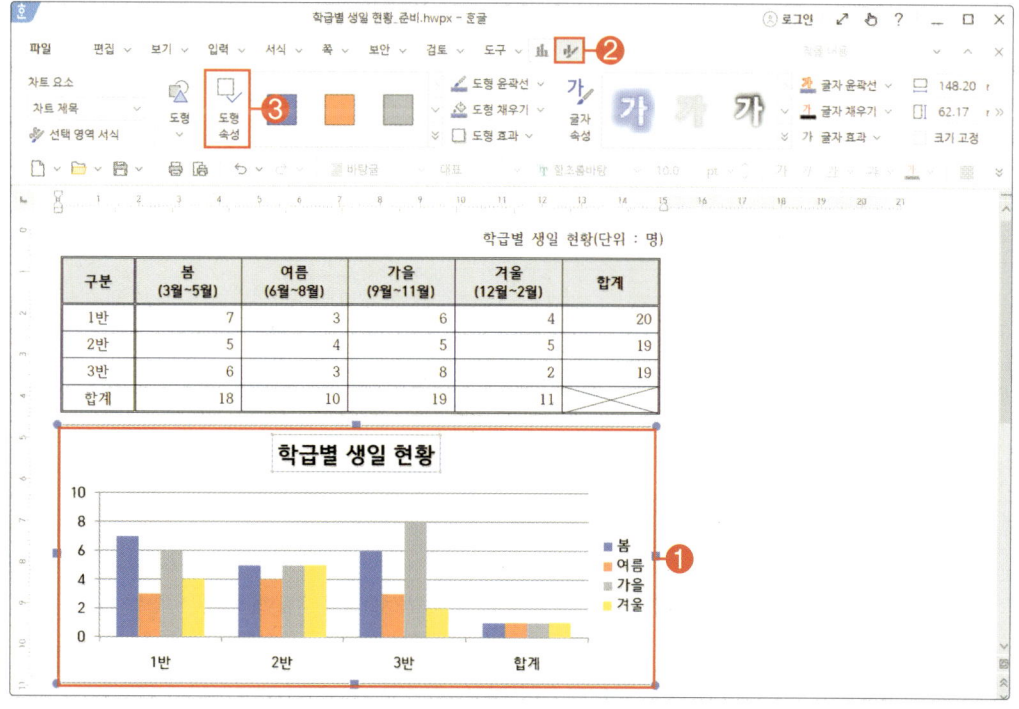

3 [개체 속성] 작업창이 열리면 ❶ ∨를 눌러 ❷ '차트 제목'을 선택합니다.

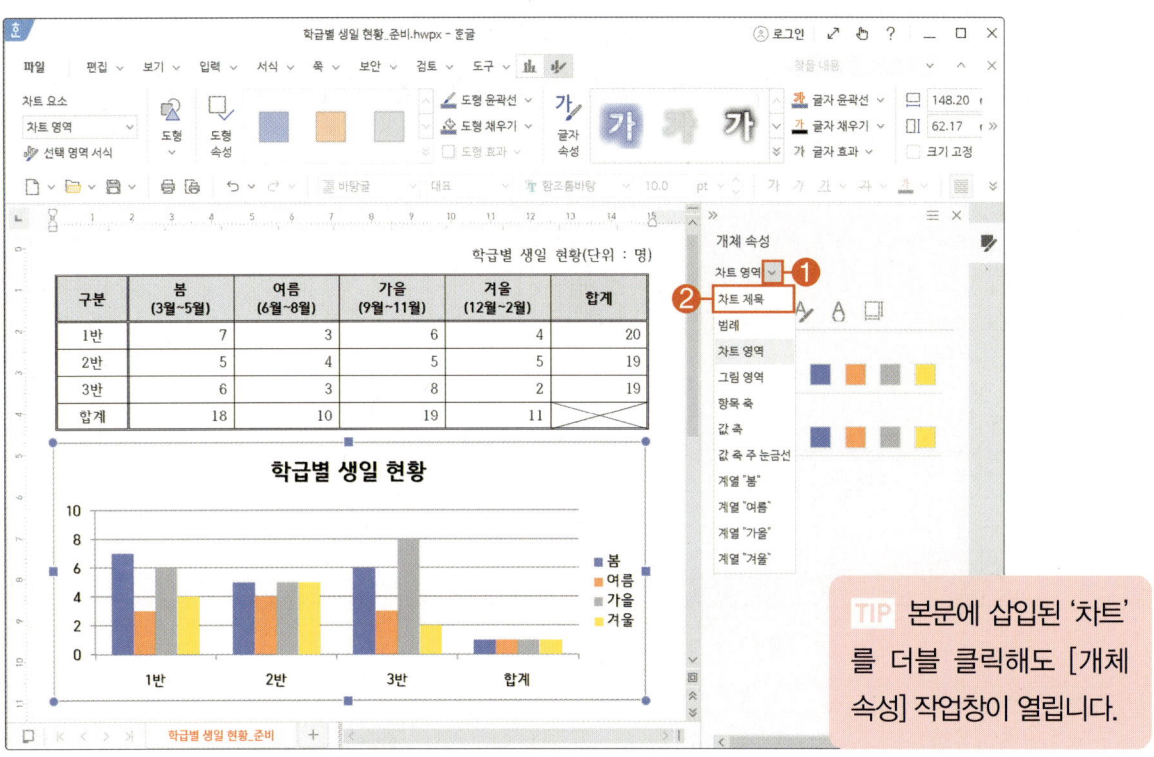

TIP 본문에 삽입된 '차트'를 더블 클릭해도 [개체 속성] 작업창이 열립니다.

4 ❶ [그리기 속성] 탭에서 ❷ '채우기'는 '밝은 색(하양)', ❸ '선'은 '어두운 색(검정)'으로 변경합니다.

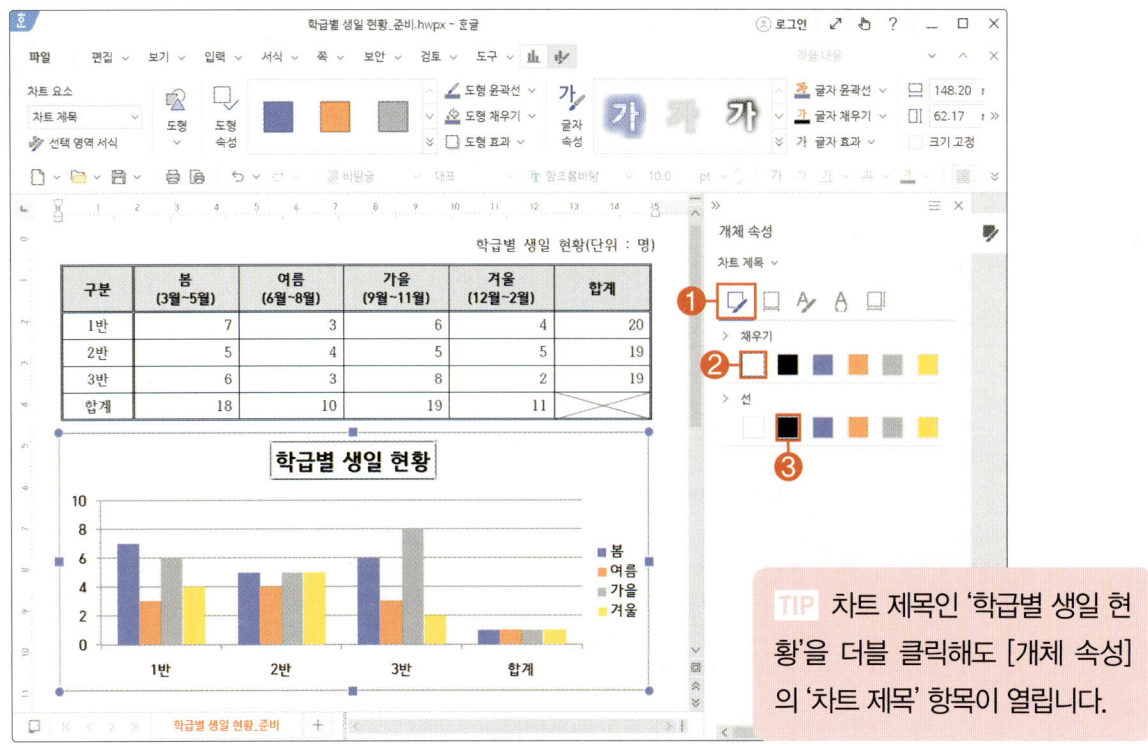

TIP 차트 제목인 '학급별 생일 현황'을 더블 클릭해도 [개체 속성]의 '차트 제목' 항목이 열립니다.

Section 11 | 차트 만들기

5 ❶ [효과] 탭에서 ❷ '그림자'의 ∨를 눌러 ❸ '바깥쪽-대각선 오른쪽 아래'를 클릭합니다.

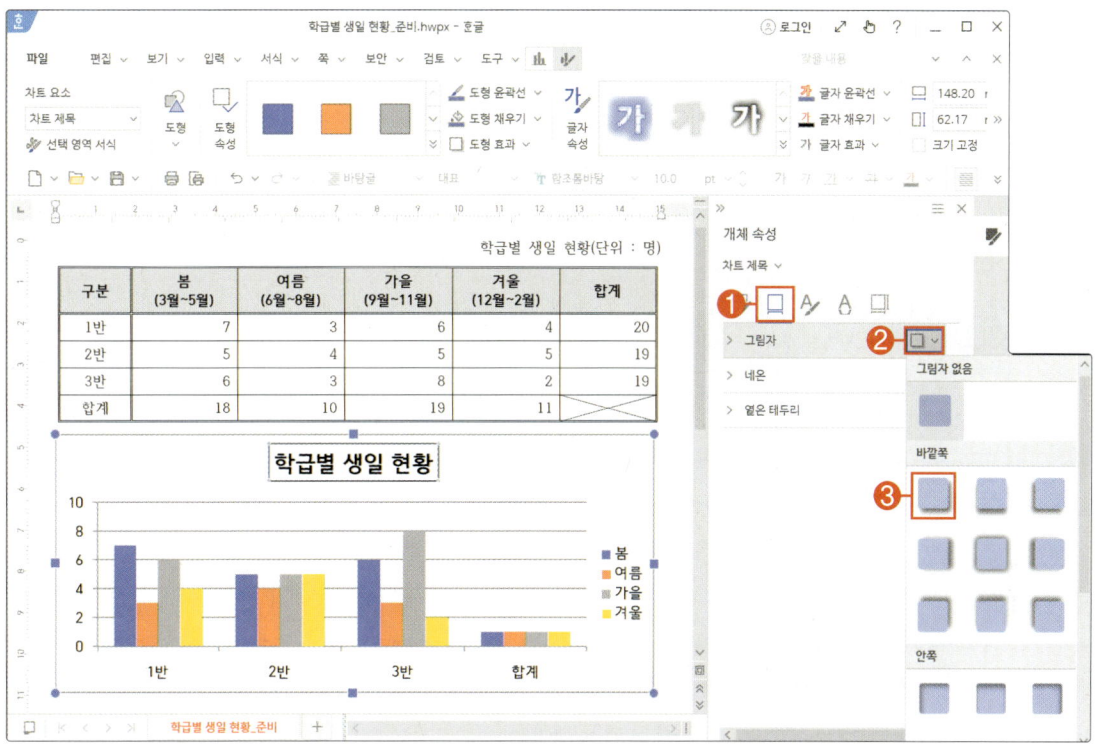

6 ❶ 다시 ∨를 눌러 '범례'를 선택하고 ❷ [그리기 속성] 탭에서 ❸ '채우기'는 '밝은 색(하양)', ❹ '선'은 '어두운 색(검정)'으로 변경합니다. ❺ [개체 속성] 작업창을 닫습니다.

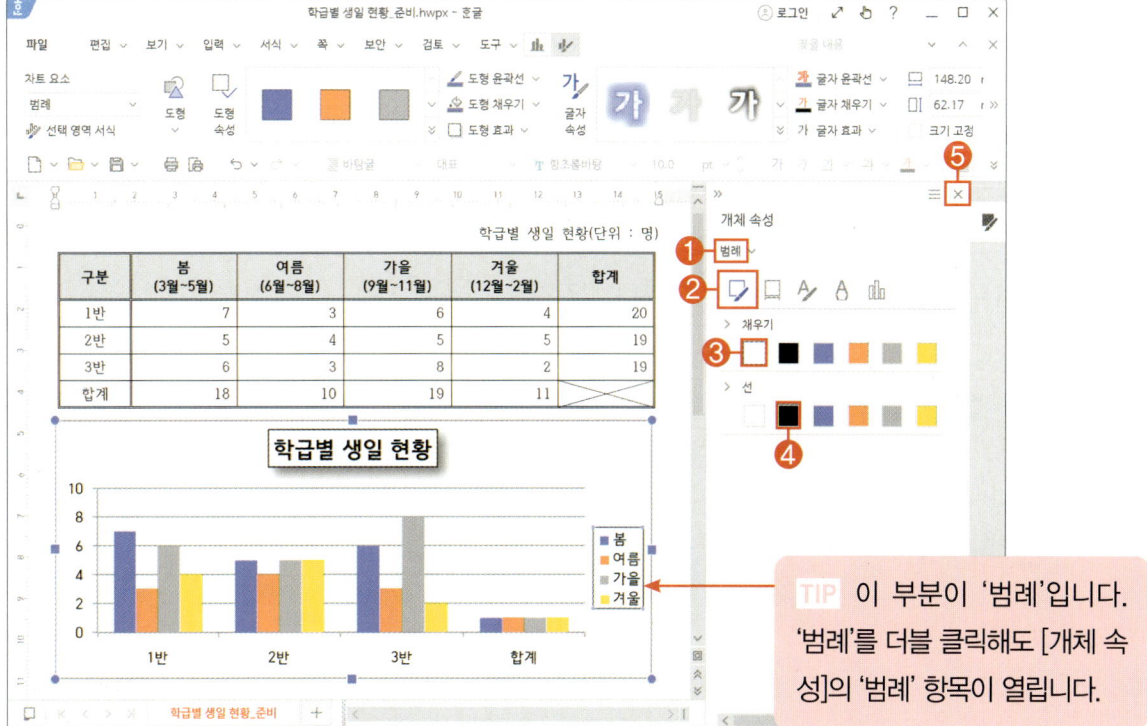

TIP 이 부분이 '범례'입니다. '범례'를 더블 클릭해도 [개체 속성]의 '범례' 항목이 열립니다.

121

7 단위를 세로축에 추가하기 위해 '차트'가 선택된 상태에서 ❶ [차트 디자인] 탭의 ❷ [차트 구성 추가]를 눌러 ❸ [축 제목]의 ❹ '기본 세로'를 클릭합니다.

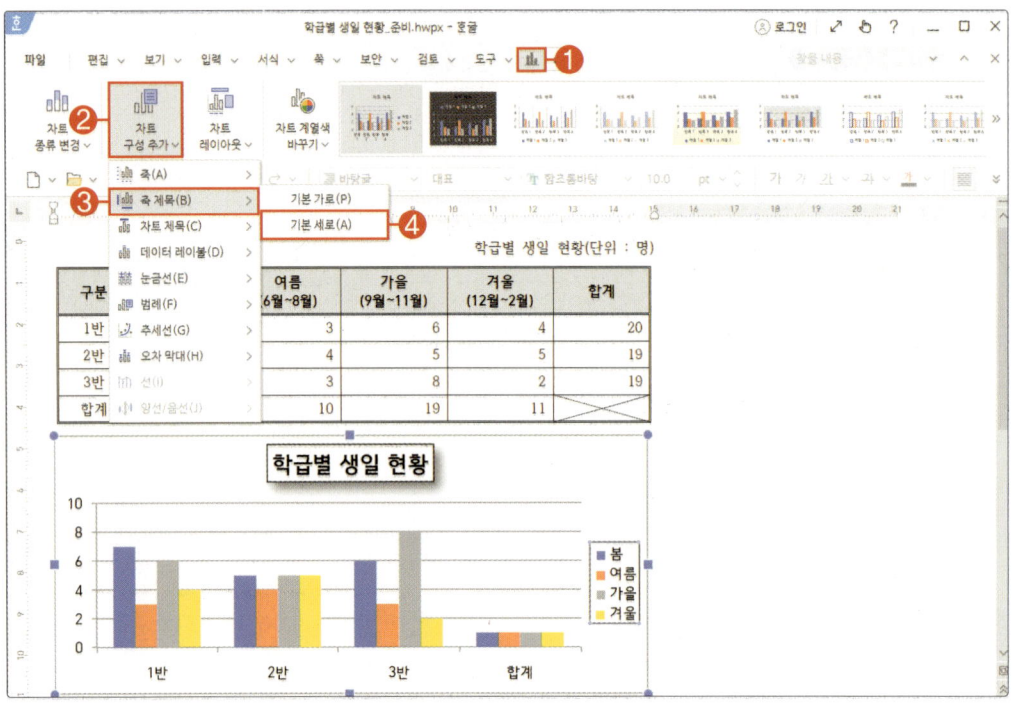

8 ❶ '축 제목'을 클릭한 뒤 마우스 오른쪽 버튼을 눌러 [빠른 메뉴]가 나타나면 ❷ [제목 편집]을 선택합니다. [차트 글자 모양] 대화 상자가 열리면 ❸ '글자 내용'에 '(단위 : 명)'을 입력하고 ❹ [설정]을 클릭합니다.

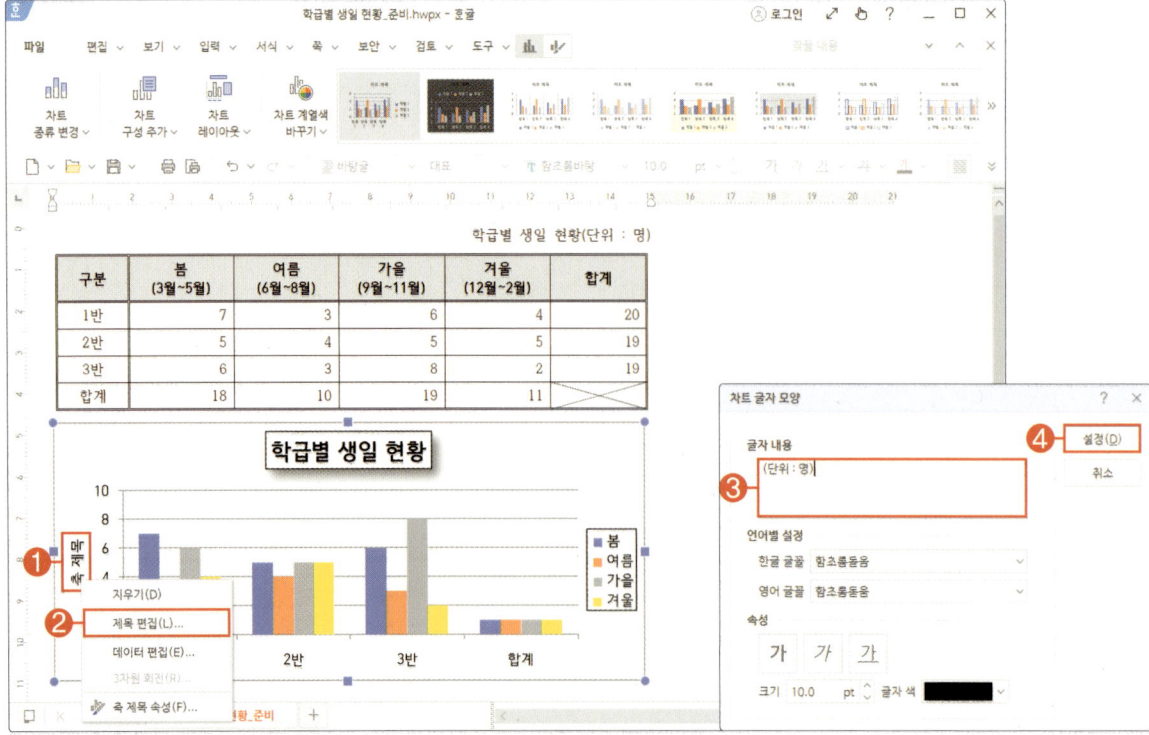

Section 11 | 차트 만들기

9 '축 제목'이 입력되었습니다. 다시 마우스 오른쪽 버튼을 눌러 [빠른 메뉴]가 나타나면 ❶ [축 제목 속성]을 선택합니다.

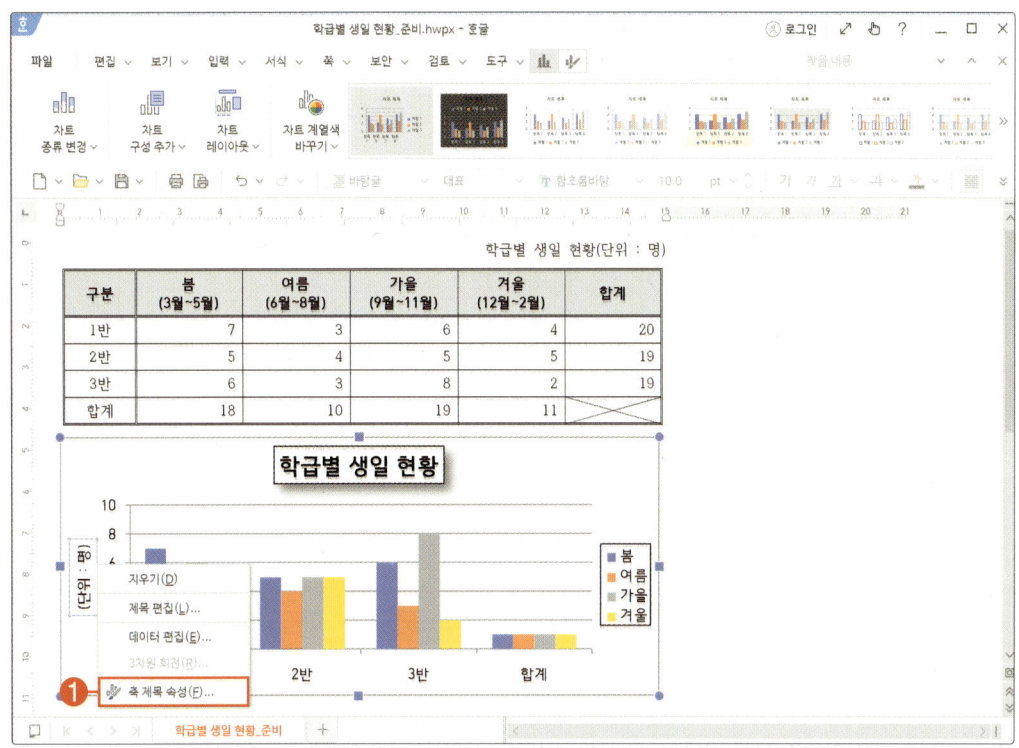

10 [개체 속성] 작업창이 열리면 ❶ [크기 및 속성] 탭에서 ❷ '글자 방향'의 ∨를 눌러 ❸ '가로'를 선택합니다.

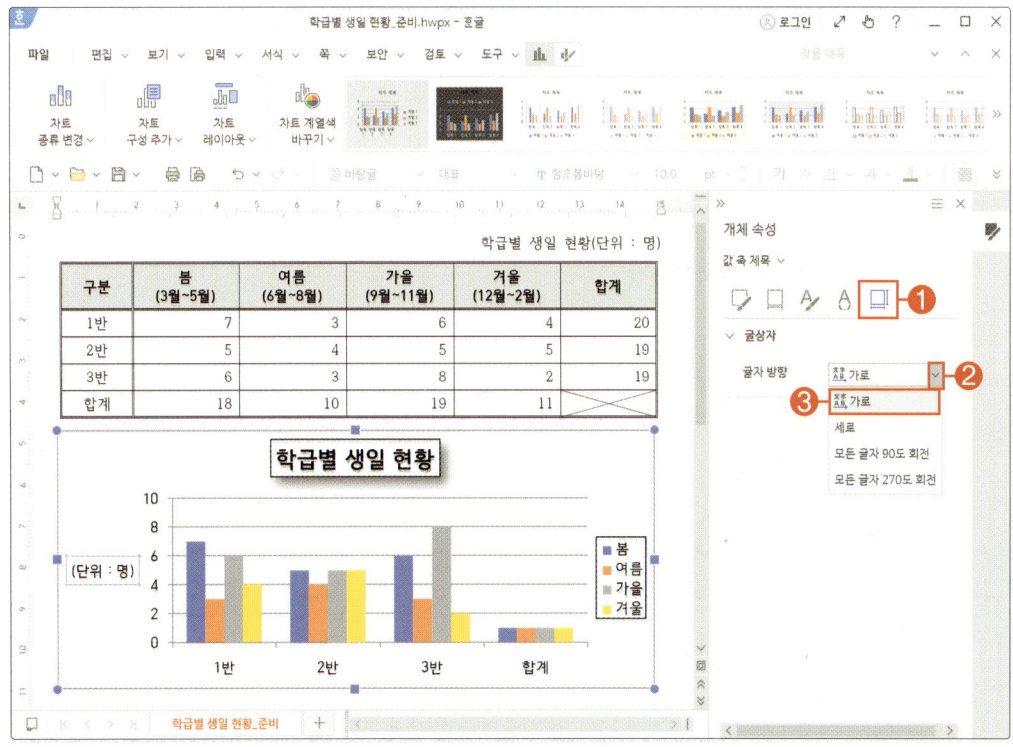

123

문제 풀어보기

1 '세대별 여름휴가 선호도_준비.hwpx'를 열어서 다음과 같이 차트를 만들어 보세요.

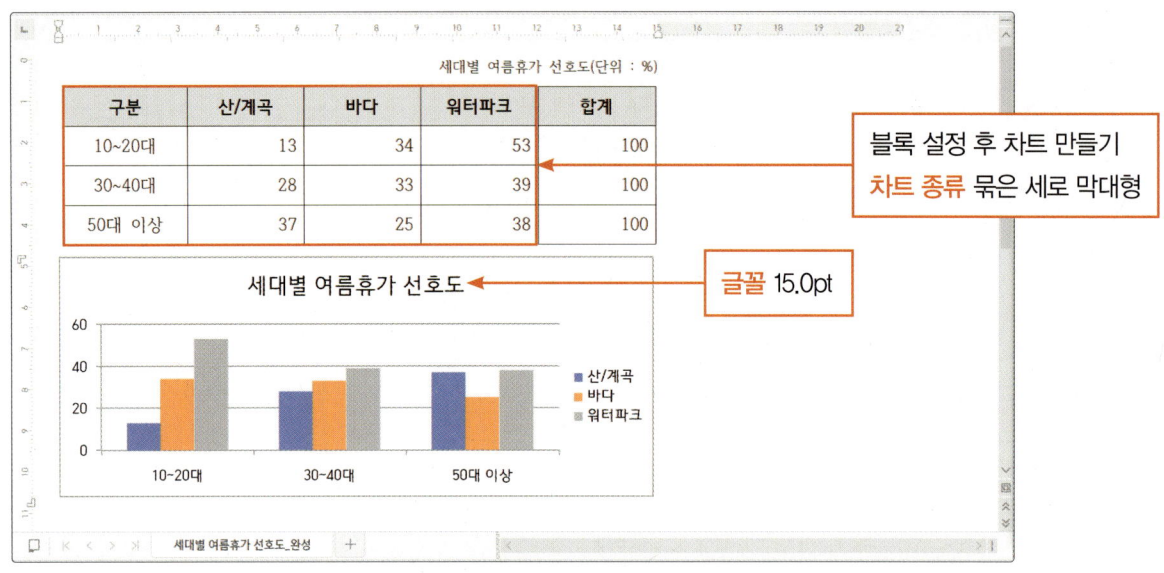

- 블록 설정 후 차트 만들기
- **차트 종류** 묶은 세로 막대형
- **글꼴** 15.0pt

2 '연도별 유학생 현황_준비.hwpx'를 열어서 다음과 같이 차트를 만들어 보세요.

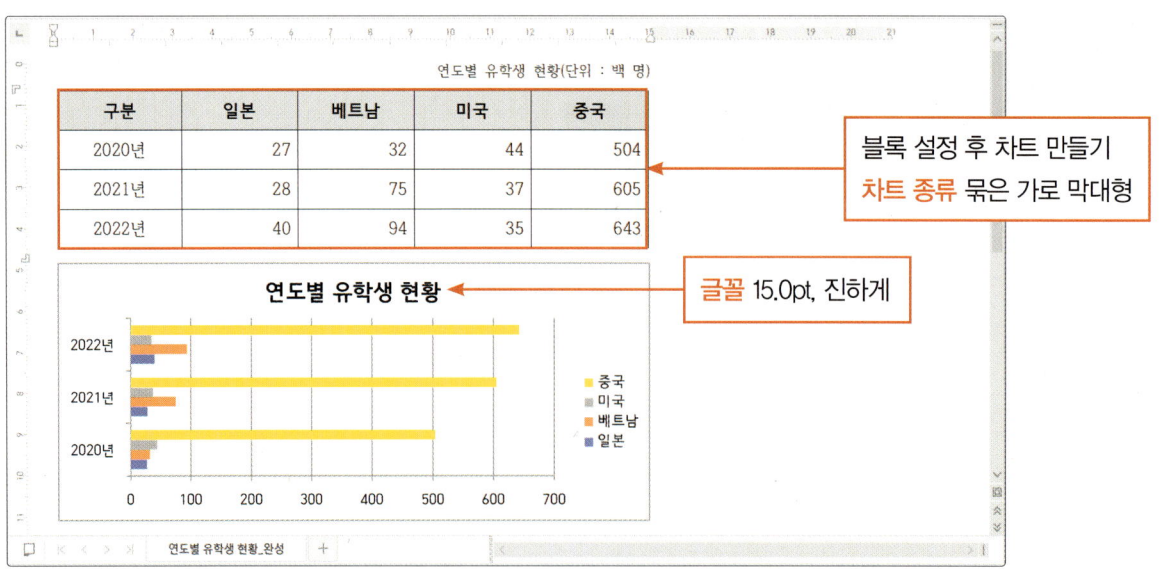

- 블록 설정 후 차트 만들기
- **차트 종류** 묶은 가로 막대형
- **글꼴** 15.0pt, 진하게

문제 풀어보기

1 '학급별 수학여행 희망 지역_준비.hwpx'를 열어서 다음과 같이 차트를 만들어 보세요.

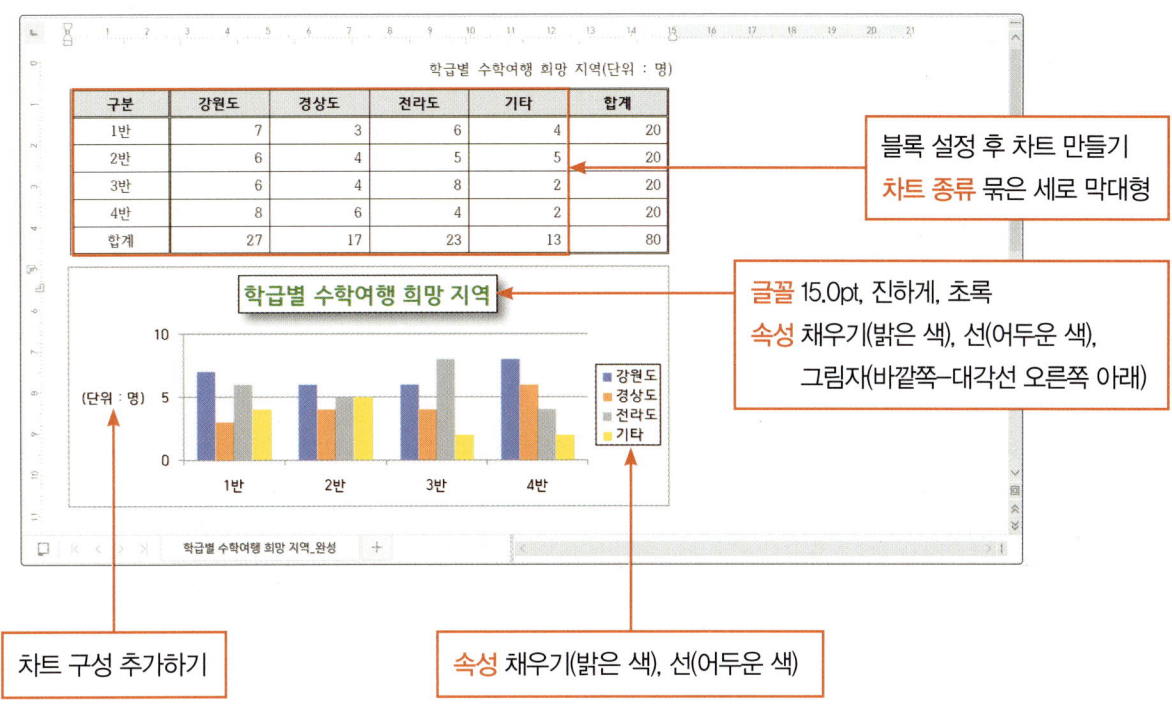

블록 설정 후 차트 만들기
차트 종류 묶은 세로 막대형

글꼴 15.0pt, 진하게, 초록
속성 채우기(밝은 색), 선(어두운 색), 그림자(바깥쪽-대각선 오른쪽 아래)

차트 구성 추가하기

속성 채우기(밝은 색), 선(어두운 색)

2 '세대별 인공지능 사용 현황_준비.hwpx'를 열어서 다음과 같이 차트를 만들어 보세요.

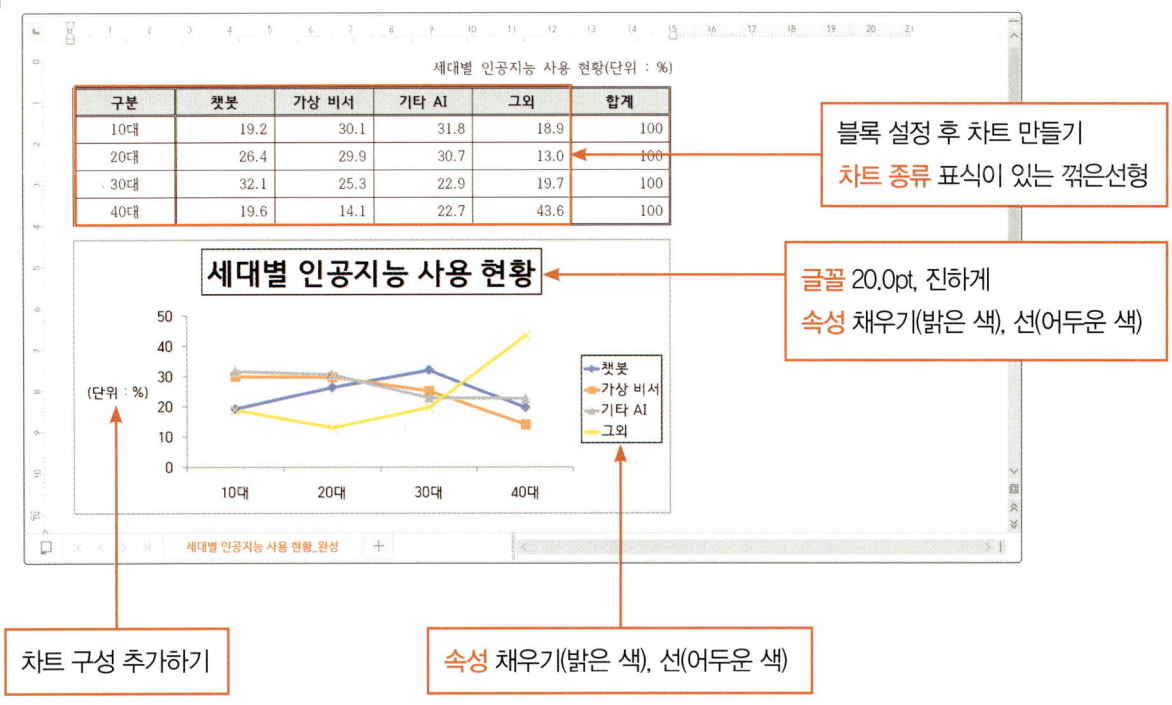

블록 설정 후 차트 만들기
차트 종류 표식이 있는 꺾은선형

글꼴 20.0pt, 진하게
속성 채우기(밝은 색), 선(어두운 색)

차트 구성 추가하기

속성 채우기(밝은 색), 선(어두운 색)

Hangul 2022

12 수식 입력하기
SECTION

한글 2022에서는 분수, 로그, 거듭제곱 등 복잡해 보이는 '수식'을 입력할 수 있습니다. '수식 편집기'는 편의성이 강화된 수식 입력 방식과 스크립트 수식 입력 방식을 모두 지원합니다. 수식 편집기를 활용하면 간단한 산술식은 물론 복잡한 수식에 이르기까지 어떠한 수학식도 손쉽게 작성할 수 있습니다.

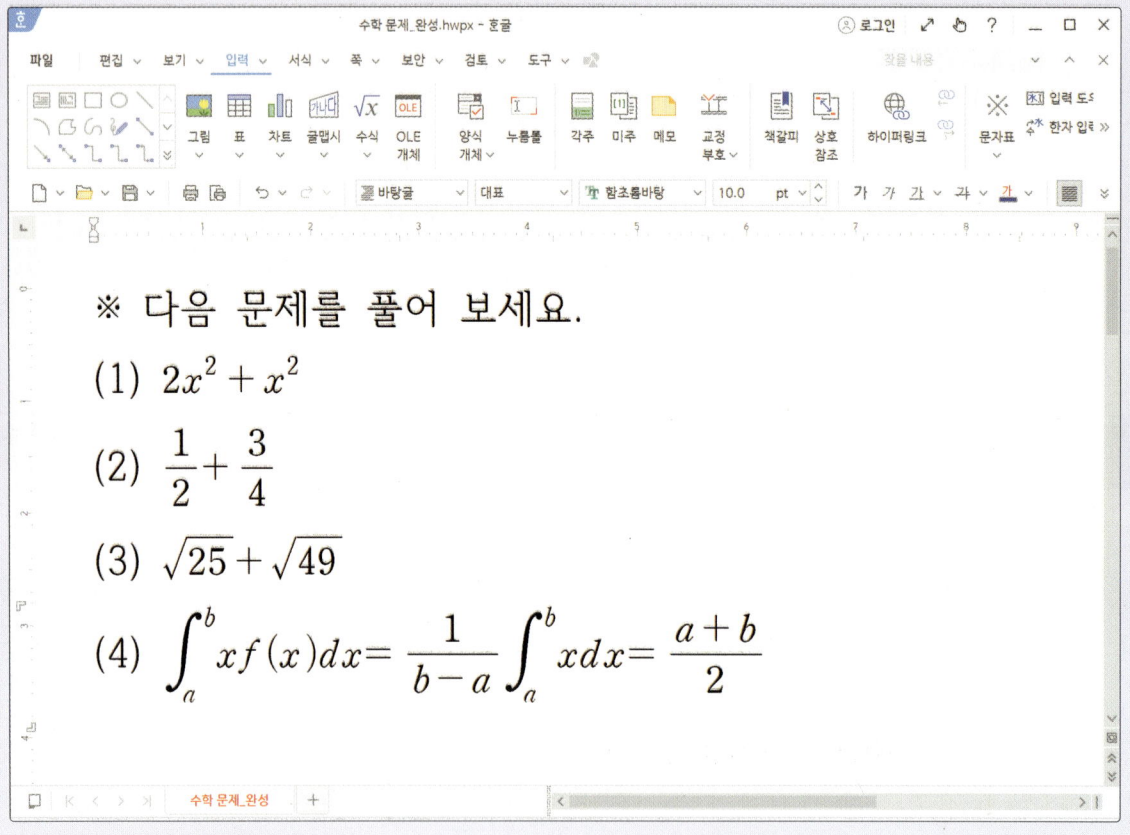

파일명 수학 문제_완성.hwpx

MISSION

실습 1 수식 입력하기
실습 2 복잡한 수식 입력하기

CHECK POINT

포인트 1 수학, 물리학, 공학 등의 문서를 작성할 때 수식 입력은 꼭 필요한 기능이에요.

포인트 2 수식을 입력할 때는 해당 내용이 정확한 위치에 입력되는지 확인해 가면서 작업해야 해요.

실습 1   수식 입력하기

1   '수학 문제_준비.hwpx' 파일을 열고 ❶ [입력] 탭의 ∨를 눌러 ❷ [수식]을 선택한 뒤 ❸ [수식 편집기]를 클릭합니다.

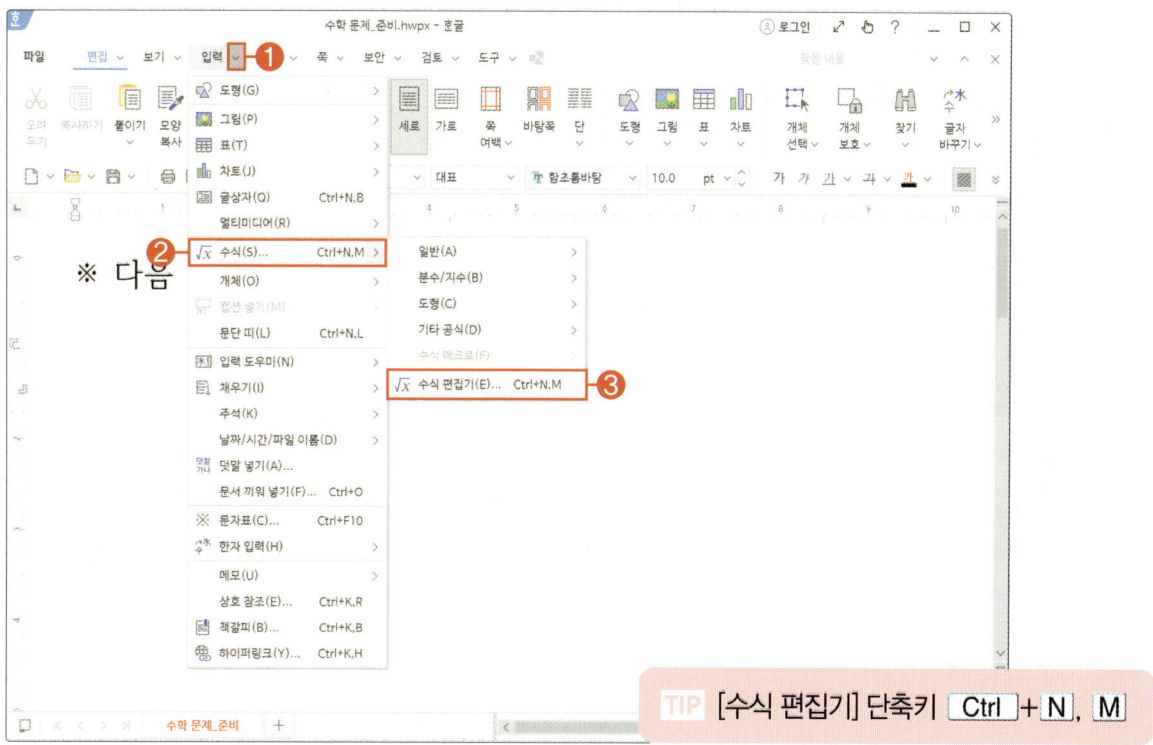

TIP [수식 편집기] 단축키 Ctrl + N , M

2   [수식 편집기] 작업창이 열렸습니다.

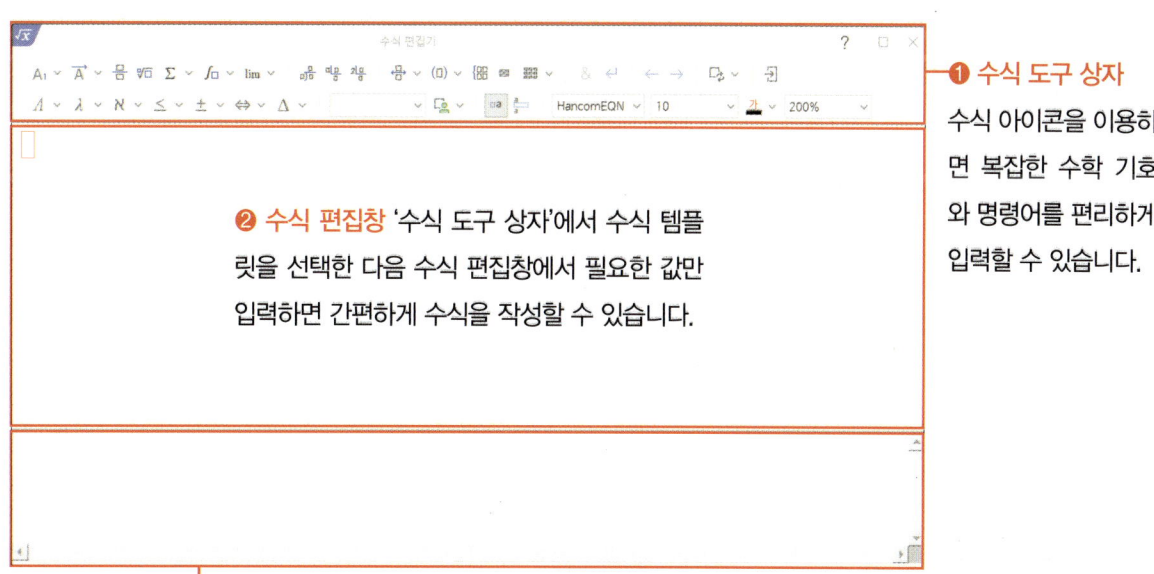

❶ 수식 도구 상자
수식 아이콘을 이용하면 복잡한 수학 기호와 명령어를 편리하게 입력할 수 있습니다.

❷ 수식 편집창 '수식 도구 상자'에서 수식 템플릿을 선택한 다음 수식 편집창에서 필요한 값만 입력하면 간편하게 수식을 작성할 수 있습니다.

❸ 스크립트 입력창 수식 명령어를 직접 입력하여 수식을 만듭니다. 스크립트 입력 창에서 수식 명령어를 입력하면 '수식 편집창'에서 결과를 바로 확인할 수 있습니다.

■■■■■ Hangul 2022

3 '수식 편집창'에 ❶ '2x'를 입력하고 ❷ [수식 도구 상자]에서 [첨자]의 ∨를 눌러 ❸ '오른쪽 위첨자'를 클릭합니다. ❹ '오른쪽 위첨자' 칸이 생겼습니다.

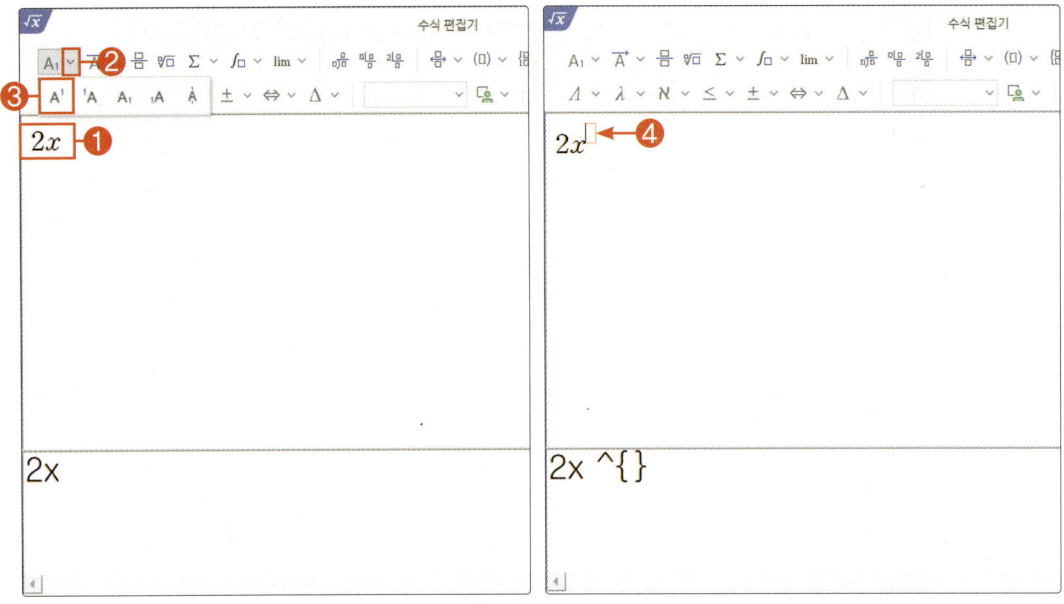

4 ❶ '오른쪽 위첨자' 칸에 '2'를 입력하고 ❷ → 키를 한 번 눌러 '오른쪽 위첨자' 칸에서 나옵니다.

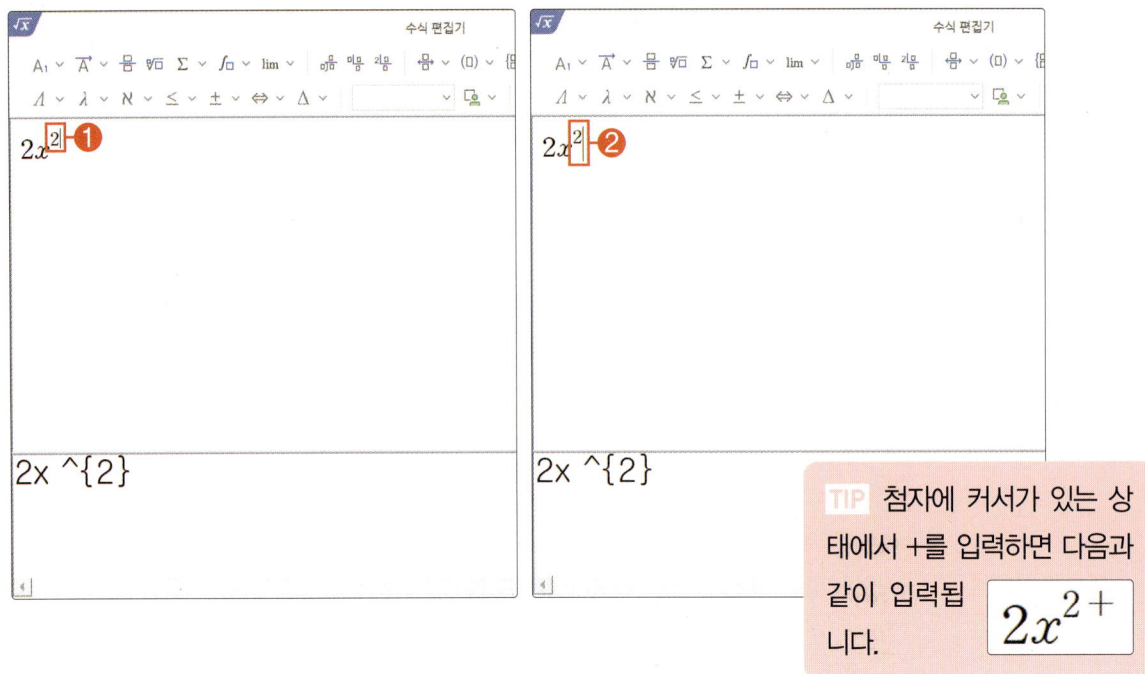

TIP 첨자에 커서가 있는 상태에서 +를 입력하면 다음과 같이 입력됩니다. $2x^{2+}$

Section 12 | 수식 입력하기

5 ❶ '+'와 'x'를 차례대로 입력합니다. ❷ [수식 도구 상자]에서 [첨자]를 눌러 '오른쪽 위첨자'를 클릭한 뒤 '2'를 입력해서 수식을 완성하고 ❸ [넣기]를 클릭합니다.

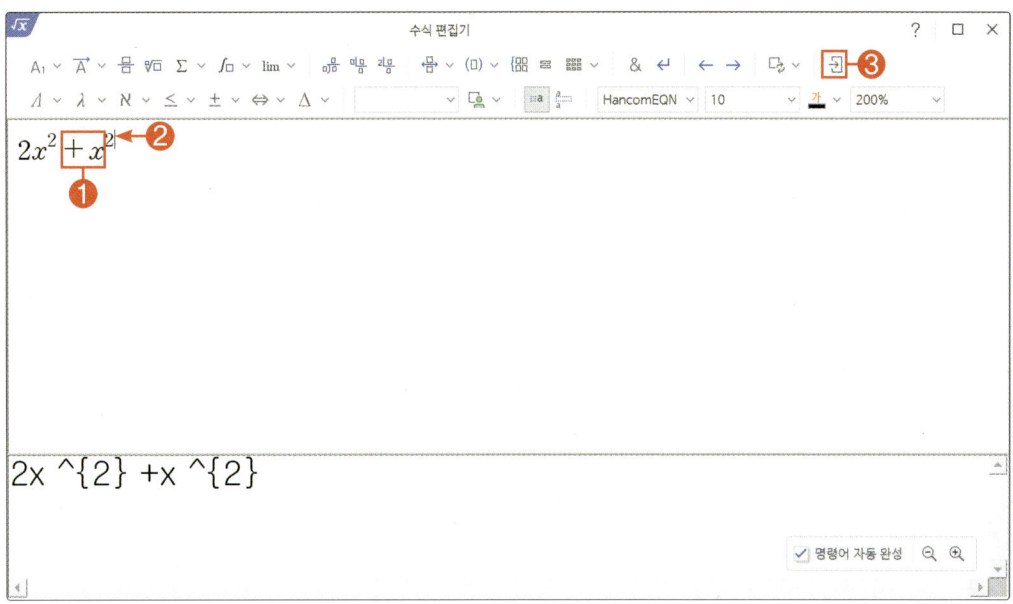

6 문서에 수식이 입력되었습니다.

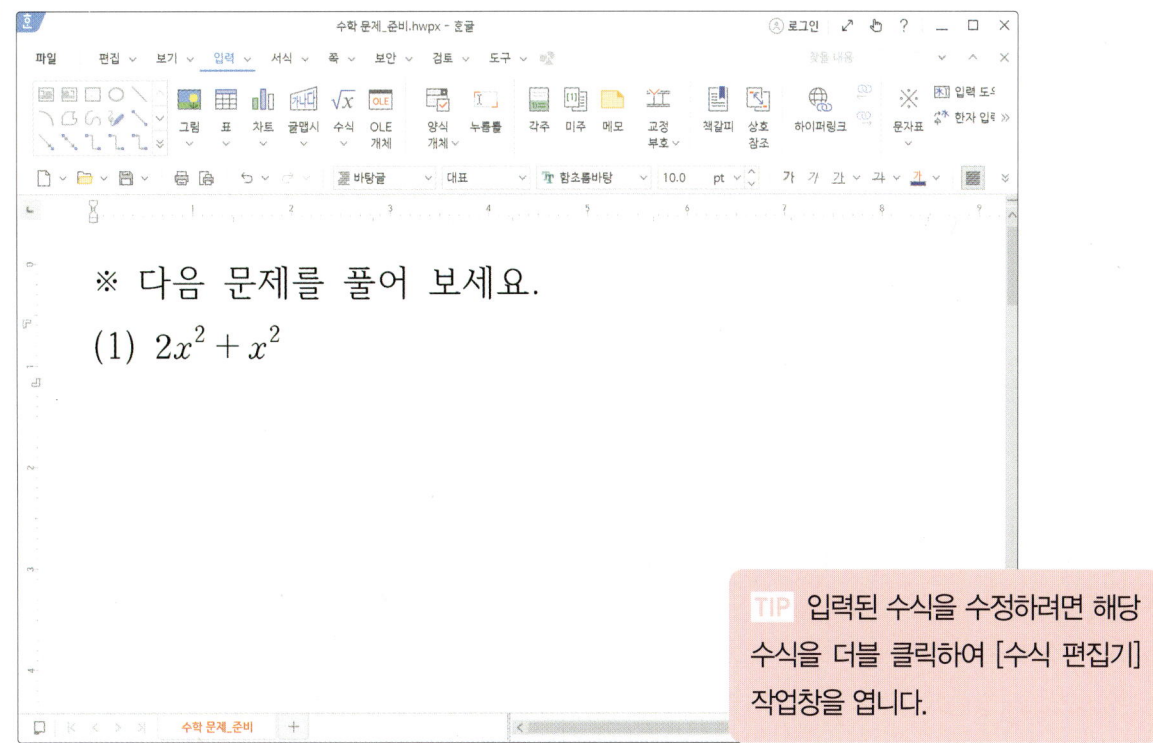

TIP 입력된 수식을 수정하려면 해당 수식을 더블 클릭하여 [수식 편집기] 작업창을 엽니다.

7 ⌈Ctrl⌉ 키를 누른 상태에서 ⌈N⌉, ⌈M⌉ 키를 차례로 눌러 [수식 편집기] 작업창을 엽니다. '분수'를 입력하기 위해 [수식 도구 상자]에서 ❶ [분수]를 클릭하고 ❷ '분자'에 '1', '분모'에 2를 입력합니다. ❸ '+'와 $\frac{3}{4}$을 차례대로 입력하고 [넣기]를 클릭합니다.

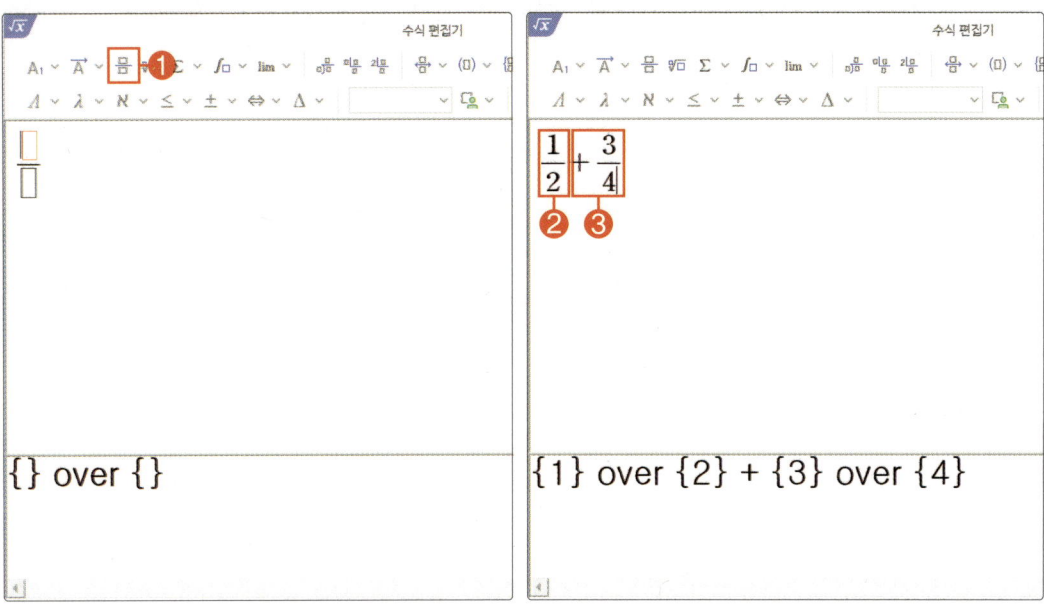

8 [수식 편집기] 작업창을 열고 '근호'를 입력하기 위해 [수식 도구 상자]에서 ❶ [근호]를 클릭합니다. ❷ 다음과 같이 차례대로 입력하고 [넣기]를 클릭합니다.

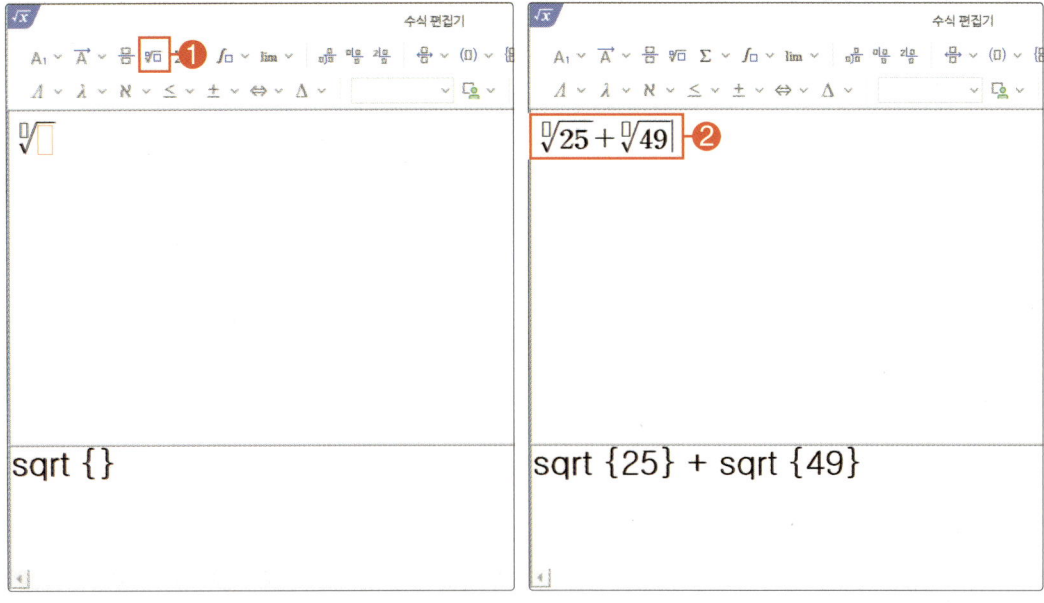

복잡한 수식 입력하기

1 [수식 편집기] 작업창을 열고 [수식 도구 상자]에서 ❶ [적분]의 ∨를 눌러 ❷ '∫'을 클릭합니다. ❸ 다음과 같이 '수식 편집창'에 차례대로 입력한 뒤, [수식 도구 상자]에서 ❹ [분수]를 클릭합니다.

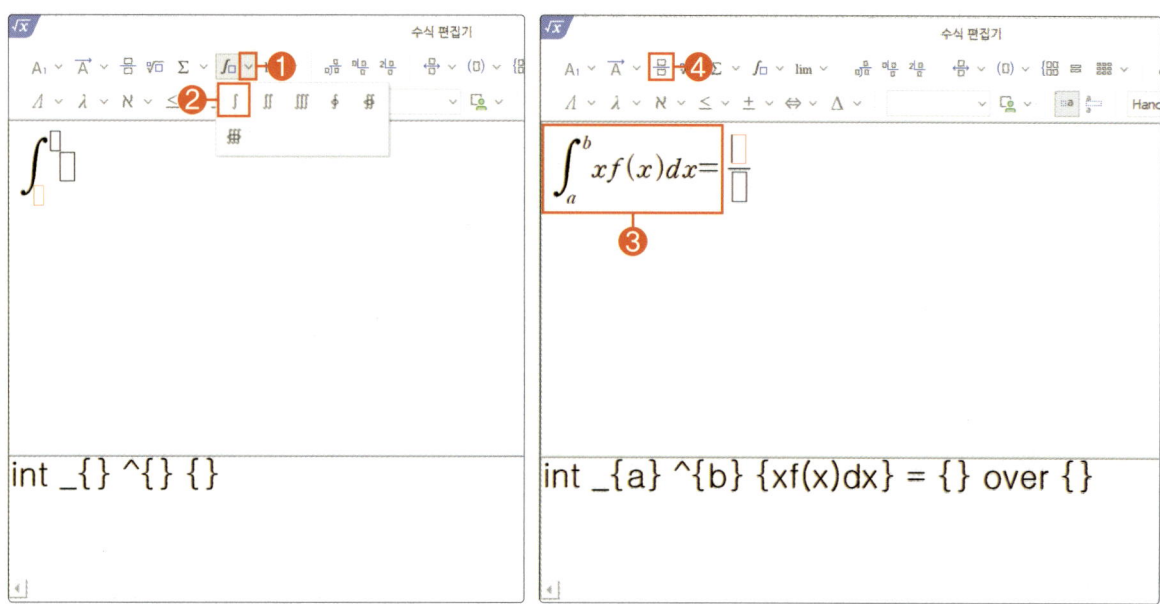

2 ❶ 다음과 같이 '수식 편집창'에 차례대로 입력한 뒤, [수식 도구 상자]에서 ❷ [적분]의 ∨를 눌러 '∫'을 클릭합니다.

Hangul 2022

3 ❶ 다음과 같이 '수식 편집창'에 차례대로 입력한 뒤, [수식 도구 상자]에서 ❷ [넣기]를 클릭합니다.

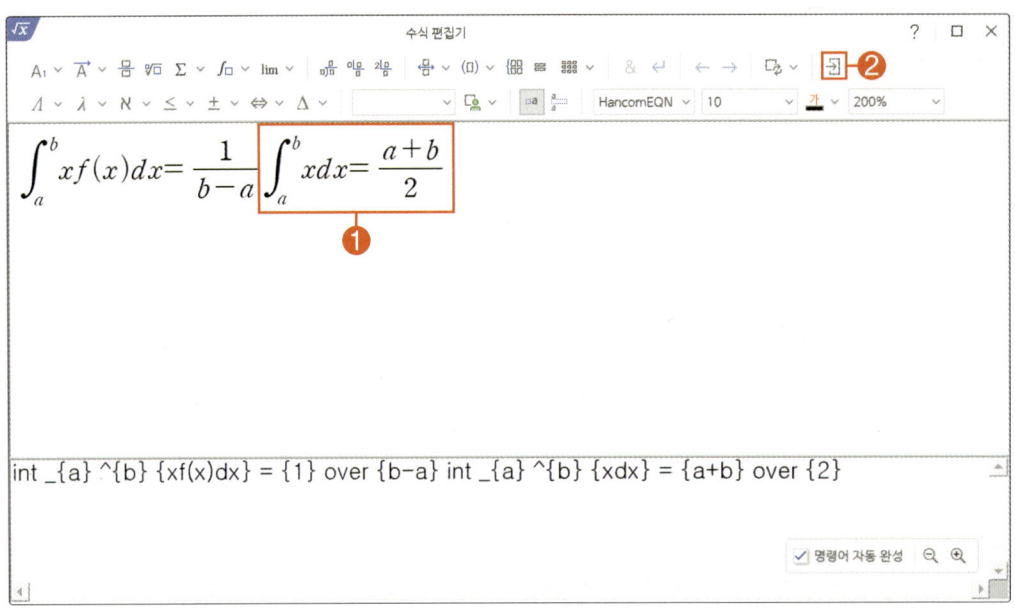

4 문서에 수식이 입력되었습니다.

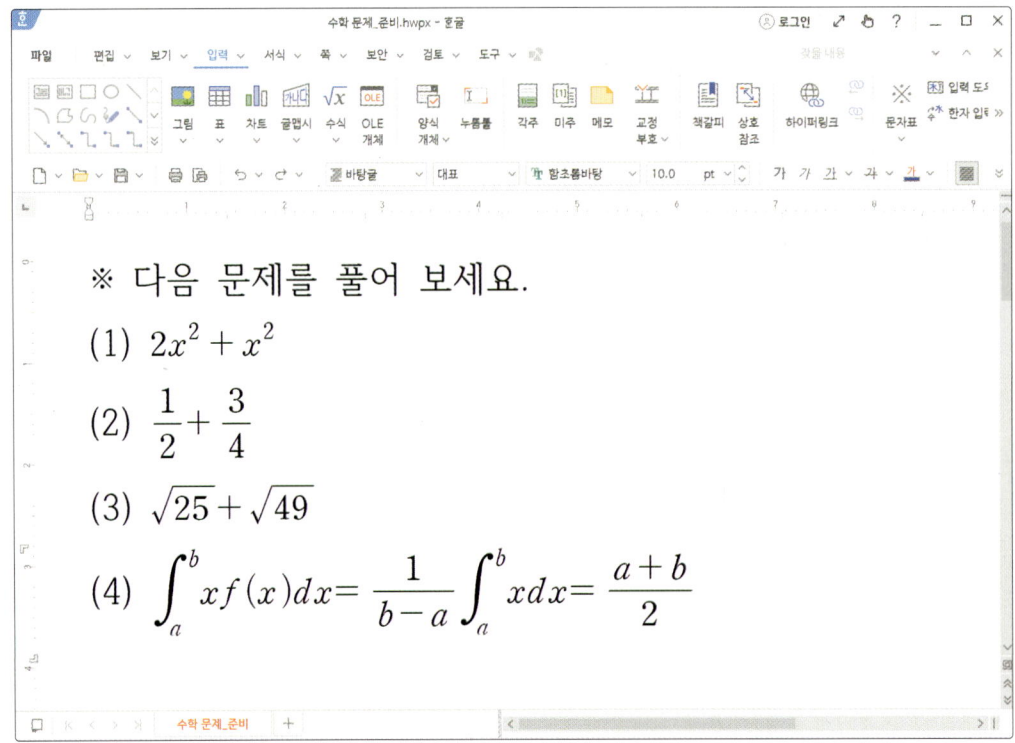

문제 풀어보기

1 [새 문서]를 실행하고 [수식 편집기]를 활용하여 다음과 같이 문서를 만들어 보세요.

> (기초편) 다음 문제를 풀어 보세요.
> (1) $y^3 + 4y^3$
> (2) $\dfrac{3}{7} - \dfrac{1}{5} + \dfrac{2}{3}$
> (3) $\sqrt{9} + \sqrt{36} - \sqrt{4}$
> (4) $\dfrac{(1+2)}{4} - \dfrac{1}{2}$

[입력] 탭의 ∨를 눌러 [수식] – [수식 편집기] 클릭

2 [새 문서]를 실행하고 [수식 편집기]를 활용하여 다음과 같이 문서를 만들어 보세요.

> (심화편) 다음 문제를 풀어 보세요.
> (1) $\displaystyle\int_0^3 \dfrac{\sqrt{6x^2 - 18x + 12}}{5} dx = 11$
> (2) $m_2 - m_1 = \dfrac{5}{2} \log \dfrac{h_1}{h_2}$
> (3) $Q = \lim\limits_{\Delta t \to 0} \dfrac{\Delta s}{\Delta t} = \dfrac{d^2 s}{dt^2} + 1$

[수식 편집기] 단축키 Ctrl + N, M

SECTION 13 머리말/꼬리말, 주석, 쪽 번호 입력하기

Hangul 2022

페이지 맨 위와 맨 아래에 고정적으로 반복되는 내용을 '머리말'과 '꼬리말'이라고 합니다. 머리말과 꼬리말을 넣으면 모든 페이지에 동일한 정보를 제공하여 문서의 일관성을 유지할 수 있습니다.

문서에 '쪽 번호'를 넣으면 인쇄나 복사 과정에서 페이지가 섞이더라도 순서대로 문서를 정리할 수 있습니다.

'주석'은 본문의 아래에 표기하는 '각주'와 본문의 마지막에 모아서 정리하는 '미주'가 있습니다. 주석을 넣으면 본문의 흐름을 방해하지 않으면서도 용어 설명, 참고 문헌, 추가 설명 등을 제공하여 독자의 이해를 돕습니다.

MISSION

실습 1 머리말/꼬리말 입력하기

실습 2 각주 입력하기

실습 3 쪽 번호 입력하기

CHECK POINT

포인트 1 모든 문서에 머리말과 꼬리말이 꼭 필요한 것은 아니에요.

포인트 2 각주를 적절하게 활용하면 더 많은 정보를 포함한 문서를 작성할 수 있어요.

포인트 3 문서에 쪽 번호를 입력할 때 쪽 번호 위치, 시작 번호 등 다른 문서와의 연계성도 고려해야 해요.

파일명 반구천의 암각화_완성.hwpx

머리말/꼬리말 입력하기

1 '반구천의 암각화_준비.hwpx' 파일을 열고 ❶ [쪽] 탭의 ∨를 눌러 ❷ [머리말/꼬리말]을 선택합니다. [머리말/꼬리말] 대화 상자가 열리면 ❸ '종류'는 '머리말', ❹ '위치'는 '양쪽'을 선택하고 ❺ [만들기]를 클릭합니다.

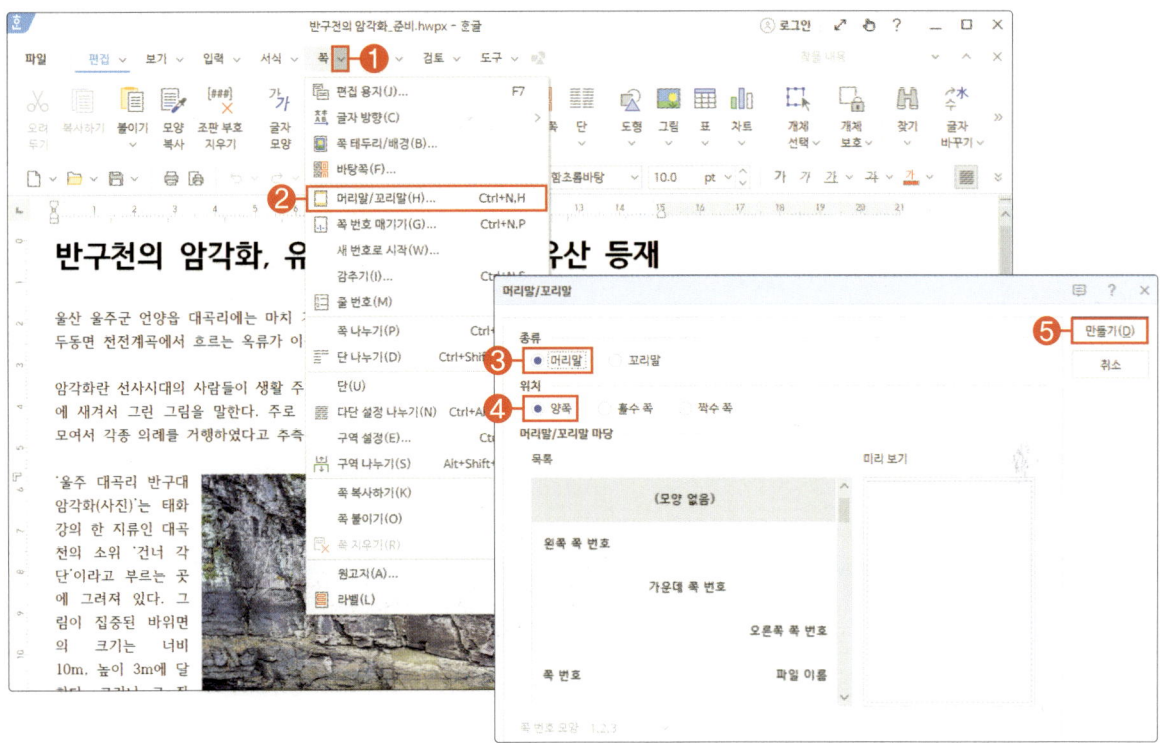

2 '머리말(양쪽)' 영역에 ❶ '우리나라 문화유산'을 입력합니다. [서식 도구 상자]에서 ❷ '글꼴'은 '함초롬돋움', '글자 크기'는 '10pt', ❸ '정렬 방식'은 '오른쪽 정렬'로 설정합니다.

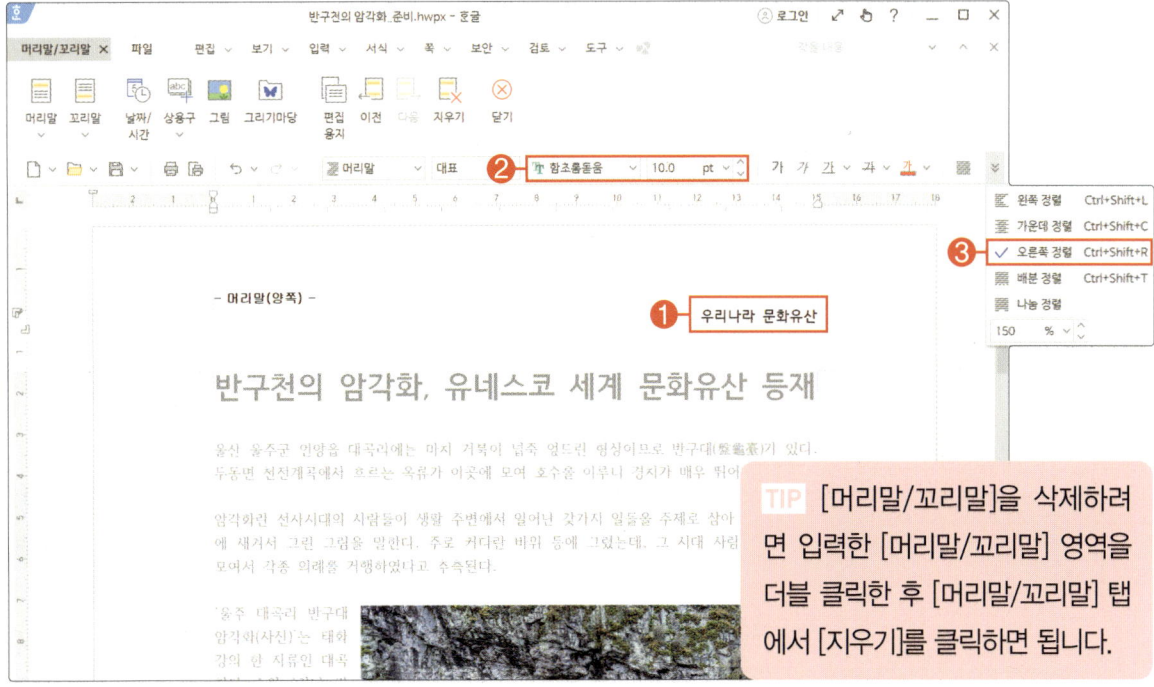

> **TIP** [머리말/꼬리말]을 삭제하려면 입력한 [머리말/꼬리말] 영역을 더블 클릭한 후 [머리말/꼬리말] 탭에서 [지우기]를 클릭하면 됩니다.

3 ❶ [머리말/꼬리말] 탭에서 ❷ [꼬리말]을 선택하고 ❸ '양쪽'의 ❹ '(모양 없음)'을 클릭합니다.

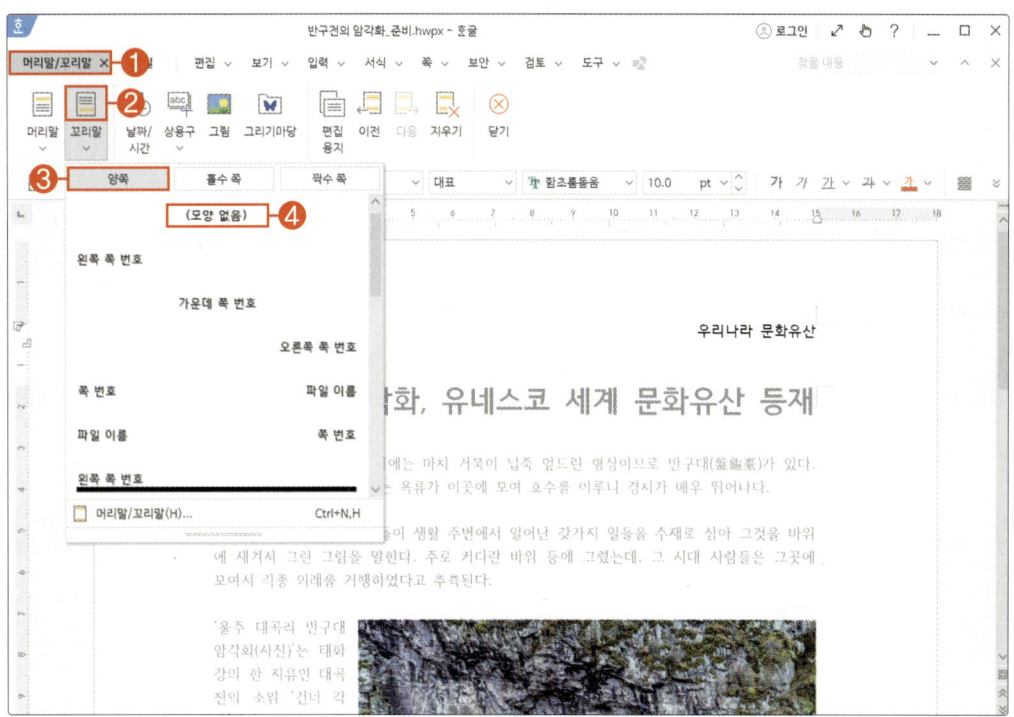

4 '꼬리말' 영역으로 이동하면 ❶ '반구천의 암각화'를 입력합니다. [서식 도구 상자]에서 ❷ '글꼴'은 '함초롬돋움', '글자 크기'는 '10pt', ❸ '정렬 방식'은 '양쪽 정렬'로 설정합니다. [머리말/꼬리말] 영역을 빠져나오기 위해 ❹ [닫기]를 클릭합니다.

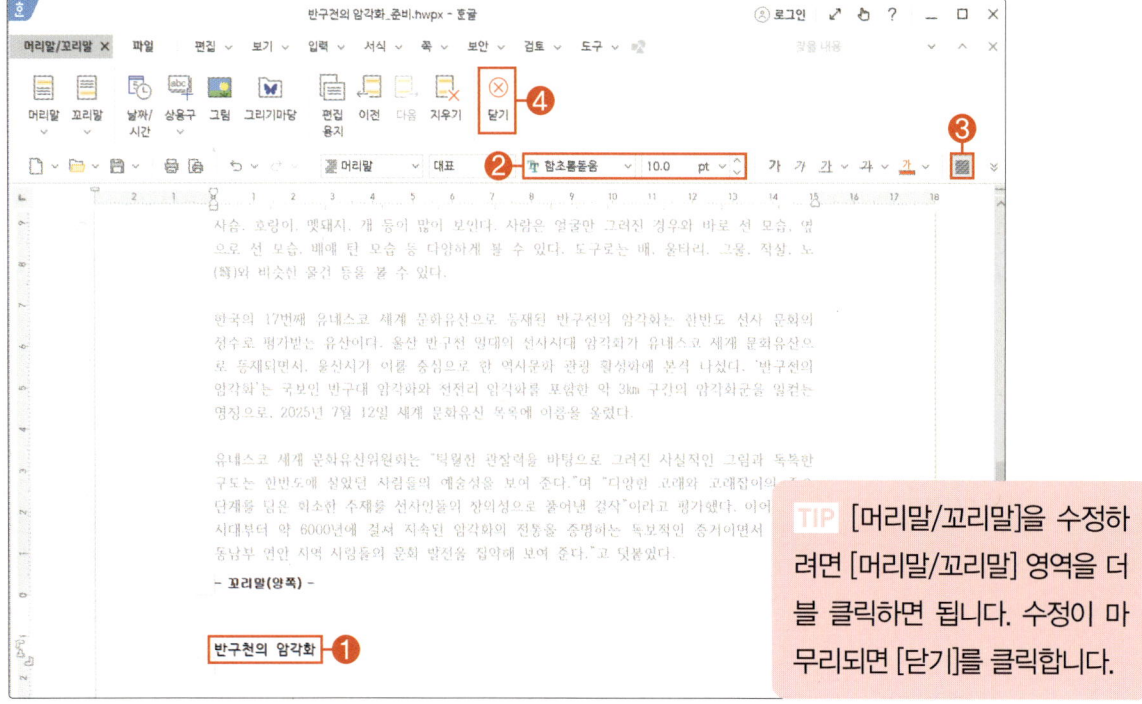

TIP [머리말/꼬리말]을 수정하려면 [머리말/꼬리말] 영역을 더블 클릭하면 됩니다. 수정이 마무리되면 [닫기]를 클릭합니다.

각주 입력하기

1 '천전리 암각화'에 대한 설명을 각주로 넣기 위해 ❶ '천전리 암각화' 뒤에 마우스 커서를 놓고 ❷ [입력] 탭의 ∨를 눌러 ❸ [주석]에서 ❹ '각주'를 클릭합니다.

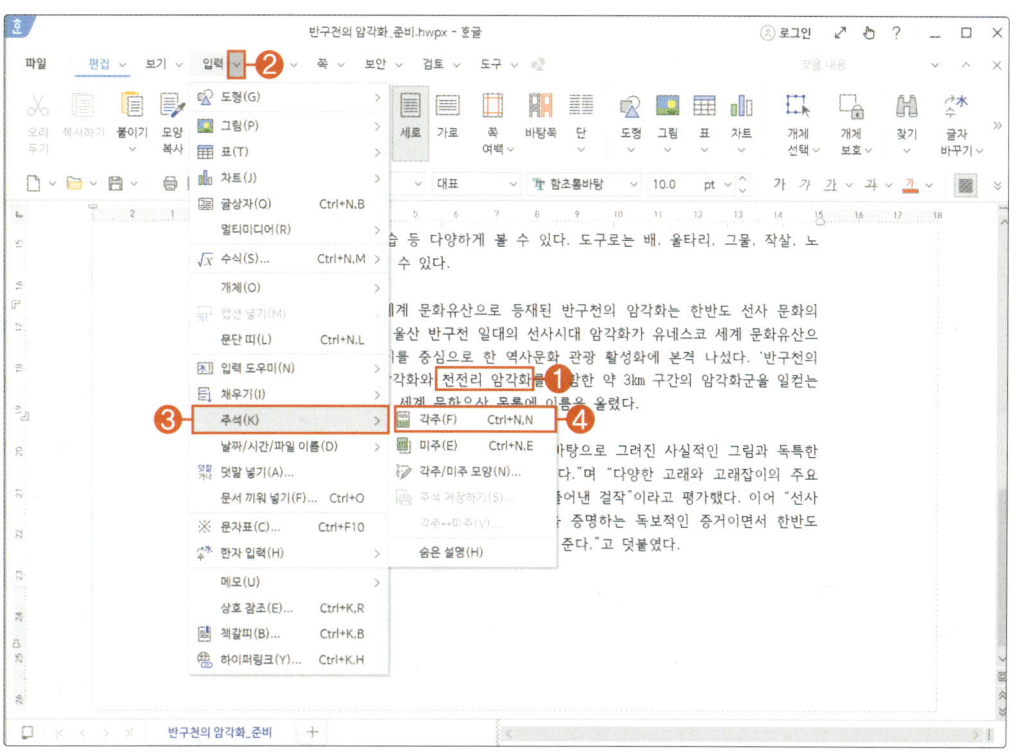

2 각주 영역에 ❶ 다음과 같이 입력하고 ❷ [닫기]를 클릭합니다.

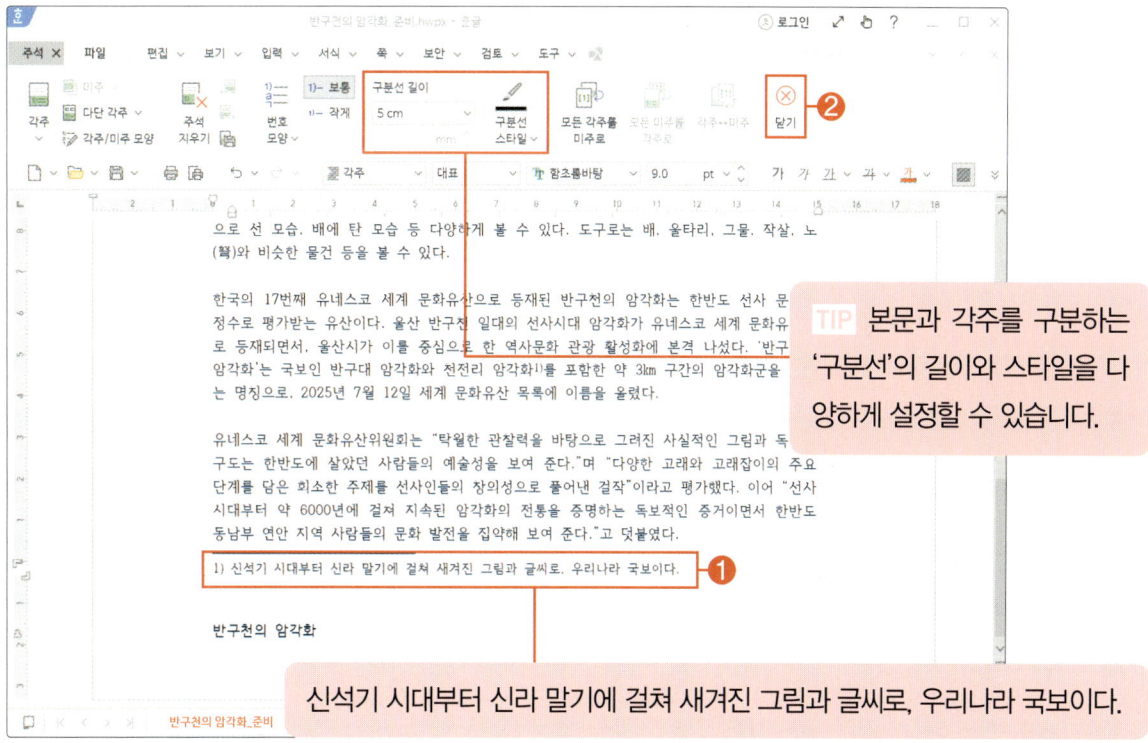

TIP 본문과 각주를 구분하는 '구분선'의 길이와 스타일을 다양하게 설정할 수 있습니다.

신석기 시대부터 신라 말기에 걸쳐 새겨진 그림과 글씨로, 우리나라 국보이다.

실습 3 쪽 번호 입력하기

1 쪽 번호를 넣기 위해 ❶ [쪽] 탭의 ∨를 눌러 ❷ [쪽 번호 매기기]를 클릭합니다.

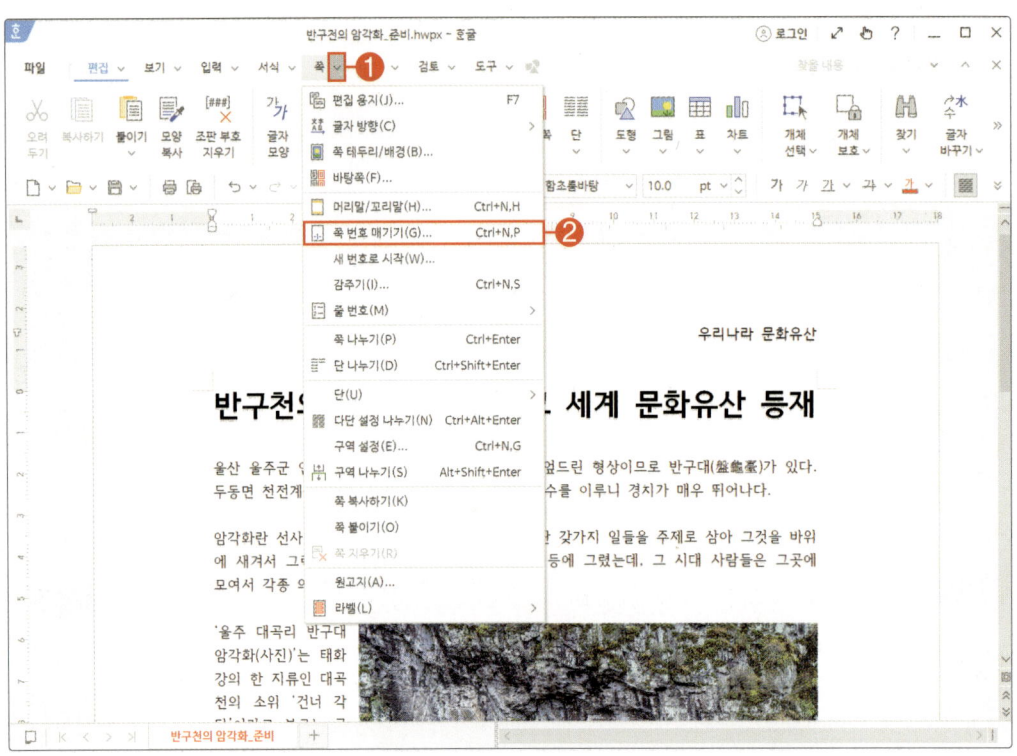

2 [쪽 번호 매기기] 대화 상자가 열리면 ❶ '번호 위치'는 '오른쪽 아래', ❷ '번호 모양', '시작 번호', '줄표 넣기'를 다음과 같이 설정한 후 ❸ [넣기]를 클릭합니다.

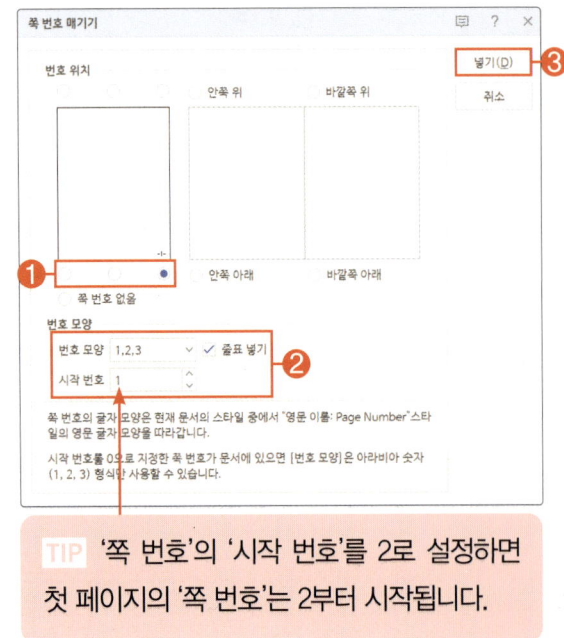

> **TIP** '쪽 번호'의 '시작 번호'를 2로 설정하면 첫 페이지의 '쪽 번호'는 2부터 시작됩니다.

Section 13 | 머리말/꼬리말, 주석, 쪽 번호 입력하기

LEARN MORE

[쪽 윤곽] 설정하기

한글에서 작성한 문서를 인쇄하기 전에 용지 여백이나 머리말/꼬리말, 쪽 번호 등이 어떤 모양으로 인쇄될지 미리 보고 싶다면 [보기] 탭에서 [쪽 윤곽]을 선택하면 됩니다.

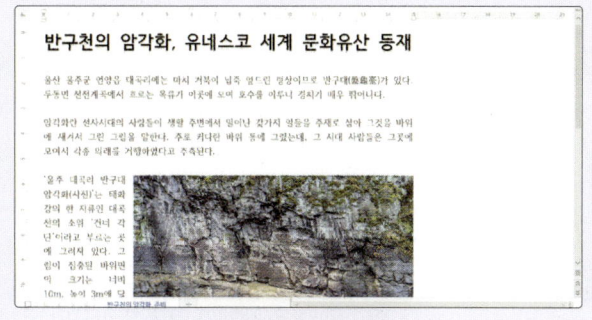
[쪽 윤곽] 선택 ×

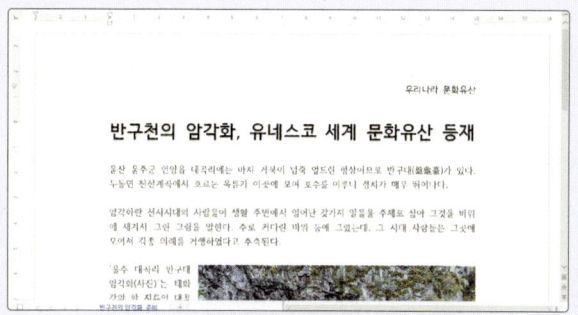
[쪽 윤곽] 선택 ○

[쪽 윤곽] 보기를 선택하면 용지 여백이나 머리말/꼬리말, 쪽 번호 등을 화면으로 직접 보면서 편집을 할 수 있습니다.

[조판 부호] 설정하기

편집 과정에서 입력한 머리말/꼬리말, 쪽 번호 등의 명령은 '조판 부호'로 기록되는데, '조판 부호'는 일반적인 편집 화면에는 보이지 않습니다. [보기] 탭에서 [조판 부호]를 선택하면 문서 창에 머리말/꼬리말, 쪽 번호 등이 '조판 부호'로 표시됩니다. 하지만 모든 '조판 부호'는 어떠한 경우에도 인쇄되지 않습니다.

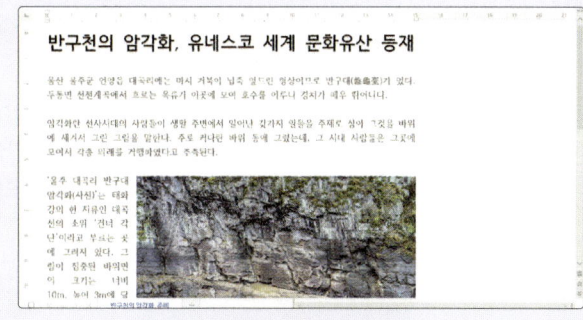
[조판 부호] 선택 ×

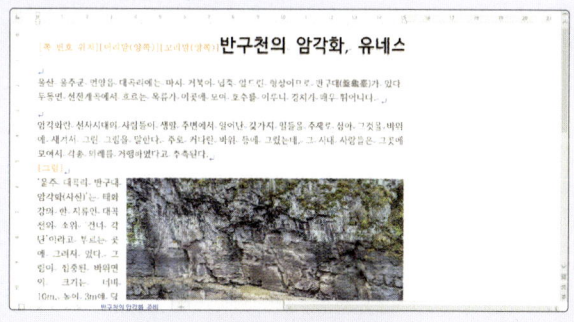
[조판 부호] 선택 ○

[문단 부호]는 글자 입력 도중에 Enter 키를 누른 곳을 줄 바꿈 문자(↵)로 화면에 표시해 주는 기능입니다. [조판 부호]를 선택하면 [문단 부호]도 함께 선택됩니다.

문제 풀어보기

1. '우리나라의 소중한 유산_준비.hwpx'를 열어서 다음과 같이 문서를 만들어 보세요.

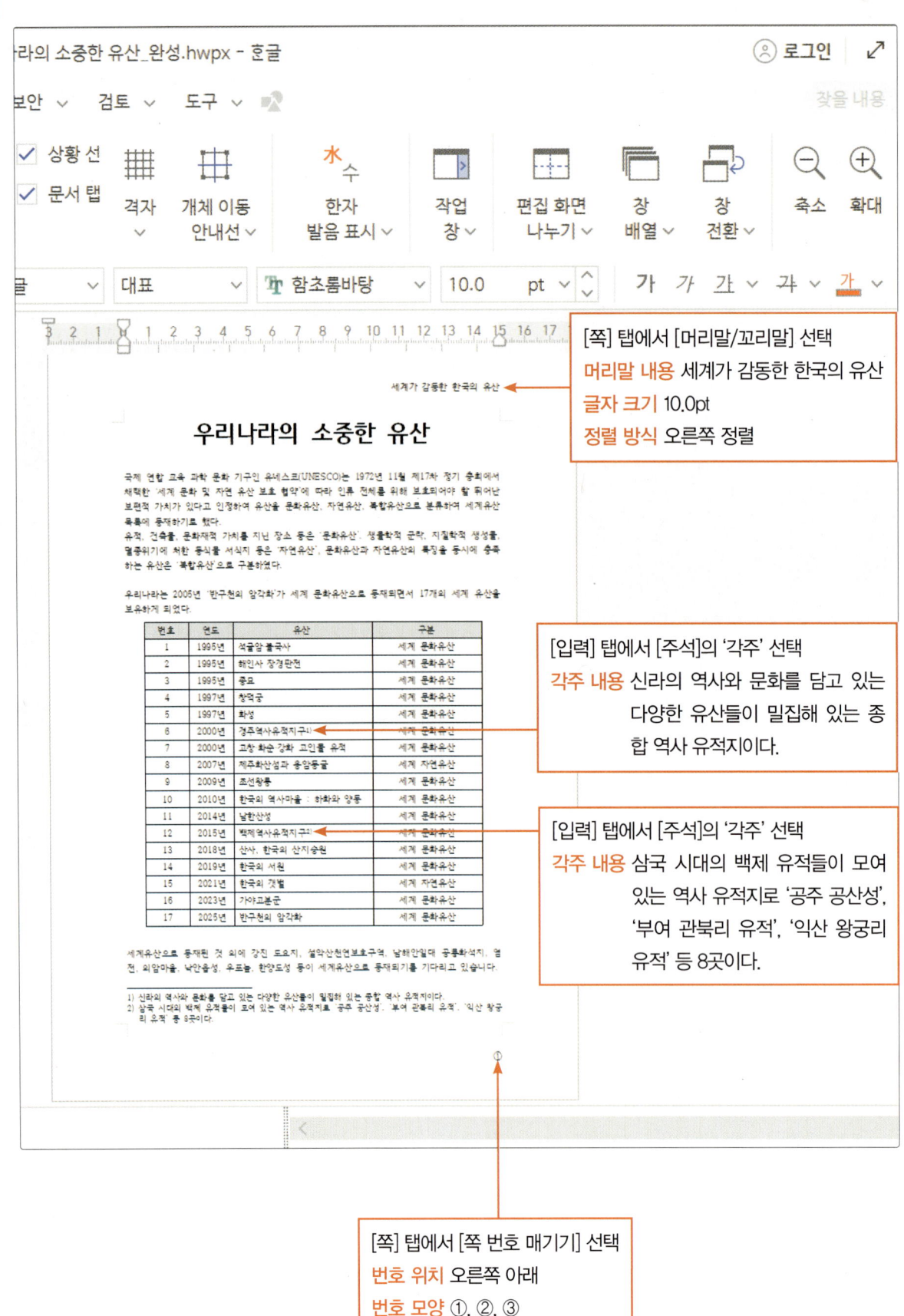

심화

문제 풀어보기

CHALLENGE

1 '유네스코 세계 문화유산_준비.hwpx'를 열어서 다음과 같이 문서를 만들어 보세요.

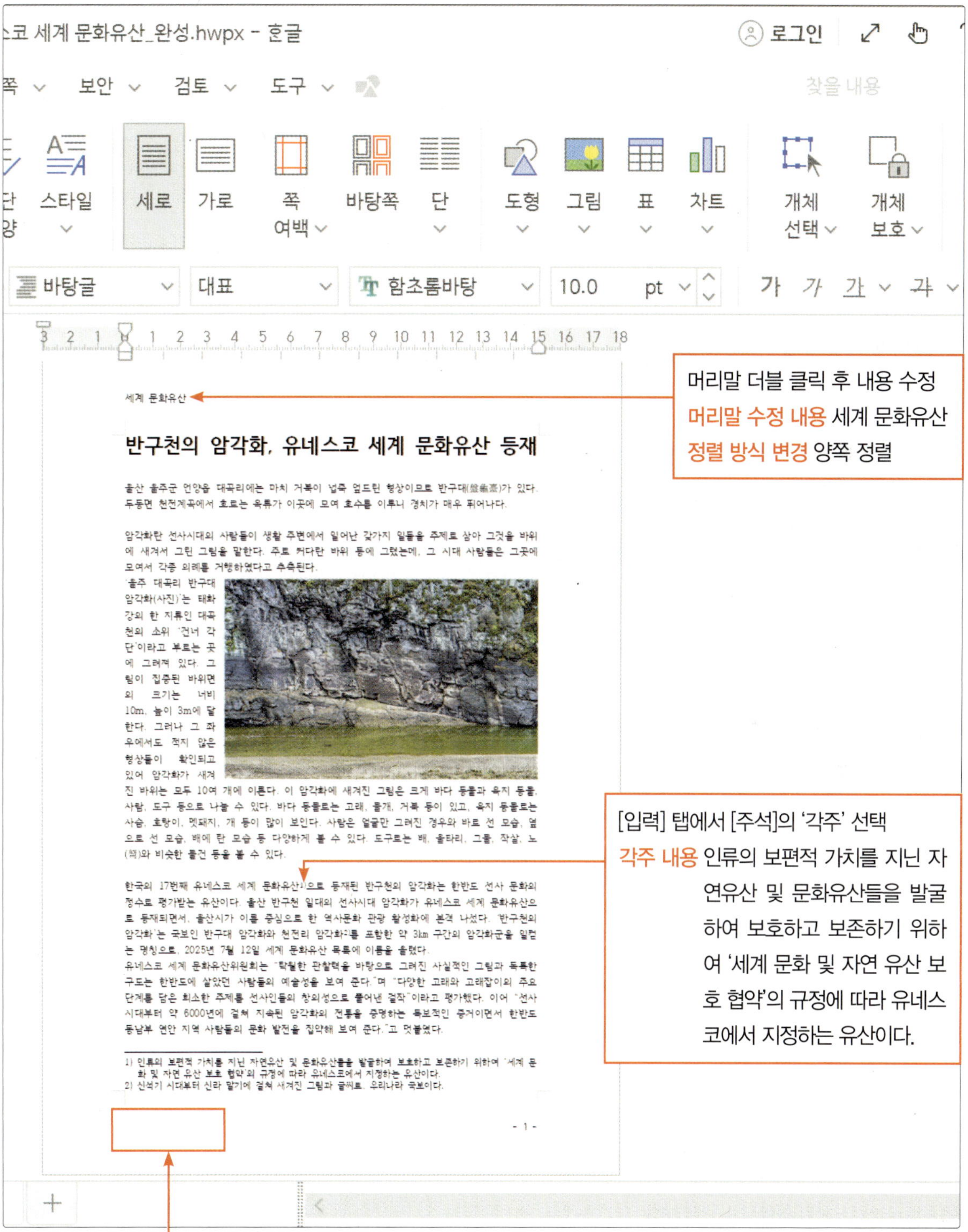

머리말 더블 클릭 후 내용 수정
머리말 수정 내용 세계 문화유산
정렬 방식 변경 양쪽 정렬

[입력] 탭에서 [주석]의 '각주' 선택
각주 내용 인류의 보편적 가치를 지닌 자연유산 및 문화유산들을 발굴하여 보호하고 보존하기 위하여 '세계 문화 및 자연 유산 보호 협약'의 규정에 따라 유네스코에서 지정하는 유산이다.

꼬리말 더블 클릭 후 [지우기]

Hangul 2022

SECTION 14
문단 번호 적용하고 차례 만들기

여러 개의 항목을 나열할 때 문단의 머리에 번호를 매기는 '문단 번호'를 입력하면 편리합니다. 문단 번호를 사용한 문장은 그 순서가 바뀌면 문단 번호도 자동으로 바뀌는데, 문단 번호는 1~10수준까지 다단계로 번호를 매길 수 있습니다.

'차례'는 본문에서 해당 내용이 어느 쪽에 있는지 쪽 번호와 함께 표시해 주는 것으로, 단행본이나 논문 작성 등에 꼭 필요한 기능입니다.

파일명 베트남_완성.hwpx

MISSION

실습 1 문단 번호 적용하기
실습 2 차례 만들기

CHECK POINT

포인트 1 문단 번호는 커서로 인식되지 않아 Delete 키나 Back Space 키로 삭제할 수 없어요. 문단 번호를 적용하면서 삭제하는 방법도 함께 확인해 보세요.

포인트 2 차례를 만들기 위해 선행되는 [제목 차례 표시] 작업을 기억해 두세요.

문단 번호 적용하기

1 '베트남_준비.hwpx' 파일을 엽니다.

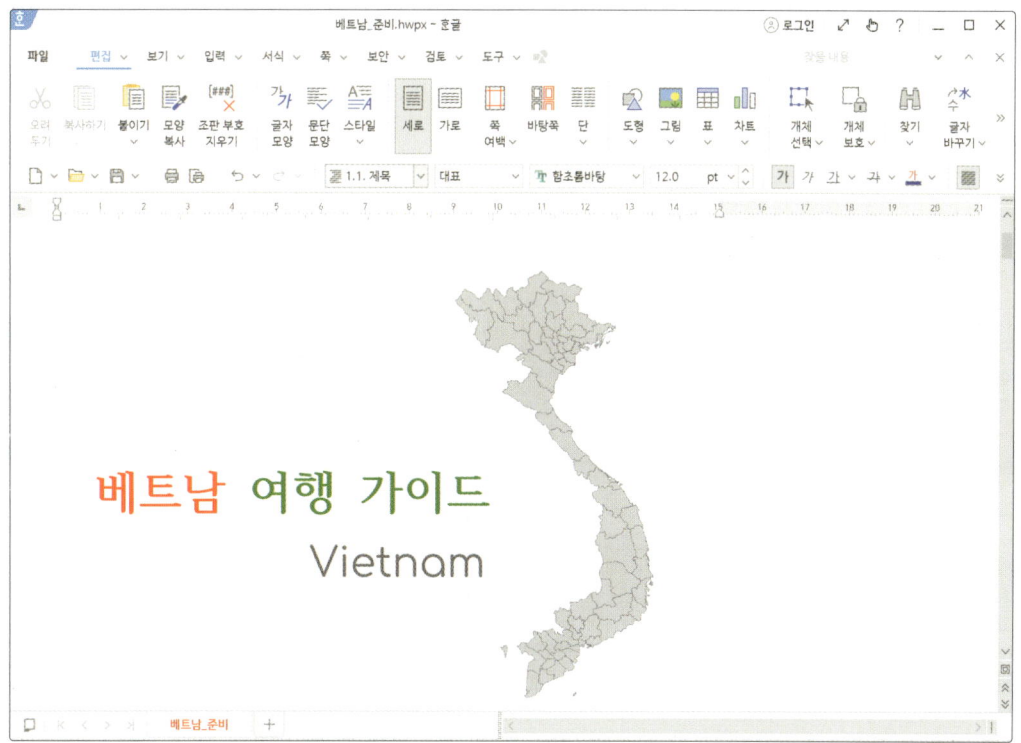

2 본문의 각 제목에 '문단 번호'를 지정하기 위해 3쪽의 첫 번째 제목인 ❶ '베트남' 앞에 마우스 커서를 놓고 ❷ [서식] 탭의 ∨를 눌러 ❸ [문단 번호 적용/해제]를 선택합니다.

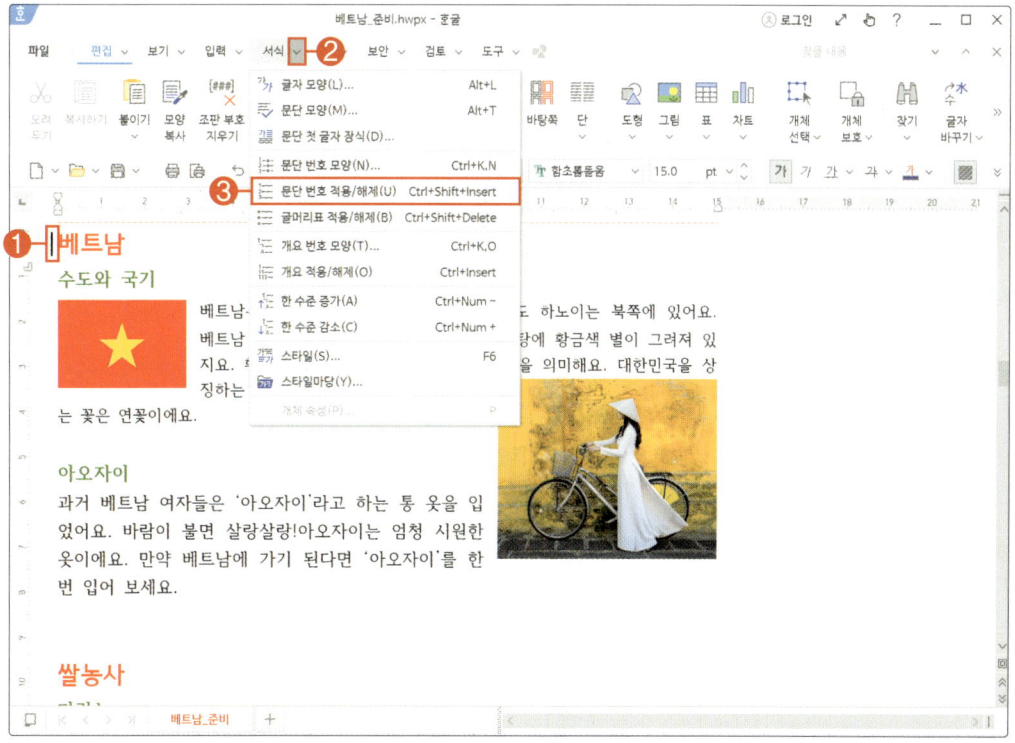

3 '베트남' 제목 앞에 '문단 번호'가 적용되어 '1.'이 생성되었습니다. 지정된 '문단 번호'의 모양을 변경하기 위해서 ❶ [서식] 탭의 ∨를 눌러 ❷ [문단 번호 모양]을 선택합니다.

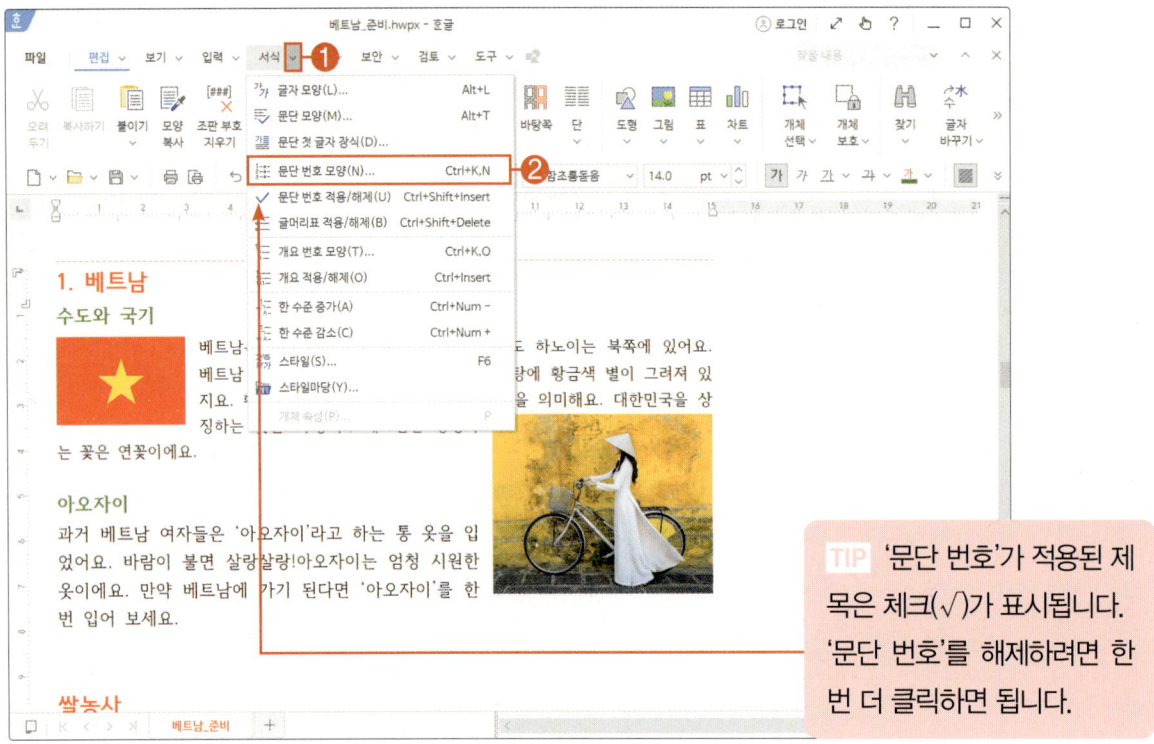

TIP '문단 번호'가 적용된 제목은 체크(√)가 표시됩니다. '문단 번호'를 해제하려면 한 번 더 클릭하면 됩니다.

4 [글머리표 및 문단 번호] 대화 상자가 열리면 ❶ [문단 번호] 탭에서 ❷ 다음과 같이 선택하고 ❸ [설정]을 클릭합니다.

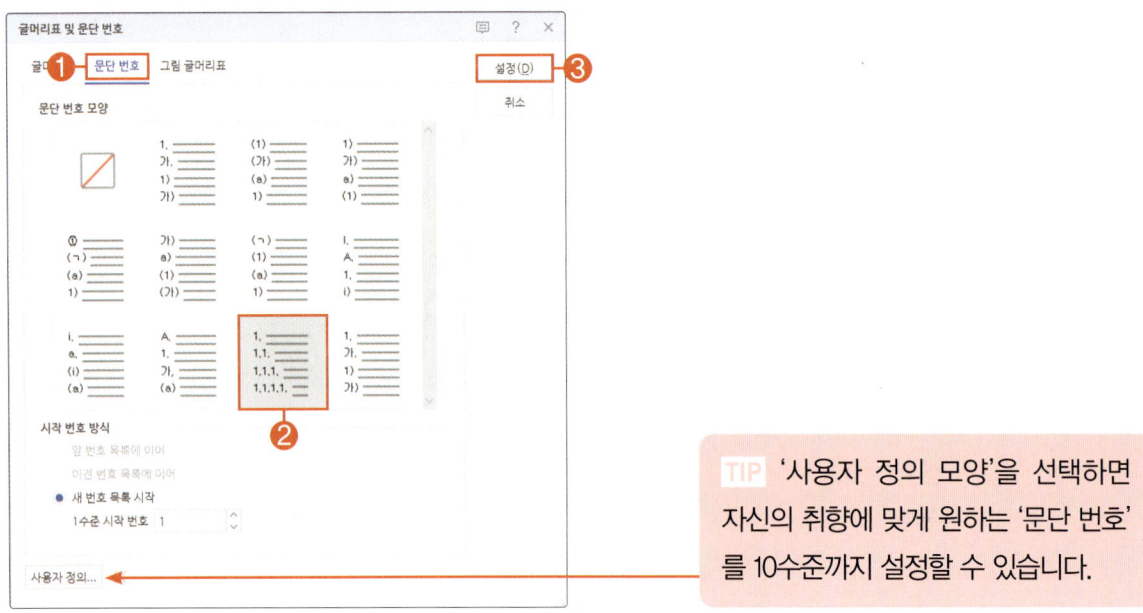

TIP '사용자 정의 모양'을 선택하면 자신의 취향에 맞게 원하는 '문단 번호'를 10수준까지 설정할 수 있습니다.

Section 14 | 문단 번호 적용하고 차례 만들기

5 두 번째 제목인 ❶ '쌀농사' 앞에 마우스 커서를 놓고 ❷ [서식] 탭의 ∨를 눌러 ❸ [문단 번호 적용/해제]를 선택합니다.

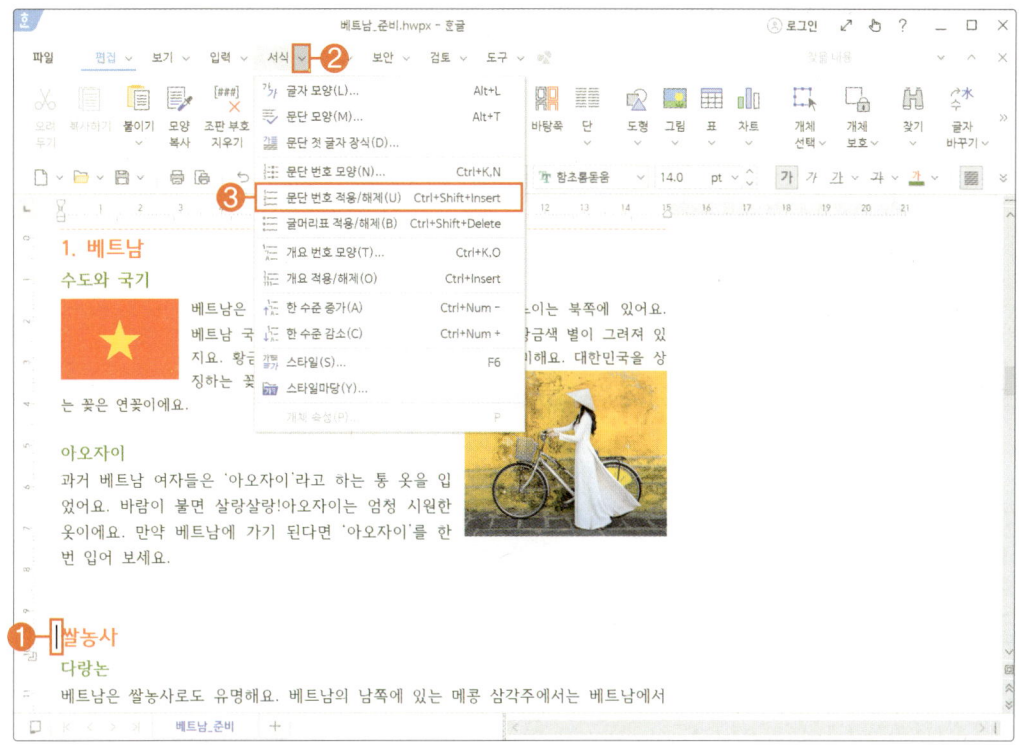

6 '쌀농사' 제목 앞에 '문단 번호'가 적용되어 '2.'이 생성되었습니다. 같은 방법으로 빨간색 제목에 모두 '문단 번호'를 적용합니다.

TIP '문단 번호'를 적용하면 다음과 같이 제목 앞에 차례대로 문단 번호가 생성됩니다.
3. 메콩강
4. 하롱베이
5. 프랑스의 식민지
6. 호이안
7. 용의 의미

Hangul 2022

7 다시 3쪽의 ❶ '수도와 국기' 소제목 앞에 마우스 커서를 놓고 ❷ [서식] 탭의 ∨를 눌러 ❸ [문단 번호 적용/해제]를 선택합니다.

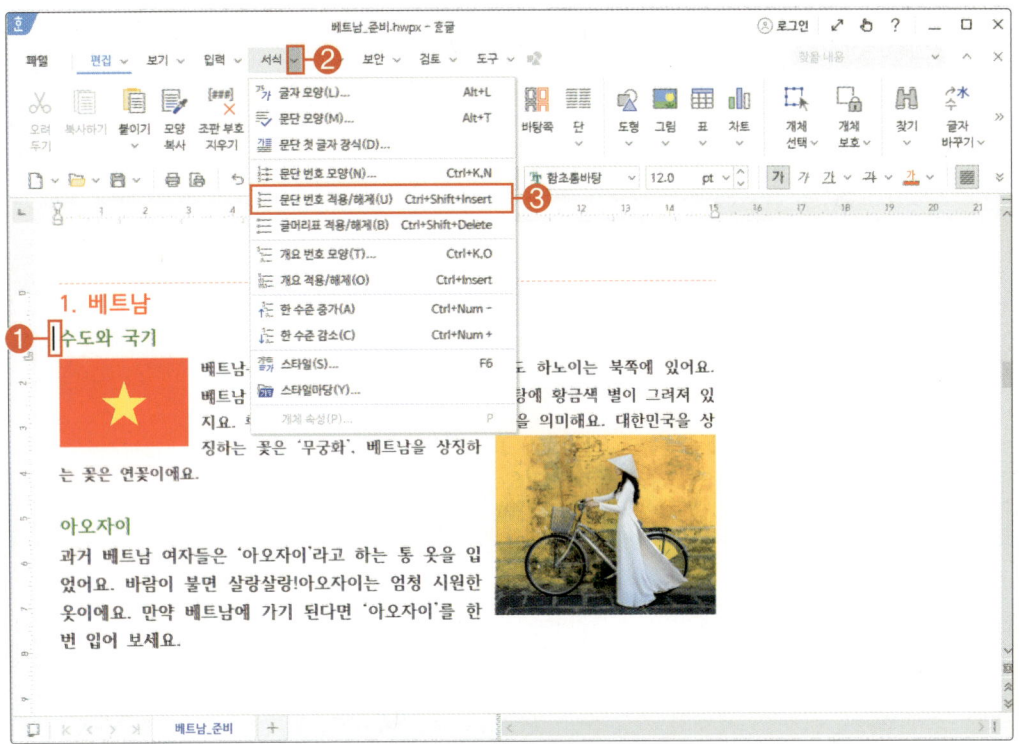

8 이때 '수도와 국가' 앞에 숫자 '2.'가 나타나면 ❶ [서식] 탭의 ∨를 눌러 ❷ [한 수준 감소]를 선택합니다.

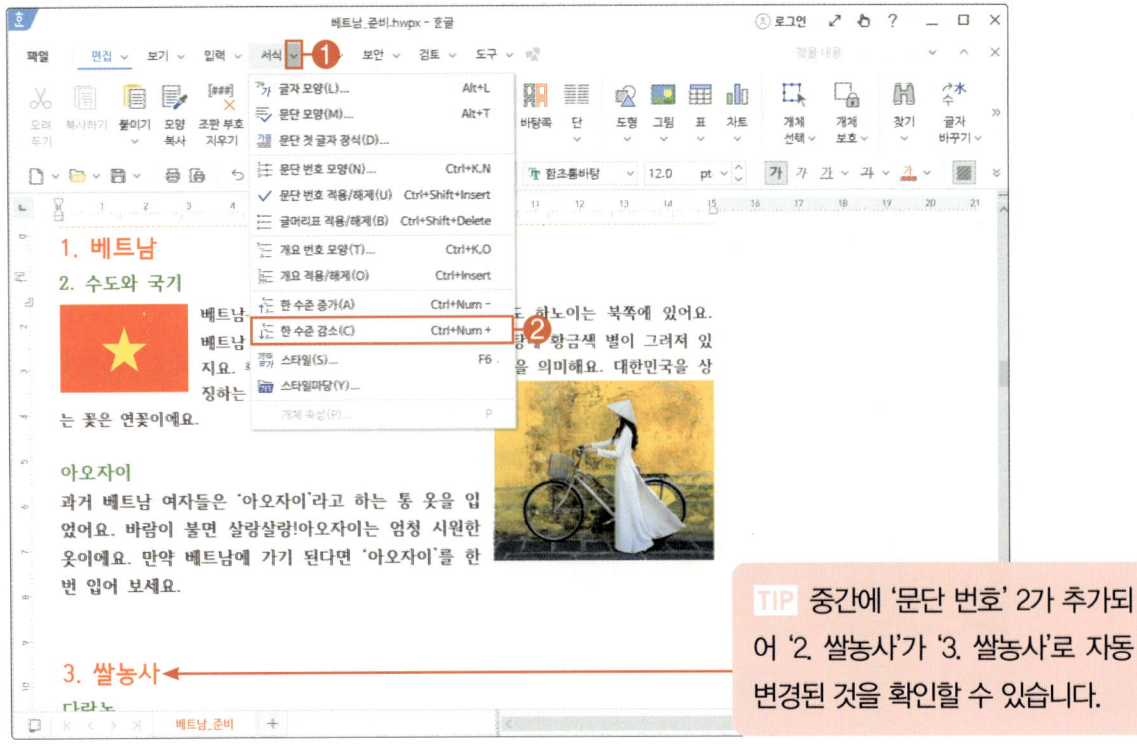

TIP 중간에 '문단 번호' 2가 추가되어 '2. 쌀농사'가 '3. 쌀농사'로 자동 변경된 것을 확인할 수 있습니다.

Section 14 | 문단 번호 적용하고 차례 만들기

9 ❶ '아오자이' 소제목 앞을 클릭하고 다시 ❷ [서식] 탭의 ∨를 눌러 ❸ [문단 번호 적용/해제]를 선택합니다.

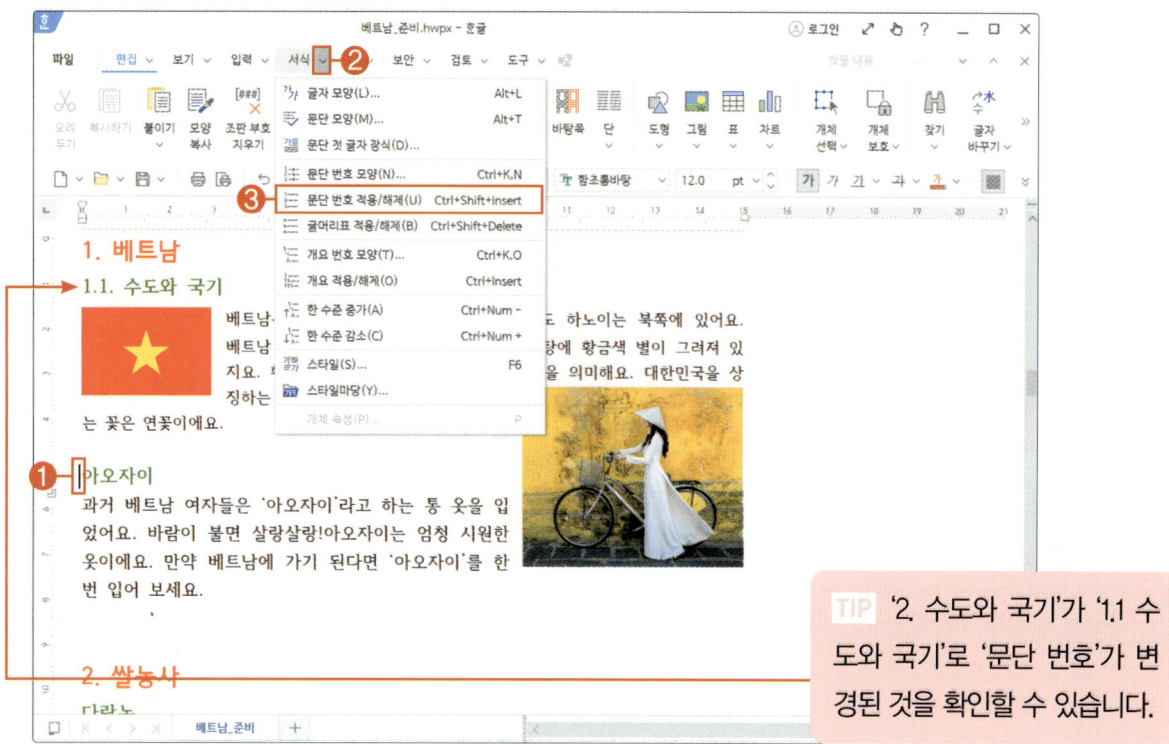

TIP '2. 수도와 국기'가 '1.1 수도와 국기'로 '문단 번호'가 변경된 것을 확인할 수 있습니다.

10 '아오자이' 앞에 숫자 '2.'가 나타나면 다시 ❶ [서식] 탭의 ∨를 눌러 ❷ [한 수준 감소]를 선택합니다. 같은 방법으로 초록색의 소제목에 모두 '문단 번호'를 적용합니다.

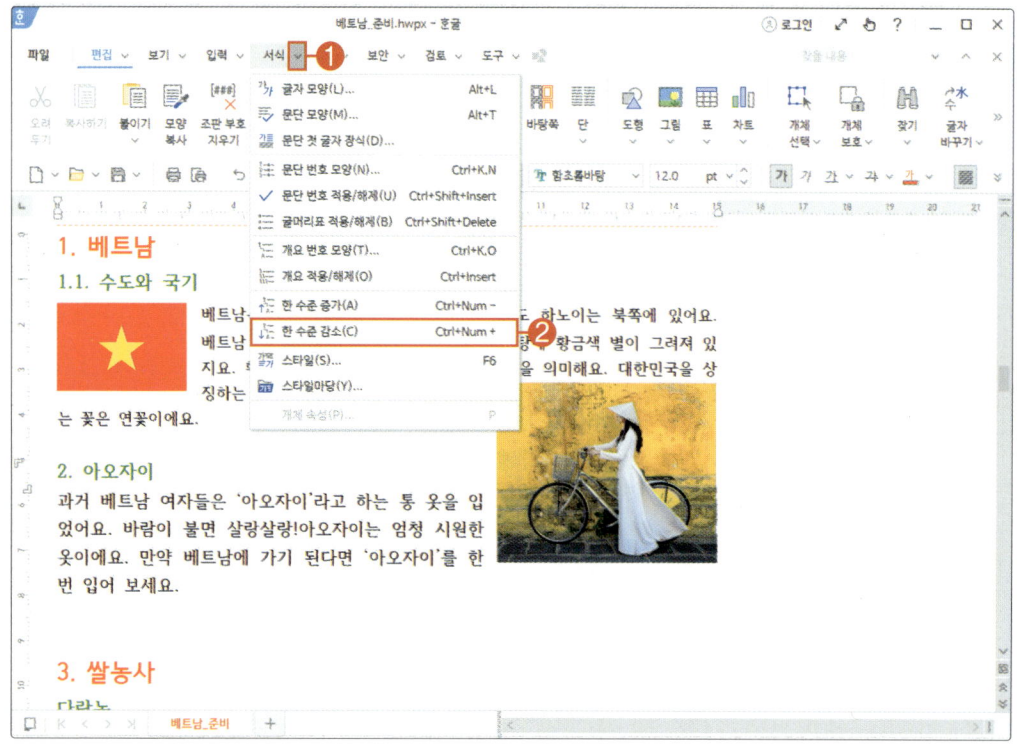

147

실습 2 차례 만들기

1 첫 번째 제목인 ❶ '베트남' 앞에 마우스 커서를 놓고 ❷ [도구] 탭의 ∨를 눌러 ❸ [차례/색인]에서 ❹ [제목 차례 표시]를 선택합니다.

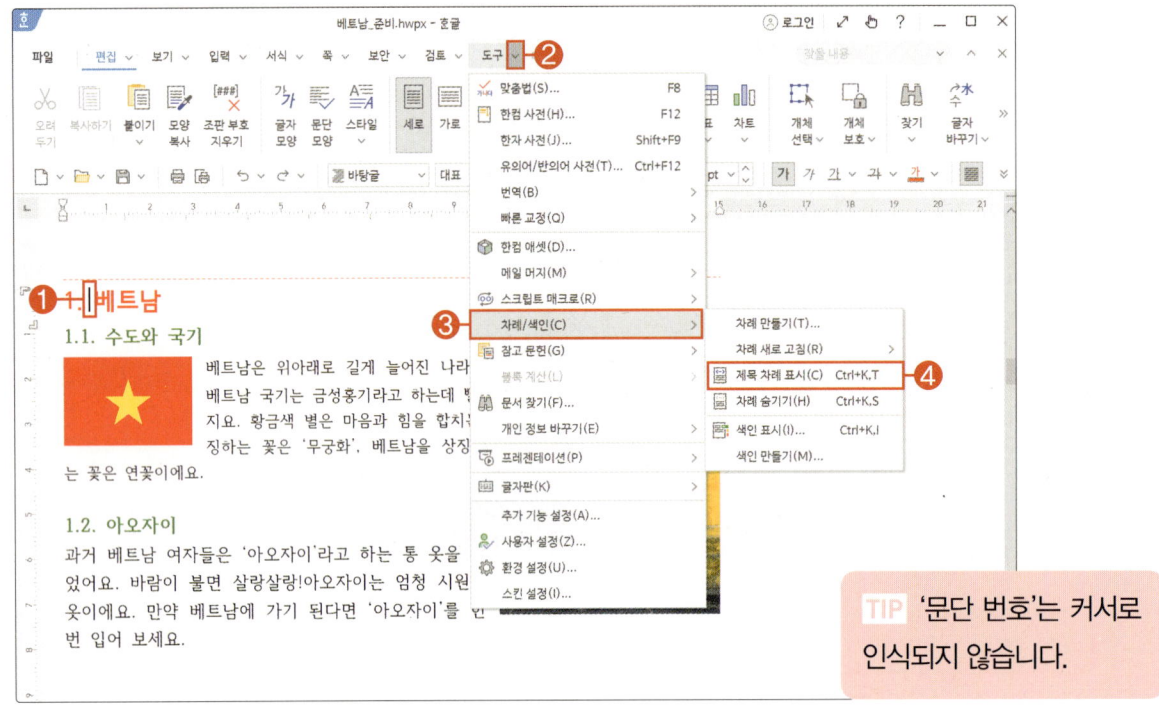

TIP '문단 번호'는 커서로 인식되지 않습니다.

2 다른 제목들도 위와 같은 방법으로 모두 [제목 차례 표시]를 합니다. ❶ [보기] 탭의 ❷ [조판 부호]를 선택하면 ❸ [제목 차례]가 표시된 것을 확인할 수 있습니다. [제목 차례 표시]를 확인한 후 [보기] 탭의 [조판 부호]는 체크를 해제합니다.

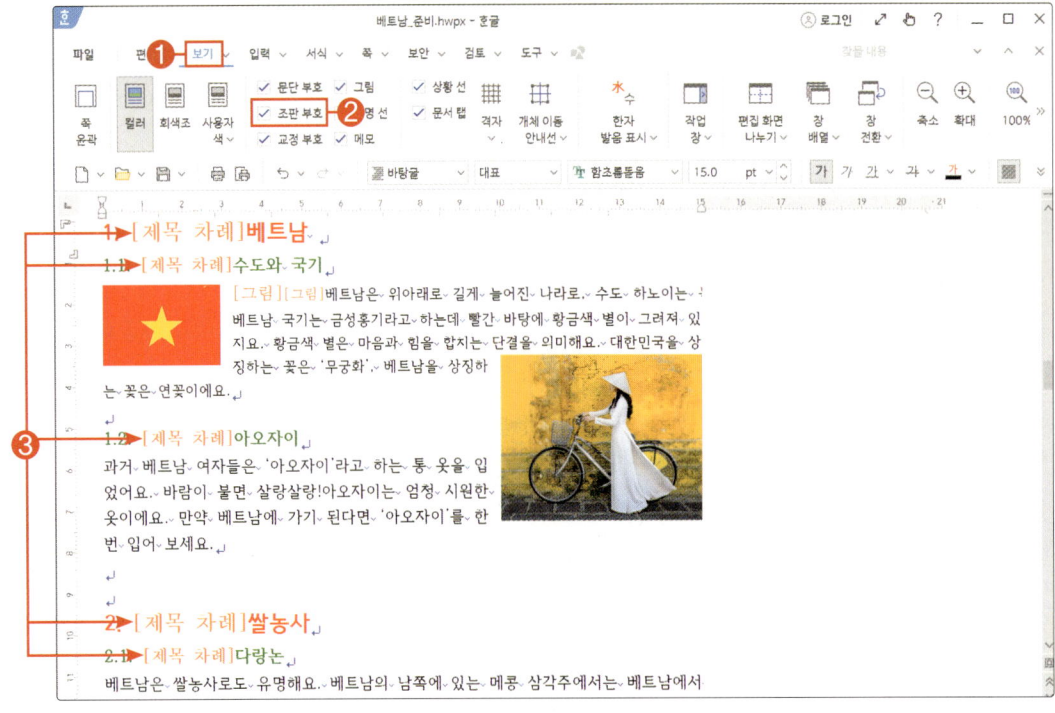

Section 14 | 문단 번호 적용하고 차례 만들기

3 ❶ 차례를 만들 2쪽 상단에 마우스 커서를 놓고 ❷ [도구] 탭의 ∨를 눌러 ❸ [차례/색인]에서 ❹ [차례 만들기]를 선택합니다.

4 [차례 만들기] 대화 상자가 열리면 ❶ '차례 형식'은 '필드로 넣기', ❷ '만들 차례'는 '제목 차례'와 ❸ '차례 코드로 모으기'를 선택합니다. ❹ '탭 모양'은 '오른쪽 탭'과 '채울 모양'은 '점선'을 선택합니다. ❺ '만들 위치'는 '현재 문서의 커서 위치'를 선택한 후 ❻ [만들기]를 클릭합니다.

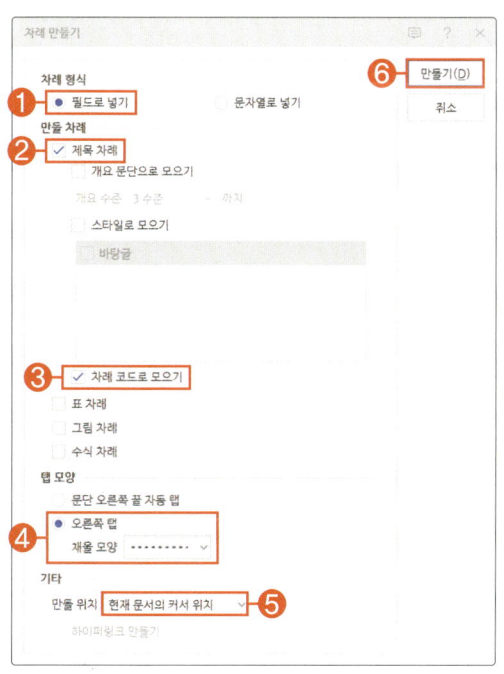

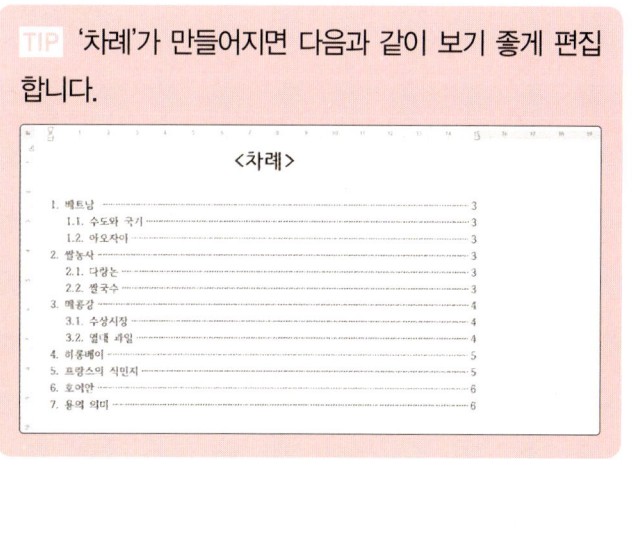

TIP '차례'가 만들어지면 다음과 같이 보기 좋게 편집합니다.

149

문제 풀어보기

1 '척추동물_준비.hwpx' 파일을 열어서 다음과 같이 문서를 만들어 보세요.

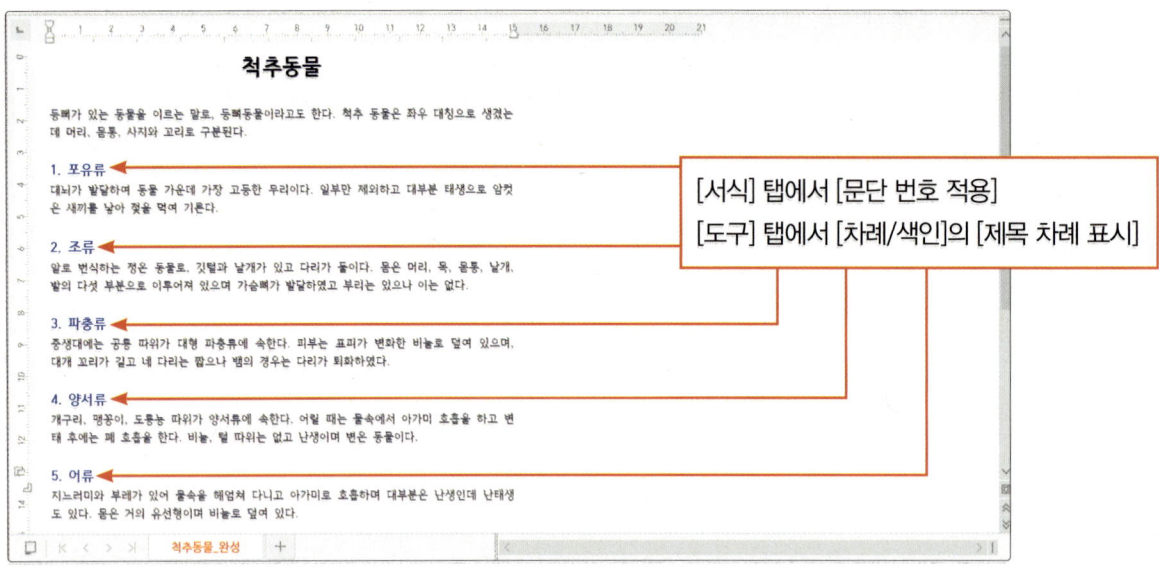

2 1번에서 작성한 문서의 1쪽에 다음과 같이 차례를 만들어 보세요.

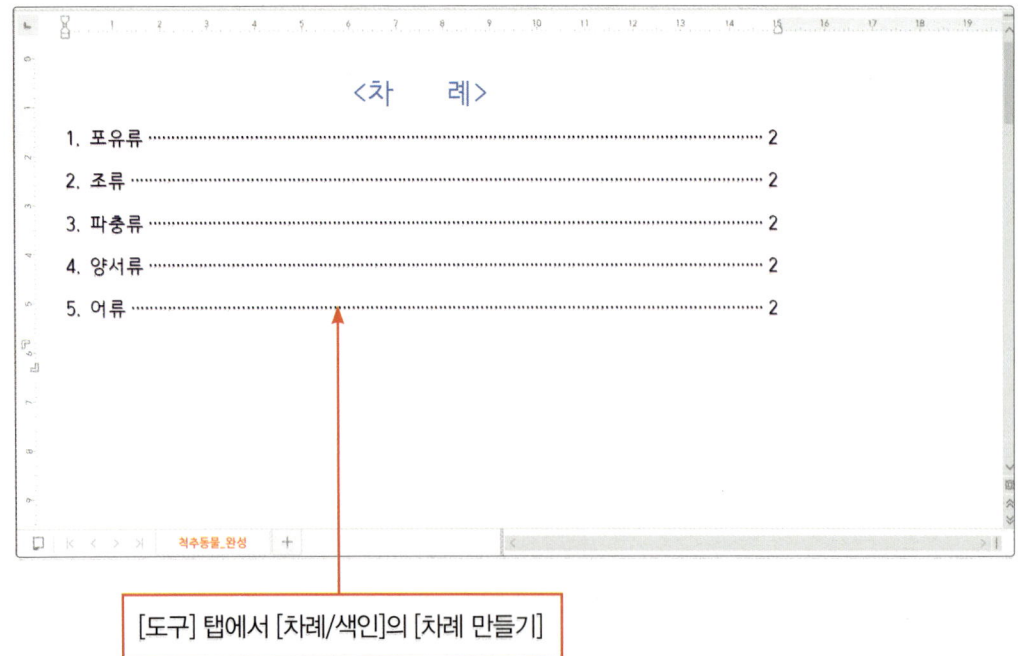

심화 문제 풀어보기

1 '동물의 세계_준비.hwpx'를 열어서 다음과 같이 문서를 만들어 보세요.

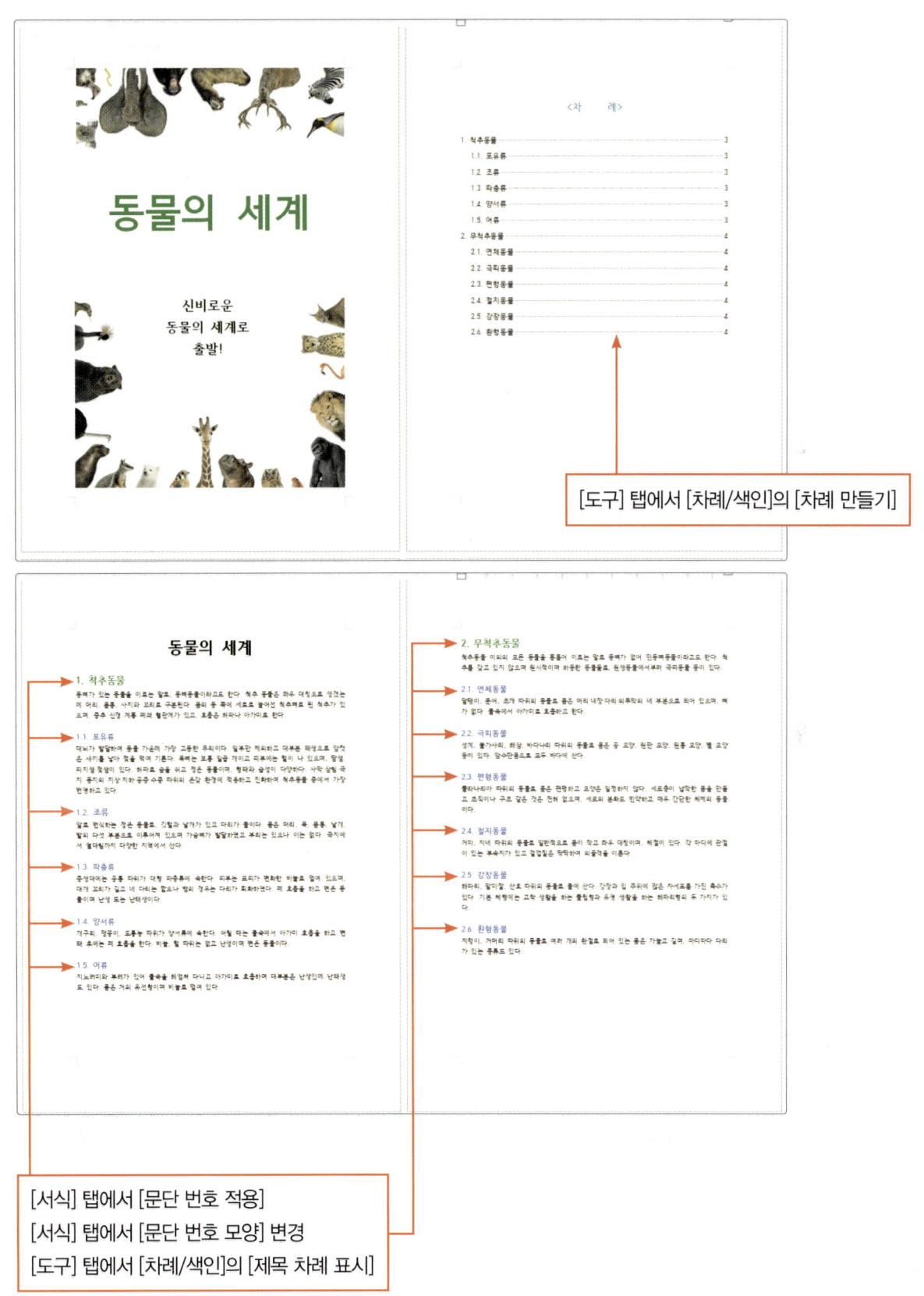

[도구] 탭에서 [차례/색인]의 [차례 만들기]

[서식] 탭에서 [문단 번호 적용]
[서식] 탭에서 [문단 번호 모양] 변경
[도구] 탭에서 [차례/색인]의 [제목 차례 표시]

Hangul 2022

SECTION 15
책갈피 넣기와 하이퍼링크 연결하기

책을 읽을 때 다음에 찾아볼 부분에 책갈피를 꽂아 두면 들춰 보기 편리하듯이 '책갈피' 기능을 활용해서 문서에 책갈피 표시를 해 두면 현재 커서의 위치와 상관없이 표시해 둔 곳으로 바로 이동할 수 있습니다.

책갈피 기능은 '하이퍼링크' 기능과 함께 이용하면 더 유용합니다. 문서의 특정 부분에 하이퍼링크를 설정하여 책갈피와 같이 현재 문서의 특정 위치뿐 아니라 다른 문서·웹 페이지·전자우편 등과도 연결하면 편리하게 이동할 수 있습니다.

MISSION
실습 1 책갈피 넣기
실습 2 하이퍼링크 연결하기

CHECK POINT
포인트 1 책갈피 기능은 문서의 내용이 많을수록 유용해요.

포인트 2 하이퍼링크는 한 번의 클릭으로 해당 내용으로 바로 접속되니 다른 사람이 만든 하이퍼링크를 연결할 때는 불법적인 용도는 아닌지 늘 확인하는 자세가 필요해요.

포인트 3 문서 내에 불필요한 책갈피와 하이퍼링크는 바로바로 삭제하세요.

파일명 멸종 위기 동물_완성.hwpx

실습 1 · 책갈피 넣기

1 '멸종 위기 동물_준비.hwpx' 파일에서 ① '알락꼬리여우원숭이'를 드래그하여 블록으로 설정하고 ② [입력] 탭의 ∨를 눌러 ③ [책갈피]를 클릭합니다. [책갈피] 대화 상자가 열리면 ④ '책갈피 이름'이 '알락꼬리여우원숭이'로 입력되어 있는지 확인하고 ⑤ [넣기]를 클릭합니다.

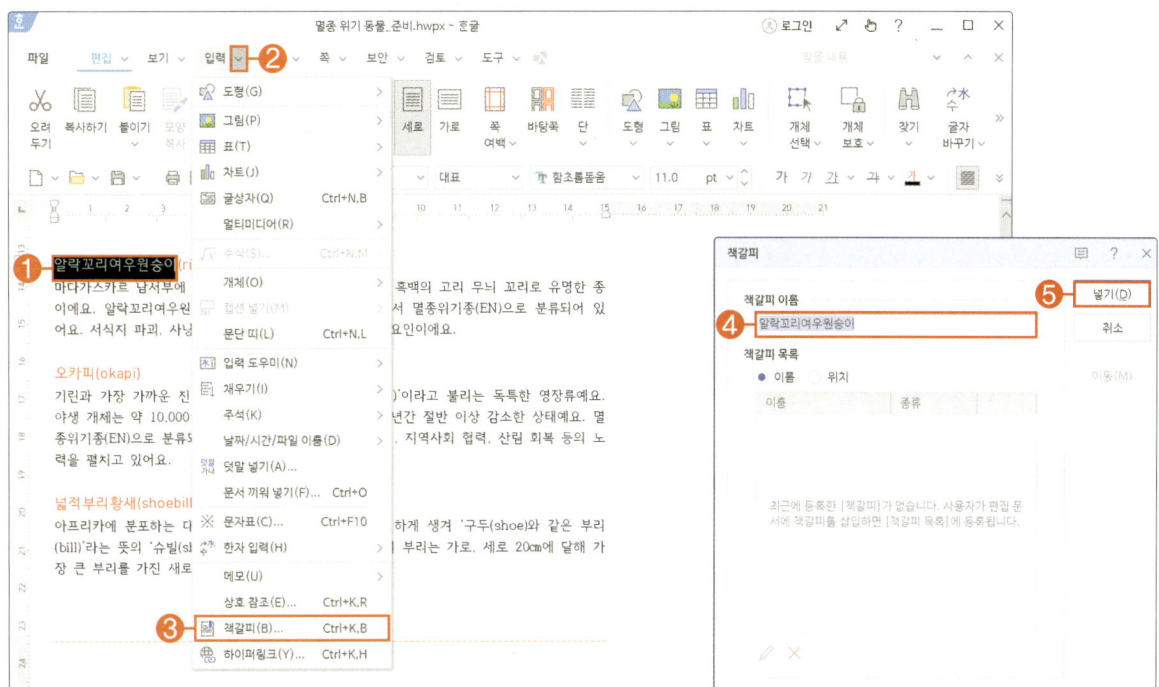

2 [입력] 탭의 [기본 도구 상자]에서도 [책갈피]를 넣을 수 있습니다. ① '오카피'를 드래그하여 블록으로 설정하고 ② [입력] 탭의 ③ [책갈피]를 클릭합니다. [책갈피] 대화 상자가 열리면 ④ '책갈피 이름'이 '오카피'로 입력되어 있는지 확인하고 ⑤ [넣기]를 클릭합니다.

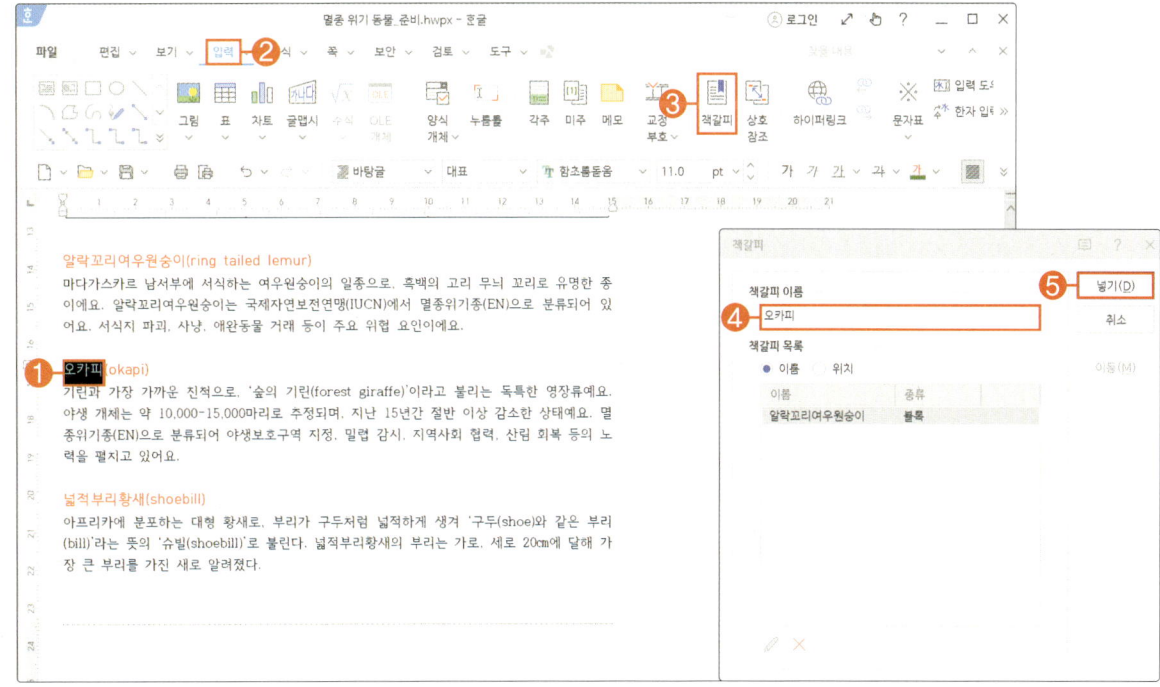

3 단축키를 이용해서 [책갈피]를 넣을 수도 있습니다. ❶ '넓적부리황새'를 드래그하여 블록으로 설정하고 Ctrl + K, B 키를 눌러 [책갈피] 대화 상자가 열리면 ❷ '책갈피 이름'이 '넓적부리황새'로 입력되어 있는지 확인하고 ❸ [넣기]를 클릭합니다.

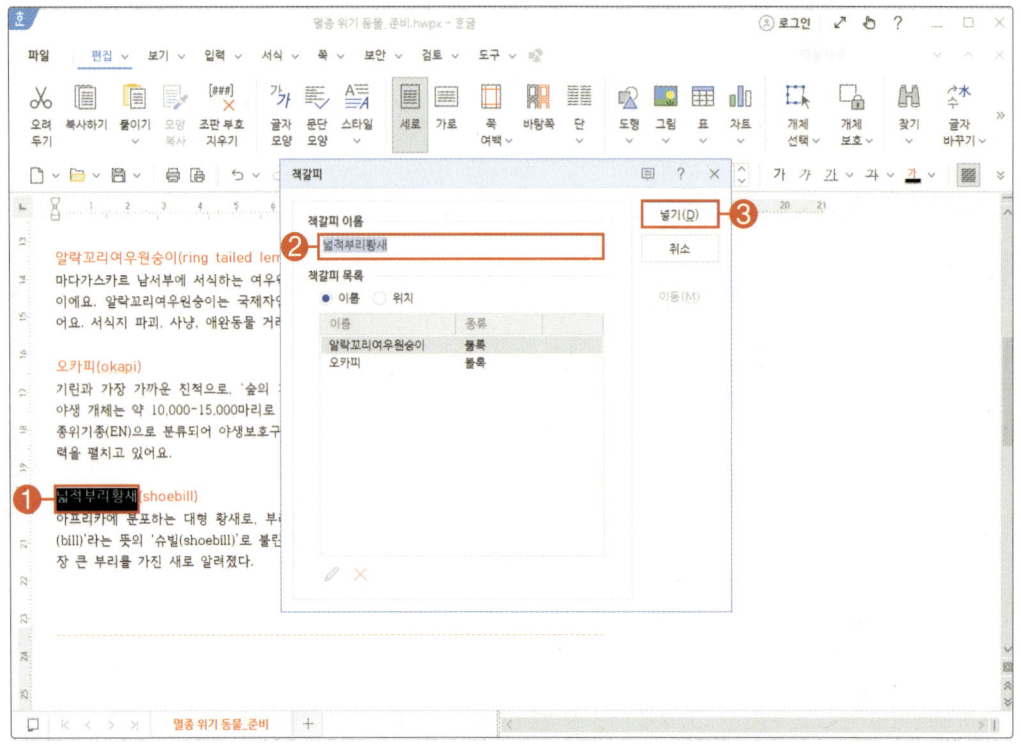

4 책갈피가 제대로 설정되었는지 확인하기 위해 Ctrl + K, B 키를 눌러 [책갈피] 대화 상자를 다시 엽니다. ❶ '책갈피 목록'에서 '오카피'를 선택한 후 ❷ [이동]을 클릭합니다. 책갈피가 제대로 설정되었다면 '오카피'로 이동하는 것을 확인할 수 있습니다.

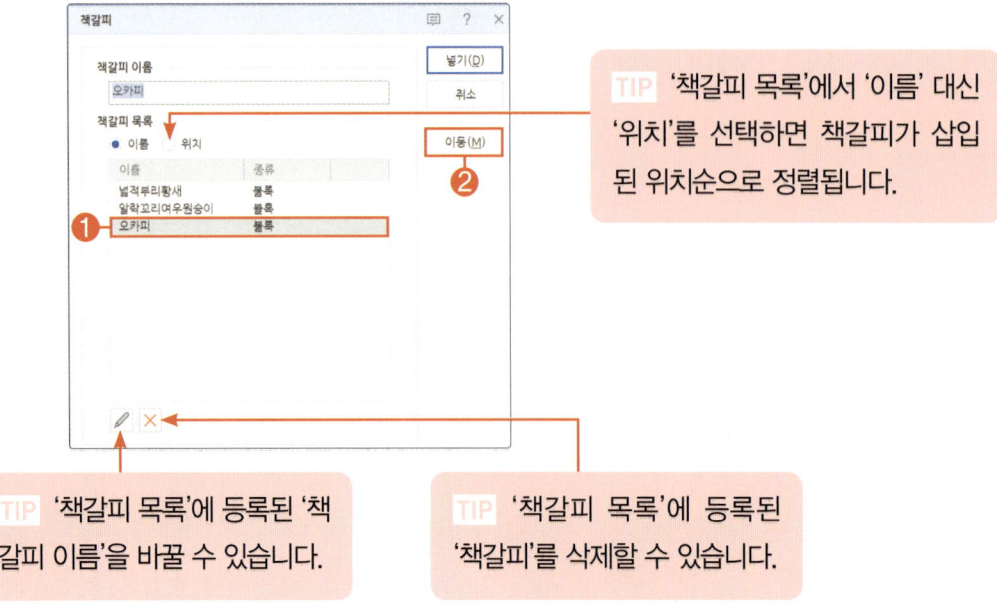

TIP '책갈피 목록'에서 '이름' 대신 '위치'를 선택하면 책갈피가 삽입된 위치순으로 정렬됩니다.

TIP '책갈피 목록'에 등록된 '책갈피 이름'을 바꿀 수 있습니다.

TIP '책갈피 목록'에 등록된 '책갈피'를 삭제할 수 있습니다.

실습 2 하이퍼링크 연결하기

1 하이퍼링크를 연결하기 위해 표에서 ❶ '알락꼬리여우원숭이'를 드래그하여 블록으로 설정하고 ❷ [입력] 탭의 ∨를 눌러 ❸ [하이퍼링크]를 클릭합니다. [하이퍼링크] 대화 상자가 열리면 '연결 대상'에서 ❹ [한글 문서] 탭을 클릭합니다. '현재 문서'의 ❺ 책갈피에서 '알락꼬리여우원숭이'를 선택하고 ❻ [넣기]를 클릭합니다.

2 하이퍼링크가 연결되어 ❶ 표에서 '알락꼬리여우원숭이'를 클릭하면 ❷ 아래 본문의 '알락꼬리여우원숭이'로 이동합니다.

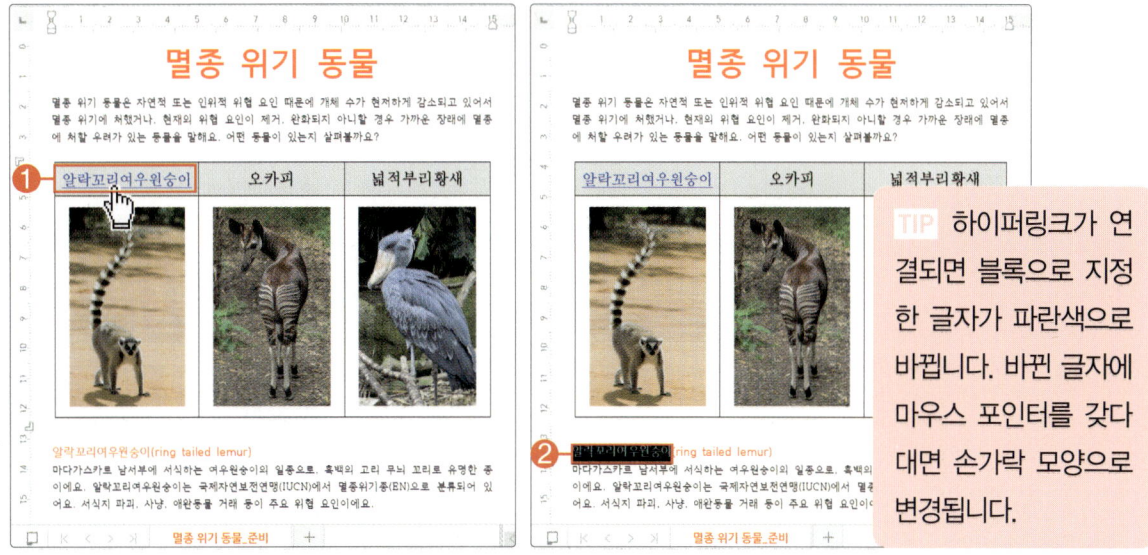

> **TIP** 하이퍼링크가 연결되면 블록으로 지정한 글자가 파란색으로 바뀝니다. 바뀐 글자에 마우스 포인터를 갖다 대면 손가락 모양으로 변경됩니다.

3 [입력] 탭의 [기본 도구 상자]에서 [하이퍼링크]를 연결해도 됩니다. ❶ 표에서 '오카피'를 드래그하여 블록으로 설정하고 ❷ [입력] 탭의 ❸ [하이퍼링크]를 클릭합니다. [하이퍼링크] 대화 상자가 열리면 '연결 대상'에서 ❹ [한글 문서] 탭을 클릭합니다. '현재 문서'의 ❺ 책갈피에서 '오카피'를 선택하고 ❻ [넣기]를 클릭합니다.

4 단축키를 이용해서 [하이퍼링크]를 연결할 수도 있습니다. ❶ 표에서 '넓적부리황새'를 드래그하여 블록으로 설정하고 Ctrl + K , H 키를 누릅니다.

5 [하이퍼링크] 대화 상자가 열리면 '연결 대상'에서 ❶ [한글 문서] 탭을 클릭합니다. '현재 문서'의 ❷ 책갈피에서 '넓적부리황새'를 선택하고 ❸ [넣기]를 클릭합니다.

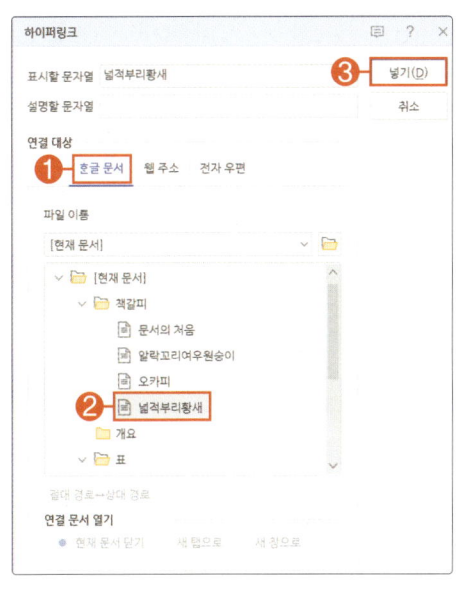

LEARN MORE

'하이퍼링크' 고치기

만약 [하이퍼링크]가 잘못 설정되어 있다면 ❶ 해당 링크 앞에 커서를 놓고 ❷ [입력] 탭의 ❸ [하이퍼링크]를 클릭합니다. [하이퍼링크 고치기] 대화 상자가 열리면 ❹ 잘못된 내용을 수정하고 ❺ [고치기]를 클릭합니다.

 문제 풀어보기

1 '척추동물(책갈피와 하이퍼링크)_준비.hwpx' 파일을 열어서 다음과 같이 책갈피를 넣고 하이퍼링크를 연결해 보세요.

[입력] 탭에서 [하이퍼링크]
[하이퍼링크] 현재 문서에서 '책갈피'에 연결

[입력] 탭에서 [책갈피]

문제 풀어보기

1 '동물의 세계(책갈피와 하이퍼링크)_준비.hwpx'를 열어서 다음과 같이 문서를 만들어 보세요.

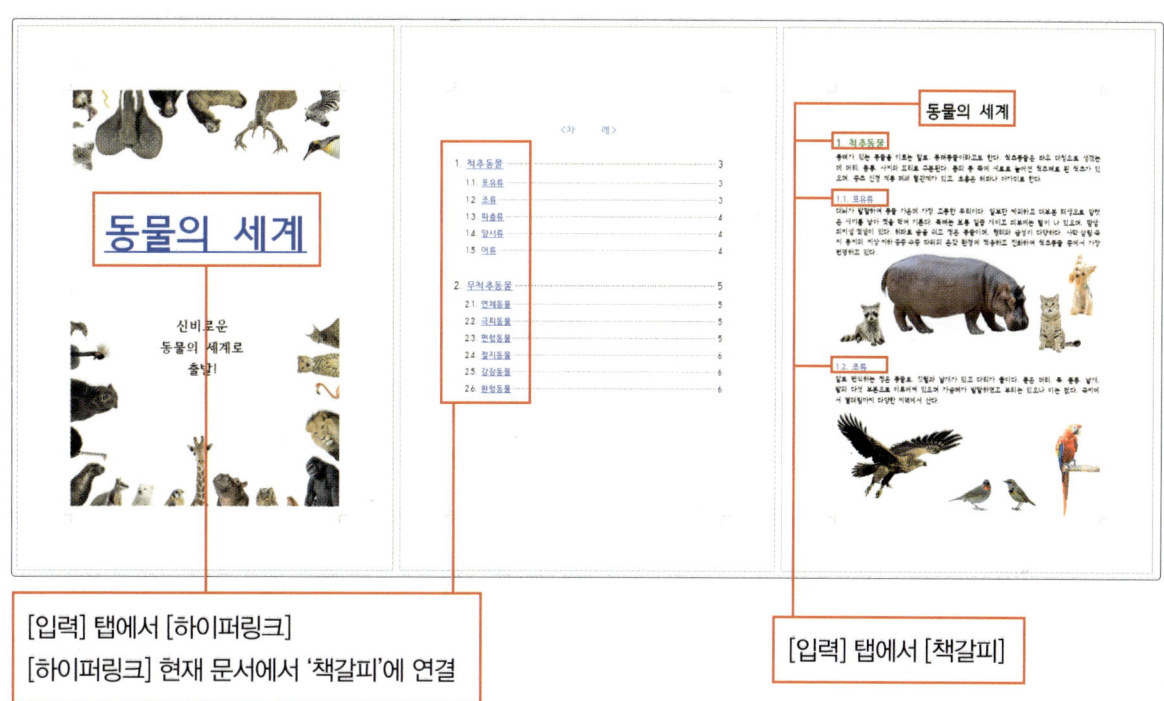

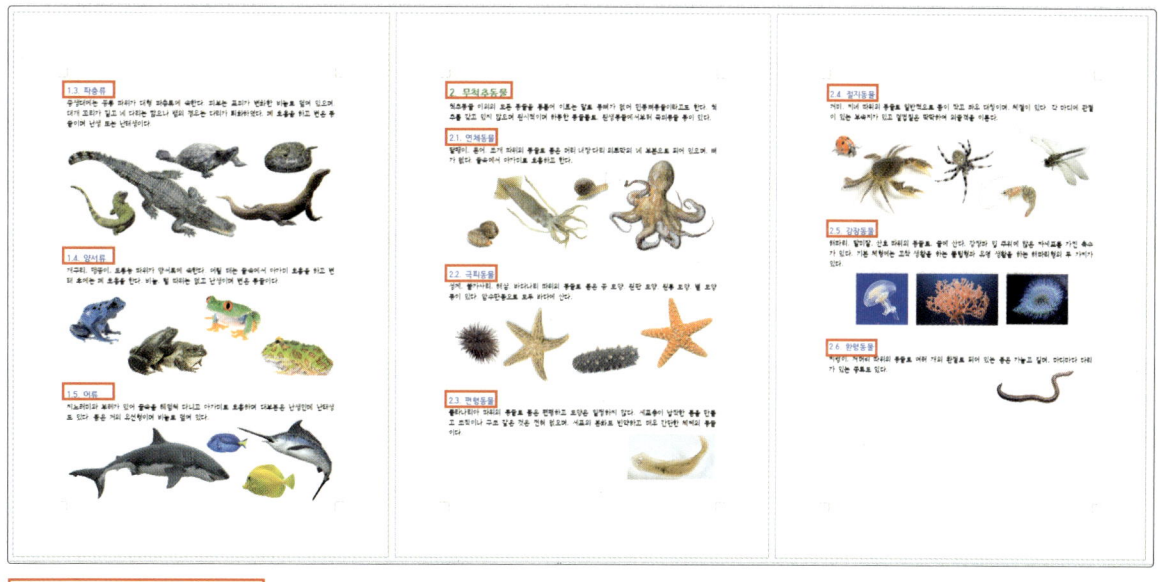

159

Hangul 2022

SECTION 16 메일 머지로 졸업장 만들기

'메일 머지'는 '데이터 파일'과 '서식 파일'을 결합해 이름, 주소 부분 등만 다르고 나머지 내용은 동일하게 여러 장의 문서를 한꺼번에 만드는 기능입니다. 이때 사용되는 데이터 파일은 이름, 주소 등이 들어 있는 파일이고, 서식 파일은 초대장, 졸업장 등의 파일을 말합니다. 졸업장, 상장, 회원별 안내장 등 많은 양의 문서를 만들기 위한 단순 반복 작업을 메일 머지 기능으로 대신하면 편리합니다.

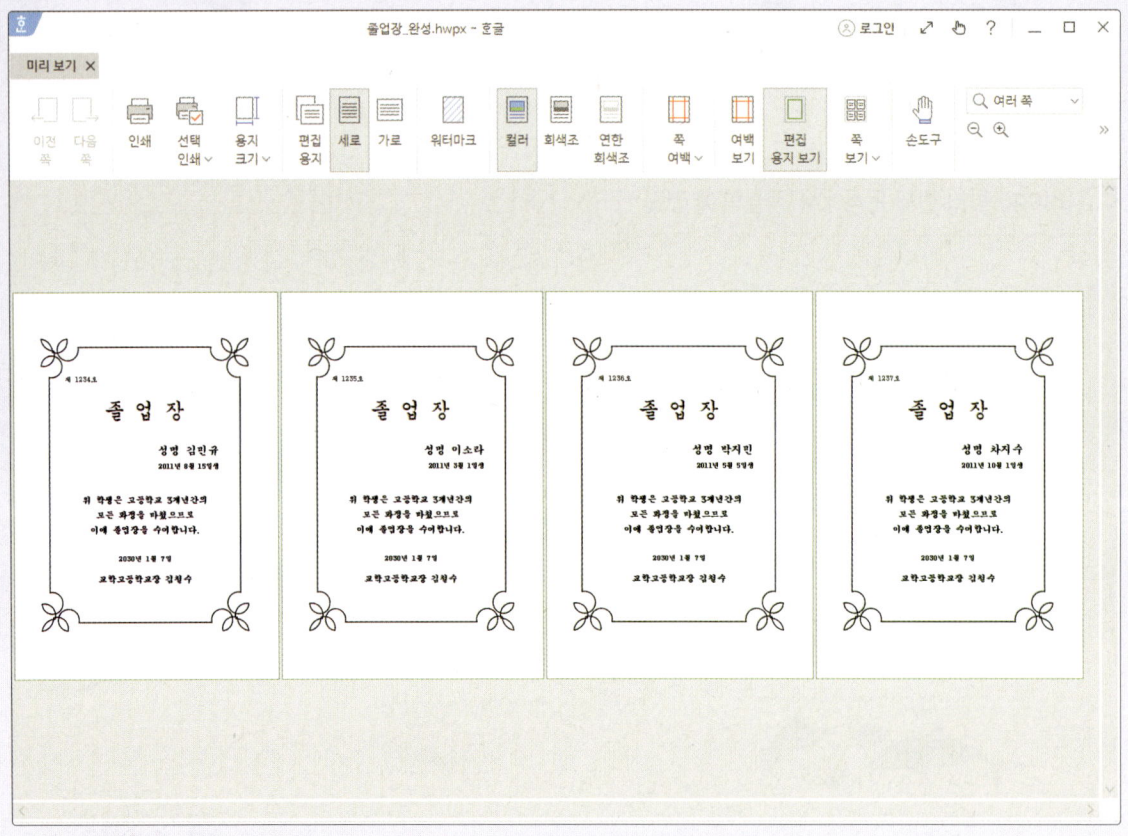

파일명 졸업장_완성.hwpx

MISSION

실습 1 메일 머지 표시 달기
실습 2 메일 머지 명단 만들기
실습 3 메일 머지 만들기

CHECK POINT

포인트 1 메일 머지를 수행하기 위해서는 데이터 파일과 서식 파일이 필요해요.

포인트 2 메일 머지를 만들기 위한 데이터 파일을 만들 때는 필드 수를 제일 첫 줄에 입력하세요.

포인트 3 메일 머지를 만들어 출력하기 전, 화면에서 먼저 확인하는 과정을 거치는 것이 좋아요.

메일 머지 표시 달기

1 '졸업장_준비.hwpx' 파일을 열어서 ❶ '1234'를 드래그하여 블록으로 설정하고 ❷ [도구] 탭의 ∨를 눌러 ❸ [메일 머지]의 ❹ [메일 머지 표시 달기]를 클릭합니다. [메일 머지 표시 달기] 대화 상자가 나타나면 ❺ [필드 만들기] 탭을 클릭하고 필드 번호에 ❻ '1'을 입력한 뒤 ❼ [넣기]를 클릭합니다.

2 ❶ '1234' 자리에 메일 머지 표시가 달렸습니다.

3 ❶ '김민규'를 드래그하여 블록으로 설정하고 ❷ [도구] 탭의 ∨를 눌러 ❸ [메일 머지]의 ❹ [메일 머지 표시 달기]를 클릭합니다. [메일 머지 표시 달기] 대화 상자가 나타나면 ❺ [필드 만들기] 탭을 클릭하고 필드 번호에 ❻ '2'을 입력한 뒤 ❼ [넣기]를 클릭합니다.

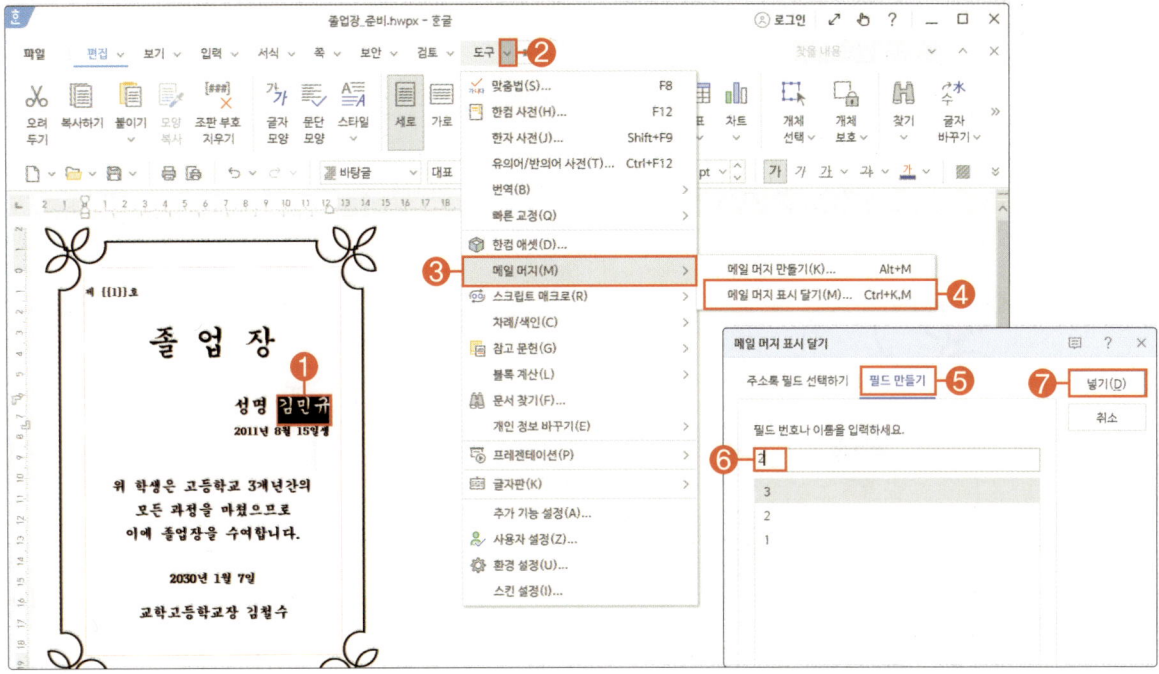

4 ❶ '2011년 8월 15일'을 드래그하여 블록으로 설정하고 ❷ [도구] 탭의 ∨를 눌러 ❸ [메일 머지]의 ❹ [메일 머지 표시 달기]를 클릭합니다. [메일 머지 표시 달기] 대화 상자가 나타나면 ❺ [필드 만들기] 탭을 클릭하고 필드 번호에 ❻ '3'을 입력하고 ❼ [넣기]를 클릭합니다.

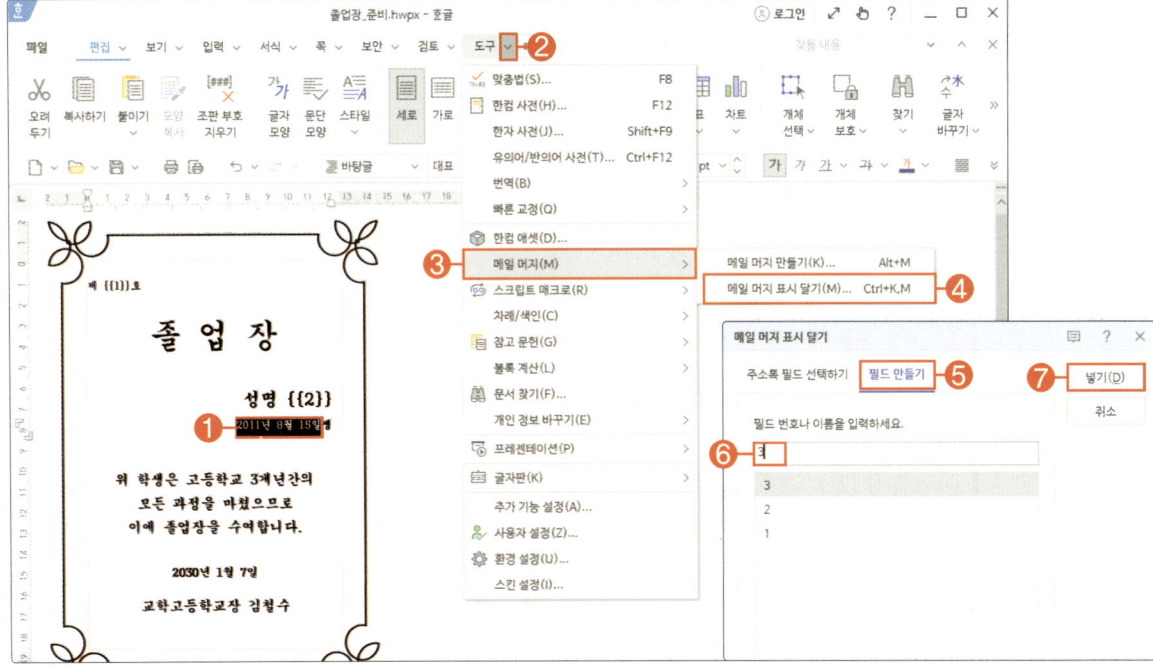

실습 2 메일 머지 명단 만들기

1 [새 문서]를 실행하고 첫 줄에 ❶ 필드 항목 수 '3'을 입력합니다. ❷ 두 번째 줄부터 졸업생 명단을 다음과 같이 입력합니다.

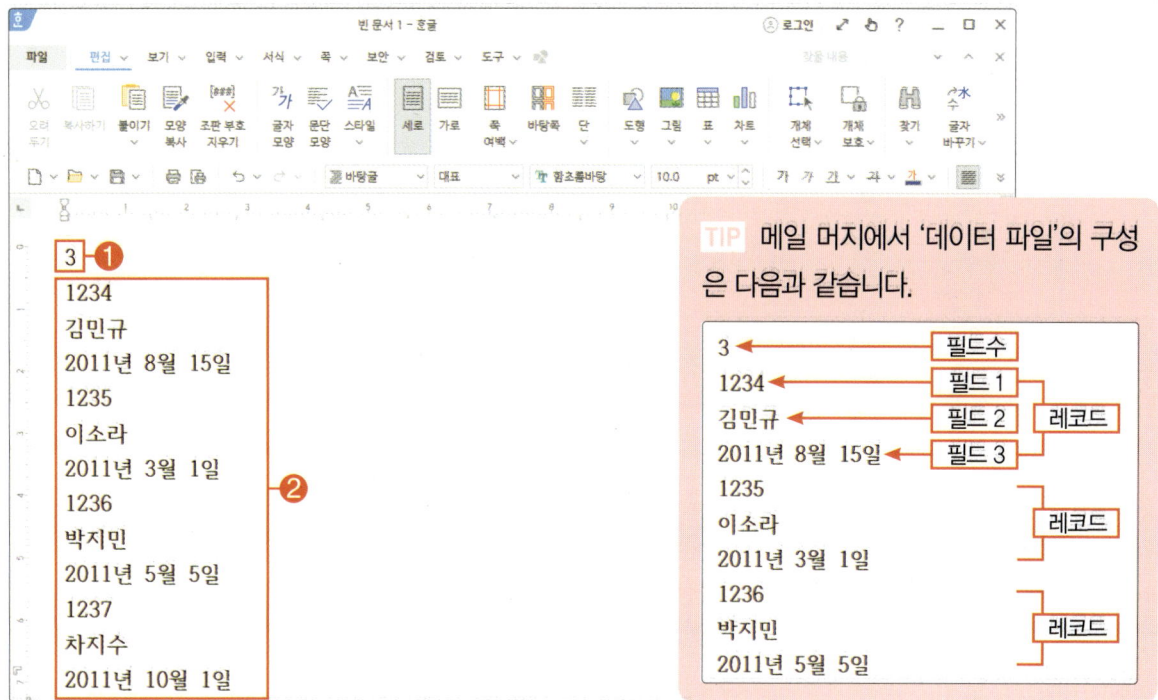

2 입력이 끝나면 ❶ [파일] 탭의 ❷ [다른 이름으로 저장하기]를 클릭합니다. [다른 이름으로 저장하기] 대화 상자가 나타나면 '파일 이름'에 ❸ '졸업생 명단'을 입력하고 ❹ [저장]을 클릭합니다.

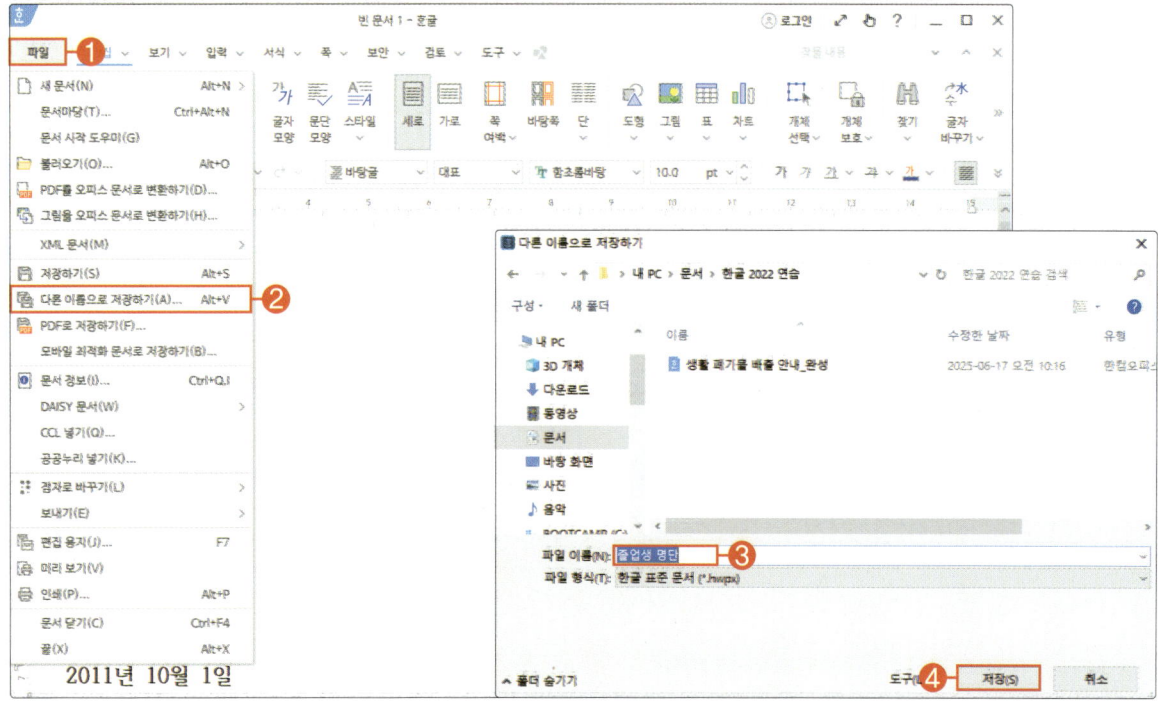

메일 머지 만들기

1 '졸업장_준비.hwpx' 파일로 돌아와 ❶ [도구] 탭의 ∨를 클릭하여 ❷ [메일 머지]의 ❸ [메일 머지 만들기]를 클릭합니다.

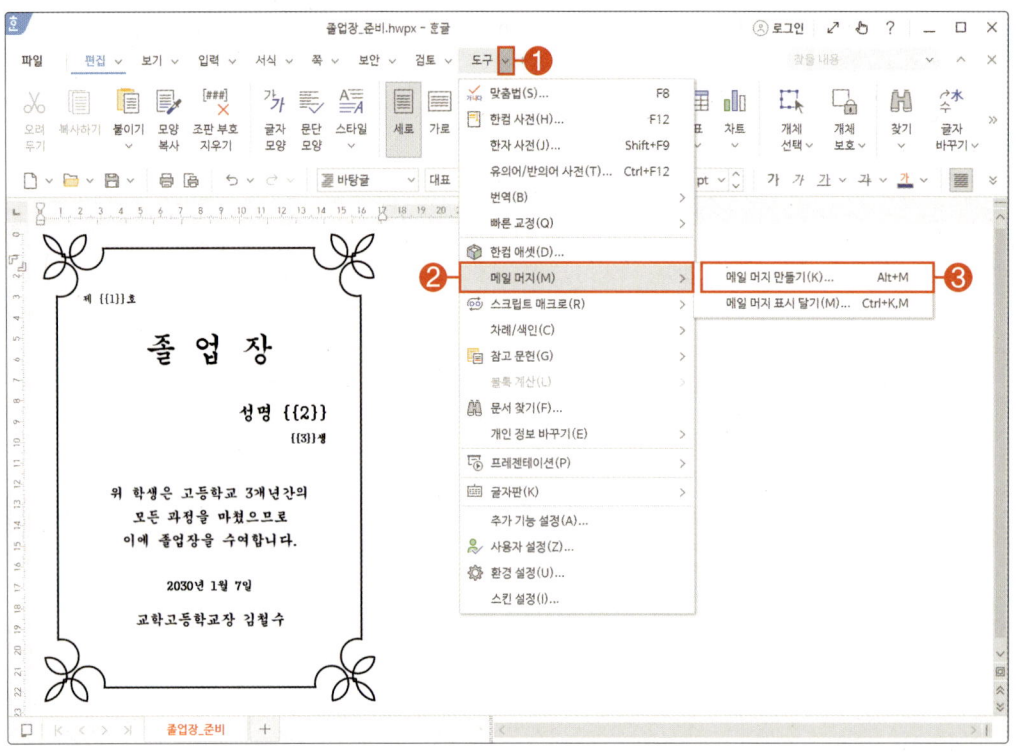

2 [메일 머지 만들기] 대화 상자가 나타나면 자료 종류는 ❶ '한글 파일'을 선택하고 ❷ '파일 선택'을 클릭하여 앞에서 저장해 둔 '졸업생 명단.hwpx' 파일을 선택합니다. 출력 방향은 ❸ '화면'으로 선택하고 ❹ [만들기]를 클릭합니다.

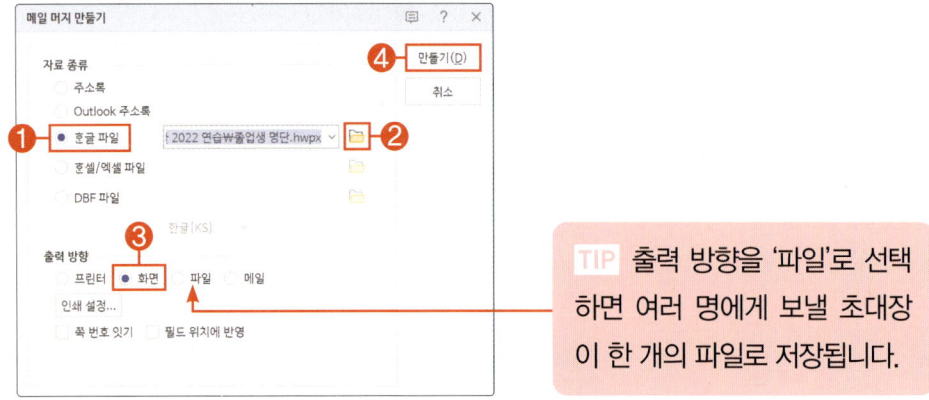

TIP 출력 방향을 '파일'로 선택하면 여러 명에게 보낼 초대장이 한 개의 파일로 저장됩니다.

Section 16 | 메일 머지로 졸업장 만들기

3 미리 보기 창에서 ❶ '쪽 보기'를 클릭하여 ❷ '여러 쪽'에서 >를 선택하고 ❸ 마우스를 드래그하여 1줄×4칸으로 설정합니다.

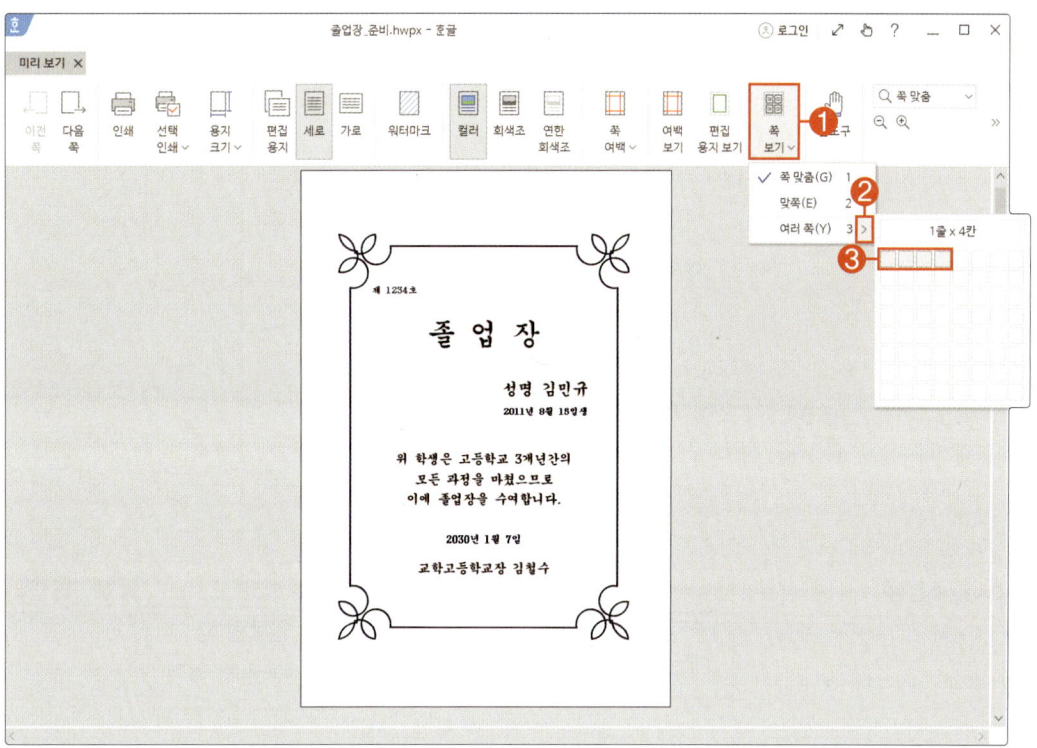

4 4명의 졸업장이 완성되었습니다.

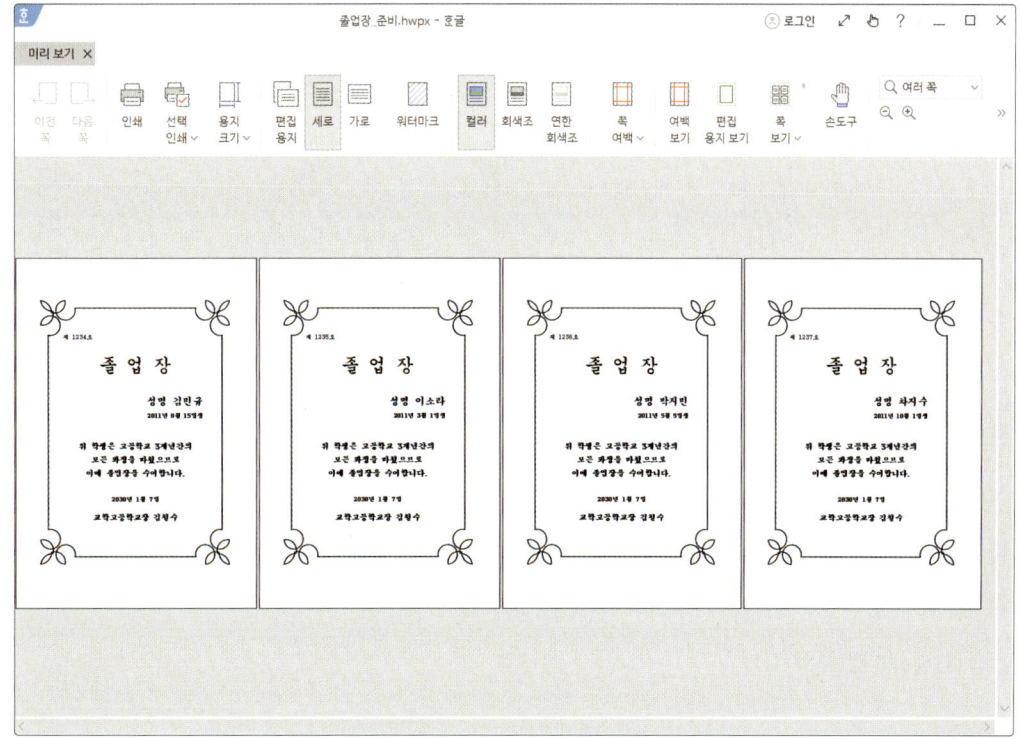

165

기초 문제 풀어보기

1 '초청장_준비.hwpx' 파일을 열어서 다음과 같이 서식 파일과 데이터 파일을 만들어 메일 머지 기능을 활용한 초대장을 만들어 보세요.

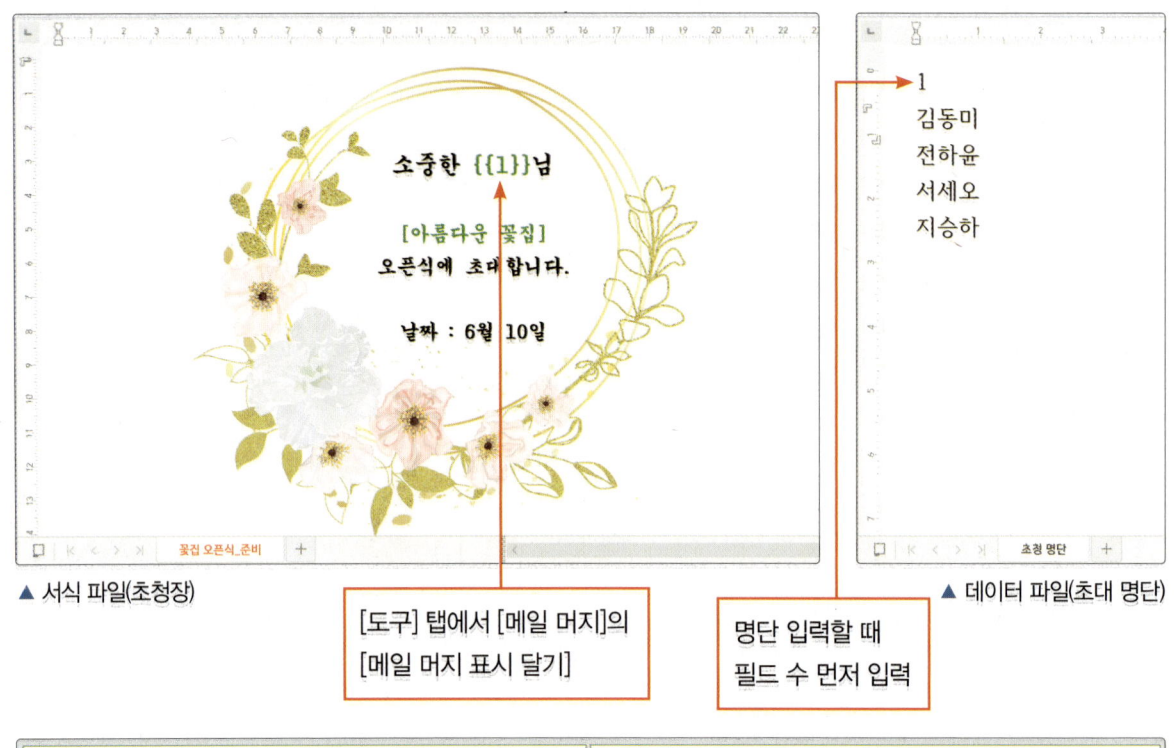

▲ 서식 파일(초청장)   ▲ 데이터 파일(초대 명단)

[도구] 탭에서 [메일 머지]의 [메일 머지 표시 달기]

명단 입력할 때 필드 수 먼저 입력

▲ 메일 머지로 완성한 초청장

심화 문제 풀어보기

1 '봉투_준비.hwpx' 파일을 열어서 다음과 같이 서식 파일과 데이터 파일을 만들어 메일 머지 기능을 활용한 봉투를 만들어 보세요.

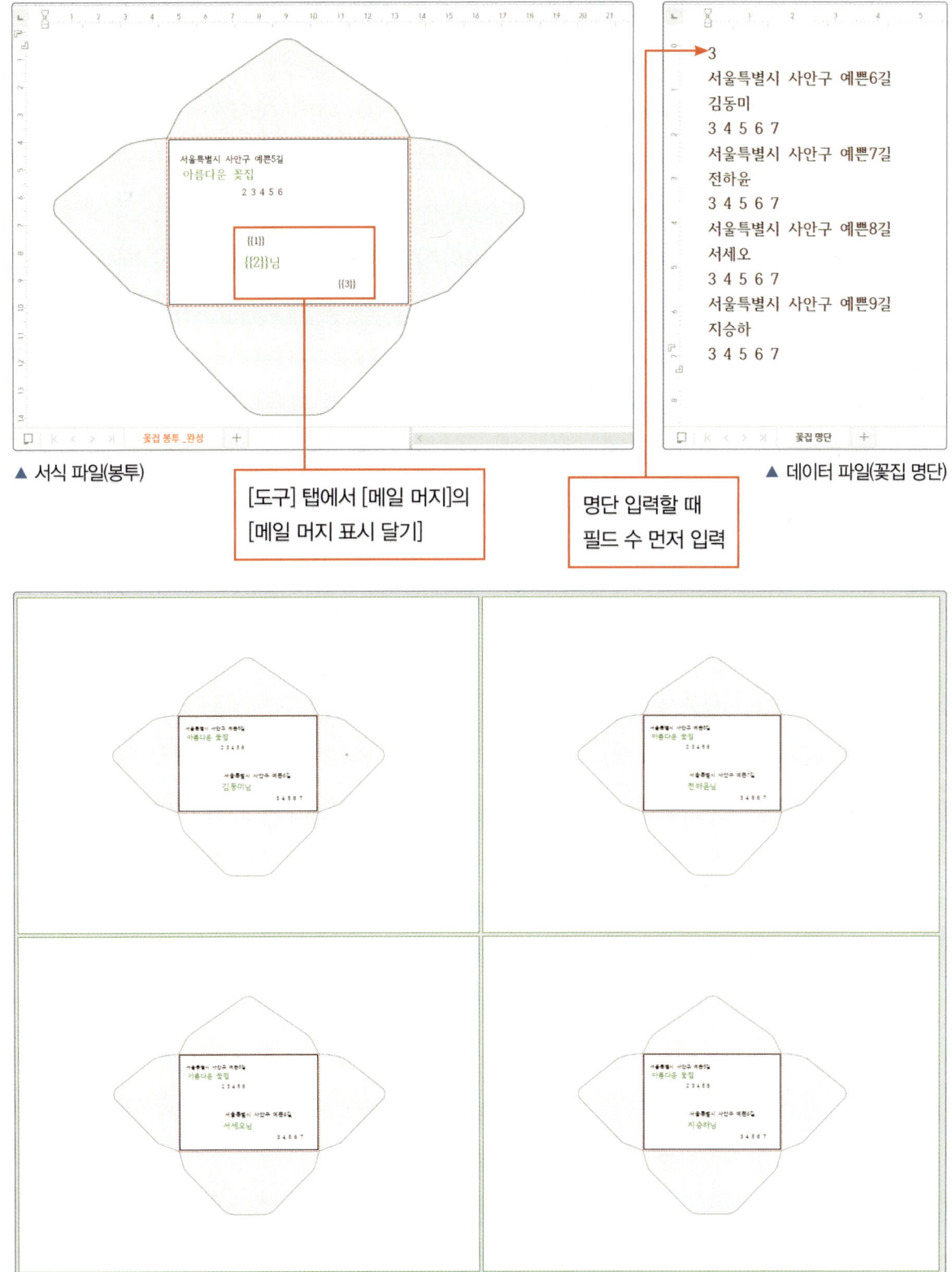

▲ 메일 머지로 완성한 봉투

Hangul 2022

SECTION 17 다단과 구역 설정하기

시험지, 신문, 회보, 찾아보기 등을 만들 때 한 쪽을 여러 개의 '단'으로 나누어 작성하면 문서가 정돈되어 보이고, 보다 많은 내용을 한눈에 볼 수 있습니다.

하나의 문서 안에서도 여러 가지 형태의 문서를 작성할 수 있습니다. 문서를 '구역'으로 나누면 각 구역마다 서로 다른 편집 용지, 바탕쪽, 각주/미주 모양, 쪽 테두리, 개요 모양 등을 사용할 수 있습니다.

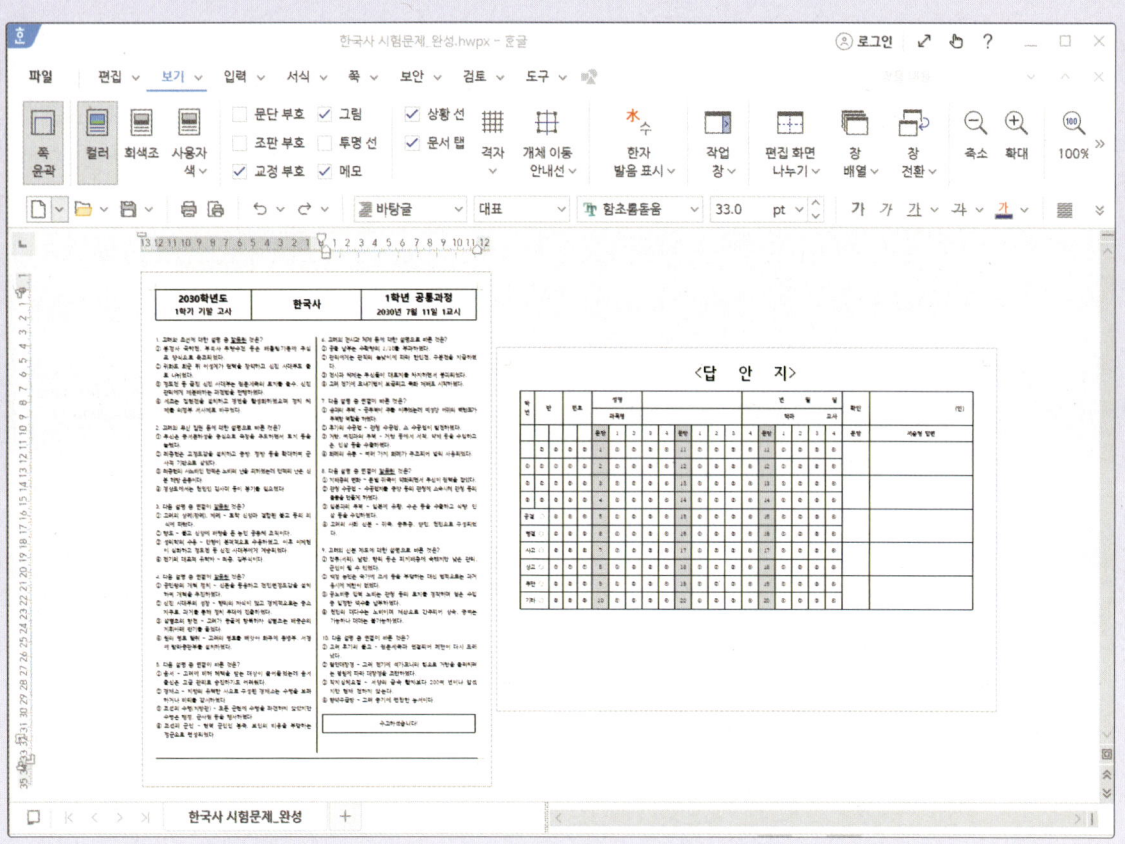

파일명 한국사 시험문제_완성.hwpx

MISSION
실습 1 다단 설정하기
실습 2 구역 설정하기

CHECK POINT
포인트 1 단을 나눌 부분에 정확하게 마우스 커서를 놓고 다단 설정을 해요.
포인트 2 한 문서에서 구역을 달리 설정할 때는 편집 용지 등을 꼼꼼하게 확인하세요.

실습 1 다단 설정하기

1 '한국사 시험문제_준비.hwpx' 파일을 열어서 ❶ 다단을 만들 1번 문제 앞부분에 마우스 커서를 놓고 ❷ [쪽] 탭의 ∨를 눌러 ❸ [단]의 ❹ [다단 설정]을 선택합니다.

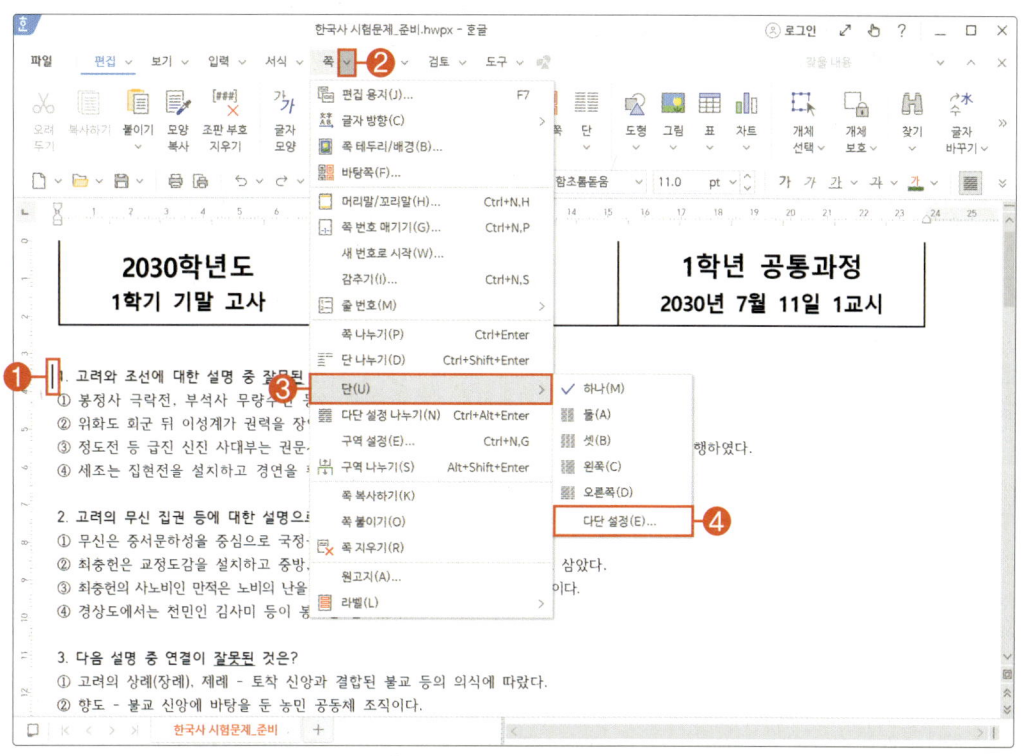

2 [단 설정] 대화 상자가 나타나면 ❶ '단 종류'는 '일반 다단', ❷ '자주 쓰이는 모양'에서 '둘', ❸ '구분선 넣기'에 체크 표시를 하고 ❹ '종류'와 '굵기', '색'은 다음과 같이 지정한 뒤 ❺ [설정]을 클릭합니다.

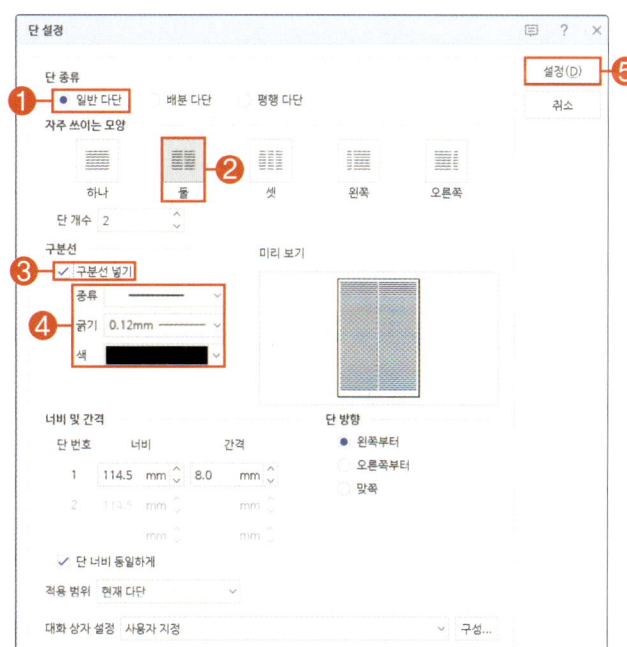

> **TIP** '일반 다단'은 가장 기본적인 다단 편집으로, 한 단씩 내용이 가득 차면 다음 단으로 내용이 넘어갑니다.
> '배분 다단'으로 설정하면 마지막 쪽에서 각 단의 높이가 가능한 같아 보이게 자동으로 조절되며, 잡지 편집에 주로 쓰입니다.
> '평행 다단'으로 설정하면 하나의 단에서 내용이 다 채워지지 않더라도 다음 단으로 이동하여 내용을 입력할 수 있습니다. 사전처럼 제목과 설명이 번갈아 나열되는 형식의 문서에 주로 쓰입니다.

Hangul 2022

3 두 개의 단으로 문서가 편집되었습니다.

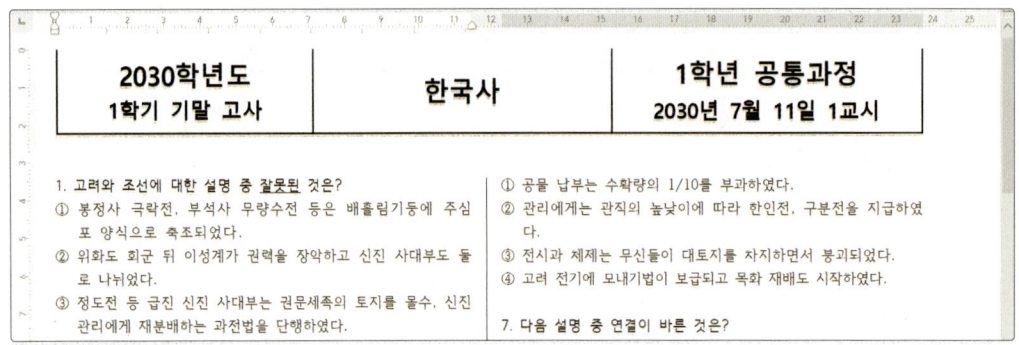

4 첫 페이지 하단을 살펴보면 6번 문제가 양쪽 단에 걸쳐 수록된 것을 확인할 수 있습니다.
❶ 6번 문제 앞에 마우스 커서를 놓고 ❷ [쪽] 탭의 ∨를 눌러 ❸ [단 나누기]를 선택합니다.

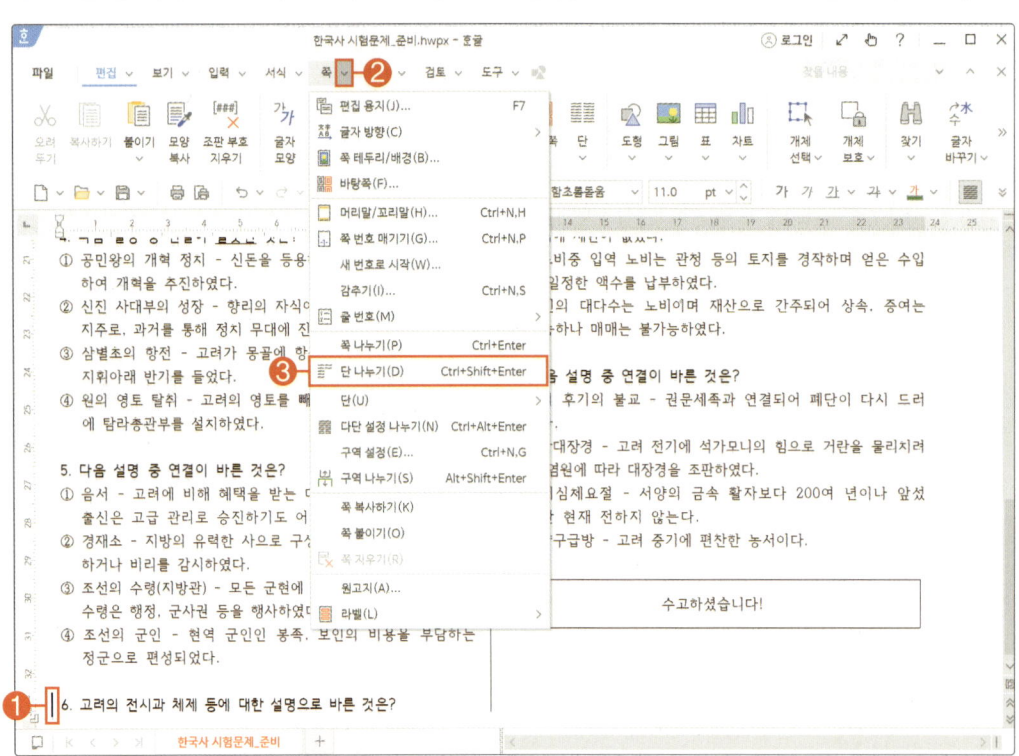

5 ❶ 6번 문제가 다음 단으로 이동된 것을 확인할 수 있습니다.

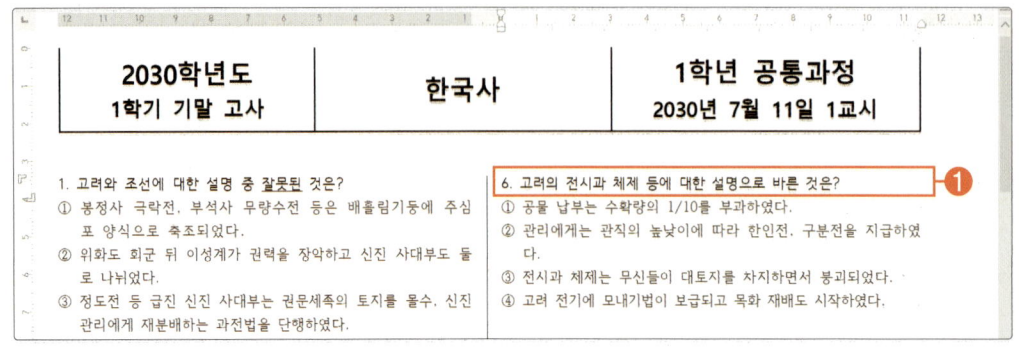

구역 설정하기

1 시험문제 2쪽에는 가로 형태의 답안지가 있습니다. ❶ 2쪽의 첫 줄에 마우스 커서를 놓고 ❷ [쪽] 탭의 ∨를 눌러 ❸ [구역 나누기]를 선택합니다.

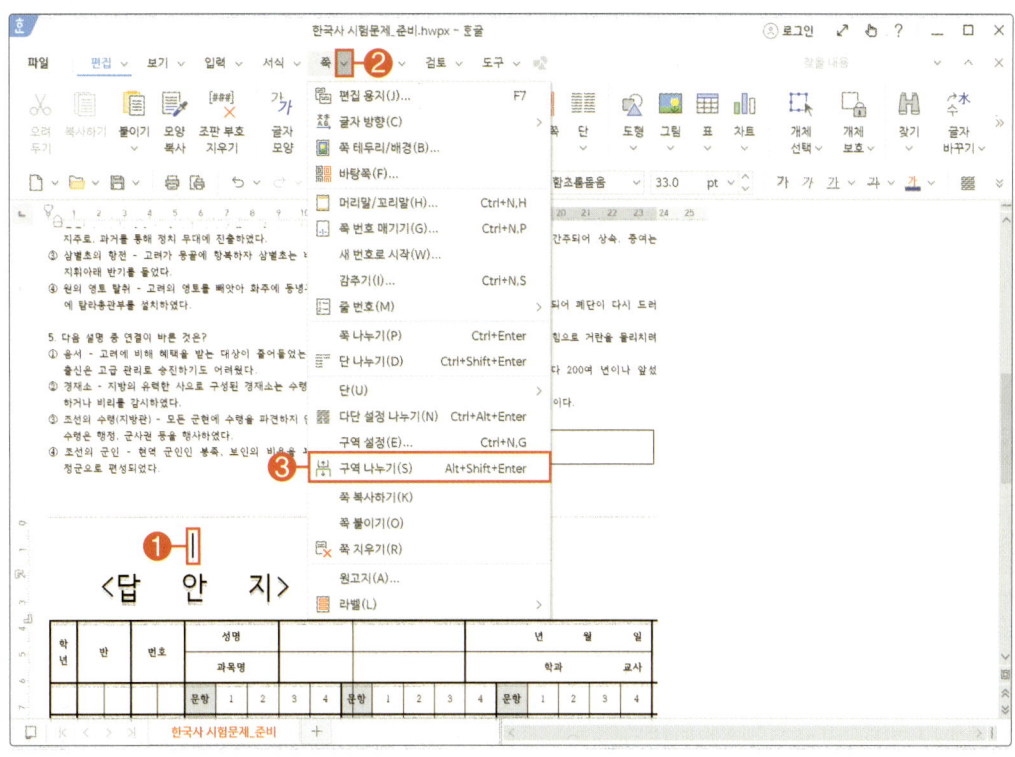

2 검은 점선이었던 쪽 분리선이 빨간 실선으로 변경되었습니다. ❶ 2쪽의 첫 줄에 마우스 커서를 놓고 ❷ [쪽] 탭의 ∨를 눌러 ❸ [편집 용지]를 선택합니다.

TIP [편집 용지] 단축키 F7

3 [편집 용지] 대화 상자가 열리면 ❶ [기본] 탭에서 ❷ '용지 방향'을 '가로'로 선택하고 ❸ [설정]을 클릭합니다.

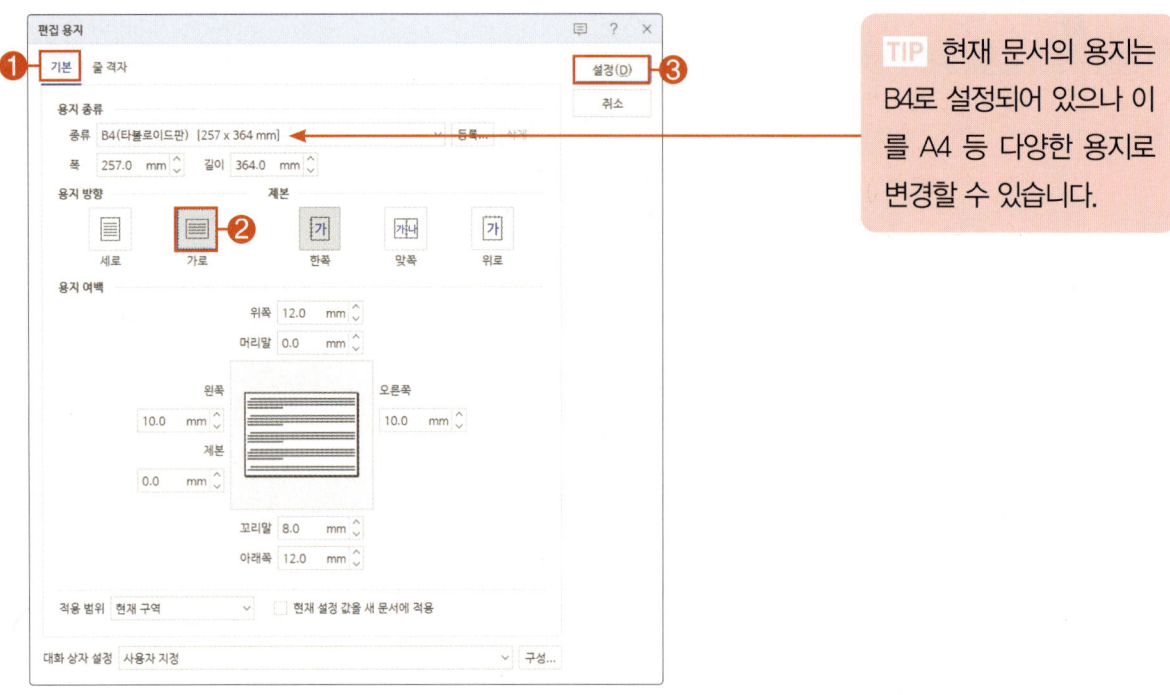

TIP 현재 문서의 용지는 B4로 설정되어 있으나 이를 A4 등 다양한 용지로 변경할 수 있습니다.

4 문서의 2쪽만 가로형으로 변경된 것을 확인할 수 있습니다.

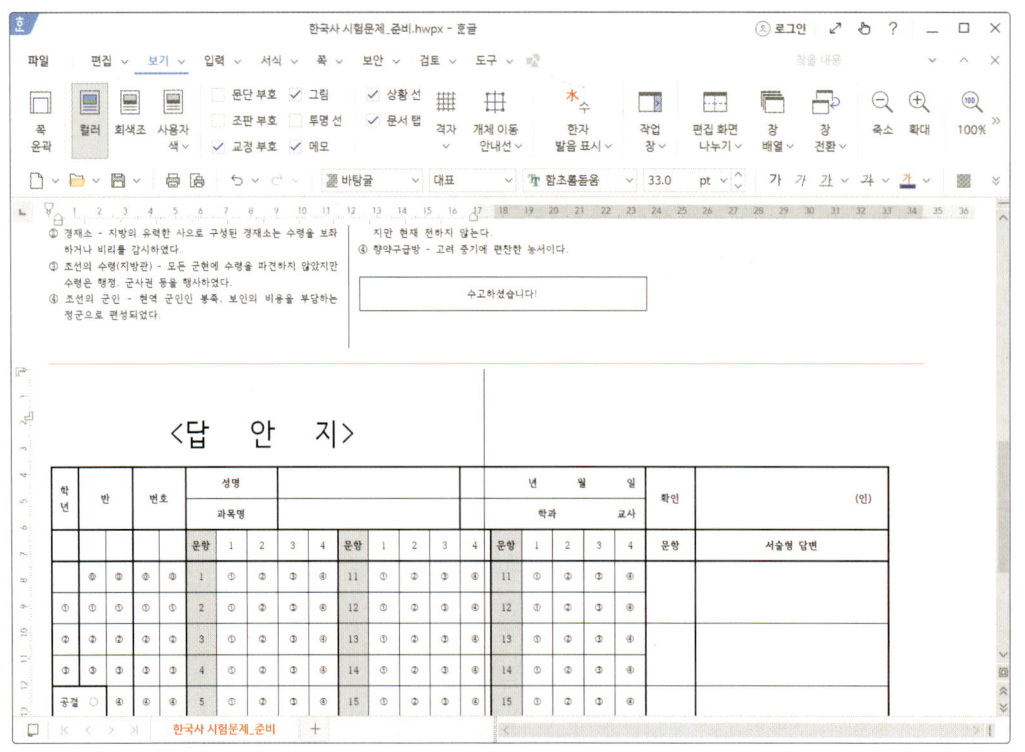

5 2쪽의 단 설정을 해제하기 위해 ❶ 2쪽의 첫 줄에 마우스 커서를 놓고 ❷ [쪽] 탭의 ∨를 눌러 ❸ [단]의 ❹ '하나'를 선택합니다.

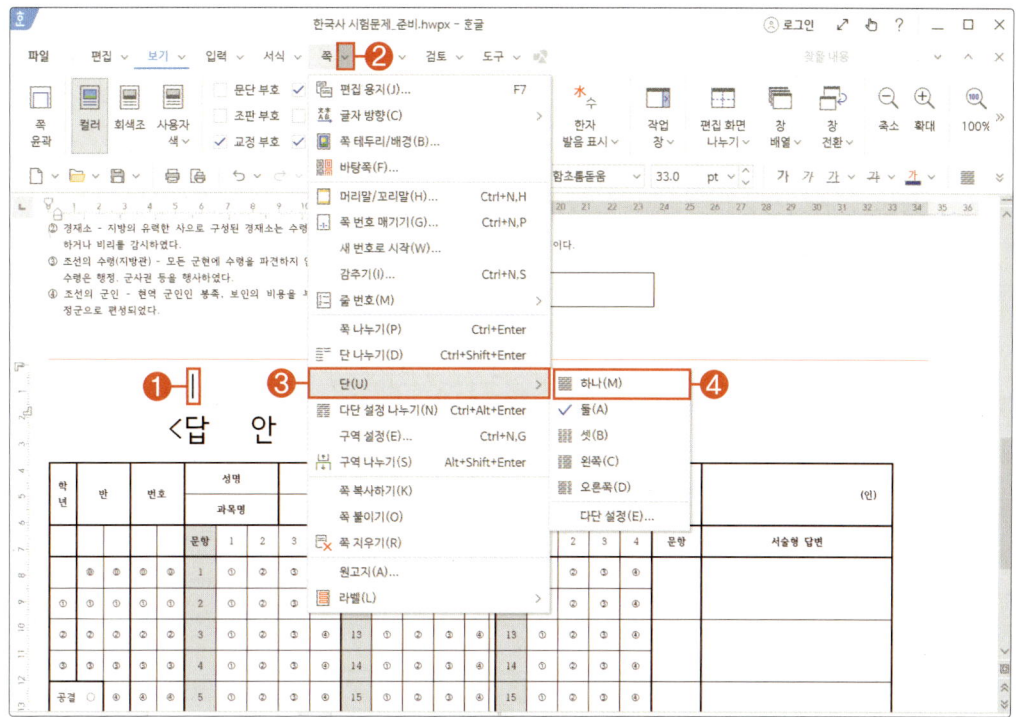

6 ❶ [보기] 탭의 ❷ [쪽 윤곽]을 선택하고 ❸ [쪽 맞춤]을 클릭하면 한 문서에서 세로형과 가로형이 함께 작성된 것을 확인할 수 있습니다.

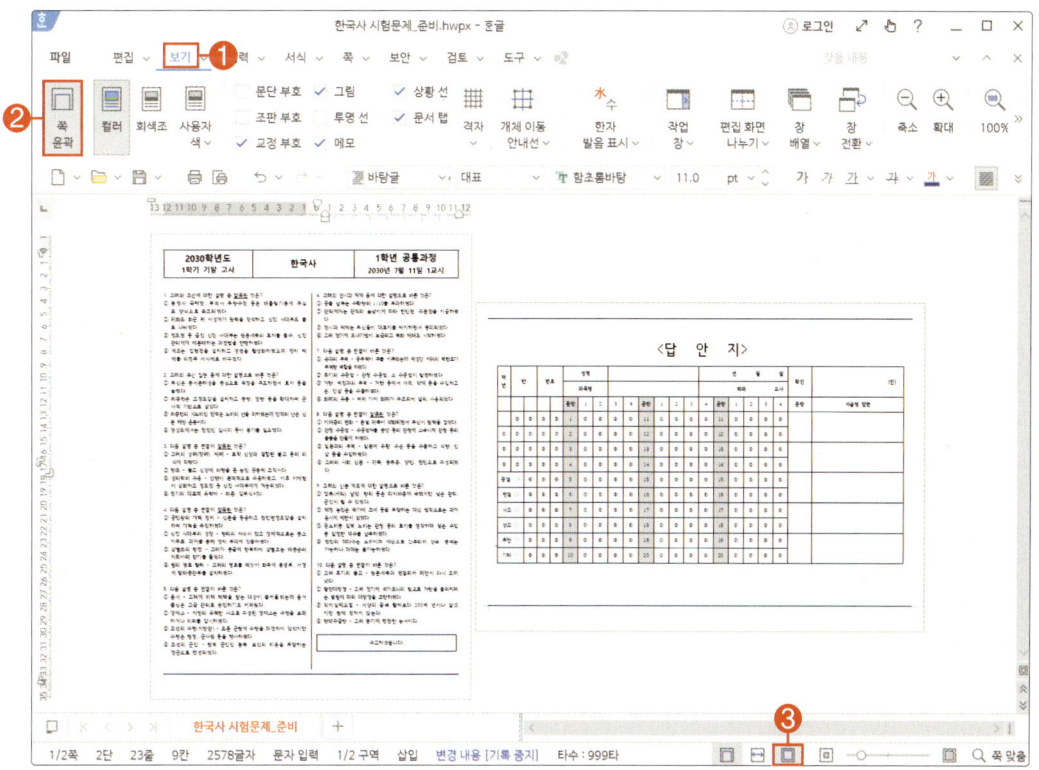

7 2쪽의 쪽 테두리를 삭제하기 위해 ❶ 2쪽에 마우스 커서를 놓고 ❷ [쪽] 탭의 ∨를 눌러 ❸ [쪽 테두리/배경]을 선택합니다.

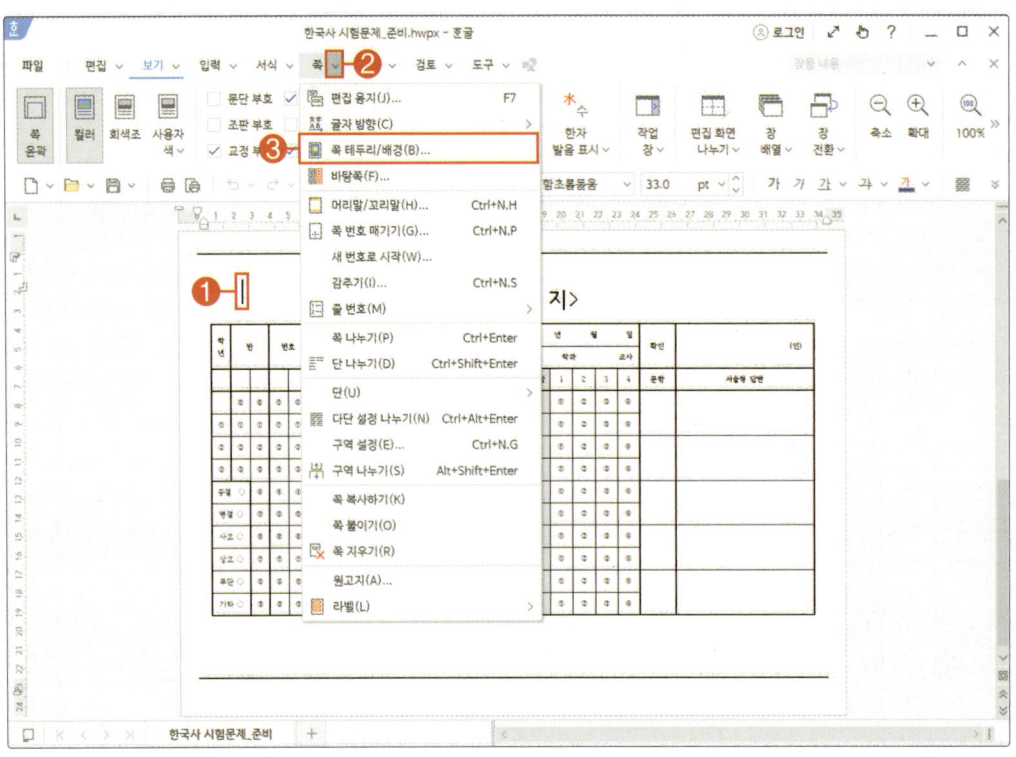

8 [쪽 테두리/배경] 대화 상자가 열리면 ❶ [테두리] 탭에서 ❷ '테두리'의 '종류'는 '없음'으로 선택하고 ❸ '위'와 ❹ '아래'를 클릭한 뒤 ❺ [설정]을 누릅니다.

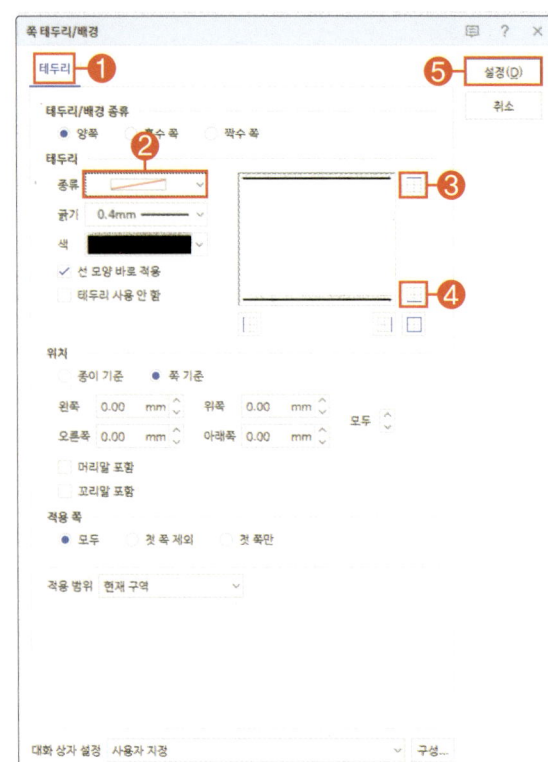

TIP 2쪽만 위와 아래의 테두리가 삭제된 것을 확인할 수 있습니다.

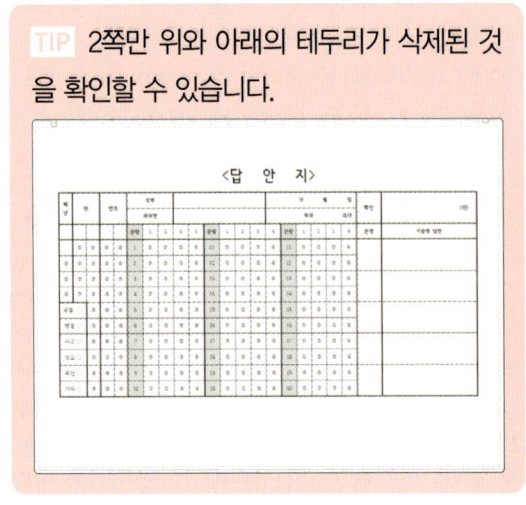

쪽 나누기

문서를 입력할 때 설정된 용지 크기만큼 입력하고 나면 저절로 쪽이 나누어집니다. 하지만 [쪽] 탭의 [쪽 나누기]를 실행하면 아직 쪽이 나누어질 만큼 내용이 입력되지 않아도 강제로 쪽을 나눌 수 있습니다. [쪽 나누기]를 실행한 앞이나 뒤에 커서를 두고 Delete 키 또는 Back Space 키를 누르면 [쪽 나누기]를 지울 수 있습니다.

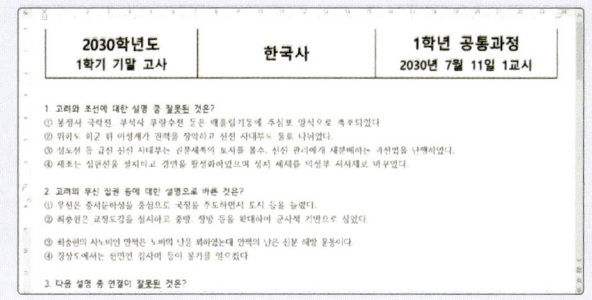
[쪽 나누기] 선택 ×

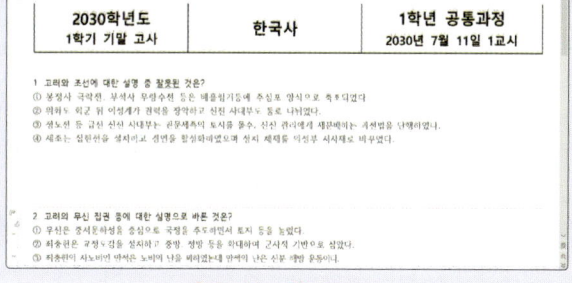
[쪽 나누기] 선택 ○

단 나누기

단의 내용이 다 차지 않았더라도 [쪽] 탭의 [단 나누기]를 이용하면 강제로 다음 단으로 커서를 옮길 수 있습니다. [단 나누기]를 실행한 앞이나 뒤에 커서를 두고 Delete 키 또는 Back Space 키를 누르면 [단 나누기]를 지울 수 있습니다.

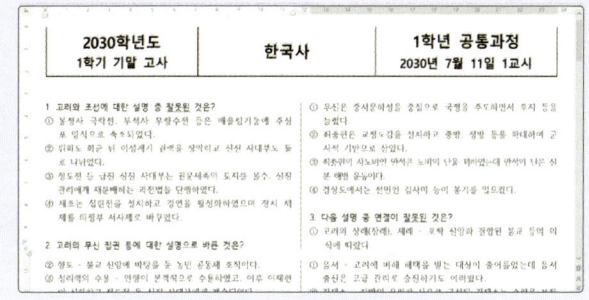
[단 나누기] 선택 ×

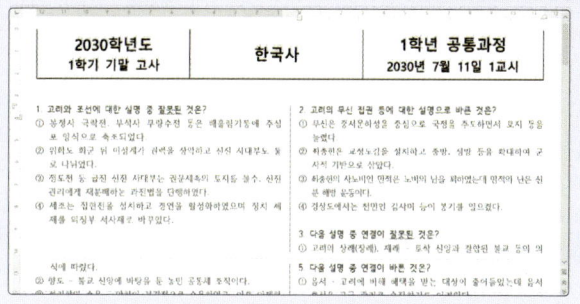
[단 나누기] 선택 ○

구역 나누기

하나의 문서를 여러 개의 구역으로 나누어 구역마다 편집 용지, 단, 테두리/배경 등을 다르게 설정할 수 있습니다. 구역을 나누고 싶은 곳에서 [쪽] 탭의 [구역 나누기]를 실행하면 새 구역이 시작됩니다.

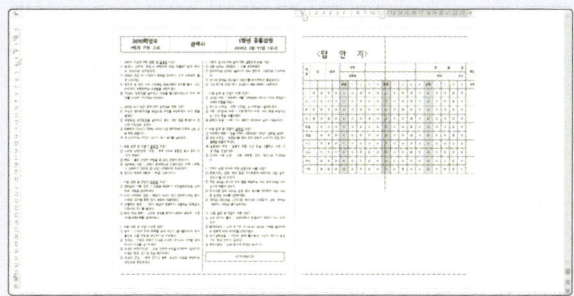
[구역 나누기] 선택 ×

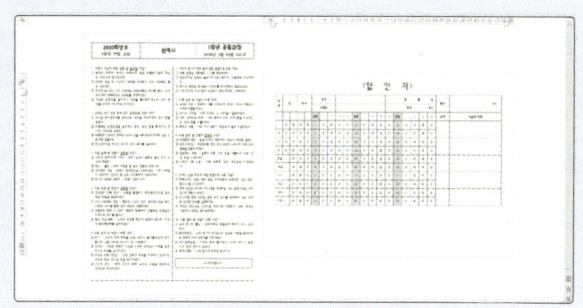
[구역 나누기] 선택 ○

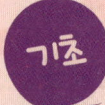

기초

문제 풀어보기

CHALLENGE

1 '제주도 여행_준비.hwpx' 파일을 열어서 1쪽은 다음과 같이 다단을 설정하여 문서를 완성해 보세요.

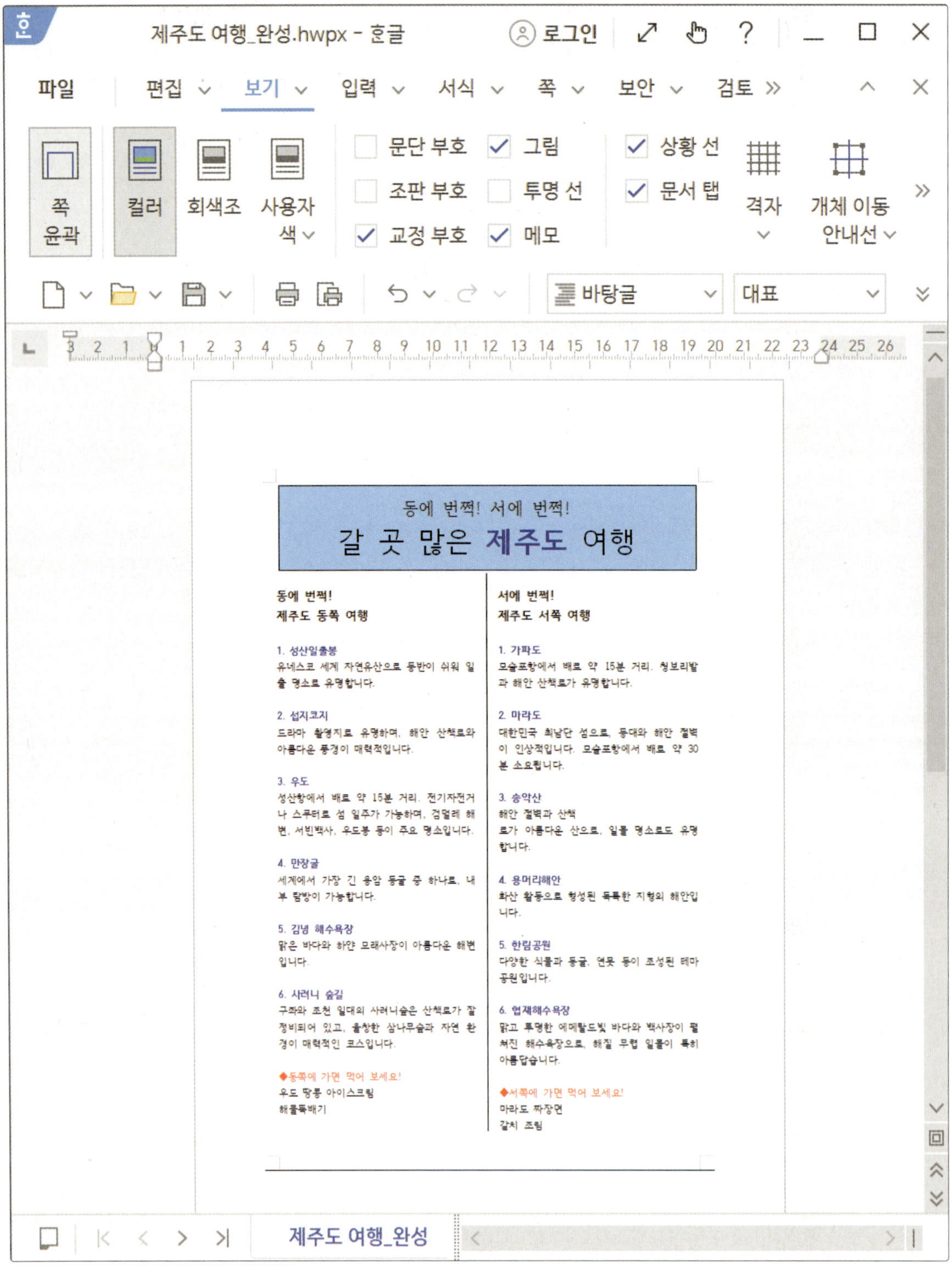

[쪽] 탭의 [단]에서 [다단 설정]
'단 종류'는 '일반 다단'
'단 개수'는 '2'
'구분선 넣기'

심화

문제 풀어보기

CHALLENGE

1 '제주도 여행_준비.hwpx' 파일의 2쪽은 다음과 같이 구역을 나누어 문서를 완성해 보세요.

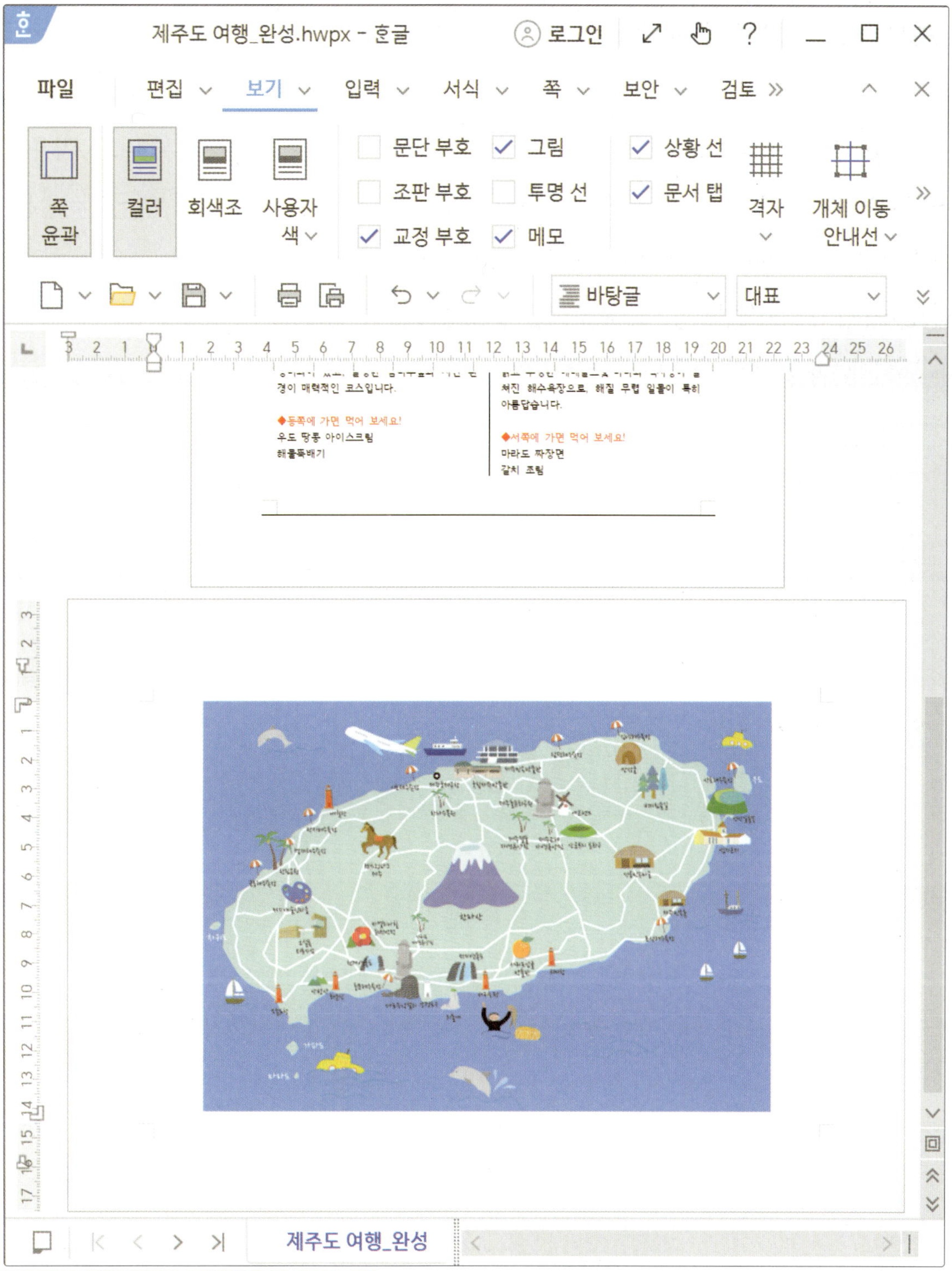

[쪽] 탭에서 [구역 나누기]
[쪽] 탭에서 [편집 용지] 선택
'용지 방향'은 '가로'
[쪽] 탭의 [테두리/배경]에서 테두리 삭제

Hangul 2022

18 SECTION
덧말, 첫 글자 장식, 강조점으로 문서 꾸미기

'덧말'은 본말의 위나 아래에 넣는 말입니다. 글의 전개로 보아서 본문의 내용 중에 넣기는 어려우나, 본문에서 인용한 자료의 출처를 밝히거나 본문에서 언급한 내용에 대한 간단한 보충 자료를 제시할 때 넣으면 좋습니다. '첫 글자 장식' 기능을 활용하면 문단에서 첫 글자를 크게 넣을 수 있습니다. '강조점'을 선택하면 현재 글자의 위쪽 중앙 또는 글자 사이에 점을 찍어 문자열을 강조할 수 있습니다.

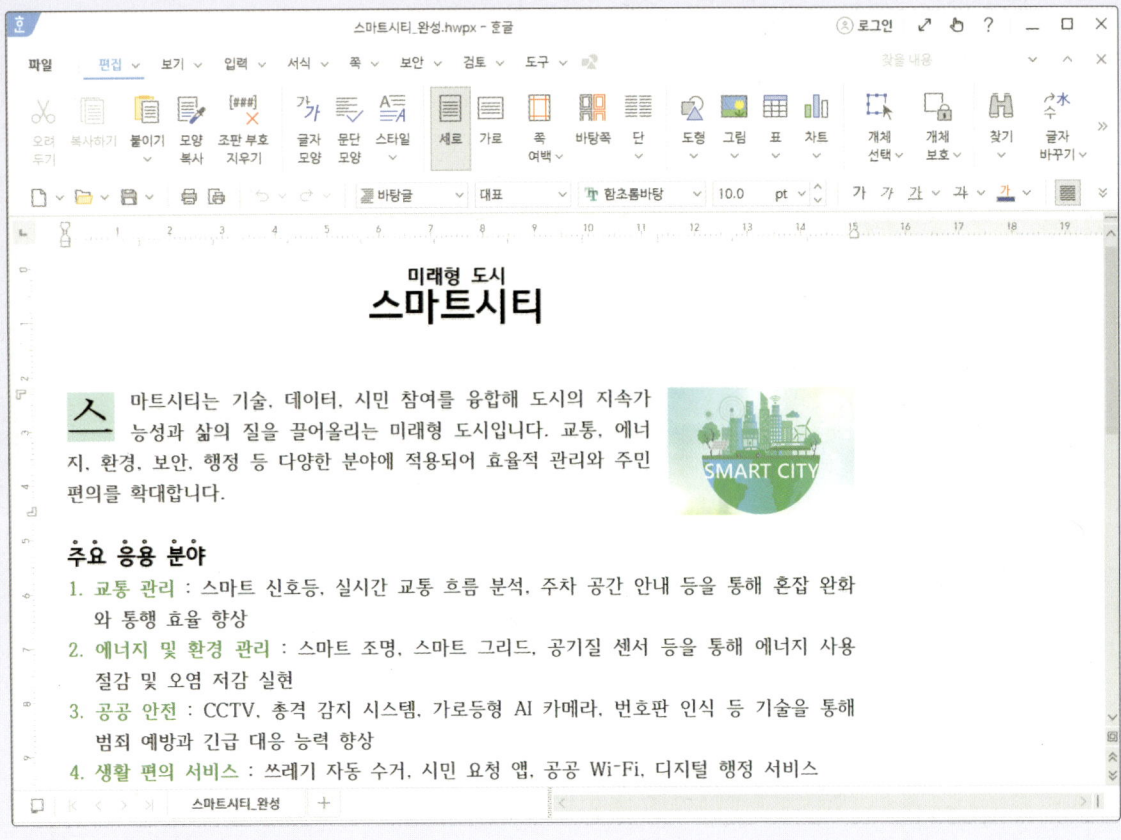

파일명 스마트시티_완성.hwpx

MISSION

실습 1 덧말 넣기
실습 2 첫 글자 장식하기
실습 3 강조점 넣기

CHECK POINT

포인트 1 덧말은 방점 표시, 일본어의 토씨나 중국어 발음 기호 등에도 유용하게 사용할 수 있어요.

포인트 2 첫 글자 장식을 문단마다 사용하면 보기에 좋지 않으니 꼭 필요한 곳에만 사용하도록 해요.

포인트 3 강조점을 활용하면 중국어, 베트남어, 태국어 성조를 편리하게 입력할 수 있어요.

덧말 넣기

1 '스마트시티_준비.hwpx' 파일을 열어서 ❶ 제목 '스마트시티'를 드래그하여 블록으로 설정합니다.

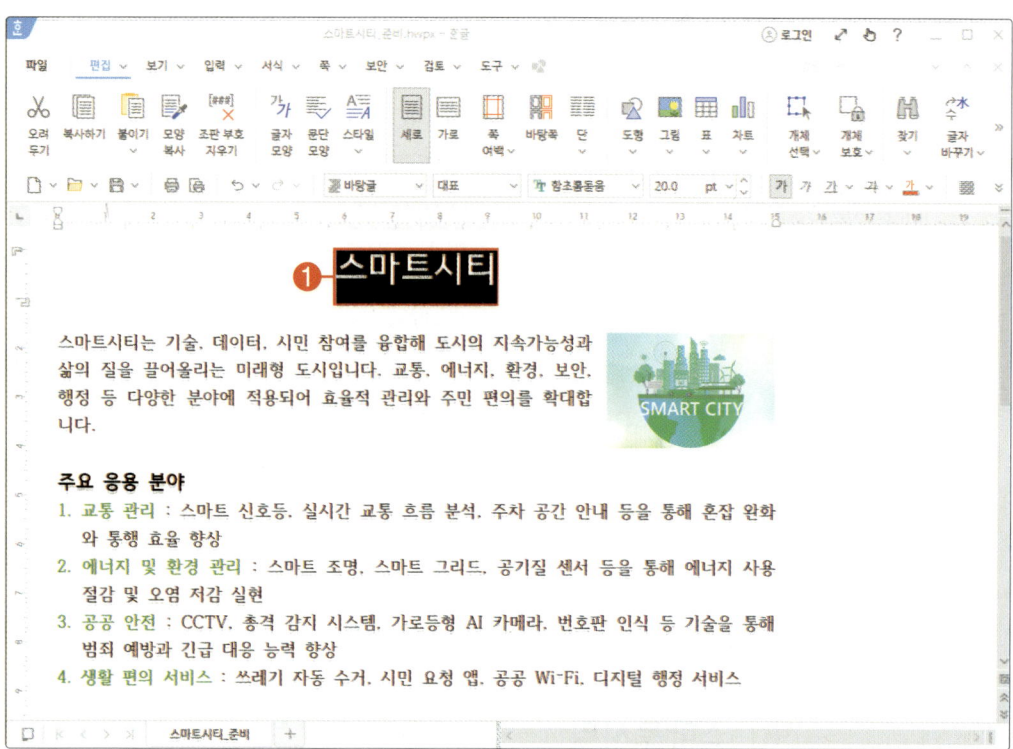

2 ❶ [입력] 탭의 ∨를 눌러 ❷ [덧말 넣기]를 클릭합니다.

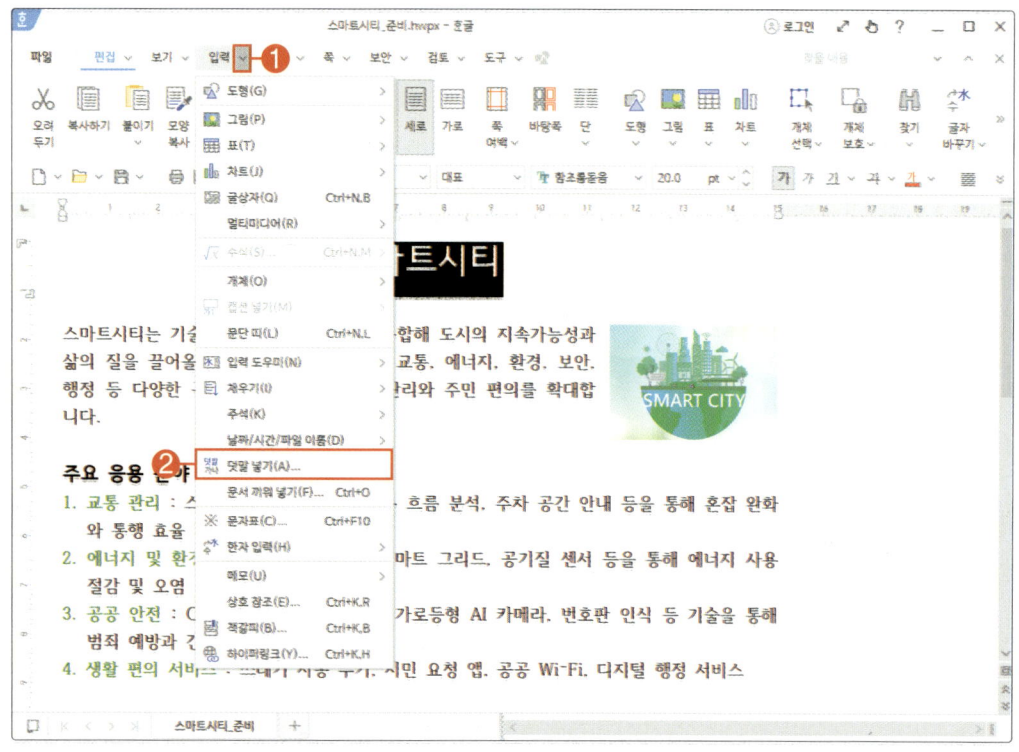

Hangul 2022

3 [덧말 넣기] 대화 상자가 열리면 ❶ '덧말'에 '미래형 도시'를 입력하고 ❷ '덧말 위치'는 '위'로 선택한 뒤 ❸ [넣기]를 클릭합니다.

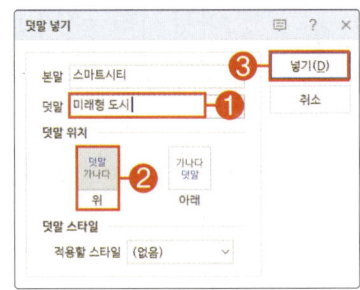

> **TIP** 덧말은 본말의 1/2 크기로, 본말의 가운데에 정렬됩니다. 그 외 글자 속성은 그대로 따라갑니다. 따라서 본말의 크기가 커지면 덧말도 그 크기에 비례하여 커집니다.

4 제목 위에 ❶ 덧말이 입력되었습니다.

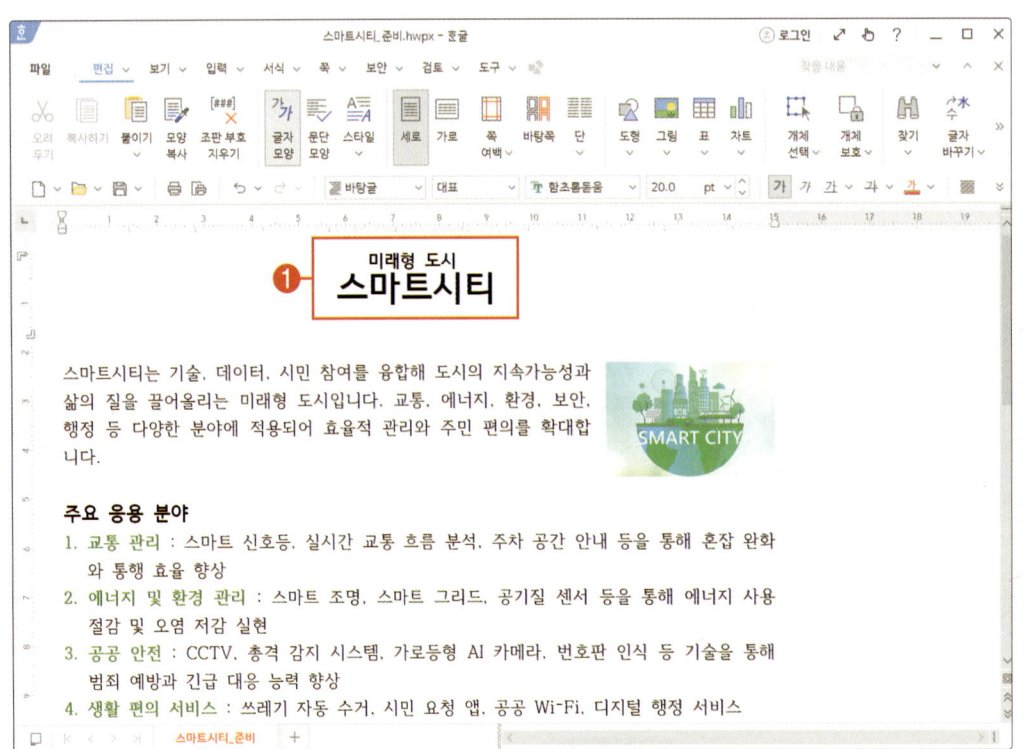

LEARN MORE

덧말 고치기

본문에 삽입된 덧말에 커서를 놓고 마우스의 오른쪽 버튼을 눌러 [빠른 메뉴]가 나타나면 [덧말 고치기]를 클릭합니다. [덧말 편집] 대화 상자가 열리면 해당 내용을 수정하고 [고치기]를 클릭합니다.

[덧말 편집] 대화 상자에서 [덧말 지움]을 클릭하면 해당 덧말을 지울 수 있습니다.

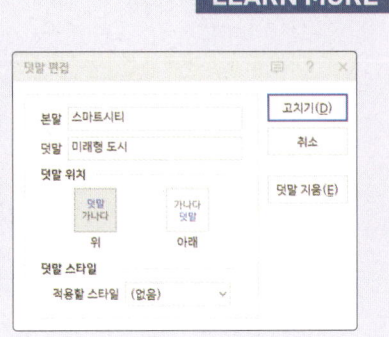

실습 2 첫 글자 장식하기

1 ❶ 본문 첫 글자 앞에 커서를 놓고 ❷ [서식] 탭의 ∨를 눌러 ❸ [문단 첫 글자 장식]을 클릭합니다.

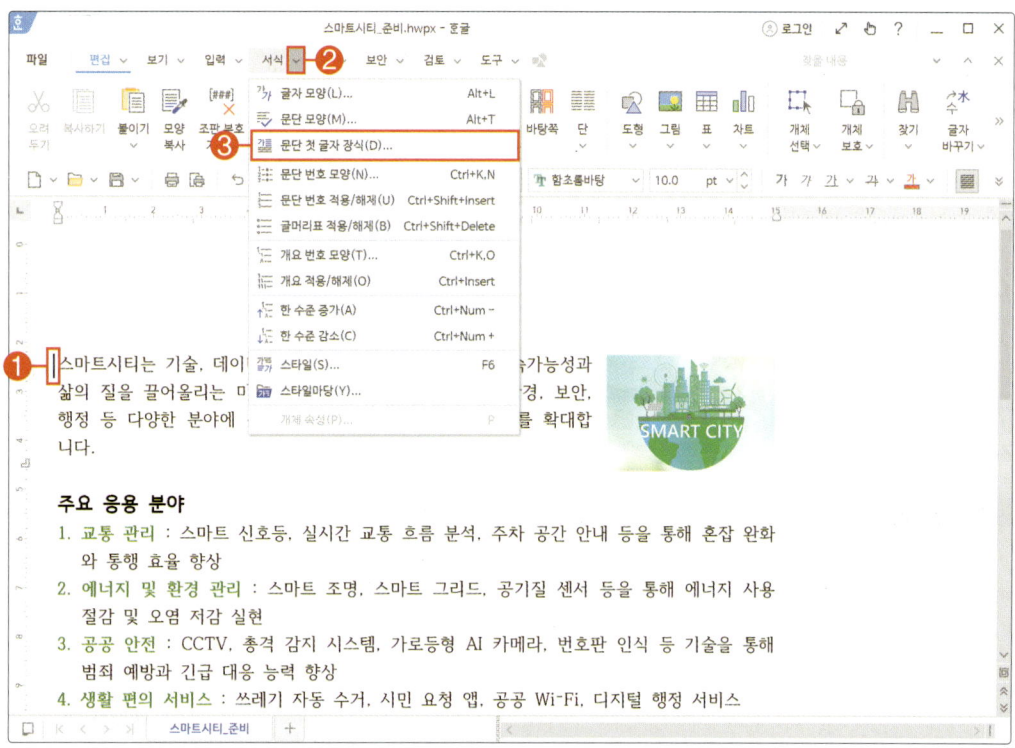

2 [문단 첫 글자 장식] 대화 상자가 열리면 ❶ '모양'은 '2줄'을 선택한 뒤 ❷ '면 색'의 ∨를 눌러 ❸ '초록'을 클릭하고 ❹ [설정]을 누릅니다.

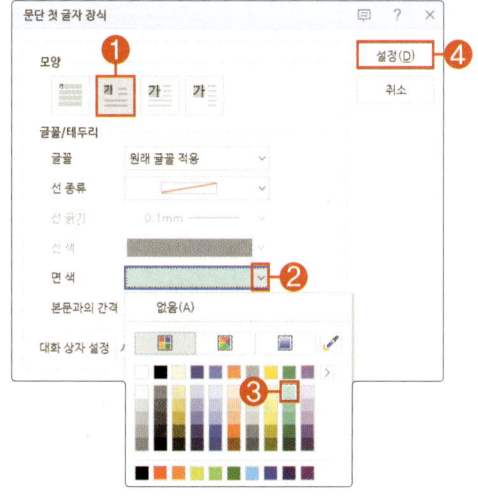

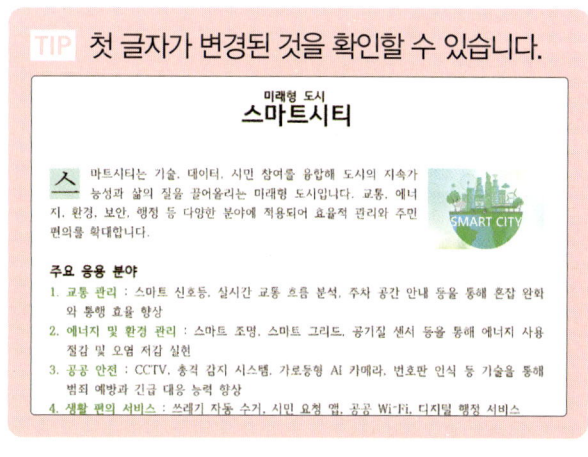

TIP 첫 글자가 변경된 것을 확인할 수 있습니다.

실습 3 강조점 넣기

1 본문에서 ❶ '주요 응용 분야'를 드래그하여 블록으로 설정하고 [편집] 탭의 ❷ [글자 모양]을 클릭합니다.

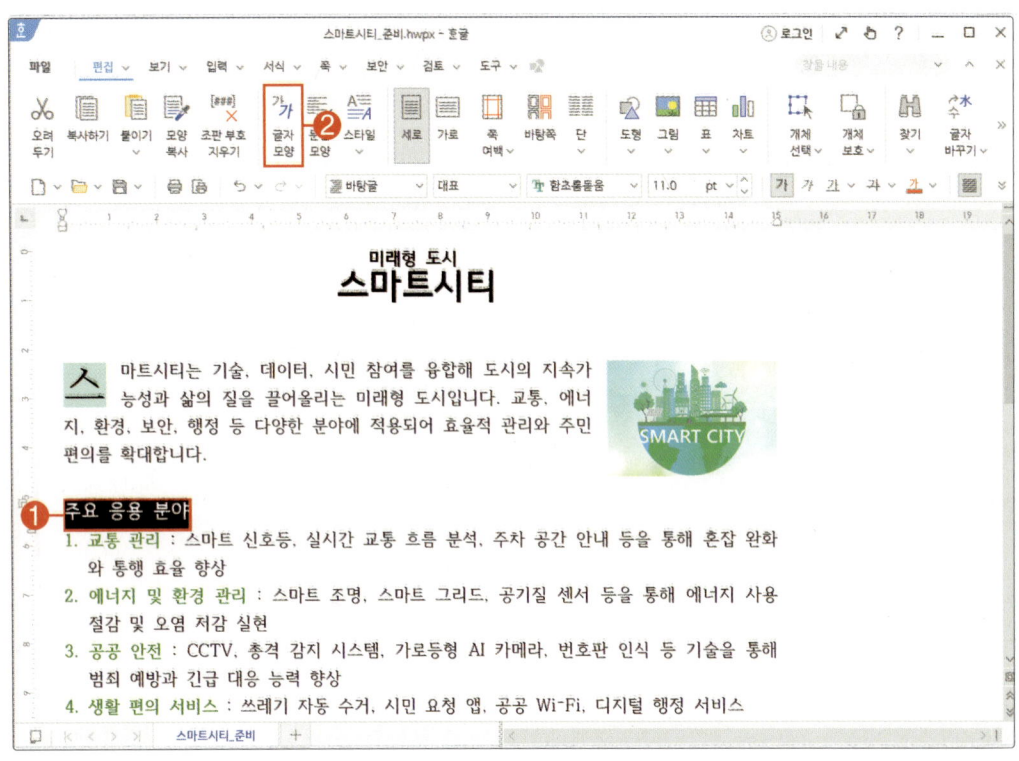

2 [글자 모양] 대화 상자가 열리면 ❶ [확장] 탭에서 ❷ '강조점'을 선택하고 ❸ [설정]을 클릭합니다.

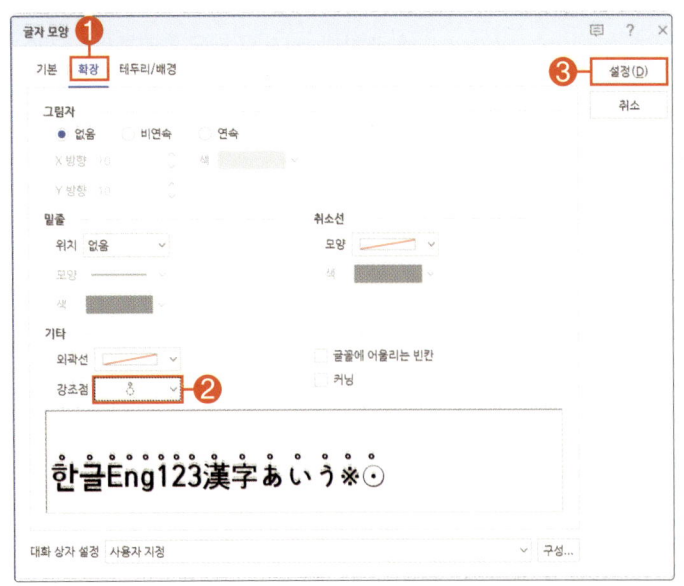

TIP 글자 위나 아래에 표시할 수 있는 강조점의 종류는 12가지입니다. 강조점을 활용하여 중국어, 베트남어, 태국어 성조를 입력할 수 있습니다.

문제 풀어보기

1 '도심 속 야외도서관_준비.hwpx' 파일을 열어서 다음과 같이 문서를 완성해 보세요.

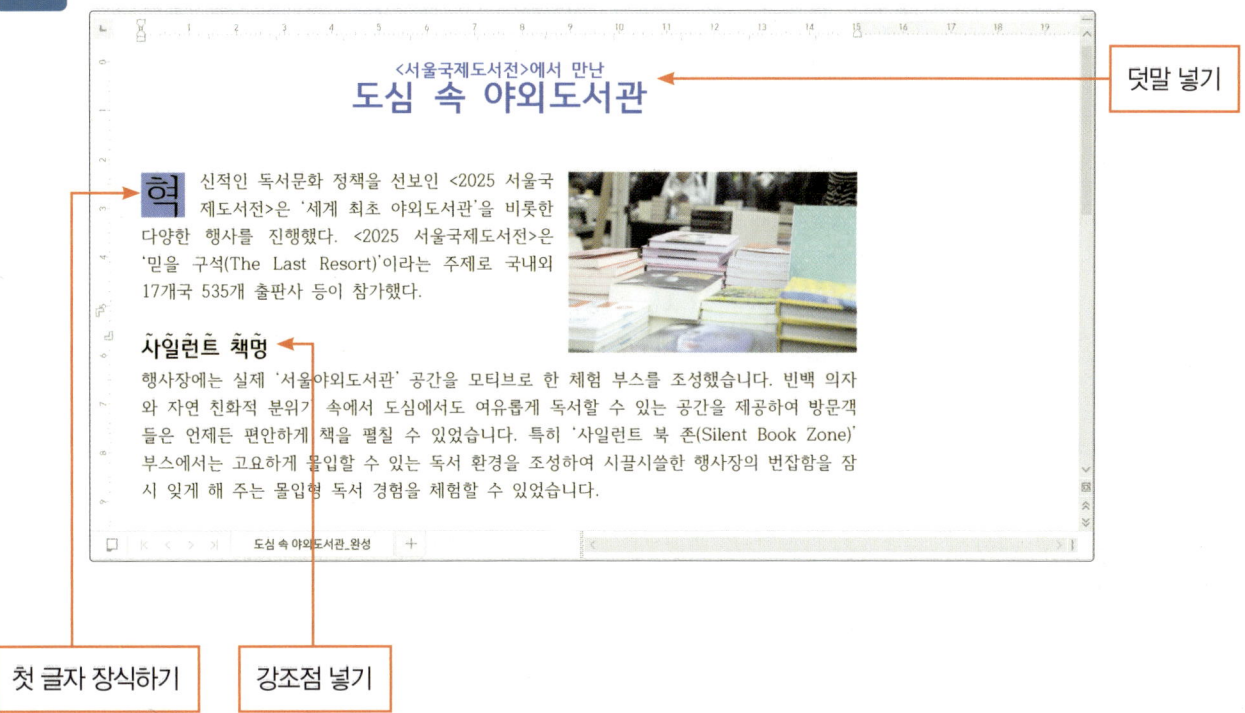

2 '세계의 도시 정원_준비.hwpx' 파일을 열어서 다음과 같이 문서를 완성해 보세요.

Hangul 2022

19 SECTION
찾아 바꾸기와 조판 부호 지우기

'찾기' 기능을 활용하면 작성 중인 문서에서 특정한 낱말을 찾을 수 있고, '찾아 바꾸기' 기능을 활용하면 찾은 낱말을 다른 낱말로 바꿀 수 있습니다.
'조판 부호 지우기' 기능을 활용하면 문서 전체 또는 블록이나 구역으로 지정한 영역에서 머리말, 쪽 번호, 그림 등 특정 개체를 일괄 삭제할 수 있습니다.

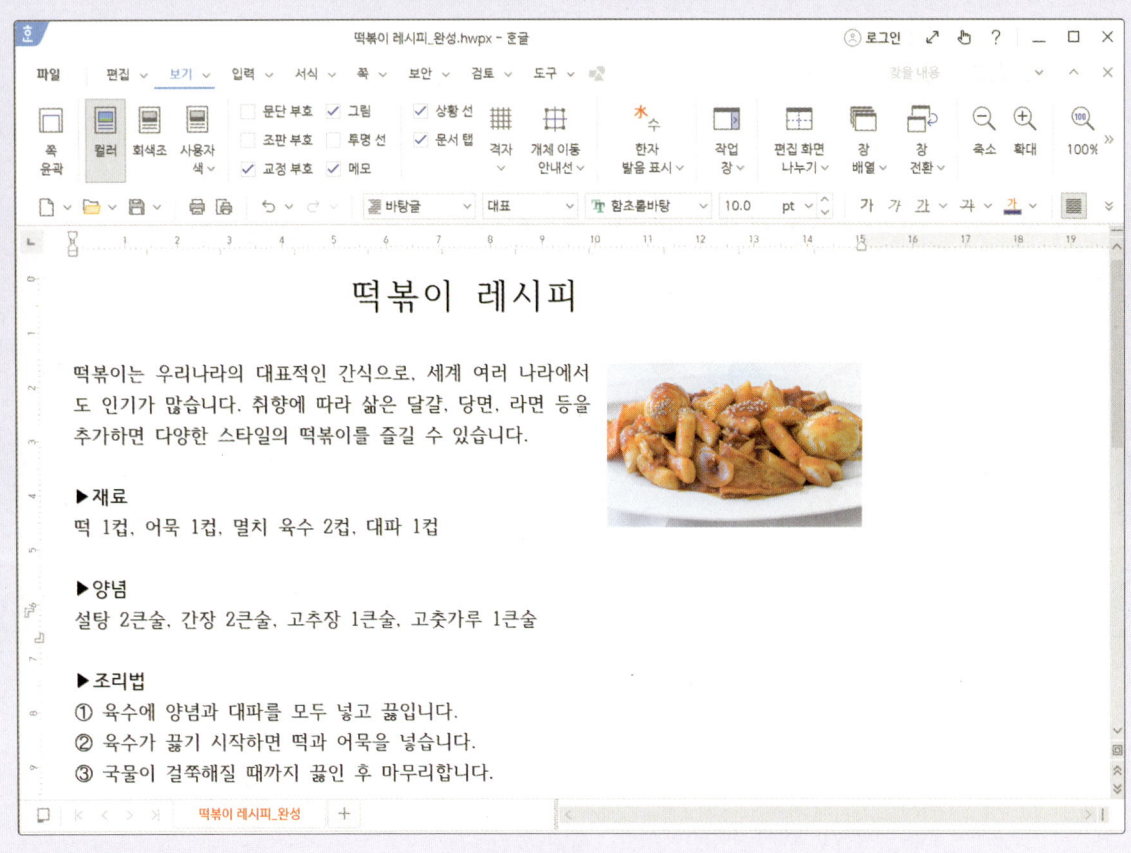

파일명 떡볶이 레시피_완성.hwpx

MISSION
실습 1 틀린 글자 찾아 바꾸기
실습 2 불필요한 조판 부호 지우기

CHECK POINT
포인트 1 문서의 양이 많을수록 찾기와 찾아 바꾸기 기능은 매우 유용해요.
포인트 2 한글에서 조판 부호는 대략 60개 정도예요. 조판 부호 지우기 기능을 통해 불필요한 개체를 골라 지워 보세요.
포인트 3 되돌리기 기능을 활용하면 문서 작업을 하면서 발생한 실수를 줄일 수 있어요.

실습 1 틀린 글자 찾아 바꾸기

1 '떡볶이 레시피_준비.hwpx' 파일을 열어 보면 첫 줄의 제목 '떡뽁이'가 잘못 표기되어 있습니다. 잘못 표기된 부분을 찾아 바른 표기로 바꾸기 위해 ❶ [편집] 탭의 ∨를 눌러 ❷ [찾기]의 ❸ [찾기]를 클릭합니다. [찾기] 대화 상자가 열리면 ❹ '찾을 내용'에 '떡뽁이'를 입력하고 ❺ [다음 찾기]를 클릭합니다.

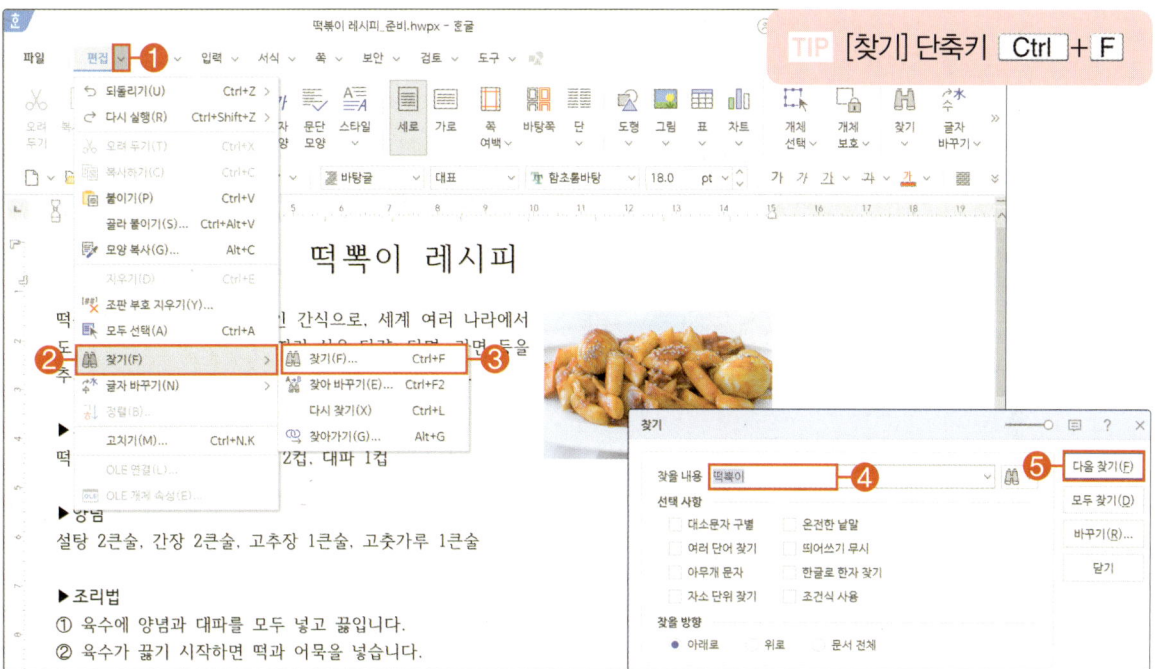

TIP [찾기] 단축키 Ctrl + F

2 ❶ 첫 번째 '떡뽁이'가 자동으로 블록이 설정되었습니다. [찾기] 대화 상자에서 ❷ [바꾸기]를 클릭합니다.

3 [찾기] 대화 상자가 [찾아 바꾸기] 대화 상자로 바뀌었습니다. [찾아 바꾸기] 대화 상자에서 ❶ '바꿀 내용'에 '떡볶이'를 입력하고 ❷ [바꾸기]를 클릭합니다.

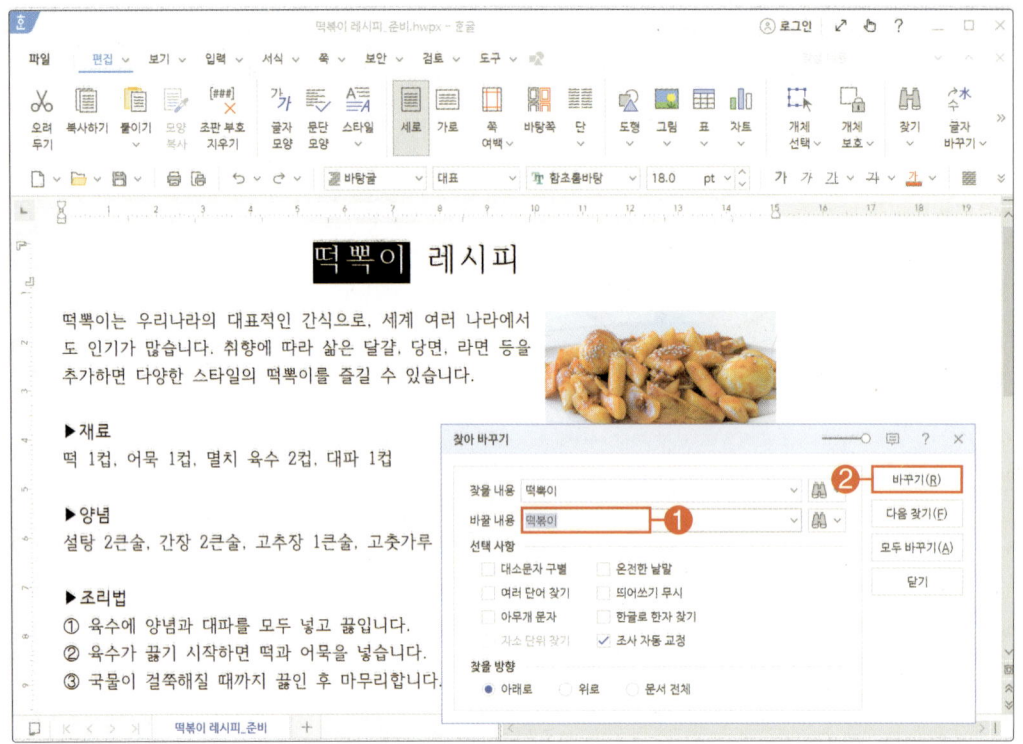

4 ❶ 첫 번째 '떡뽁이'가 자동으로 '떡볶이'로 바뀌고 ❷ 두 번째 '떡뽁이'가 자동으로 블록이 설정되었습니다. '떡뽁이'를 한꺼번에 '떡볶이'로 바꾸기 위해 ❸ [모두 바꾸기]를 클릭합니다.

Section 19 | 찾아 바꾸기와 조판 부호 지우기

5 '찾아 바꾸기'를 몇 번 했는지 알려주는 안내창이 뜨면 누락된 것은 없는지 확인하기 위해 ❶ [찾음]을 클릭합니다.

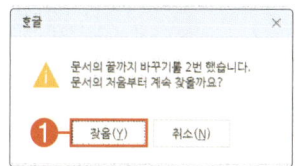

6 더 이상 찾아 바꿀 단어가 없으면 다음과 같은 안내창이 뜹니다. ❶ [확인]을 눌러 안내창을 닫습니다.

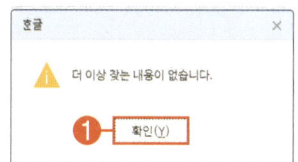

7 [찾아 바꾸기] 대화 상자에서 ❶ [닫기]를 클릭하여 작업을 마무리합니다.

> TIP [찾아 바꾸기] 작업은 여러 번 반복하여 실행하는 경우가 많기 때문에 [닫기] 버튼을 클릭하기 전까지 자동으로 닫히지 않고 화면에 계속 남아 있습니다.

실습 2 불필요한 조판 부호 지우기

1 ❶ [보기] 탭에서 ❷ [쪽 윤곽]을 선택하고 ❸ '쪽 맞춤'을 클릭하면 ❹ '머리말'과 ❺ '쪽 번호'가 보입니다.

2 '머리말'과 '쪽 번호'를 지우기 위해 ❶ [보기] 탭에서 ❷ [조판 부호]를 체크합니다. ❸ '[머리말(양쪽)]' 앞 또는 뒤에 커서를 두고 Delete 키나 Back Space 키를 누르면 [지우기] 대화 상자가 열립니다. [지우기] 대화 상자에서 ❹ [지움]을 클릭합니다.

Section 19 | 찾아 바꾸기와 조판 부호 지우기

3 '머리말'이 삭제된 것을 확인할 수 있습니다. 이번에는 다른 방법으로 '[쪽 번호 위치]'를 삭제해 봅니다. ❶ [편집] 탭의 ∨를 눌러 ❷ [조판 번호 지우기]를 클릭합니다. [조판 번호 지우기] 대화 상자가 열리면 ❸ '조판 부호 목록'에서 '쪽 번호 위치'를 선택하고 ❹ [지우기]를 클릭합니다.

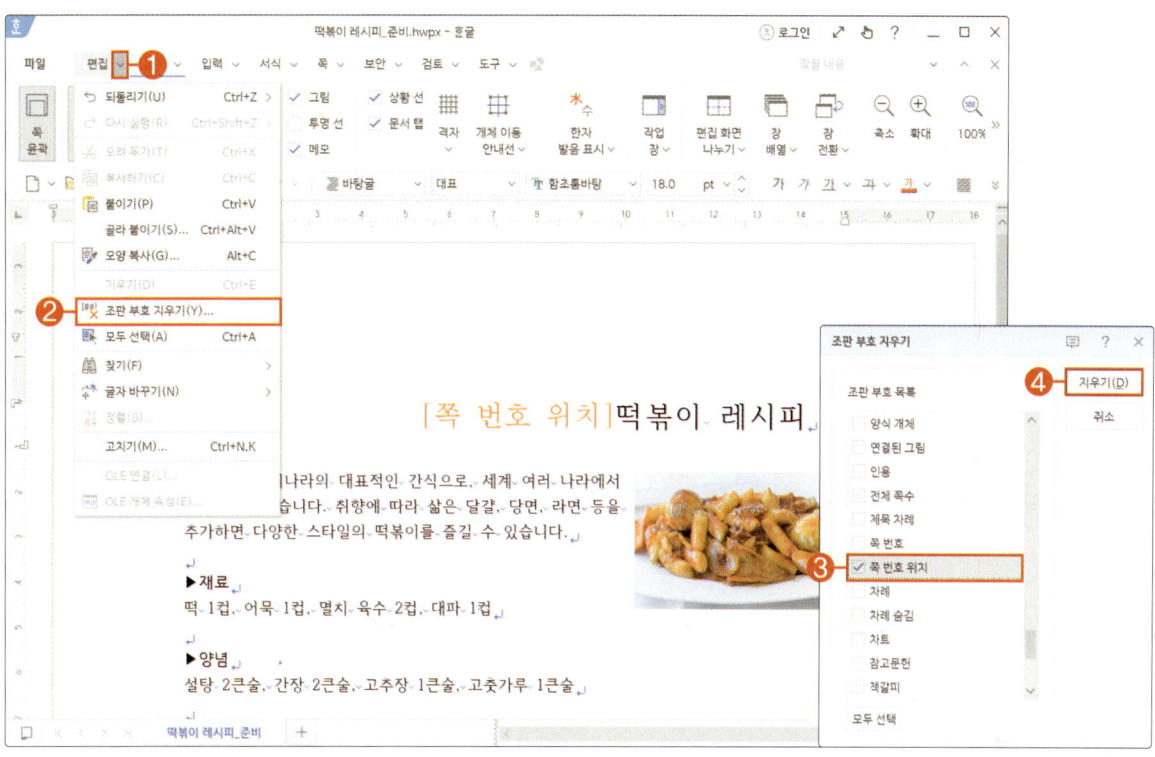

LEARN MORE

되돌리기

❶ [편집] 탭의 ∨를 눌러 ❷ [되돌리기]를 클릭하면 방금 전에 지운 ❸ '머리말'과 '쪽 번호'를 다시 나타나게 할 수 있습니다. [되돌리기] 기능을 실행하면 바로 앞에 실행한 명령을 취소하여 입력한 내용을 지우거나 지운 내용을 되살리는 등 문서 편집 과정에서 수행한 동작을 되돌릴 수 있습니다.

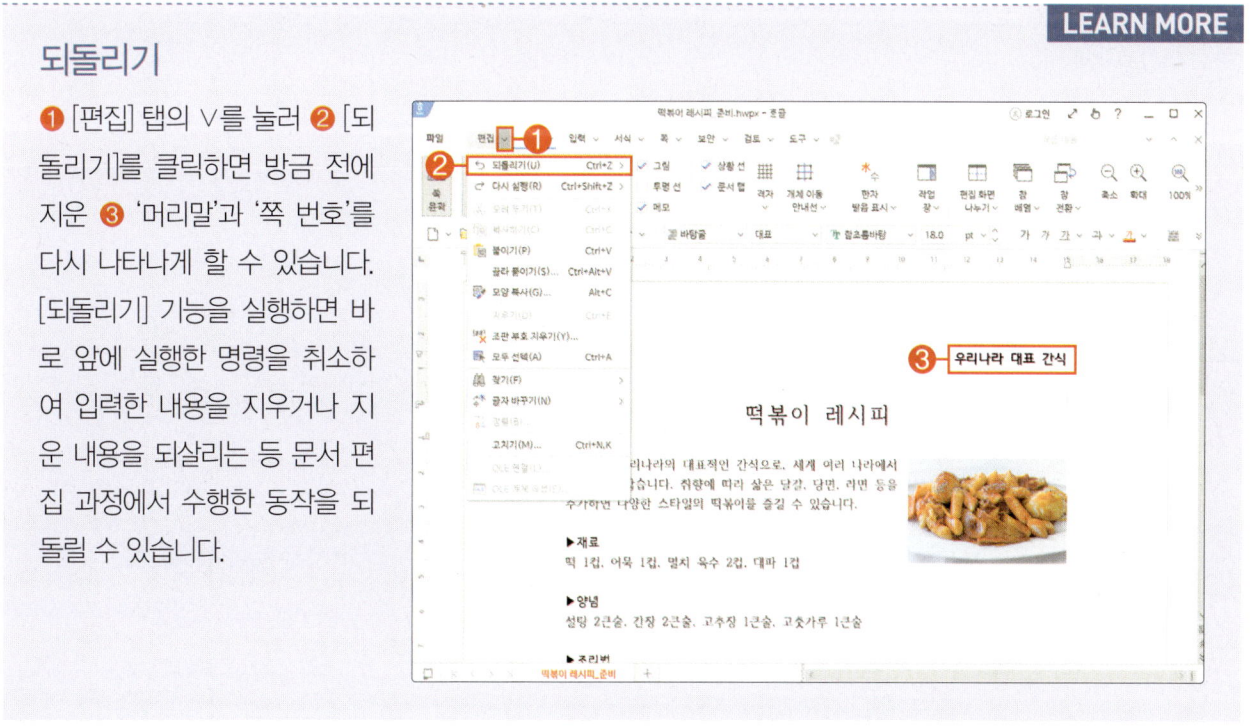

문제 풀어보기

1 '스마트도시_준비.hwpx' 파일을 열어서 [찾아 바꾸기] 기능을 활용하여 다음과 같이 문서를 완성해 보세요.

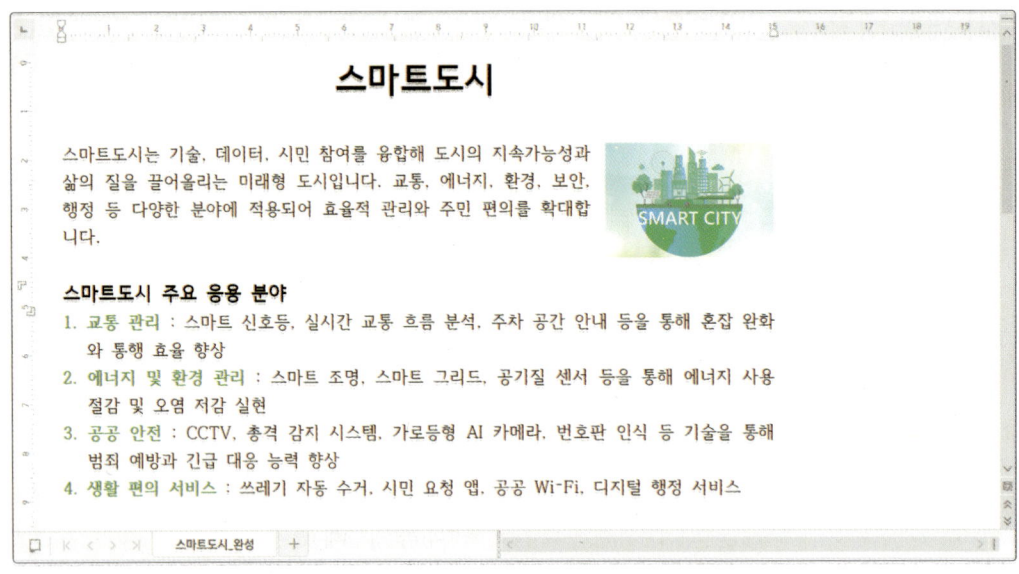

[편집] 탭의 [찾기]에서 '스마트시티'를 '스마트도시'로 모두 [찾아 바꾸기]

2 '희귀 동물_준비.hwpx' 파일을 열어서 [조판 부호 지우기] 기능을 활용하여 다음과 같이 문서를 완성해 보세요.

[편집] 탭의 [조판 부호 지우기]에서 '책갈피'와 '하이퍼링크' 모두 지우기

심화 문제 풀어보기

1 '지속 가능한 발전, ESG_준비.hwpx' 파일을 열어서 먼저 [찾아 바꾸기]를 실행하고 이어서 [조판 부호 지우기]를 실행하여 다음과 같이 문서를 완성해 보세요.

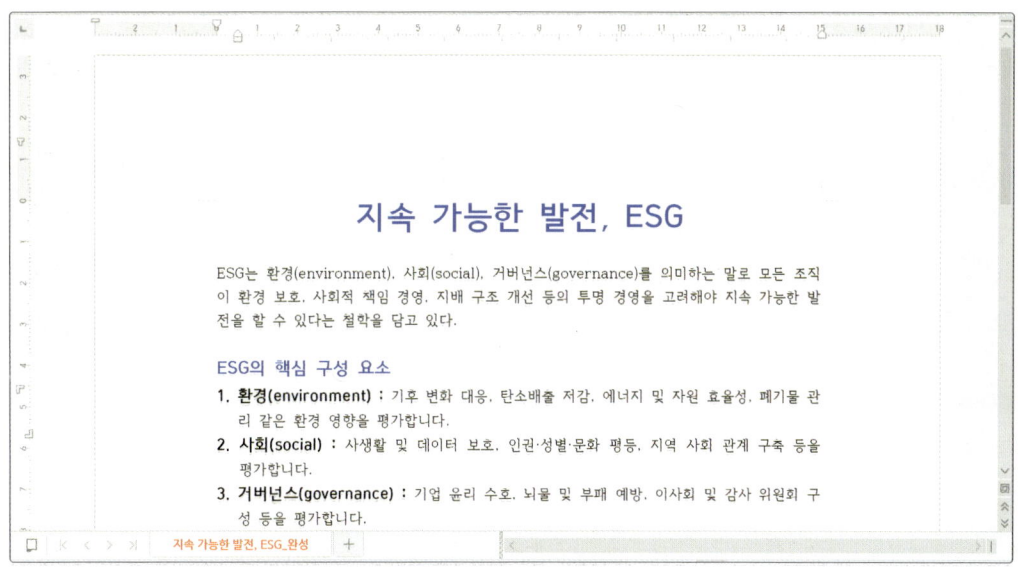

[편집] 탭의 [찾기]에서 'EGS'를 'ESG'로 모두 [찾아 바꾸기]
[편집] 탭의 [조판 부호 지우기]에서 '머리말' 지우기

2 1번 문제의 작업을 순서대로 실행했다면 [되돌리기] 기능을 활용하여 다음과 같이 문서를 완성해 보세요.

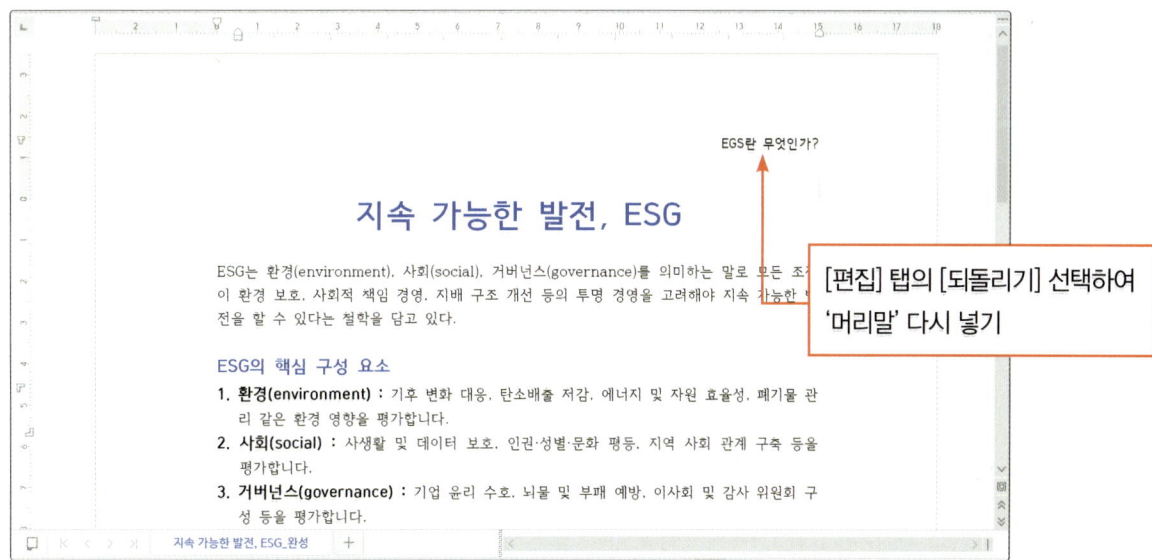

[편집] 탭의 [되돌리기] 선택하여 '머리말' 다시 넣기

Hangul 2022

SECTION 20 나만의 문서 작성하기

한글에서 문서를 작성할 때 어떤 기능을 활용해야 하는지 정해진 답은 없습니다. 어떠한 명령을 실행할 때 메인 메뉴에서 선택해도 되고, 도구 상자나 단축키를 활용해도 됩니다. 또한 네모 모양에 글을 입력할 때 글상자를 이용해도 되고, 직사각형 도형을 이용하거나 표를 이용해도 됩니다. 나만의 문서 작성법을 터득하여 자유롭고 편리하게 문서를 작성해 봅니다.

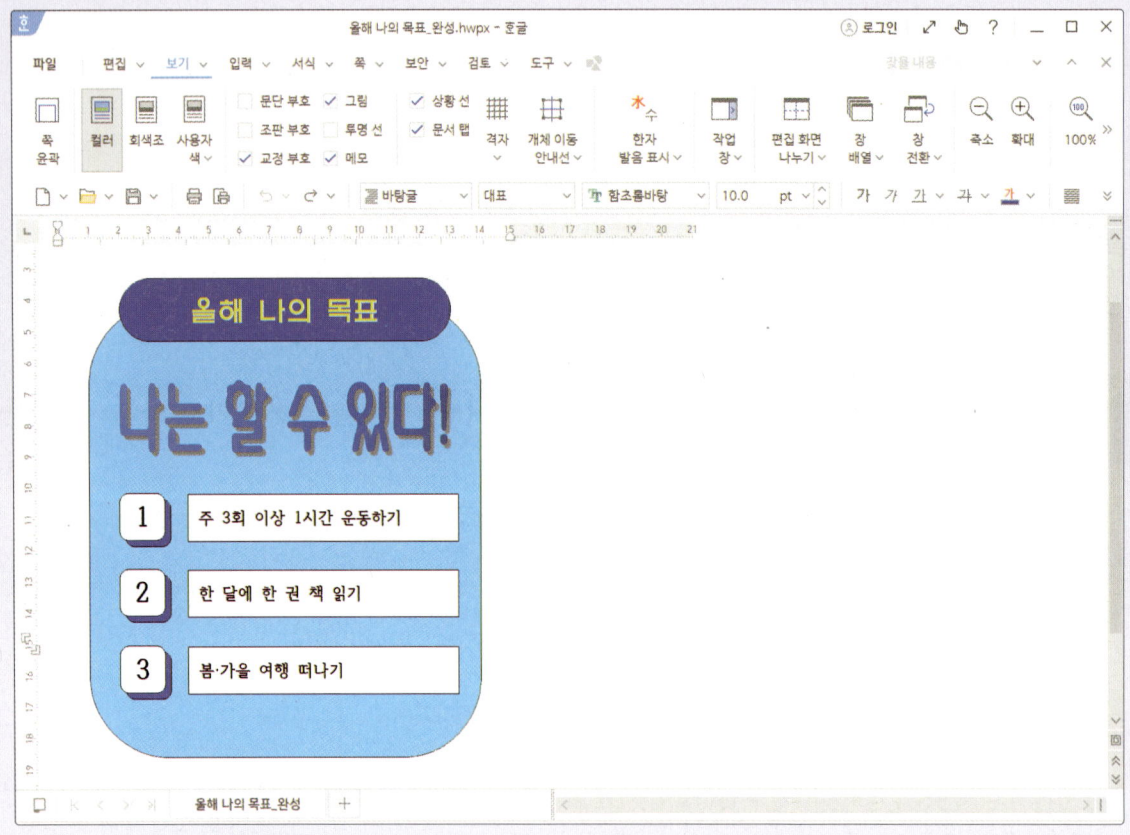

파일명 올해 나의 목표_완성.hwpx

MISSION

실습 1 도형 삽입하고 글자 입력하기
실습 2 글맵시 입력하기
실습 3 도형으로 항목 만들기

CHECK POINT

포인트 1 여러 개의 도형을 겹쳐서 삽입할 때는 도형의 위치, 특히 본문과의 배치를 유의해야 해요.
포인트 2 도형이 겹쳐서 보이지 않을 때는 도형의 순서를 다시 배치해 보세요.
포인트 3 모든 도형은 글상자 기능이 있으니 원하는 내용을 입력해 보세요.

도형 삽입하고 글자 입력하기

1 [새 문서]를 실행해서 ❶ [입력] 탭의 [도형 꾸러미]에서 ❷ '직사각형'을 클릭합니다. 마우스 포인터가 ❸ ╋로 바뀌면 다음과 같이 드래그합니다.

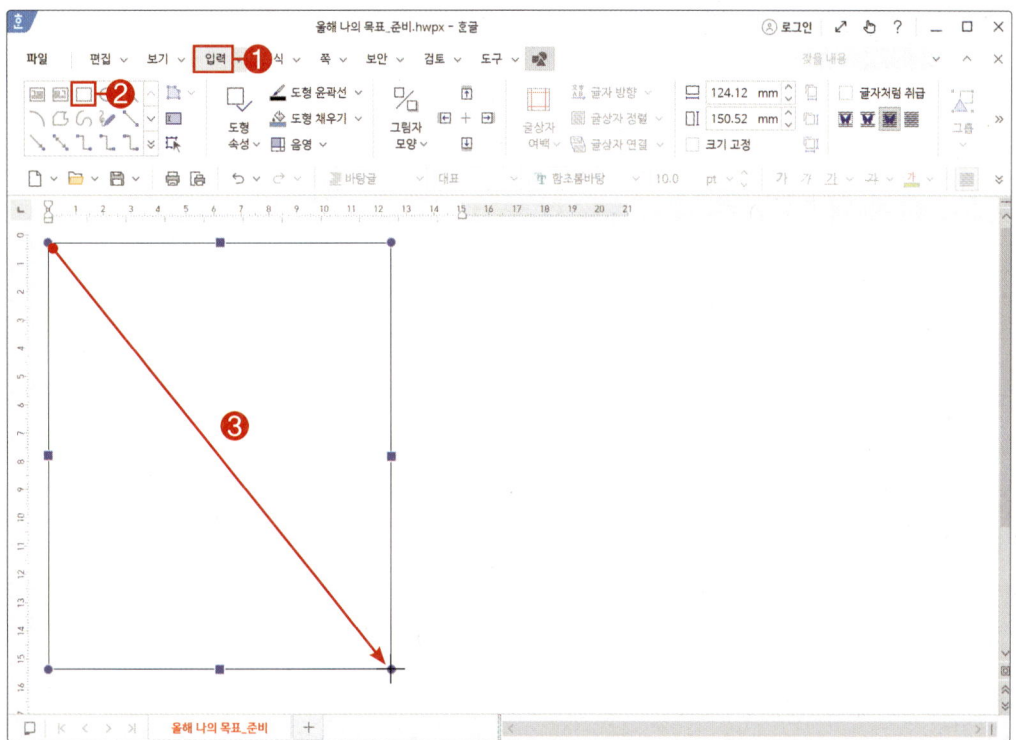

2 도형이 선택된 상태에서 ❶ [도형] 탭의 ❷ [도형 속성]을 클릭합니다.

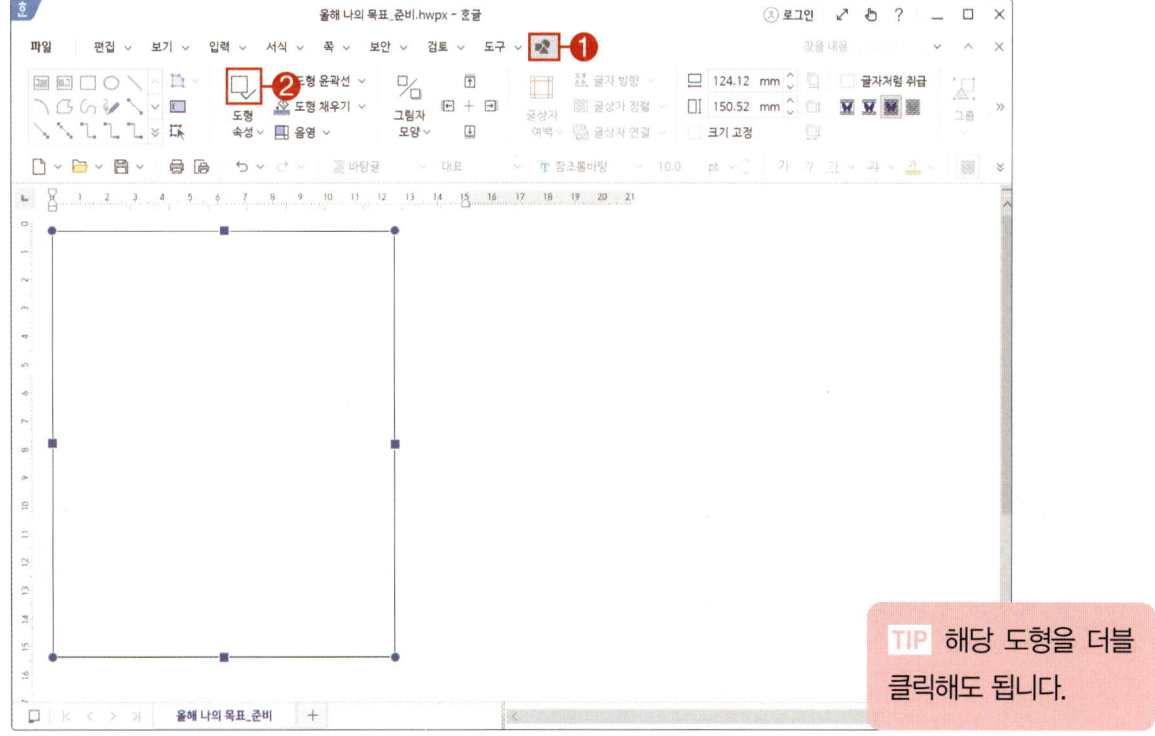

> **TIP** 해당 도형을 더블 클릭해도 됩니다.

3 [개체 속성] 대화 상자가 열리면 ❶ [기본] 탭의 ❷ '크기'에서 '너비'는 '130.00mm', '높이'는 '145.00mm'로 입력하고 ❸ '본문과의 배치'는 '글 앞으로', ❹ '가로'와 '세로' 모두 '종이'의 '가운데'로 설정합니다.

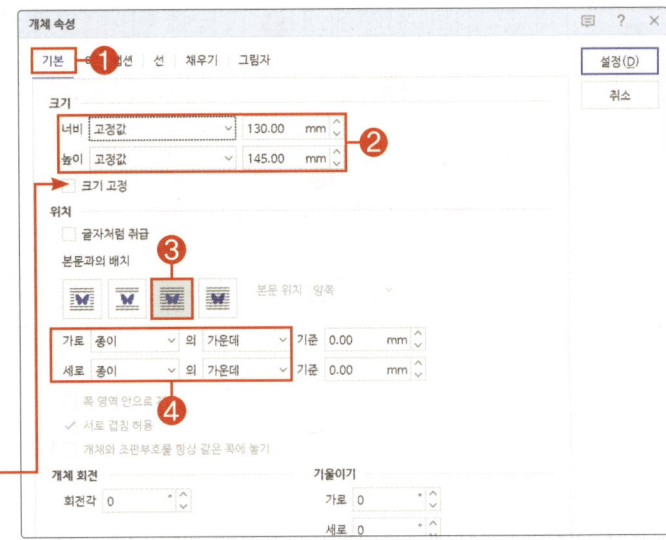

TIP '크기 고정'을 선택하면 '너비'와 '높이' 값이 고정되어 개체의 크기가 바뀌지 않습니다.

4 ❶ [선] 탭에서 ❷ '사각형 모서리 곡률'을 '둥근 모양'으로 설정합니다.

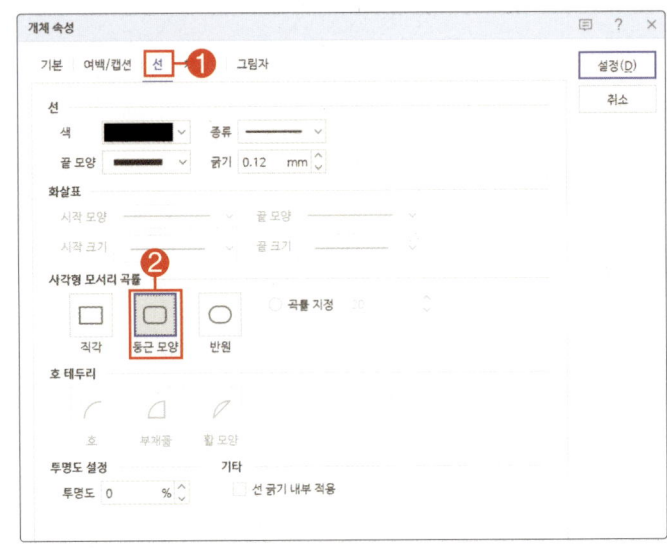

5 ❶ [채우기] 탭의 ❷ '면색'을 '시안(하늘색)'으로 선택하고 ❸ [설정]을 클릭합니다.

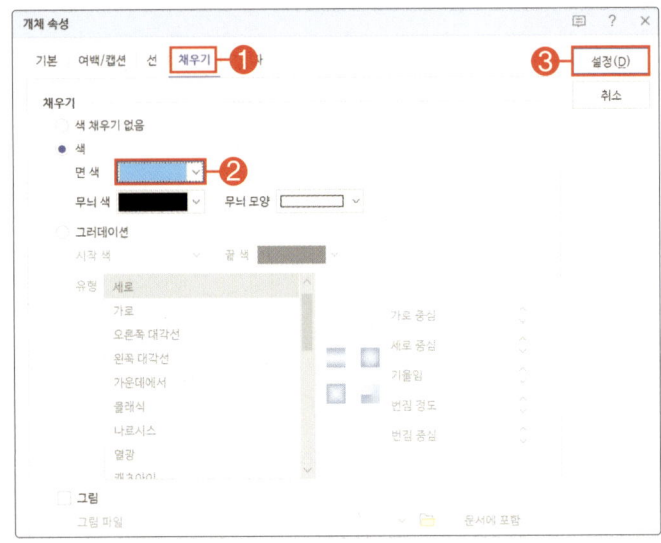

Section 20 | 나만의 문서 작성하기

6 ❶ [입력] 탭의 [도형 꾸러미]에서 ❷ '직사각형'을 클릭합니다. 마우스 포인터가 ❸ ╋로 바뀌면 다음과 같이 드래그합니다.

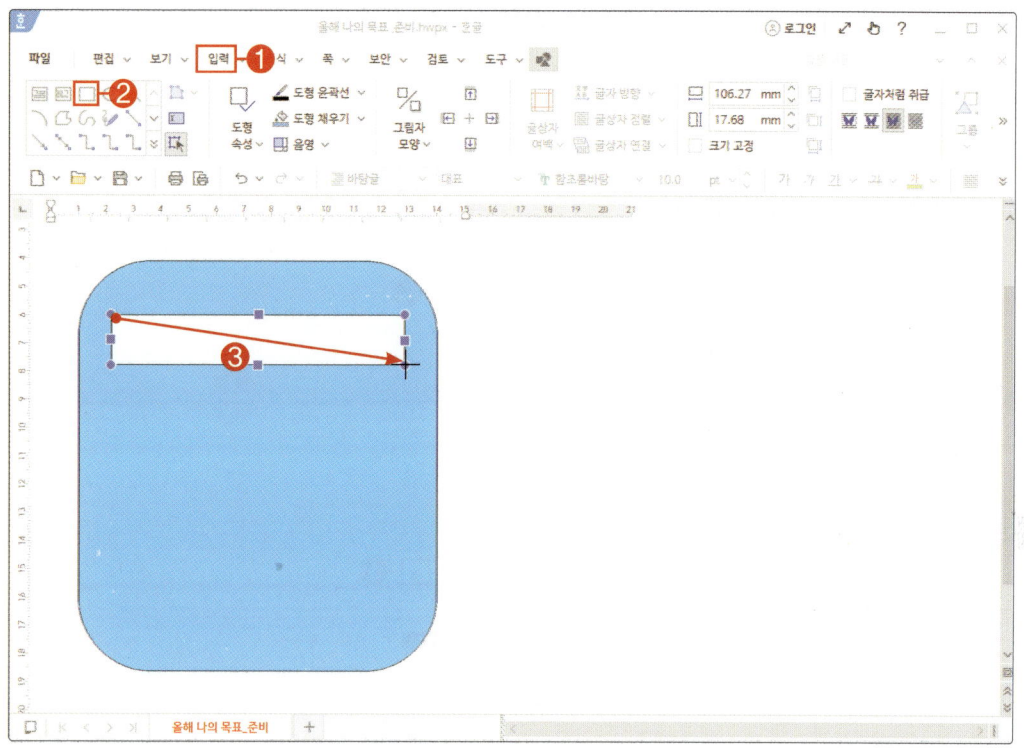

7 새로 그린 '직사각형'을 더블 클릭하여 [개체 속성] 대화 상자를 엽니다.

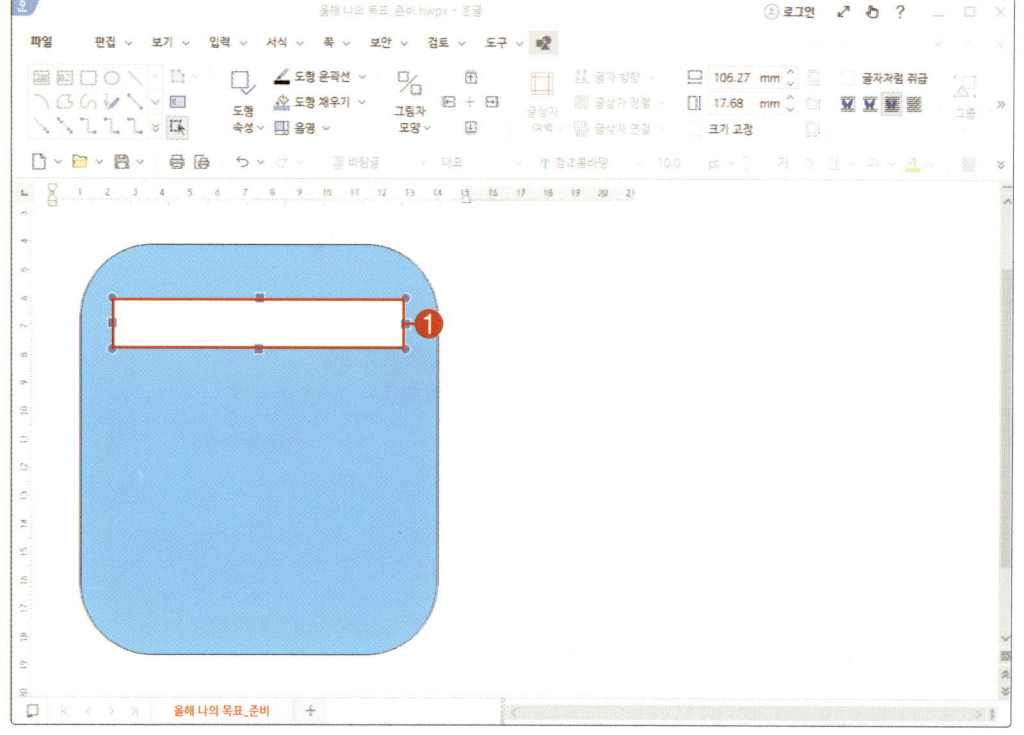

8 [개체 속성] 대화 상자가 열리면 ❶ [기본] 탭의 ❷ '크기'에서 '너비'는 '110.00mm', '높이'는 '20.00mm'로 입력하고 ❸ '본문과의 배치'는 '글 앞으로', ❹ '가로'와 '세로' 모두 '종이'의 '가운데'로 설정합니다.

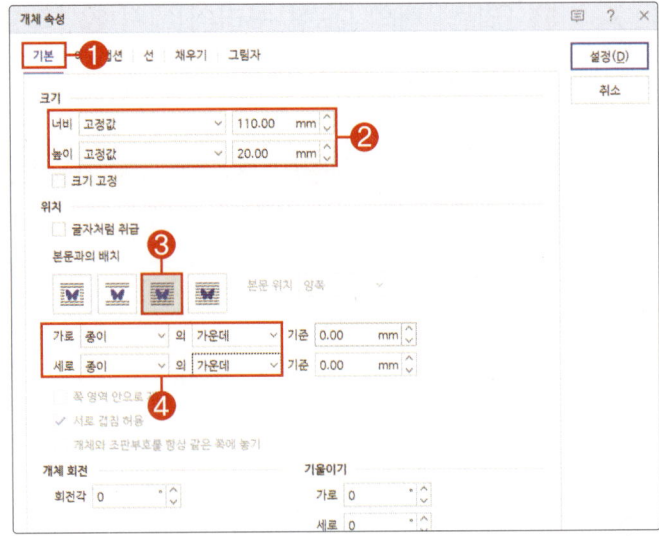

9 ❶ [선] 탭에서 ❷ '사각형 모서리 곡률'을 '반원'으로 설정합니다.

10 ❶ [채우기] 탭의 ❷ '면색'을 '파랑'으로 선택하고 ❸ [설정]을 클릭합니다.

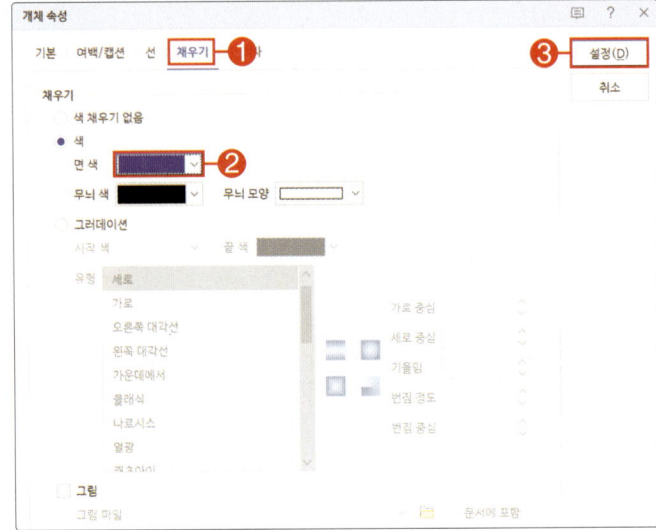

Section 20 | 나만의 문서 작성하기

11 ❶ '파란색 사각형'을 클릭하여 선택하고 ❷ Shift 키를 누른 상태에서 다음과 같이 드래그하여 위로 이동합니다.

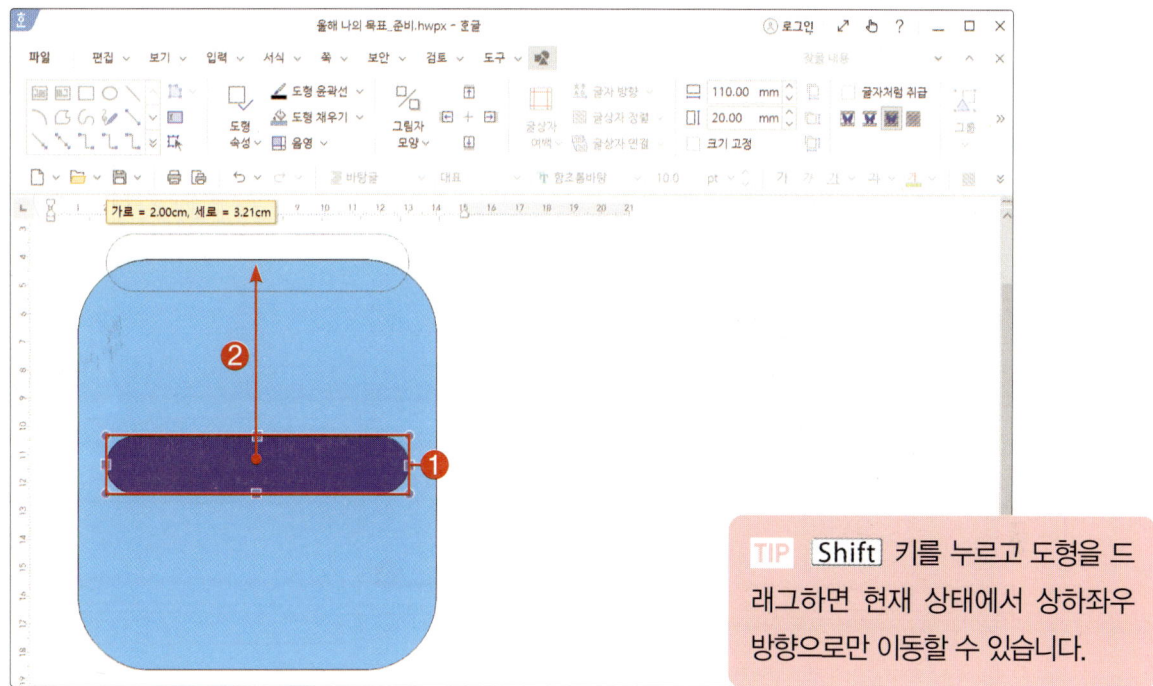

TIP Shift 키를 누르고 도형을 드래그하면 현재 상태에서 상하좌우 방향으로만 이동할 수 있습니다.

12 '파란색 사각형'을 선택한 상태에서 Enter 키를 누릅니다. 마우스 커서가 도형 안에서 깜박이면 ❶ '올해 나의 목표'를 입력하고 ❷ '글꼴'은 '양재튼튼체B', ❸ '글자 크기'는 '25.0pt', ❹ '글자 색'은 '노랑', ❺ '정렬 방식'은 '가운데 정렬'로 설정합니다.

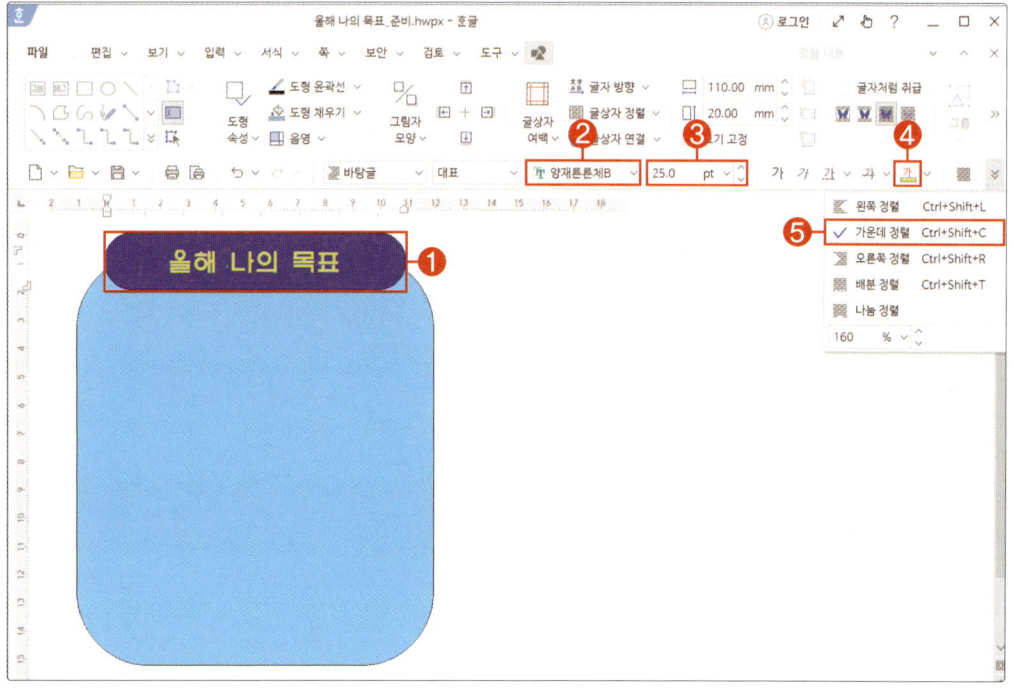

197

실습 2 글맵시 입력하기

1 ❶ 임의의 빈 곳에 마우스 커서를 놓고 ❷ [입력] 탭에서 ❸ [글맵시]를 클릭합니다. [글맵시 만들기] 대화 상자가 열리면 ❹ '내용'에 '나는 할 수 있다'를 입력하고 ❺ [설정]을 클릭합니다.

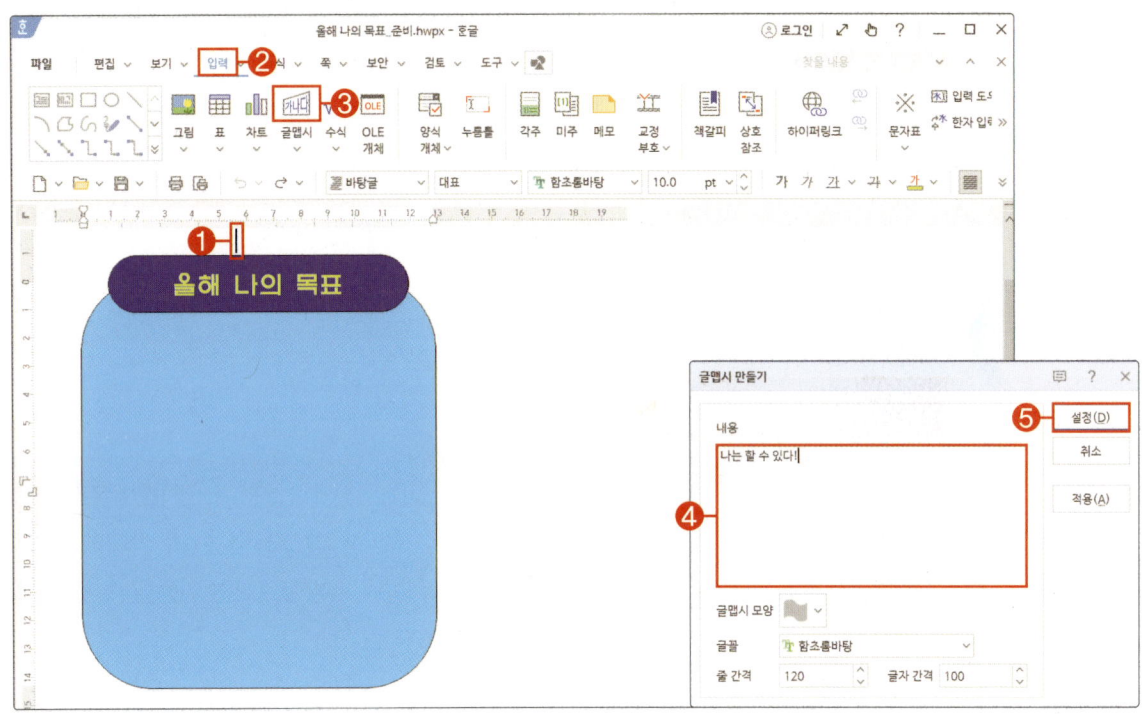

2 ❶ '글맵시'를 클릭하여 선택한 상태에서 ❷ [글맵시] 탭의 ❸ [글맵시 스타일]에서 '자세히'를 클릭합니다.

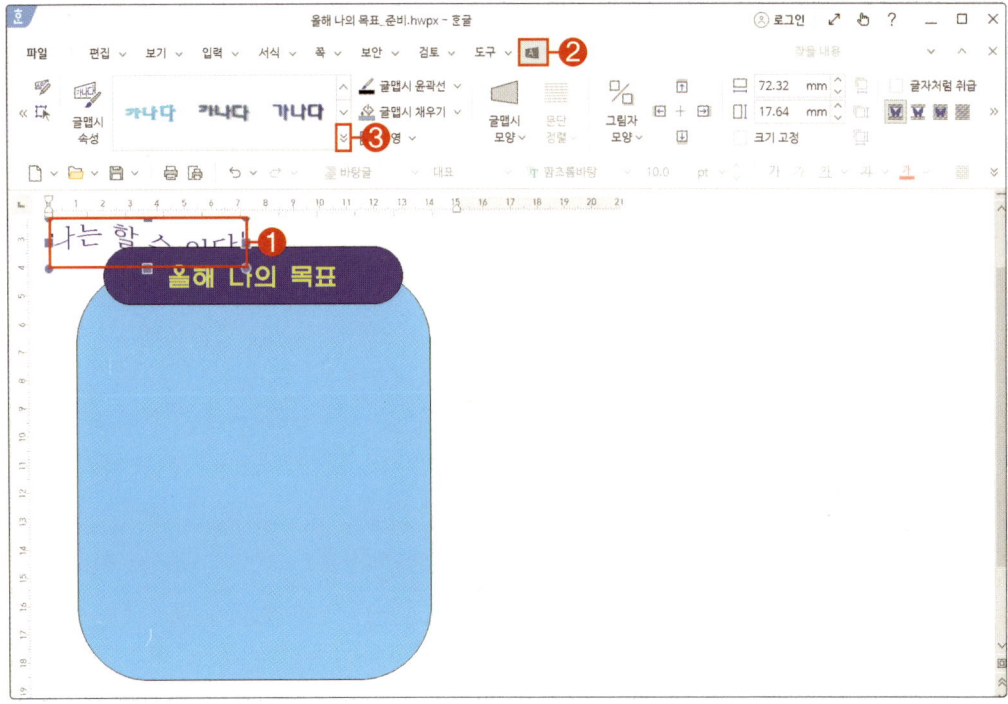

Section 20 | 나만의 문서 작성하기

3 [글맵시 스타일] 중에서 ❶ '채우기 – 파란색 그라데이션, 진회색 그림자, 직사각형 모양'을 선택합니다.

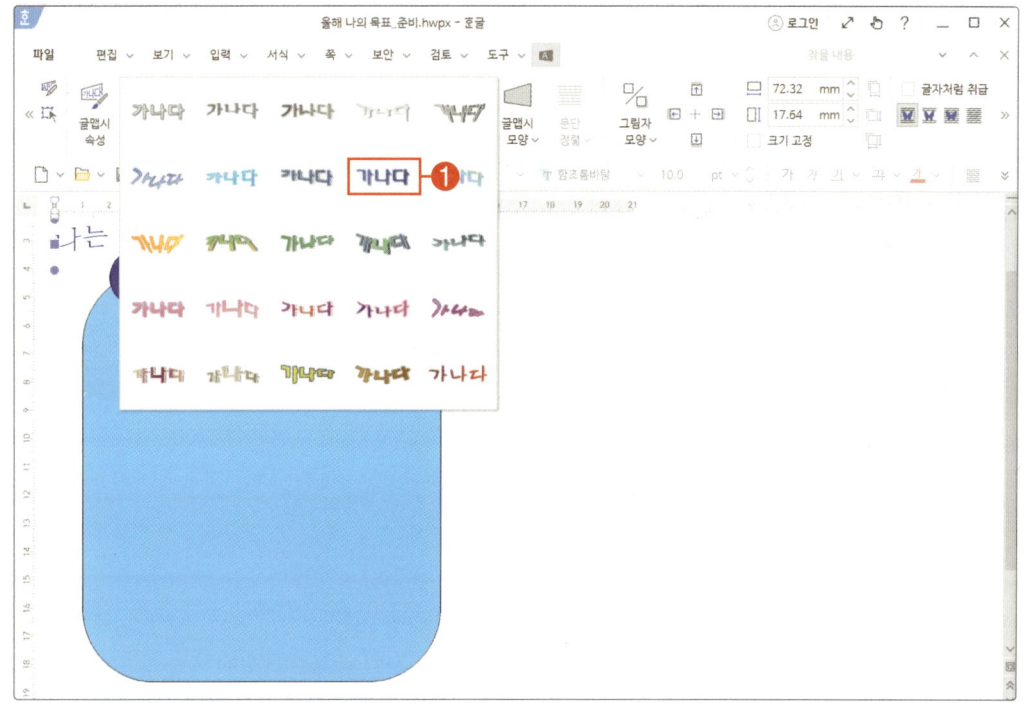

4 '글맵시'의 모양이 변경되었습니다. ❶ '글맵시'를 더블 클릭하여 [개체 속성] 대화 상자가 열리면 ❷ [기본] 탭의 ❸ '크기'에서 '너비'는 '110.00mm', '높이'는 '25.00mm'로 입력하고 ❹ '본문과의 배치'는 '글 앞으로' 선택하고 ❺ [설정]을 클릭합니다.

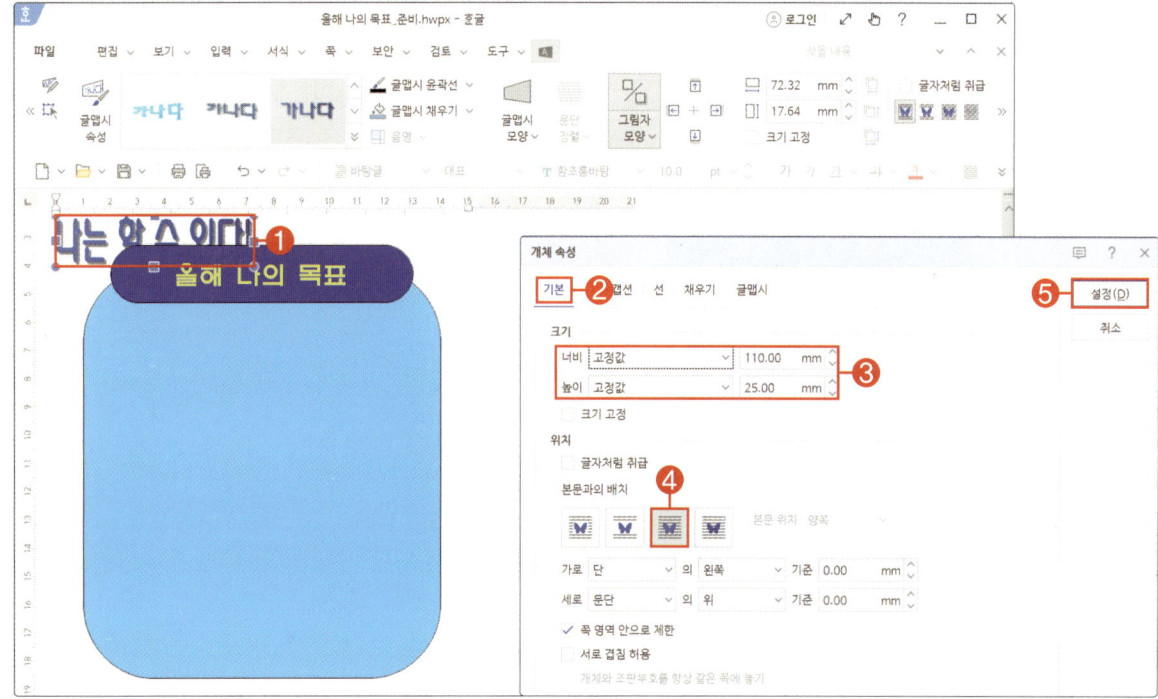

199

Hangul 2022

5 ❶ 글맵시를 클릭하여 다음과 같이 하늘색 사각형의 위쪽 중앙으로 드래그합니다.

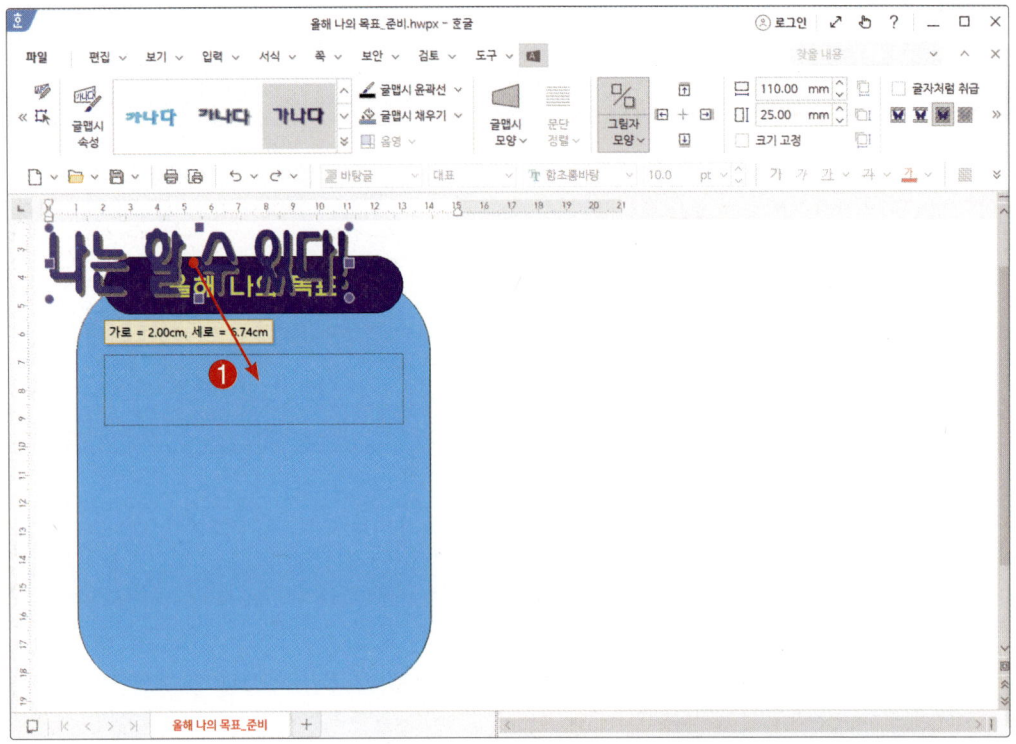

6 글맵시가 완성되었습니다.

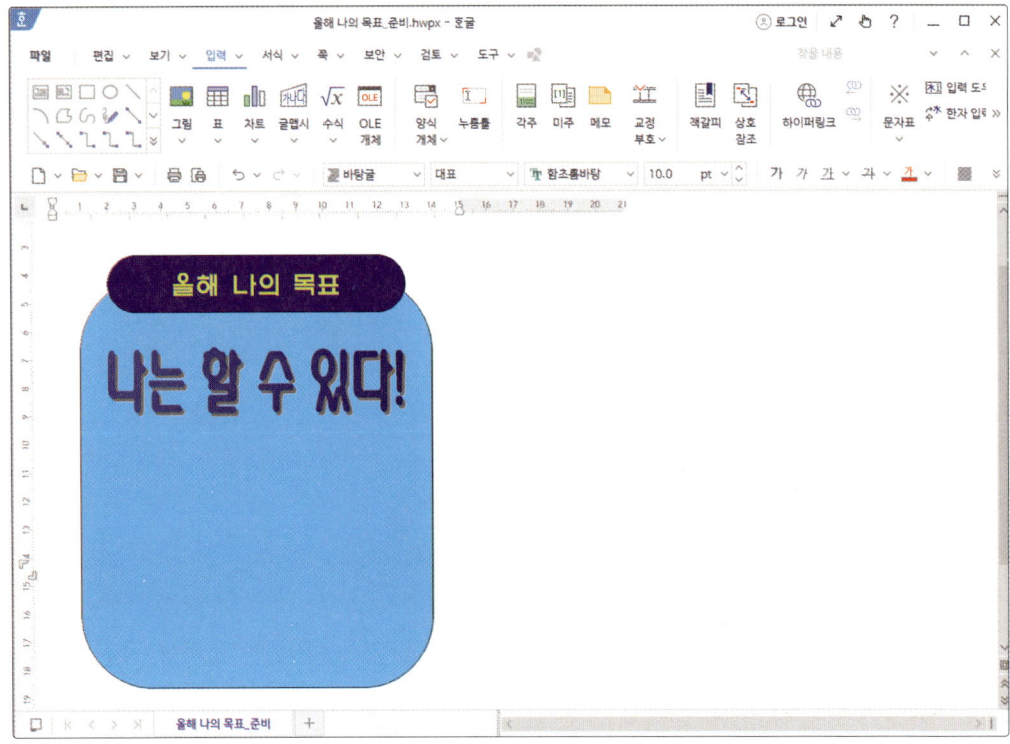

실습 3 도형으로 항목 만들기

1 ❶ [입력] 탭의 [도형 꾸러미]에서 ❷ '직사각형'을 클릭합니다. 마우스 포인터가 ❸ ╋로 바뀌면 다음과 같이 드래그하여 그린 뒤 더블 클릭합니다.

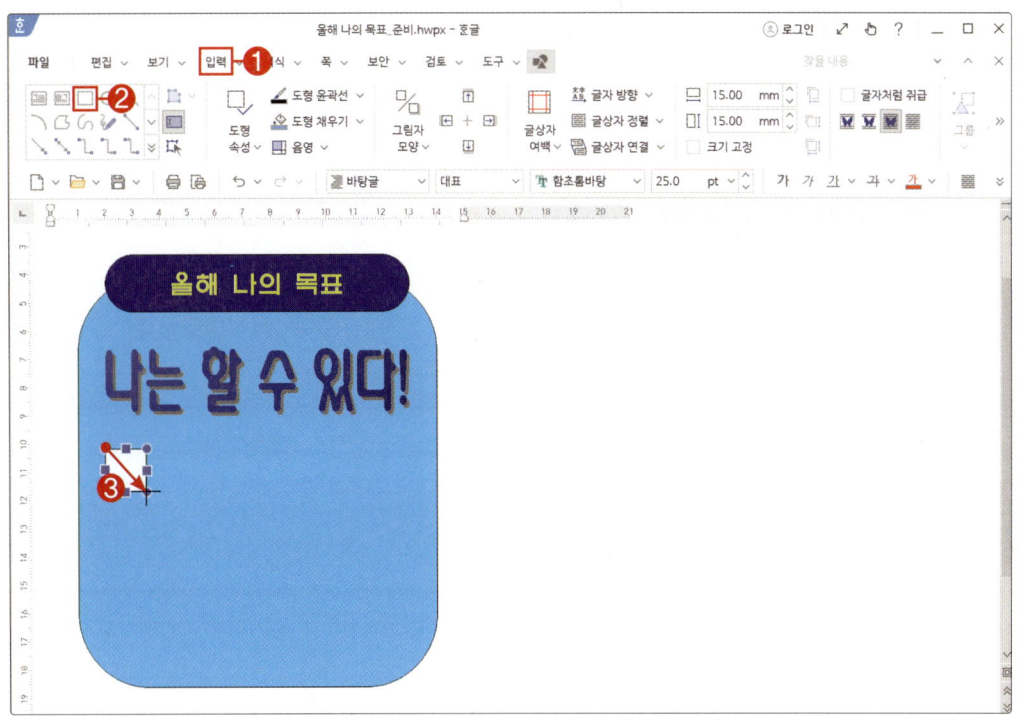

2 [개체 속성] 대화 상자가 열리면 ❶ [기본] 탭의 ❷ '크기'에서 '너비'는 '15.00mm', '높이'는 '15.00mm'로 입력하고 ❸ '본문과의 배치'는 '글 앞으로' 설정합니다.

3 ❶ [선] 탭에서 ❷ '사각형 모서리 곡률'을 '둥근 모양'으로 선택하고 ❸ [설정]을 클릭합니다.

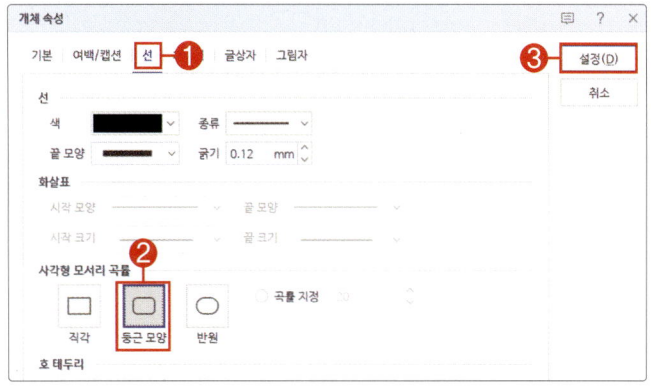

4 도형을 복사하기 위해 ❶ 새로 만든 '사각형'을 선택한 상태에서 Ctrl + C 키를 누른 다음, ❷ Ctrl + V 키를 누릅니다.

5 ❶ 복사한 '사각형'을 선택하고 ←, ↑ 키를 눌러 다음과 같이 이동시킨 뒤, 더블 클릭합니다. [개체 속성] 대화 상자가 열리면 ❷ [채우기] 탭에서 ❸ '면 색'을 '파랑'으로 선택하고 ❹ [설정]을 클릭합니다.

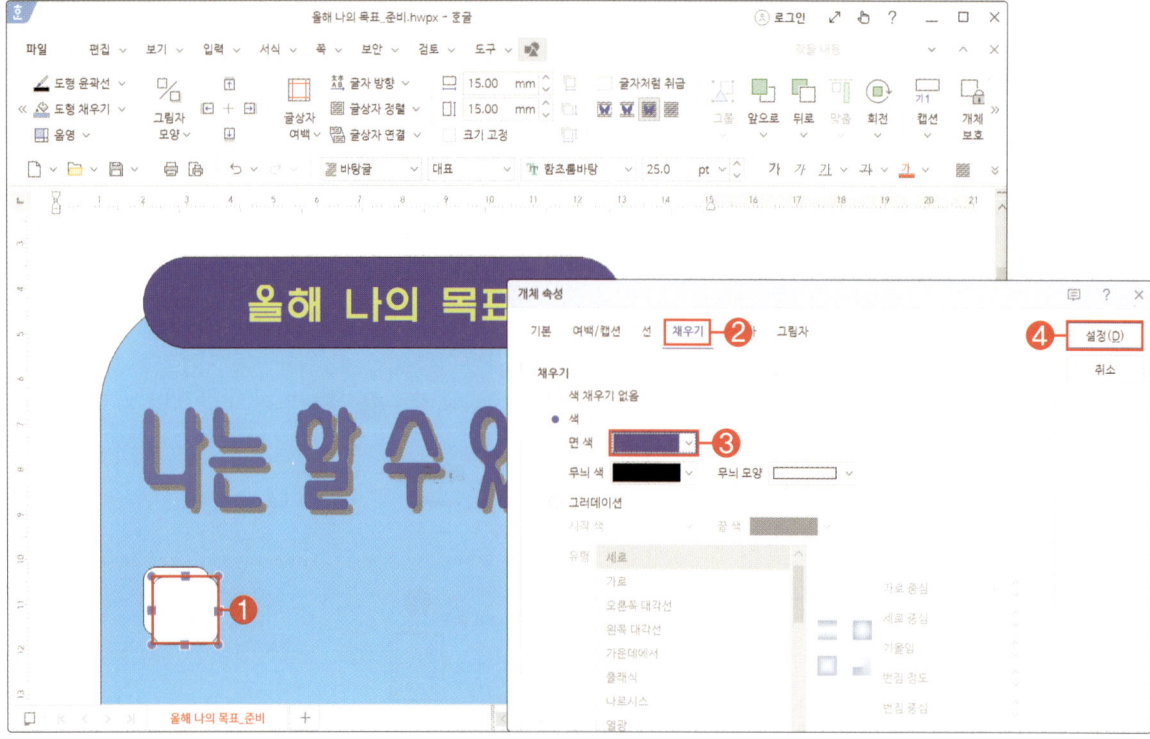

Section 20 | 나만의 문서 작성하기

6 ① '파란색 사각형'을 선택하고 마우스 오른쪽 버튼을 눌러 [빠른 메뉴]가 열리면 ② [순서]에서 ③ '뒤로'를 클릭합니다.

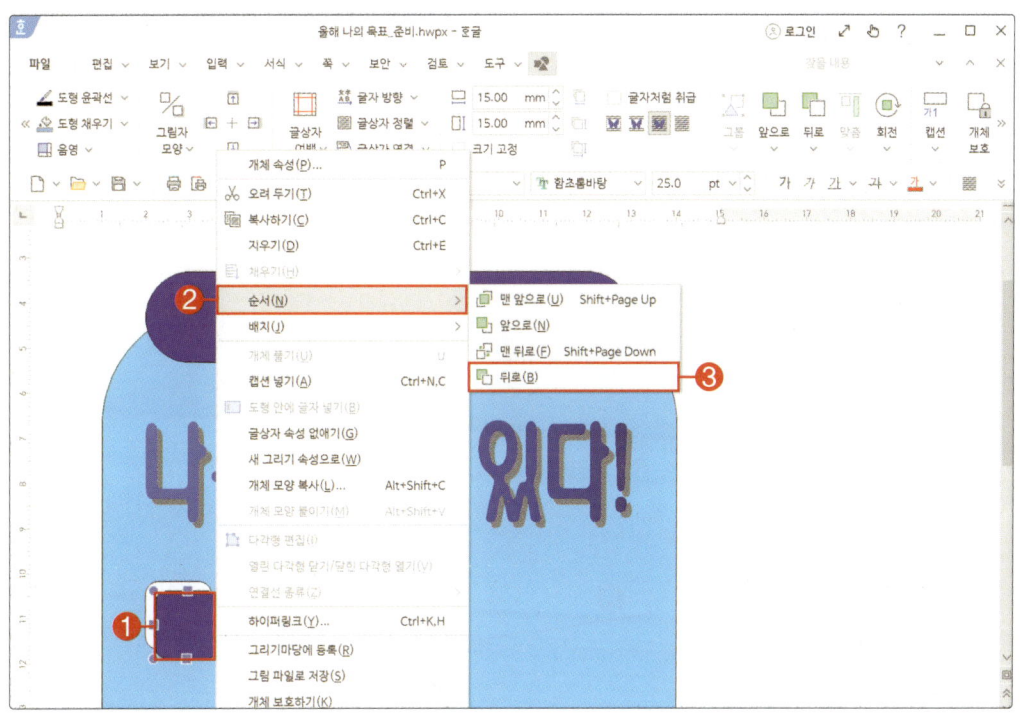

7 '파란색 사각형'이 그림자처럼 배치되었습니다. '하얀색 사각형'에 ① 숫자 '1'을 입력하고 ② '글자 크기'는 '25.0pt', ③ '속성'은 '진하게'로 설정합니다.

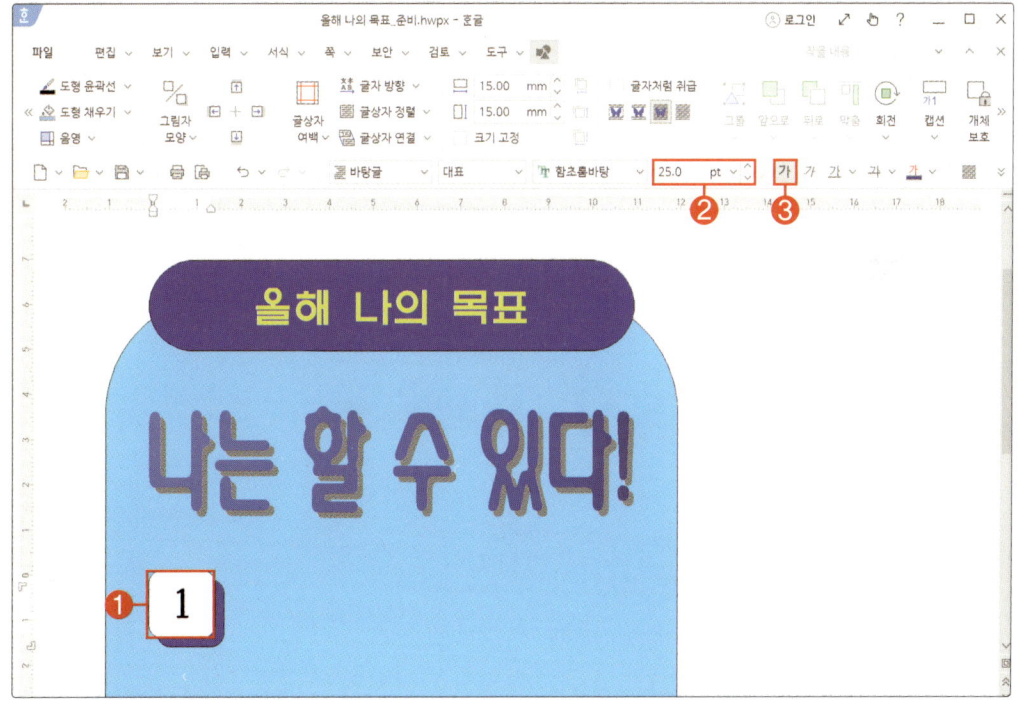

8 ❶ [입력] 탭의 [도형 꾸러미]에서 ❷ '직사각형'을 클릭합니다. 마우스 포인터가 ❸ +로 바뀌면 다음과 같이 드래그하여 그린 뒤 더블 클릭합니다.

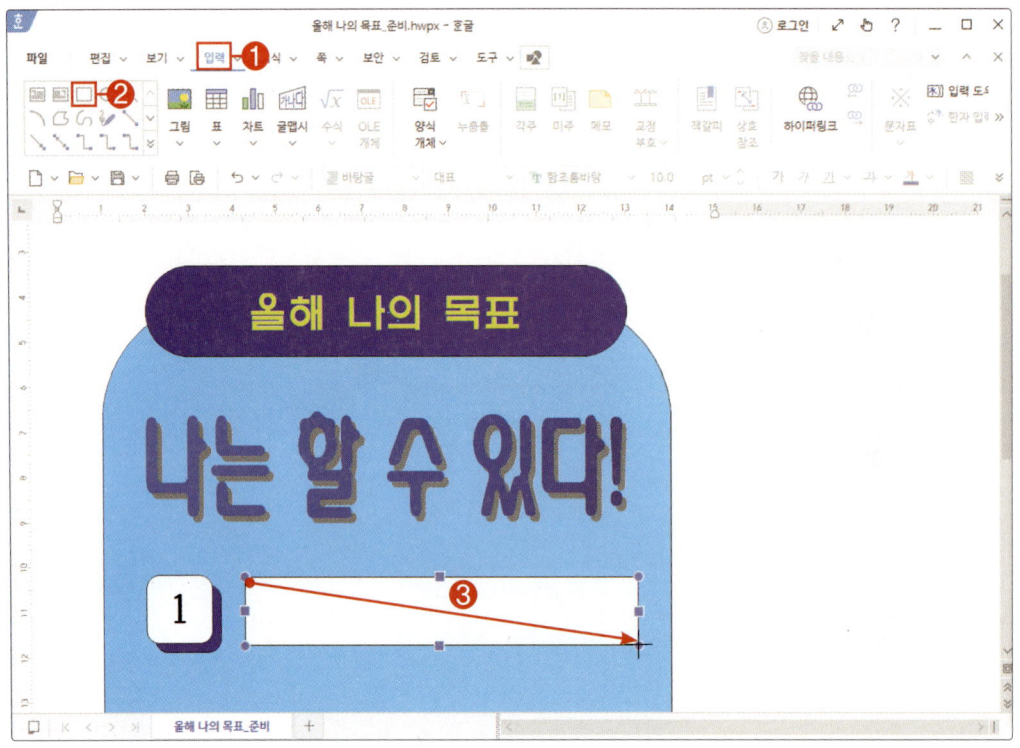

9 [개체 속성] 대화 상자가 열리면 ❶ [기본] 탭의 ❷ '크기'에서 '너비'는 '90.00mm', '높이'는 '15.00mm'로 입력하고 ❸ '본문과의 배치'는 '글 앞으로' 선택하고 ❹ [설정]을 클릭합니다.

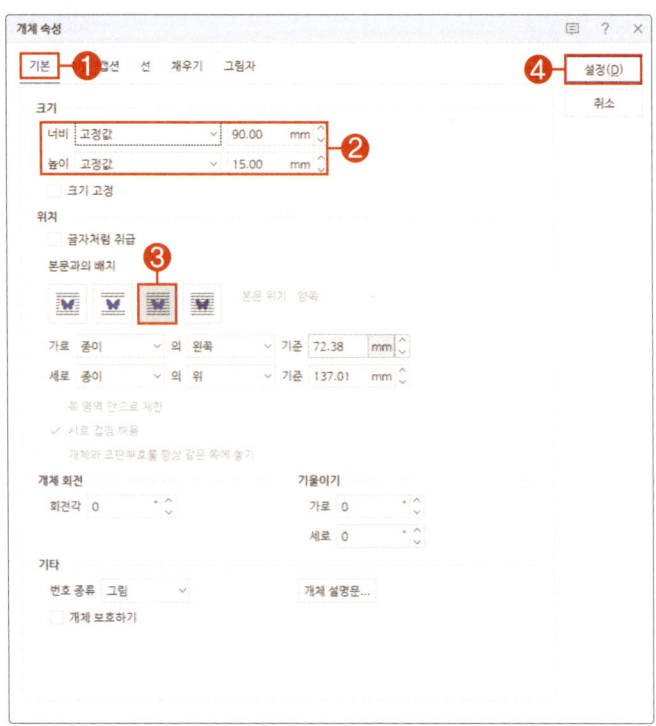

Section 20 | 나만의 문서 작성하기

10 ❶ '하얀색 직사각형'에 다음과 같이 입력하고 ❷ '글자 크기'는 '15.0pt', ❸ '속성'은 '진하게'로 설정합니다.

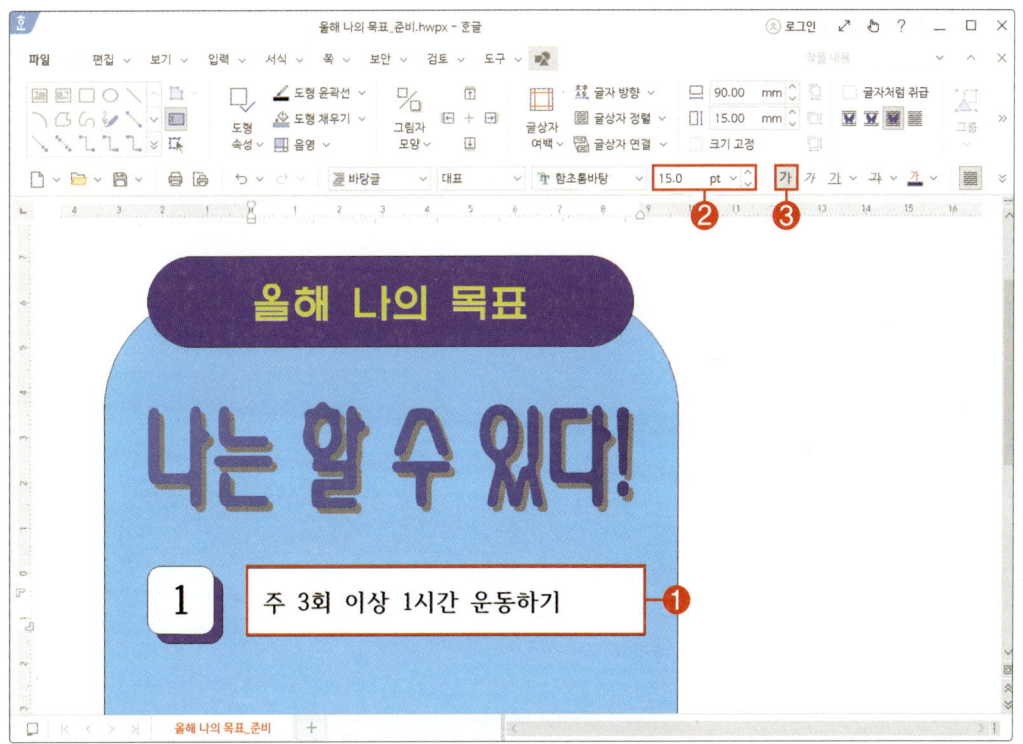

11 ❶ [편집] 탭에서 ❷ [개체 선택]을 클릭하여 ❸ 다음과 같이 드래그합니다.

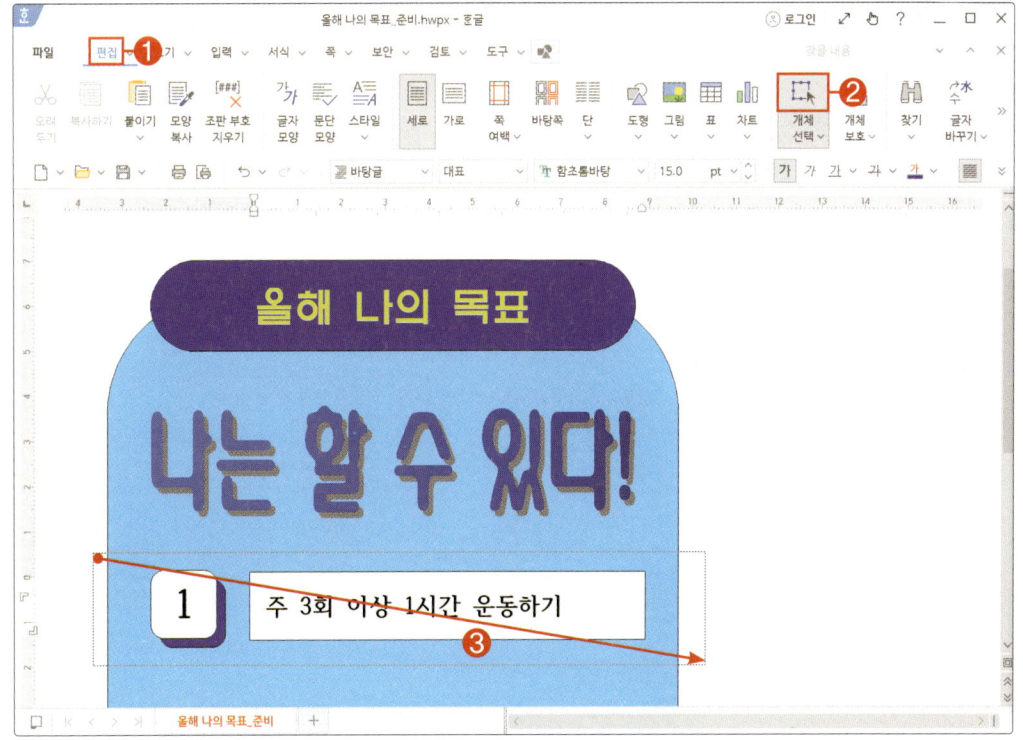

12 ❶ Ctrl + Shift 키를 누른 상태에서 아래로 드래그하면 나란히 복사가 됩니다. ❷ 한 번 더 Ctrl + Shift 키를 누른 상태에서 아래로 드래그합니다.

 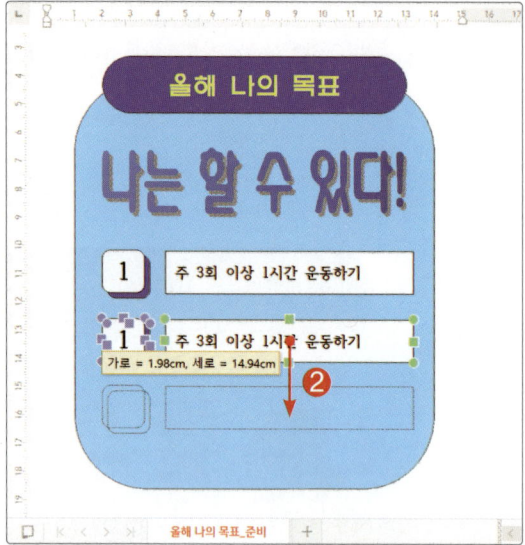

13 ❶ 3개의 항목이 만들어졌습니다. ❷ 2번과 3번 칸에 다음의 내용을 입력하여 문서를 완성합니다.

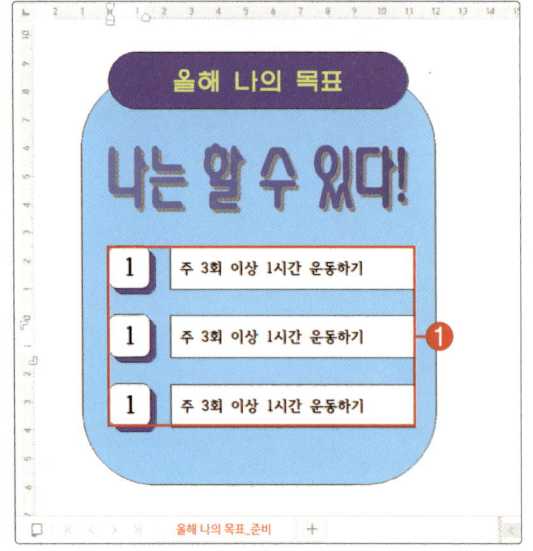 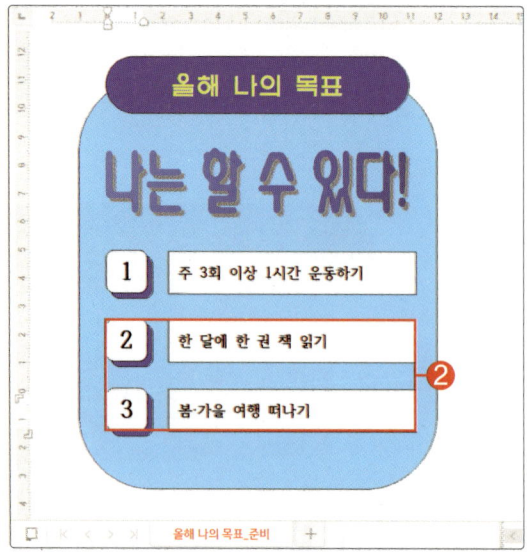

심화 문제 풀어보기

1 [새 문서]를 실행해서 다음과 같이 문서를 완성해 보세요.

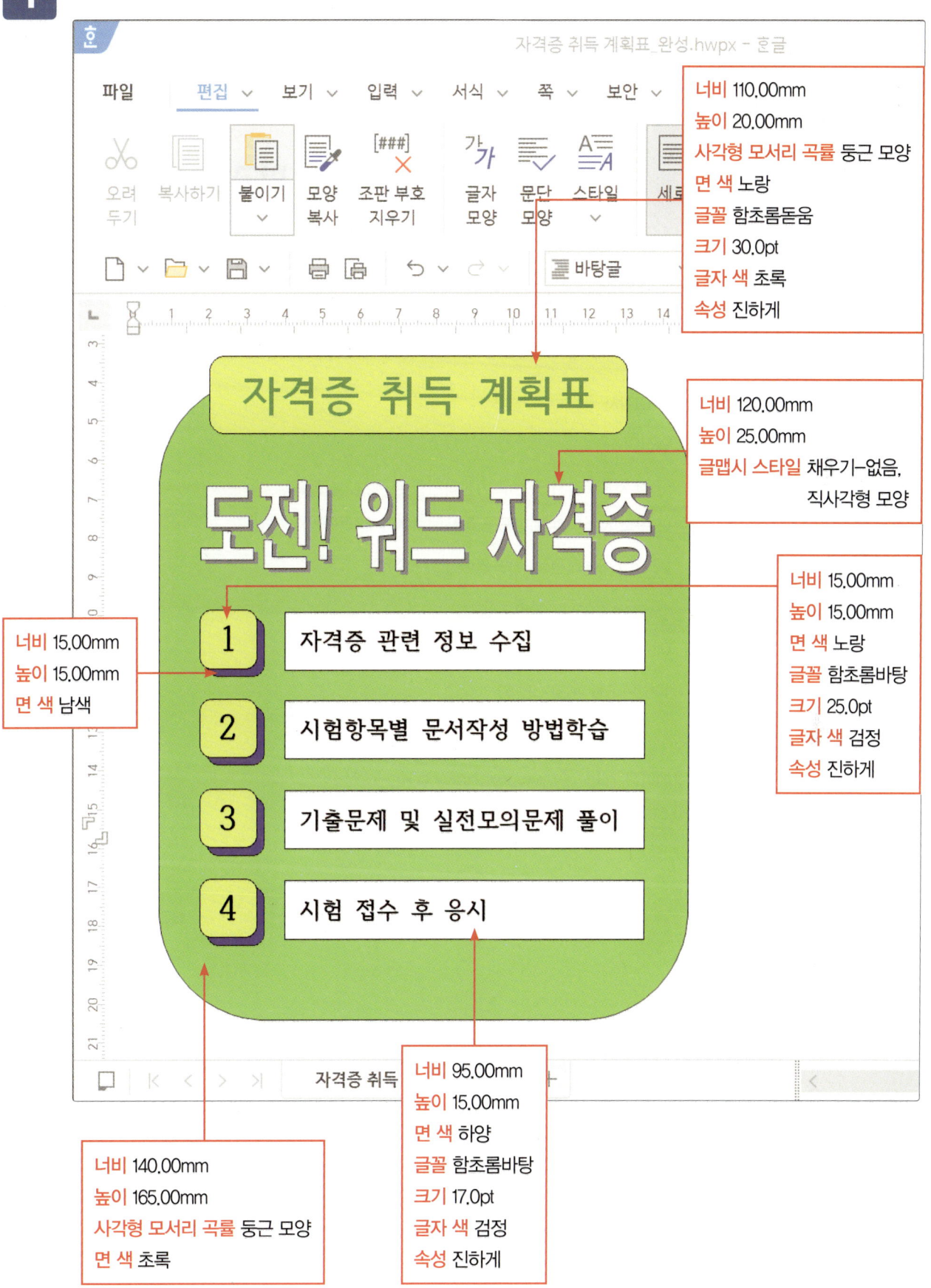

저자 전경숙

꿈을 심어 주는 책을 만드는 출판전문기획사 JD공작소의 대표입니다.
2022 개정교육과정 《중학교 정보》, 《고등학교 정보》, 《고등학교 소프트웨어 생활》,
충북교육청에서 개발한 2022 개정교육과정 《인공지능 생활탐구》, 《인공지능 교과탐구》의 편집을 진행했습니다.
기획하고 쓴 책으로 《돌다리 안전동화(전6권)》, 《우리 엄마 누구게?》, 《어디든 갈 수 있어》, 《코뿔소의 꿈》,
《모양 가게로 오세요!》, 《노랑, 검정, 노랑, 검정 그 다음엔?》 등 다수가 있습니다.
우리가 만든 책이 사람들의 마음 속 씨앗이 되어 미래의 꽃 한 송이, 열매 하나, 나무 한 그루가 되기를 바랍니다.

한글 2022

New My Love 시리즈

2025년 10월 10일 초판 1쇄 인쇄
2025년 10월 20일 초판 1쇄 발행

펴낸곳 (주)교학사
펴낸이 양진오
주 소 (공장)서울특별시 금천구 가산디지털1로 42 (가산동)
(사무소)서울특별시 마포구 마포대로14길 4 (공덕동)
전 화 02-707-5310(편집), 02-838-5672(주문)
문 의 itkyohak@naver.com
팩 스 02-864-3723(주문)
등 록 1962년 6월 26일 〈18-7〉

교학사 홈페이지 http://www.kyohak.co.kr

책을 만든 사람들
저 자 | 전경숙
진 행 | 이은정
디자인 | 송지선

Copyright by KYOHAKSA
(주)교학사는 이 책에 대한 독점권을 가지고 있습니다. 따라서 (주)교학사의 서면 동의 없이는 책의 전체 또는 일부를 어떤 형태로도 사용할 수 없습니다.
또한 책에서 인용한 모든 프로그램은 각 개발사와 공급사에 의해 그 권리를 보호 받습니다.

파본은 바꾸어 드립니다.